하버드대학 마·중 특강

THE CHINA QUESTIONS 2
Critical Insights into US-CHINA Relations edited by Maria Adele Carrai,
Jennifer Rudolph, and Michael Szonyi

54인의 석학, 46개의 질문으로 알아보는
미중관계 그리고 한국과 세계의 미래

하버드대학 미·중 특강

마리아 에이들 캐러이Maria Adele Carrai
제니퍼 루돌프Jennifer Rudolph
마이클 스조니Michael Szonyi 엮음
함규진 옮김

CRITICAL INSIGHTS INTO
US-CHINA
RELATIONS

미래의창

미중관계의 발전을 위해 헌신했던
에즈라 보겔Ezra Vogel을 추모하며

서문

마리아 에이들 캐러이, 제니퍼 루돌프, 마이클 스조니

메이저급 뉴스 사이트를 아무 데나 들어가 보자. 아니면 아무 뉴스 방송이나 틀어보자. 미중 간 경쟁에 대한 이야기가 나올 가능성이 높다. 양국 관계에 대한 의심과 의혹이 고조되고 있으며, 그 관계는 이제 새로운 장을 맞이하고 있다. 경제적·군사적 현대화로 중국은 세계 주요 강대국 중 하나가 됐으며, 그 행동은 뭐든 미국에 직간접적인 영향을 준다. 오늘날 국제 문제의 다양한 차원에서, 중국은 미국의 주도적 위치를 위협하고 있다. 하지만 한편으로 기후변화, 사이버 안보, 공공 보건 등의 여러 글로벌 문제에 접근함에 있어 중국의 참여가 절실하기도 하다. 이미 존재하거나 새로 생겨나는 숱한 쟁점들 앞에서, 이 두 나라는 양국 관계를 근본적으로 다시 생각하고 있다.

이 책을 읽어야 할 이유

/

이런 미중관계의 변화는 이미 많은 사람들에게 영향을 미치고 있고, 앞으로도 한동안 그러리라 예측된다. 따라서 중국에서 무슨 일이 벌어지고 있는지, 그리고 미중관계가 어떻게 돼 가고 있는지가 대단히 중요하다. 24시간 내내, 휴일도 주말도 없이 돌아가는 요즘의 뉴스 보도와 세상을 가득 채운 소셜 미디어에서 관련 정보를 모으기는 매우 쉽다. 그러나 일반적인 독자가 얻을 수 있는 중국 관련 정보는 수박 겉핥기식이거나 편향적이다. 중국 정부가 스스로 국내외 언론에 제약을 가하고 있기 때문이다. 보다 수준 높은 보도가 없는 것은 아니지만, 비록 균형이 잘 잡혀 있더라도 현재 일어난 사건의 의미를 더 넓고 깊게 분석하는 보도를 찾기란 쉽지 않다. 미중관계의 여러 중대한 쟁점에 있어서 일반 독자가 수준 높고 균형 잡힌 지식에 접근하기는 어렵다.

이 책은 그런 지식을 찾는 출발점이 되고자 한다. 집필에 참여한 50여 명의 저자들은 정치, 안보, 경제, 과학, 기술, 보건, 역사, 사회, 문화 등 광범위한 전문 분야에 권위가 있는 학자, 분석가, 언론인들이다. 저자들은 독자들이 반드시 알고 있어야 할 문제를 각각 하나씩 질문하고, 거기에 대해 짧으면서 이해하기 쉬운 해답을 제시한다. 물론 그런 복잡한 문제들에 몇 페이지 안 되는 내용으로 충분한 답변을 주기란 어렵다. 그러나 우리 저자들은 각각의 문제를 명확하게 설명하며, 독자 스스로 생각해볼 수 있도록 적절한 정보를 제공한다. 저자들은 이런 문제들에 대해 몇 년, 또는 몇십 년 동안 쌓인 생각과 연구와 문헌에 근거한 통찰을 보여준다.

저자 대부분은 미국에서 활동하고 있는데, 이는 우연이 아니다. 미중관계에 대한 모든 쟁점과 전망을 한 권의 책에 전부 담아내기란 아무래도 무리다. 따라서 우리는 이를 먼저 미국의 입장에서만, 또는 미국이 얻을 수 있는 교훈에만 집중해 바라보고 나서 추후에 중국 쪽의 견해를 모아 서로 비교해보는 방식을 시도했다. (사실, 중국 측 사람들과 논의해보니 중국 대학교의 학자들이 이 프로젝트에 동참하는 일은 쉽지 않을 듯했다. 그 점도 고려했다.) 우리는 중국 쪽 전문가들은 매우 다른 견해를 가지고 있을 수 있다고 본다. 따라서 이 책은 태평양을 사이에 둔 두 나라에 대해 균형 잡힌 입장을 대표한다기보다는 오늘날의 심각한 상황을 숙고하고 그에 대한 몇 가지 중요한 해법을 제시하려는 책이라 할 수 있다. 물론 우리는 중국의, 그리고 다른 곳의 독자들도 이 책에 흥미를 가져주기를 바란다. 그것은 미중관계의 이해를 높이고, 나아가 관계의 개선에 기여하리라고 본다.

우리 저자들이 다양한 분야에 종사하고 있고 시각도 제각각이기 때문에, 독자들은 그들의 견해가 일부는 겹치고 일부는 상반됨을 알 수 있을 것이다. 이는 해당 주제에 대해 열린 토론이 벌어지고 있음을 반영한다. 누구는 정책 대안을 제시하며, 누구는 그러지 않는다. 그래도 모든 저자들이 충분한 정보에 근거해 양국 관계에 대한 전망을 내놓고 있다. 애초에 50명이 넘는 저자들이 각자의 견해를 다양하게 제시하고 있다는 사실 자체가 특별하다고 볼 수 있다. 그들의 견해가 다르다고 해서 그것이 미중관계에 대한 견해의 양극화로 수렴되는 것은 아니다. 독자들은 이런 다양한 견해들 하나하나가 일리 있음을, 그리고 미국에 일정한 보탬을 줄 수 있음을 이해하면 좋을 것이다.

이렇게 다양하고도 복잡한 견해들을 이해하는 것은 양국, 특히 미국의 장래에 큰 의미가 있다. 그러지 못한다면 미국의 국익을 해치는 잘못된 정책이 나올 수 있기 때문이다. 이를 잘 보여주는 가장 최근의 사례는 트럼프 행정부가 벌인 무역 전쟁일 것이다. 그것은 중국이 수출 중심의 제조업 기반 경제이며 따라서 미국의 관세에 취약할 것이라는 오해에 근거했다. 중국의 일대일로一帶一路 전략에 대한 오해와 몰이해는 이미 미국의 실정을 초래한 지 오래됐으며, 장기적으로 더 심각한 피해를 낳을 수 있다. 따라서 이 같은 중대한 쟁점들을 더 잘 이해하기 위해, 미국인들은 중국에 대해 더 정확하고 정교한 지식을 가져야 한다.

미중관계
/

최근 양국 관계의 악화를 보고 많은 사람들이 당황해하고 있다. 하지만 그 싹은 이미 수십 년 전에 시작됐다. 1949년에 중국공산당이 중화인민공화국을 수립한 뒤, 미국과 그 대부분의 동맹국들은 중화인민공화국을 승인하지 않고, 당시 대만으로 피신해 있던 자유중국을 합법적인 중국 정부로 인정하는 입장을 고집했다. 그런 입장은 1970년대가 돼서야 바뀌기 시작했다. 본래는 냉전 시기, 소련을 견제하기 위한 목적이 컸지만, 미중 국교 정상화는 20세기의 가장 획기적인 사건 중 하나로 남게 된다. 미중관계가 1972년 닉슨 대통령의 베이징 방문 이후 비약적으로 발전한 것은 '건설적 관여constructive engagement'로 알려진 정책 프레임 덕분이었다. 이는 민주당이든 공화당이든 지난 반세기 동안 대중국 정책의 근간이었다. 이 정책은 중국이 안정되고 국민의 필요에 부응하며 점점 더 세계 경제에 통합되면서, 국제 규범과 규칙을 수용하고 미국을 적대시하거나 자국 정부에 위협이 된다고 여기지 않는 편이 미국의 국내외 이익에 가장 잘 부합한다는 입장을 내세웠다. 또한 건설적 관여는 '하나의 중국' 정책을 유지할 것(중국이 대만을 영토로 보는 주장을 인지하되 수용하지는 않음)과 미군이 아시아에 계속 주둔하는 것이 그 지역의 평화와 번영에 기여한다는 생각을 내포하고 있었다. 관여 정책은 중국과 그 지역의 안정과 번영에 보탬이 되는 한편, 차차 중국을 자유주의 국제 질서에 통합시킴으로써 미국의 우선적 이익과 지도적 위치를 보호할 목적도 있었다. 지금 일부 비평가들의 주장처럼 결국 중국이 자유화되고 민주화되는 일까지가 미국의 건설적 관여 정책의 핵심 목적인지에 대해서는 상당한 논란이 있다(그들은 그래서 그 정책이 실패했다고 본다).

중국 쪽에서도 덩샤오핑을 비롯한 '마오 이후' 지도부가 지금의 '개혁 개방' 노선으로 들어섰을 당시, 그들은 미국 주도의 세계 질서 안정과 중국이 그 질서에 통합되는 일이 자신들의 목표에 부합한다고 여겼다. 그런 점에서 지난 반세기 동안 미국만큼 중국의 발전과 세계 경제의 통합을 열심히 지지한 나라는 없었다. 중국은 팍스 아메리카나Pax Americana(미국이 주도하는 세계 평화)와 그것이 창출한 체제의 덕을 본 것이다. 그 대가로 중국은 투자 자금, 노동자, 학생, 그리고 미국 소비자를 위한 수출품 등으로 미국의 번영에 일조했다. 그리고 중국은 세계 질서 시스템에 들어감으로써 암묵적으로 그 시스템에서 미국의 주도권을 인정한 셈이었다. 하지만 중국 지도자들은 미국의 관여 정책이 이익을 주기도 하지만 위험 또한 내포하고 있음을 인식했다. 국내외에서 (부분적으로는) 중국의 권위주의 체제와 미국의 자유민주주의 규칙이 충돌함에 따라, 두 나라는 협력하면서도 그와 동시에 서로에 대한 불신을 거두지 않았다.

2000년대에 들어 미국과 중국은 서로에게 최대 무역 상대국이 됐다. 중국 공장들은 글로벌 물류망에 완전히 통합됐으며, '메이드 인 차이나'라는 라벨이 붙은 상품을 미국 가정에서 흔히 볼 수 있게 됐다. 미국은 중국 산업에 투자해 중국 국내시장의 성장에 도움을 줬다. 전체적으로 관여 정책은 강력한 상호 의존성을 창출했으며 미중관계는 미국의 핵심 이익을 위협하지 않는 한도 내에서 그럭저럭 유지됐다. 그러나 21세기가 시작되고 몇 해 지나지 않아, 미국은 양국 관계의 불균형, 가령 중국이 자국 시장에 세운 무역 장벽이나 자국 기업으로의 정부 후원이 갈수록 심해지고 있는 것 등을 바로잡을 필요를 느끼기 시작했다. 하지만 미국이 대테러 전쟁을 벌이고 2007~2009년의 경제 불황을 겪으면서 관심과 자원이 분산됨에 따라, 대중국 관계에서의 이런저런 문제들을 해결하려는 노력은 지연됐다.

이런 사태들에 따른 피해를 복구해가면서, 2010년대 오바마 행정부는 중국의 영향력이 거세지는 가운데 아시아에서 미국의 우위를 다시금 확실히 하고자 했으며, 동아시아 지역에 경제, 외교, 안보 차원에서의 '쐐기'를 박으려 했다. 예를 들어 경제 전선에서 미국은 환태평양경제동반자협정TPP, Trans-Pacific Strategic Economic Partnership을 구축하려 했는데, 트럼프 행정부는 중국을 이 협정에서 제외함으로써 이 체제를 버리는 대신 미국이 국제 경제 규범 질서의 결정자로 계속 남도록 했다.

도널드 트럼프 대통령은 중국에 거칠게 대함으로써 공화, 민주 양당의 지지를 모두 끌어냈다. 그의 행동은 부분적으로 중국을 기존의 자유주의 국제 질서에 완전히 통합시키는 것에 대한 비관론에 바탕을 뒀다. 그는 중국의 부상에 대한 대중의 불안감을 활용해, 전에 없는 거친 언어를 쏟아내면서 인종주의-국가주의에 불을 지폈다. 그의 악담은 중국에 대한 악평을 다차원적으로 부추겼다. 2017년 〈미국 국가안보전략 백서〉는 처음으로 중국을 수정주의 국가revisionist power의 하나이자 패권 경쟁 국가peer competitor로 명시했다. 트럼프는 자신의 대선 유세에서 중국 공격에 집중했는데, 중국이 미국의 제조업 일자리를 훔쳐 가고 있으며 자신이 그것을 되찾아 오겠다고 말했다. 유콘 황Yukon Huang과 라이언 해스Ryan Hass는 그들의 글에서 트럼프의 주장이 가진 허위를 폭로한다. 트럼프의 선거 유세 발언은 인종차별론으로까지 번졌고, 이는 코로나19 팬데믹에 휩싸인 미국에서 유례없는 수준으로 팽배해졌다. 이런 인종주의 발언은 미국에 있는 아시아계 시민들이나 수백만 명의 관광객들에 대한 미국인들의 분노와 폭력이 우려스러울 만큼 급증하는 데 한몫했다.

한편, 중국 쪽에서는 중국공산당 총서기이자 중국 국가 주석인 시진핑의 영도하에 중국은 더 강성해지고 더 대담해진 자국의 모습을 보여주고자 한다. 오늘날 중국은 국가 산업 전략, 해외로의 국력 투사, 무역 상대국들에게 경제제재를 가할 의지 등에서 자국의 이익을 고집하려 한다. 국경 너머에서 중국은 부탄 및 인도와의 영토 분쟁에 더 강경하게 나오고 있다. 또한 동쪽으로는 남중국해를 장악하려 하고 있다. 중국의 시각에서 이는 자국의 주권을 지키기 위한 정당한 행동들이다.

재교육과 억류 조치를 비롯한 위구르 소수민족 탄압과 홍콩의 정치적 자유 억압, 인권 운동 탄압 등은 미국과 그 밖의 나라에서 분노와 우려의 반응을 불러일으켰다. 중국 내부에서는 이런 문제에 대해 포퓰리즘과 민족주의 논리로 성공적으로 대처하면서, 중국공산당의 정당성과 시진핑의 개인적 권위에 대한 어떤 도전도 불허하고 있다. 선전 선동 활동의 일부로 안면 인식 기술, 인공지능 등 첨단 기술을 사용하는 새로운 감시 시스템과 더 강화된 인터넷 통제 등이 동원된다. 이런 많은 정책들은 정부와 시민 사이의 적절한 관계에 대해 미국과 중국이 근본적으로 다르게 여기고 있음을 보여준다. 경제 영역에서는 시진핑과 공산당이 경제의 전반적인 부문을 직접 통제하는 가운데, 자유 시장경제적 접근과는 전혀 다른 장기적 전략 기획의 전통마저 고수되고 있다. 이런 움직임들 뒤에는 '미국은 이제 저무는 해이며, 중국이 대약진할 때가 무르익었다'는 중국 지도부들의 굳은 믿음이 자리한다.

중국은 2050년까지 기술, 군사, 경제에서 세계 최강국이 되겠다고 천명했다. 미국의 주도적 위치를 대체하는 것까지는 몰라도 더 이상 혼자 주도하도록 내버려두지 않겠다는 것이다. 그렇게까지 놀라운 일은 아니다. 여러 해 전부터 중국은 "미국이 우리에게 이래라저래라 하는 데 질렸다"라고 불평해왔다. 미국이 관세 장벽을 높이기 전부터도 중국은 자국민과 미국민의 민간인 교류를 규제하고 두 국민경제를 통제 가능한 방식으로 분리하면서, 기본적으로 방위 위주였던 자국의 군사력을 중국 국경 너머까지 위력을 투사할 수 있는 군사력으로 탈바꿈시키는 일을 차근차근 추진해왔다. 2015년, 중국 전국인민대표대회는 '중화인민공화국 국가안보법'을 제정했는데, 부분적으로 미국의 영향을 일체 배제하는 대안적 디지털 세계를 구축하는 게 그 목적이었다. 그다음 해에는 모든 비정부기구를 경찰 통제에 두는 조치를 취했다. 이로써 중국에서 활동하는 비정부기구들과 그에 소속된 미국인 및 그 밖의 외국인들은 행동에 제약을 받게 됐다. 그리고 중국은 점점 더 국내 기술혁신에 중점을 두면서 대미 의존도를 낮추려 하고 있는데, 특히 군사기술 개발과 연결되는 첨단 기술 부품 쪽에서 그러하다.

또한 중국은 아시아인프라투자은행AIIB, Asian Infrastructure Investment Bank 같은 경제 통합과 제도적 기준 구축을 통해 미래 세계 질서에 대해 나름의 비전을 내놓기 시작했다. 미국이 주도하는 금융 기구와 (그것과 경쟁하려는 목적에서) 놀랄 만큼 비슷하게 설계된 이 은행은 적어도 부분적으로는 재무 평가와 대출을 통해 국제 인프라 금융에 중국이 참여할 수단을 마련하려는 목적을 띤다. 가장 중요한 것이 중국의 일대일로 전략이다. 정치·경제적으로 세계의 주도권을 차지하겠다는 의미가 있다.

군사 부문에서는 앤드루 에릭슨Andrew Erickson이 썼듯이, 미국의 절대 우위가 아직 지켜지고는 있다. 그러나 급격히 성장하는 중국의 군사력은 매우 빠르게 그 격차를 좁히고 있으며, 특히 대만해협과 남중국해를 비롯한 중국의 주 관심 지역에서는 더욱 그렇다. 이는 분명 군사적 분쟁의 위험을 크게 높인다.

외교 안보 영역에서 미중 간 긴장이 높아지는 현실은 언론과 대중의 인식에 반영되고 있다. 2022년, 정치 이념에 관계없이 미국인 중 거의 3분의 2가 중국을 싫어하는 국가로 뽑았다. 그런 결과의 원인 가운데 일부는 미국 국내의 정치 사정에 기인한다고 해도, 미국 대중의 인식이 나빠진 것을 단지 선거 운동 차원에서만 보기는 어렵다. 여기에는 중국 인권 상황에 대한 일반인들의 인식과 중국이 국제적으로 벌이는 행동에 대한 평가가 상당히 작용했다. 또한 오늘날에는 미국 기업과 정부 관료들 사이에 "중국의 산업 및 경제정책은 불공정하며, 그 탓에 중국 내 미국 (및 그 밖의 국가들) 기업의 성적이 부진하다. 그리고 자국 기업들에 대한 정부 보조와 지적 재산 강탈은 자본주의 규범과 규칙마저 위협하고 있다"라는 공감대가 폭넓게 형성돼 있다.

중국이 국내외에서 보다 강경해짐에 따라, 미국에 대해 사용하는 수사 역시 달라지고 있다. '늑대 전사wolf warrior' 혹은 '전랑戰狼'이라고 널리 알려진 일부 중국 외교관들은 "미국이 중국의 내정에 간섭해 중국의 내적 통일성과 안정을 위협하고 있다"라는 식의 발언을 이제 공공연히 하고 있는데, 대중 관여 정책이 시작된 이래 이런 발언이 나온 것은 처음이다. 가령 2008년 티베트 봉기와 2014년 홍콩의 '우산 혁명'을 미국이 부추겼다는 말이 공식 라인에서 흘러나온다. 그리고 중국은 미국을 '간섭쟁이' 차원을 넘어서는 존재로 폄하하는 수사마저 쓰고 있다. 예를 들어 코로나19 팬데믹 상황에서 미국이 계속 헤맨 반면 중국은 질서정연하게 대응했다고 지적하며, 보건 같은 분야에서 미국이 과연 선진 모델이 될 수 있는지 의문을 제기한다. 이제 중국은 이전의 미국이 주도했던 세계 질서에 대해, 경제 발전이나 정치 및 사회 조직 등에 있어서 하나하나 스스로를 대안으로 제시하고 있다.

도널드 트럼프와 시진핑이 서로 강렬한 국가주의적 수사를 쏟아냄에 따라 미중관계는 한층 더 힘들어졌다. 그들이 이처럼 국가주의적 포퓰리즘에 의존할수록 두 나라가 서로를 이해하기란 더욱 어렵게 된다. 그런 식의 접근은 더 절도 있고 정확한 시각으로 정책 방향을 전환하는 데 장애를 초래한다. 중국을 라이벌을 넘어 '적'으로 삼으며 악마화하고 인종주의를 들먹인다면, 비싼 대가를 치르게 된다. 잘못된 정책 수립, 몰이해, 편협하고 인종차별적인 외교 등이 나타날 수 있다. 마찬가지로 애국심을 강조하는 교육 내용과 국가주의가 넘치는 중국의 소셜 미디어 캠페인은 지난 세월 동안 양국 간 상호 협력을 넓혀온 다양한 인적 교류를 위험하게 만들 수 있다. 또한 이 캠페인은 애국심이 부족하거나 중국인이 아니라고 여겨지는 소수민족과 그 외의 집단을 위협하며 그들이 무조건 중국 국민으로서 복종하도록 강요할 수 있다.

최근 미중관계의 악화는 거의 모든 부문에 걸쳐 있으며 이념 부문도 그에 포함된다. 어떤 논객들은 제2차 냉전이 시작됐다고도 말한다. 이를 두고 트럼프 대통령에게 잘못을 돌리는 경우가 많다. 하지만 이제껏 봤듯, 최근의 관계 악화는 오랫동안 진행된 흐름의 결과이며, 양쪽 모두에게 그 책임이 있다. 국력 판도의 변화와 국제정치 및 경제의 변화로, 세계는 미국 주도의 일극 체제에서 양극 체제 내지는 다극 체제로 옮아가고 있다. 또 다른 메가 트렌드, 가령 포퓰리즘과 반세계화 정치 운동의 발흥 역시 두 나라 사이의 긴장을 부추기고 있다.

기존 강대국이 신흥 강자를 맞이해 어떻게 대응해야 좋을지를 고민하는 상황은 분명 역사상 최초의 일이 아니다. 미국 자신도 19세기와 20세기에 자국 경제력의 강화와 유럽 열강의 세력 균형 체제가 붕괴된 덕분에 오늘의 자리에 올랐다. 20세기 초 일본의 지도자들은 서구 세력들이 사실상 최고의 지위에서 밀려났다고 믿었으며, 그 결과 아시아에서 처참한 전쟁이 벌어졌다. 과연 중국은 대안적 시스템을 수립하려 할까? 아니면 시진핑의 표현을 빌리자면 '서구적 가치'라 불리는 것들이 중심을 차지하지 않도록 기존 시스템을 수정하려 할까? 확실한 것은 중국이 더 이상 현상 유지에 만족하지 않으며, 미국은 중국의 부상이 가지는 의미를 반드시 통찰해야 한다는 점이다.

이렇게 마찰이 지속적으로 커짐에도 불구하고, 두 나라는 그 어느 때보다 상호 간에 긴밀히 얽혀 있다. 양국 간 상품·재화 무역액은 2020년 기준 6,600억 달러에 육박했고, 서로 상대의 최대 해외직접투자국이 돼 있다. 또한 그 공급망이 서로 뒤얽혀 있음은 코로나19 팬데믹 사태에서 장점과 단점을 모두 명확히 보여줬다. 간단히 말해서, 양국은 상호 의존적 관계에 있다. 그러나 상호 의존적 관계가 양국 관계를 결정한다고는 할 수 없다.

두 강대국이 각자의 기질을 다스리고, 생산적으로 서로를 대한다면 매우 유익할 것이다. 양국 관계에 걸려 있는 경제적 이해관계는 분명 막대하며, 기후변화나 세계 보건 문제처럼 중요한 사안에도 양국의 협력은 큰 성과를 내리라 여겨진다. 미국은 인프라 건설이나 빈곤 퇴치 등에서 중국의 경험으로부터 배울 수 있을 것이고, 중국은 계속해서 미국의 역동적인 교육 시스템이나 혁신 지향적 기업 활동 등에서 얻을 게 있을 것이다. 미국과 중국이 서로에게서 쉽게 발을 뺄 수 없는 게 현실이다. 그들은 너무도 많은 역사를 공유했고, 너무도 많은 영역에서 겹쳐 있다. 하지만 생산적인 상호 관계는 서로 다른 견해의 조정과 경쟁의 관리를 필요로 한다. 포스트 관여 정책을 짜기란 쉽지 않겠지만, 국익을 추구해나가는 한편, 양국 관계의 문제들을 놓고 협의하고 극복하는 길은 반드시 찾아야 할 것이다.

오늘날 미중관계의 특징

/

앤토니 블링컨Antony Blinken 미 국무 장관은 2021년 3월, 취임 후 얼마 지나지 않았을 무렵에 한 공식 석상에서 조 바이든 대통령의 대중국 정책에 대해 이렇게 설명했다. "우리와 중국의 관계는 필요할 때는 경쟁적이고, 가능할 때는 협력적이며, 불가피할 때는 적대적일 것입니다." 그리고 덧붙였다. "어떤 경우라도 우리가 힘의 우위를 가지는 상태에서 중국에 관여하는 것이 핵심입니다." 몇몇 관측자들은 트럼프 행정부의 입장에서 공식적으로 바뀐 것이 없다며 놀라워했으나, 실제로 여기서 핵심은 미중관계의 전면 수정 가능성이 전혀 없다는 사실이다. 과거의 건설적 관여 정책은 실패했다는 것에 공화, 민주 양당은 대체로 같은 의견이다. 기존의 미중관계 틀에서 이탈을 시도한 트럼프의 행보는 사용하는 수사나 개별 결정들 사이에 전략적 일관성이 없다는 점에서 놀라웠다. 하지만 미중관계는 트럼프가 아니더라도 이미 새로운 단계에 접어들었으며 트럼프 이전의 관여 정책으로 되돌아가는 건 불가능해졌다. 이는 트럼프의 거친 수사 때문이 아니라, 미중관계가 이미 달라졌기 때문이다. 중국이 자국의 입장을 강변하고, 때로는 미국에 맞서기까지 하는 일이 잦아진 복잡한 포스트 관여 시대의 상황을 제대로 포착하고, 그 상황에서 미국의 이익을 따지고 우선순위를 정하는 것. 그것이 바이든 행정부의 과제다.

새로운 국면이 펼쳐지는 상황에서 이 책은 어떤 교훈을 줄 수 있을까? 새로운 미중관계를 어떻게 볼 것인지에 대해 지난 10년 동안 수많은 말들이 쏟아졌다. 기존의 용어만으로는 불충분하다고 여긴 나머지 다양한 신조어들이 만들어지기도 했다. 가령 '차이메리카Chimerica', 'G2Group of 2', '코피티터co-opetitior' 같은 말들이 그 예다. 이 책을 읽고 나면, 어떤 하나의 단어로 이 중대한 관계를 충분히 표현할 수 없음을 깨닫게 될 것이다. 미중관계는 워낙 복잡하고, 모순도 많이 내포하고 있기 때문이다. 뭔가 하나로 보기에는 이 양국 관계가 복잡미묘하므로, 오히려 학자와 실무자들에게는 더 깊이 캐볼 필요성이 있다. 한 단어로 꼭 집어 표현할 수 없는 만큼 그 빈칸을 '정치'가 채우려 할 수 있고, 최근의 분위기로는 이 둘의 관계를 표현하는 단어가 '적대 관계'가 되고 말 가능성이 크다.

정책 대안을 찾기 위한 기존의 방식도 낡은 건 마찬가지다. 중국에 대한 입장 차를 놓고 '매파'와 '비둘기파'를 따지는 일은 더 이상 적절하지 않다. 이런 식의 구분 짓기와 오늘날의 정책들이 가지는 한계를 깨달은 미국 국가안전보장회의NSC의 중국 국장 러시 돌시Rush Dolshi는 "미국은 중국을 적응시키고 안심시키는 전략과 억제나 격파의 방법으로 중국의 행동을 고치려는 전략 사이의 차이를 염두에 두고 정책 프레임을 다시 짜야 한다"라고 말한다. 이 책에 실린 글들은 양국 관계의 복잡성을 다양하게 들여다볼 수 있게 해준다. 대부분의 저자들은 다음 중 하나 또는 그 이상의 측면에 중점을 두고 있다. 미국과 중국의 상호 의존성, 중국의 변화가 가져오는 의미, 미국과 중국의 경쟁, 그 각각에 맞는 그럴듯한 정책 대안 선택지들이 제시된다. 비록 그것들이 개별 저자들의 입장과 정확히 일치하지는 않는다고 해도 말이다.

미중 간 상호 의존성에 주목하는 저자들은 두 나라의 관계가 긴밀해진 것이 바람직한지, 또는 그 반대인지, 아니면 이도 저도 아닌지를 분명하게 혹은 은근하게 묻는다. 그런 상호 의존은 어떤 기회와 리스크를 가져오는가? 시장에서 기술에 이르기까지 중국은 미국이 탐내는 많은 것을 가지고 있다. 중국이 미국으로 하여금 이런 것들에 접할 기회를 높여준다면 이 둘의 상호 의존성은 긍정적이며, 따라서 중국에 대한 미국의 접촉을 극대화하는 것이 적절한 정책이 될 것이다. 그러나 상호 의존에는 리스크도 따른다. 그래서 일부 저자들은 기회를 포기하지 않으면서도 그런 리스크를 최소화할 방법을 모색한다. 중국과 미국은 세계 보건, 대테러, 기후변화 등의 문제에 함께 대처할 공동 이해관계를 가지고 있다. 이런 공동의 이해 영역에서 정책 결정자들은 비용이나 새로운 리스크를 최소화하며 중국과 건설적으로 협조할 정책 대안을 찾아내야 할 것이다.

일부 저자들은 양국 관계보다는 중국 내부의 변화에 초점을 맞추기도 했다. 그들이 보기에 중국의 부상과 중국 자체는 미국의 이해에 직접적인 위협이 되지 않으며 그 도전이 무엇인지도 분명치 않다. 그런 시각에서 그들은 단지 중국을 견제하기 위해 중국을 압박하는 정책을 취하는 것은 별 소용이 없다고 본다. 중국의 우주탐사에 대한 칼라 프리먼Carla Freeman의 글에서 우리는 이러한 입장을 읽을 수 있다. 어떤 저자들은 신장 위구르 지역의 인권 문제와 같은 중국의 내부 사안에 대해서도 미국이 강력한 대응을 해줄 것을 요구하기도 한다.

대부분의 저자들은 일단 양국이 경쟁 관계라는 것을 인정하고 있다. 이 책에 참여한 50여 명의 저자들이 가지고 있는 지배적인 의견은 최근 학계의 중국론이 어떻게 변해가고 있는지를 단적으로 보여준다. 불과 5년 전만 해도 이런 의견은 결단코 지배적이지 않았다. 이런 생각의 이동은 일정한 패턴을 나타내기도 한다. 두 나라가 경쟁 관계에 있다고 보는 사람들은 게임은 대체로 공정하며, 따라서 계속돼야 한다고 생각한다. 일부는 미국이 실질적인 우위에 있기 때문에 경쟁에서 이길 공산이 크다고 본다. 중국이 우위를 점하는 부분도 있으며, 미국은 중국의 이런 점을 배워야 한다고 주장하는 소수파도 있다. 사회 인프라에 대한 셀리나 호Selina Ho의 글이 바로 그런 예다. 이런 논의는 미중관계에 있어서 일찍이 본 적이 없는 것이기도 하다. 아예 경쟁 구도를 논외로 치자는 주장도 나오고 있다. 중국이 점점 부유해지고 기술적으로도 앞서고 있는 상황에서, 미국과 중국 두 나라는 어쩌면 비슷한 도전에 직면해 있으며 따라서 서로 배우고 협력해야 된다는 것이다. 이런 견해는 기술 부문에 대한 윈스턴 마Winston Ma의 글에서 자세히 볼 수 있다.

양국이 하나의 게임을 치르고 있는데 중국은 게임의 규칙을 따르지 않으며 심지어 자기 멋대로 규칙을 바꾸려고 한다는 주장도 나온다. 이런 경우라면 게임의 규칙을 더욱 강화한다거나 규칙을 지키도록 중국에 제재를 가해야 하는 것이 마땅하다. 지식재산권을 다룬 글에서 마거릿 루이스Margaret K. Lewis는 중국이 자국 기업이 미국 법을 어기도록 부추기거나 심지어 지시하면서까지 게임의 규칙을 지키지 않고 있으며 그로 인한 피해를 줄이는 데만 골몰한다고 쓰고 있다.

일부 저자는 극히 중요한 분야에서의 미중 간 경쟁을 다루고 있는데, 이에 대한 우려를 표명하기도 한다. 알렉스 왕Alex Wang은 그의 글에서 기후 위기에 대처하는 두 나라의 경쟁이 양국은 물론 전 세계에 도움이 될 것이라고 말한다.

마지막으로 이 책의 저자 중 그 누구도 주장하지 않았지만, 이와 별개로 중국은 경쟁 상대인 동시에 위협 세력이며 따라서 그 위협은 해소될 수 없다는 입장도 있다. 그러므로 적절한 정책이란 중국을 약화시키거나, 통제하거나, 변화를 강제하거나 하는 것이다. 이는 점점 높아지고 있는 여론의 입장이다. 이 책을 읽는 사람은 그런 입장이 얼마나 잘못돼 있고 또 위험한지에 대한 반박을 듣게 될 것이다.

이런 모든 정책적 고민의 공통점이 있다면 어떻게 효용을 최대화하고 비용을 최소화할 것이냐의 문제다. 말하자면 중국 자체, 상호 의존성, 경쟁, 이 세 가지 측면에 근거해 최선을 선택하는 것이다. 하지만 대중국 정책 전반을 위해, 미국은 이 세 가지 관점을 두루 고려하면서 어느 하나에 치우치지 않을 필요가 있다. 만약 어떤 구체적인 사안이 이 중 하나의 측면만 압도적으로 띤다면, 단순한 정책을 펼칠 수 있을 것이다. 하지만 앞서 본대로 사안이 복합적이라면, 그런 단순한 정책은 유지하기 어렵다. 어떤 사안을 두고서든 미국이 중국과 협력하는 게 확실한 이익이 된다면, 대중국 정책은 감지된 위협을 중화시키는 일에만 중점을 둘 수밖에 없게 된다.

미중관계의 악화가 주는 의미가 한층 더 복잡해지는 것은 미국이 취할 수 있는 선택지가 모 아니면 도일 때가 많기 때문이다. 중국은 태도를 바꾸고 그 정책을 전면 수정할 수 있다. 반대로 미국과 관계를 단절할 수도 있다. 그러나 어느 쪽도 현실적이거나 가능해 보이지 않는다. 그래서 두 나라 모두에게 도움이 되지 않는다.

이 책은 특정 정책을 주장하기보다는 정보를 제시하는 데 주력하고 있지만, 한 가지 확실한 결론을 내리고 있다. 미중관계의 복잡성을 제대로 파악하지 못하면 미국은 불이익을 보게 될 것이라는 점이다. 하나의 만병통치약은 있을 수 없다. 미중관계가 각 영역에 따라 다르다는 사실을 인식해야만 제대로 된 정책이 나온다. 예를 들어 존 폼프렛John Pomfret의 주장대로 상업 부문에서는 상호성이 적절한 정책 대안일 수 있다. 만약 중국이 특정 부문에서 외국 기업의 활동을 불허한다면, 미국도 해당 부문에서 중국 기업을 배제할 수 있다. 하지만 그렇다고 해서 어느 분야에서든 상호성의 원칙을 적용해서는 안 된다. 메리 갤러거Mary Gallagher가 썼듯이, 중국에서 미국 학생들을 박대한다고 해서 미국 대학에 중국 학생 입학을 금지한다면, 비생산적인 상호 보복의 반복에 따라 미국은 이익이 아닌 손해만 보게 될 것이다.

이 책은 미국보다는 중국에 대한 주요 전문가들이 쓴 책이다. 따라서 미국 국내 정책을 중점적으로 다루는 저자는 많지 않다. 하지만 이를 각자의 글 속에서 은근히 제시하고 있는 경우는 많다. 중국을 파트너로 보든, 경쟁자로 보든, 위협 세력으로 보든 간에, 우리 저자들은 떠오르는 중국에 최선의 대응을 하는 것이 미국을 재건하고 강화하는 길이라는 것에 중요한 의견의 일치를 보고 있다.

미래를 보다

/

미중관계는 약속과 위협의 연속이다. 관계 단절을 읊조리면서도, 두 나라는 동상이몽 속에서조차 서로 강력하게 얽혀 있다. 이민, 교육, 투자, 무역, 경제적 상호 의존성, 문화적 교류가 양국을 이어주고 있다. 많은 부분에서 서로 다르지만, 양국은 전혀 독립적이거나 평행하는 시스템을 만들 수가 없다. 간단히 말해서 상호 의존과 평화공존이 이 두 나라와 전 세계의 미래에 긴요하다. 따라서 이제까지 들어본 단적인 명제의 최신판을 원했던 독자라면 실망할 것이다. 우리는 이 관계의 특징을 뭐라 하나로 단정 짓는 일을 확고히 거부하기 때문이다.

분명 중국은 미국의 경쟁자이고, 위협 세력이며, 잠재적 협력 대상이다. 이 점을 미국인들은 현실로 직시해야 한다. 여러 저자가 이 관계의 부정적인 면을 적시했지만, 미래를 비관적으로만 바라볼 필요가 없는 이유 역시 분명히 제시했다. 과거, 미중관계는 더 험악해 보이기도 했었다. 중화인민공화국이 수립된 지 10여 년 동안에는 양국 관계 자체가 없었다. 두 나라는 서로 반대편에 서서 한국에서 싸웠으며, 서로에게 무역 금지 조치를 걸었다. 서로가 냉전의 수사학에 따라 상대에게 비난을 쏟아냈다. 그럼에도 불구하고 중국과 미국은 소련의 공동 위협에 맞서 놀랍게도 손을 잡았다. 과연 그 누가, 1971년 도쿄에서 열린 세계 탁구 선수권 대회에서 양국 선수들이 만난 일이 '핑퐁 외교'라는 놀라운 외교적 돌파구를 가져오고, 40년 넘게 지속될 건설적 관여 정책을 낳을 줄 알았겠는가?

이미 살펴본 대로 미중관계는 다면적이며, 어떤 면에서 예측 불가이기도 하다. 우리가 이 책에서 시도한 것은 오늘날 중요한 사안들을 다루면서, 오늘날의, 그리고 내일의 세계에 있어 가장 중요한 두 나라의 관계를 제대로 이해하고 적절한 정책 대안을 마련할 기초를 다지려는 것이다.

우리는 친구이자 동료인 에즈라 보겔에게서 많은 영감을 얻었다. 그는 저자로 참여하기로 승낙했으나 작업이 끝나기 전에 그만 세상을 뜨고 말았다. 50년 동안 중국을 연구해온 그는 '민간외교'의 중요성을 줄곧 견지했다. 정치인들만이 아니라 학자, 학생, 기업인, 언론인, 일반인들 사이의 교류가 중요하다는 것이다. 그런 식의 교류는 최근 양국 관계의 악화로 피해를 봤다. 코로나19는 상황을 더욱 악화시켰을 뿐이다. 미중관계의 여러 문제점들은 대처하기 어렵고 심지어 파악하기도 어렵다. 그러나 그러한 측면들(문화적·교육적·사업적 교류)은 머잖아 복구되리라 희망하고 있다. 지금은 국가 간 외교가 순탄치 않지만, 에즈라가 강조해왔던, 그리고 지난 수십 년 동안 꾸준히 진행돼 왔던 민간 교류는 채널만 열려 있다면 관계가 다시 개선되리라는 낙관론을 준다. 이 책으로 독자들이 미중관계의 복잡성을 더 잘 이해하게 된다면, 그런 낙관론은 더 힘을 얻게 될 것이다.

마리아 에이들 캐러이 Maria Adele Carrai
뉴욕대학교 상하이 캠퍼스의 글로벌 중국학 조교수. 동아시아 국제법 역사 전문가다.

제니퍼 루돌프 Jennifer Rudolph
우스터공과대학교의 역사 및 국제관계학 교수. 교내외 동아시아 국제 교류 및 지식 함양을 위해 설립된 동아시아허브(전 차이나허브)의 디렉터다.

마이클 스조니 Michael Szonyi
하버드대학교 중국사 교수. 전 페어뱅크 중국연구소 소장이다.

차례

3부. 세계 속의 중국

/

4부. 안보

/

5부. 발화점

/

6부. 경제

/

7부. 보건, 과학, 기술

/

8부. 사회

/

9부. 문화

/

1부

미중관계의 역사적 맥락

01

미중관계, 어떻게 여기까지 왔고 이제 어디로 갈 것인가?

존 폼프렛

2016년 도널드 트럼프의 대통령 당선 이후 급격하게 요동친 미중관계만큼 극적인 변화를 상상하기란 어려울 것이다. 트럼프 전 대통령과 시진핑 중국공산당 총서기가 분란을 만들고 코로나19 팬데믹이 이를 부추기면서, 두 나라는 갈등의 시기로 접어들었으며 그간의 관계를 진지하게 재고하게 됐다. 제2차 세계대전 직후, 전화戰火 속에서 중국이 공산국가로 거듭났던 이래로, 미중관계가 이처럼 요동친 적은 없었다.

미국과 중국의 경쟁은 두 나라 지도자의 독단적 신념이 불꽃을 튀면서 가속화됐다. 전임 대통령들과는 매우 다르게, 트럼프는 인종주의적 국가주의에다 정경 유착적 기업 국가론, 포퓰리즘 등을 터뜨리며 백인 노동자 계층에 파고들었다. 그러자 시진핑은 외국 혐오주의와 한족 우월주의로 맞받아쳤다. 중국이 신장 위구르 자치구를 비롯한 자국 지역들에서 인권 탄압을 자행하고, 그에 호응이라도 하듯 트럼프가 난민 가족의 아이를 철창에 가둬 격리시킨 일은 마치 아이들이 투닥거리며 싸우는 모양새와 같았다.

트럼프는 닉슨 이래 민주-공화 양당 진영이 오랫동안 공유해온 입장을 미련 없이 걷어차 버렸다. 그것은 미국이 중국을 세상으로 이끌어내야 한다는 역사적 사명을 받아들이고, 건설적인 관여 정책으로 중국 정권과 대화합을 이루는 것만이 유일한 선택지라는 입장이었다. 1967년 닉슨이 말했듯, 중국은 너무 큰 나라이므로 "중국이 야망을 이루는 것에 도움을 주거나 적대감을 부추기거나 이웃 국가들을 위협하게 내버려둬서는 안 된다는 것"에 다들 암묵적으로 동의했다. 트럼프의 대통령 당선은 적어도 일시적으로나마 이런 식의 노선을 끝장냈다.

대안이 없는 트럼프의 반反중국 정책

/

트럼프가 미국이 견지했던 기존의 대중국 정책이 실패했다는 사실을 어쩔 수 없이 인정하게 만들었다는 데는 의심의 여지가 없다. 앞으로 더 낫게 행동하리라는 약속, 쉽게 깨지는 그 약속을 믿고 지금 대가를 지불하는 미국 방식으로는 중국을 서구적 가치에 융합시키지 못했다. 일찍이 국무부의 고위직에 있었던 리처드 아미티지Richard Armitage의 말을 빌리자면, 중국에 대한 미국의 그런 정책은 "돈을 들여 나쁜 버릇을 가르치는 꼴"이었다.

그러나 문제는 트럼프가 낡은 정책 대신 잘 기능하는 새 패러다임을 내놓지 않았다는 데 있다. 하지만 그 덕분에 G2로서 미국과 중국이 협력하며 세계의 문제를 해결해나가게 돼 있다는 환상적인 생각은 이론의 창고에서 퇴출됐다. 그러나 미중관계에 연연하는 대신 유럽과 아시아에 있는 미국의 동맹국들에 의존하면 된다는 트럼프의 생각 역시 동맹을 다루는 그의 거친 방식과 함께 퇴출을 면할 수 없었다.

트럼프의 외교 안보팀은 중국의 체제가 상상 이상의 포식자라는 점을 간파했다. 과거 중국에서 기자로 활동하고 미 해병대 정보장교를 역임한 뒤 트럼프 행정부의 국가안전보장회의에 합류한 매튜 포팅어 Matthew Pottinger가 이끄는 이 팀은 "비록 가다 서다를 반복할지언정, 중국은 더 자유로운 나라로 진화해가는 나라다"라는 예전의 중국관에서 탈피했다. 대신, 중국을 대책 없는 레닌주의 국가로 이해했다.

정치철학으로서, 레닌주의는 갈등을 지지하고 지배를 지향한다. 트럼프 행정부 관료들의 눈에 중국은 미국을 지정학적, 전략적, 상업적, 과학적으로 누르려 하고 있었다. 그러는 동안 미국은 순진하게도 중국과의 평화공존을 모색해왔던 것이다. 이 시각으로 보자면, 미국이 '윈-윈'을 말할 때 중국은 '좋았어. 우리가 두 번 이긴다는 뜻이군'이라고 생각한 셈이다.

레닌주의와 자본주의가 교묘히 섞인 중국식 권위주의를 두고, 트럼프 외교 안보팀은 정치철학자 티머시 가튼 애시 Timothy Garton Ash의 말이 적절하다고 여겼다. 애시는 "자유민주주의의 체계적인 적으로, 20세기의 대부분을 풍미한 파시즘 및 공산주의 체제와 같다"라고 했으며, 이런 중국의 모델이 "아시아, 아프리카, 라틴아메리카의 개도국에게 민주주의를 거치지 않고 근대화에 이르는 길로 여겨질 수 있다"라고 썼다.

이 같은 중국관은 2017년 12월, 〈미국 국가안보전략백서〉가 처음으로 중국을 수정주의 국가의 하나이자 패권 경쟁 국가로 묘사함으로써 공인됐다. 이후 2018년 3월, 〈미국 무역대표부 보고서〉는 해외 기업에게 기술 이전을 강요하는 중국의 정책이 서구, 특히 미국의 값진 기술을 파헤쳐내서 중국 기업들이 서구 기업들과 단지 경쟁하는 정도를 넘어 아예 없애버리려는 의도라고 주장했다.

반중국으로의 미국의 입장 선회는 미국 정부에만 국한되지 않았고, 사회 전반적으로 퍼졌다. 2020년, 퓨리서치센터Pew Research Center의 여론조사에서 거의 3분의 2의 미국인들이 중국을 부정적으로 봤다. 이는 이 센터가 해당 문항을 처음 넣은 2005년 이래 최대 수치였다. 중국에 호감을 표시하는 미국인은 4분의 1 정도에 불과했으며, 이는 역대 최저였다. 다시 한번, 미국의 대중국 관계는 비방과 공포의 시대로 되돌아갔다.

근본으로 돌아간 중국공산당

중국에서도 진자는 움직였다. 그 방향은 증오와 불신, 그리고 그 이상의 것들이었다. 트럼프가 미국 사회의 분열을 자극하고 코로나19 팬데믹에 참담할 정도로 잘못 대처한 일은 2007~2009년의 금융 위기 시기에 처음 나타났던 "우리가 이겼다"는 내러티브를 중국에 다시 고조시켰다. 중국의 관영 매체들은 미국과 자유민주주의 체제는 돌이킬 수 없는 몰락의 길로 접어들었다고 국민들에게 발표했다. 중국 관영 심야 뉴스는 매일 밤, 15만 명 이상으로 치솟고 있던 미국의 일간 코로나19 확진자 수와 종종 1명도 나오지 않던 중국의 확진자 수를 비교 보도했다. 트럼프는 중국 소셜 미디어에서 '추안 지앙구오川建国(중국을 키워주는 트럼프)'라는 비아냥조의 별명을 얻었다. 많은 중국인에게 미국美國은 더 이상 아름다운 나라로 비치지 않았다.

중국공산당과 시진핑도 그동안의 적극적 변화 조치들, 즉 많은 이들에게 중국이 더 자유롭고 더 개방된 나라로 바뀌고 있다는 희망을 심어준 조치들을 거둬들였다. 시진핑의 영도 아래, 중국공산당은 전체주의적이던 근본으로 돌아갔으며, 중국 사회에서 미국식 사고방식을 퇴출시키려고 다시 팔을 걷어붙였다.

중국공산당은 민간 부문 깊숙이 그 촉수를 뻗쳤다. 중국은 반체제 인사들과 변호사들에 대한 탄압을 강화하고, 자선단체와 환경 단체를 압박하며, 국경 지대와 홍콩, 신장 등에서 양심수들을 양산하고 있다. 해외에서는 남중국해에 군사력을 배치하지 않겠다는 미국과의 약속에도 불구하고, 그곳의 암초와 산호초들을 '섬 항공모함'으로 만들어 100만 제곱마일의 해역을 제패하려 하고 있다. 중국은 미국 대학들의 호의와 개방성을 악용해 산업 기술을 훔치며 자국 국방력을 강화하고 있다. 또한, 중국은 미국 기업들에 사이버 정보 탐지 활동을 하지 않겠다는 약속을 깨버렸으며, 민주 대만을 침략하겠다고 계속 위협한다.

점점 더 노골적으로 중국 정부는 그 '가치'를 전 세계에, 그리고 미국 문화의 핵심에 퍼뜨릴 방법을 찾고 있다. 거의 1세기 동안, 미국 영화와 농구는 미국의 소프트파워가 중국으로 흘러드는 수단이었다. 중국의 영화 관람객들이 할리우드 영화에 얼마나 매료됐던지, 1950년대 상하이의 공산당 지부는 미국 영화 수입 중단 조치를 늦춰달라고 중앙정부에 호소할 정도였다. 농구공은 미국 선교사들이 가방에 넣어 중국에 들여왔는데, 20세기 초에는 운동을 잘하고 서구식 교육을 받은 젊은이들이 중국을 미국처럼 바꿔나간다는 '젊은 중국'의 이미지에서 핵심을 차지했다.

시진핑 체제하에서 중국은 이런 영향의 흐름을 반대 방향으로 바꾸기로 작정했고, 자국의 거대한 시장을 이용해 변화를 밀어붙였다. 중국의 검열은 할리우드를 굴복시켰고, 미국 영화들은 중국이란 나라를 긍정적으로 묘사했다. 휴스턴 로키츠HOU 구단의 단장이 2019년 10월에 홍콩 민주화 시위를 지지한다는 트윗tweet을 올리자, 중국 정부는 미국 NBA 농구를 아예 퇴출시켜버림으로써 그들이 수십억 달러에 이르는 돈벌이를 눈앞에서 잃도록 만들었다. NBA가 2020년 인종차별에 반대하는 운동에 앞장섰을 때, 그 트윗 사건으로 낭패를 봤던 선수, 감독, 직원들은 중국에 대해서는 아무 말도 하지 않았다. 1세기 이상 미국인들은 자신들이 중국을 바꿔놓고 있다는 생각을 가져왔다. 하지만 이제 중국이 그들을 바꿔놓을 가능성을 마주하고 있다.

중국공산당의 최고위층에서는 미국과의 관계 악화에 중국도 어느 정도 기인한다는 공식적 인식이 일절 없다. 중국공산당이 1989년에 낸 전략 전술집을 보면, 천안문 사태가 벌어진 직후였던 당시에 시위를 부추기고 미중관계를 위기에 빠트렸다며 덩샤오핑이 미국을 맹렬하게 비판한 대목이 있다. 수십 년 뒤, 중국 관료들은 트럼프 행정부와 바이든 행정부를 비판하는 데 그 문구를 써먹었다.

과연, 미국의 일부 나이 든 중국통들은 중국의 입장을 내면화했다. 2019년 7월, 일단의 학자와 전직 정부 관료들은 "중국은 적이 아니다"

라는 공개서한을 내놓았다. 1970년대 바바라 터크먼Barbara Tuchman이 "제2차 세계대전 중 미국이 마오쩌둥과 접촉했더라면 중국과의 냉전은 피할 수 있었다"라고 말했던 것과 비슷하게, 그 서한은 미중관계가 위기에 빠진 원인에 대해 중국공산당에 면죄부를 주려 했다. 서한에 따르면 근본적으로 잘못은 트럼프에게 있었다. 중국의 행동에도 문제가 있음은 인정하되 "미국의 많은 행동들이 미중관계 악화의 악순환을 직접 초래한 것이다"라고 주장했다. 미중관계 악화를 두고 미국만 탓하는 것은 기독교 선교사들이 활동하던 시대 이래로 중국에 대해 가져온 온정주의적 시각을 연상시킨다. 그에 따르면 중국은 깨끗한 백지고 미국인들은 그 미래를 마음대로 써 내려갈 수 있다. 또한 중국은 '유연'하다. 그래서 미국이 움직이는 대로 움직여준다. 이는 마치 미중관계에서 중국공산당은 아무런 역할을 하지 않는다는 식이다.

트럼프의 역설

/

중국에 대한 새로운 접근법의 토대를 마련했으나, 트럼프의 대중국 정책은 거칠기 짝이 없었다. 다양한 중국 상품들에 그가 마구 부과한 관세 인상 조치는 중국의 중상주의적 무역 관행을 그다지 개선시키지 못했다. 트럼프 정부는 홍콩과 신장에서의 인권 탄압에 여러 규제 조치로 대응했다. 그러나 동시에 역설적으로 트럼프는 중국이 그런 인권 탄압을 하도록 사실상 부추긴 미국 사상 최초의 대통령이기도 하다. 2019년 6월 29일, 오사카에서 진행 중이던 G20 정상회의의 한쪽에서 트럼프는 (당시 국가 안보 보좌관이던 존 볼턴John Bolton에 따르면) 시진핑에게

"집단 수용소화하고 있던 구역에 수십만의 위구르계 무슬림을 강제수용한 조치를 받아들인다"라고 말했다.

미국 기업들이 첨단 부품 보급선을 중국에서 다른 곳으로 돌리려고 하는 것을 지지한 트럼프의 결정은 적절했다. 또한 안보 문제를 들어, 전 세계적으로 5G 통신망을 구축하는 사업에서 화웨이를 제외시켜 줄 것을 요구하기도 했다. 그러나 그는 시진핑과 사적인 전화를 한 뒤 화웨이와 ZTE(중흥통신)에 내렸던 제외 조치를 철회하려고도 했다. 볼턴에 따르면 트럼프는 늘 "그가 좋아하는 독재자들에게 사적인 호의를 베풀고자" 했다.

트럼프는 대만과의 연대를 강화하는 쪽으로 움직였다. 그는 대규모의 무기 판매에 관한 법령에 서명하고 이를 지지했다. 하지만 그는 이 섬나라의 민주주의를 지키는 일에는 별생각이 없었다. 볼턴은 이렇게 회고했다. "트럼프가 즐겨 쓰는 비교의 하나는 이러했다. 그의 마커펜 꼭지 하나를 가리키며 '이게 대만이지.' 그리고 자신의 대통령실 책상을 가리키며 '이건 중국이고.'"

코로나19 팬데믹은 악취미를 가진 트럼프의 충동을 더 자극했다. 물론 중국 지도부가 이 바이러스의 위험에 관해 세계와 중국 국민들에게 제대로 알리지 못한 것은 비난받아 마땅하다. 그러나 트럼프는 이 질병을 '중국 바이러스'나 (쿵푸Kung Fu에 빗대) '쿵플루Kung Flu' 따위로 부르고 중국인들에게 질병이니 역병이니 하며, 중국인을 비하해온 수십 년 동안의 미국인들의 편견을 되살렸다. 이는 마치 미국이 다시 한번 19세기 말의 추악한 중상, 즉 "중국인들의 매독은 앵글로·색슨계의 그것보다 더 고약하다"와 같은 편견에 사로잡힌 모양새였다.

트럼프 행정부는 또한 최근의 역사에서 대중 관여 정책을 후퇴시킨 첫 번째 행정부인데, 이는 관여를 통한 유대가 시간이 지날수록 깊어진다는 믿음을 버렸기에 가능한 일이었다. 버락 오바마의 임기 8년 동안 양국 간 100회 이상의 정부 지원 집담회가 열렸으나, 트럼프 행정부는 이를 중단했다. 트럼프 행정부의 주장은 단순했고, 겉보기에는 정확했다. 그런 집담회에서 미국보다 중국이 훨씬 득을 보고 있다는 것이었다. 그러나 이를 바로잡기보다 때려치움으로써 트럼프 행정부는 기회를 스스로 저버렸다.

트럼프는 파리기후변화협약에서 탈퇴하고 TPP 무역협정도 저버림으로써 또 다른 기회를 잃었다. 이로써 그는 온실가스 배출 제한과 국제 기준에 따른 무역 관행 조정으로 중국을 압박하기 어렵게 됐다. 그가 말하는 "미국이 먼저다"는 곧 "미국은 혼자다"였다.

새로운 관계를 구축할 준비

/

2020년 조 바이든의 당선은 미중관계의 균형을 회복시킬 기회를 마련했다. 어떤 이들은 바이든의 당선으로 미중관계가 전처럼 '정상화'될 수 있으리라 봤으나, 그것은 불가능한 몽상에 지나지 않았다. 그보다 바이든은 중국을 더 정확하게 직시함으로써 미중관계를 '전보다 더 낫게 건설'할 기회를 얻었다고 할 수 있다.

가장 먼저, 미국이 중국과의 경쟁에서 살아남기 위해 취해야 할 첫 번째로 중요한 일은 앞서 냉전 때 소련을 상대로 했던 일과 같았다. 자국을 더 풍요롭고, 역동적이며, 민주적 가치가 새롭게 피어나는 모범 국가로 만드는 것이었다. 티머시 가튼 애시가 "우리는 같은 일을 반복해야만 한다. 자유 사회가 더 나은 삶의 방식을 제공할 수 있다는 사실을 설득하고, 또한 중요하게는, 자유롭지 않은 사회에 살면서 우리의 가치를 공유하는 자들에게 신뢰를 주는 것 말이다"라고 썼듯, 만약 미국이 위선적이거나 허약한 나라임이 드러난다면 결코 중국의 롤모델이 될 수 없을 것이다.

두 번째 목표는 미국이 중국을 모든 면에서 상대해야 함을 깨닫는 것이다. 미국은 홍콩과 대만 사람들의 권리를 위해 버텨야 하며, 그러면서도 기후변화, 팬데믹, 국제 경제 질서의 혼란에 맞서기 위해 중국과 손을 잡아야 하는 입장이다. 이런 고난도 문제에 트럼프가 내놓은 답은 "그냥 관계를 단절한다"였다. 이에 반해 오바마는 다른 무엇보다 기후변화를 중시하는 입장이었다. 하지만 두 정책 모두 잘못 짚었다. 중국은 우리 시대의 실존적 사안들에서는 협력해올 것이다. 미 국무부의 누군가가 중국 인권에 대해 부드러운 으름장을 놓아서도 아니고, 미 해군이 남중국해에서 자유항행을 차단해서도 아니며, 단지 그렇게 하는 게 중국에 이익이 된다면 말이다.

중국에 대한 정책은 그것이 무엇이든 미중관계의 위기가 전쟁으로까지 치닫지 않도록 하는 것을 최우선 목표로 해야 한다. 그러나 평화를 지킨다고 해서 서부 태평양을 중국의 군함과 상선이 휘어잡는 곳으로 만든다거나, 대만 문제에서 손을 떼라는 중국의 요구에 굴복하는 일이 있어서도 안 된다.

사실 대만에서 민주주의의 불빛이 꺼지지 않도록 지키는 일은 미국의 근본적인 이익 중 하나이며, 중국과 그 주변 세계에 미국이 지난

2세기 동안 관여해온 모든 것의 핵심을 이룬다. 더 나아가, 중국 지도자들은 여기서 미국이 하나라도 양보할 경우 그것을 호의가 아니라 허약함의 표시로 받아들일 것이며, 중국은 더 많이 욕심내게 될 것이다. 미국이 초강대국인 까닭은 동맹국들과 우방국들 '덕분'이지, 그들로 인한 '부담에도 불구하고'가 아니다. 일본, 오스트레일리아, 한국, 인도네시아, 싱가포르, 베트남, 필리핀, 대만 등에서 맺은 우호 관계는 미국 정부가 중국을 상대할 때 기본적인 고려 대상으로 전제돼야 한다. 이 우호 관계는 강화돼야 하며 "한국, 일본, 심지어 독일에서 미군을 철수시키겠다"라는 트럼프의 심술사나운 위협으로 약화돼서는 안 된다.

미중관계 발전의 키워드는 '상호성'이다. 중국이 자국 내에서 외국기업들이 자유롭게 활동하면서 자국 기업들과 경쟁하도록 허용하지 않는다면, 미국 시장에서도 그런 취급을 받아야 할 것이다. 언론인, 연구원, 학자 등에 대해서도 같은 원칙이 적용돼야 한다. 미국의 정책 결정자들은 지난 몇십 년 동안 중국 쪽으로 기울어진 운동장에서 뛸 수밖에 없도록 스스로를 얽어매왔다. 이제는 균형을 잡을 때다.

마지막으로, 관여 정책은 트럼프가 자초한 고립 상태에서 벗어나 미중관계의 방법론에 복귀해야 한다. 관여 정책이 오명을 가지게 된 까닭은 여러 행정부들이 그 내용보다는 외양을 가지고 평가해왔기 때문이다. 관여만을 위한 관여가 진정한 관여를 망쳐왔다.

보다 강경한, 심지어는 파괴적인 관여가 실질적으로 앞으로 남은 유일한 길이다. 자국의 힘을 지역 또는 세계로 투사하려는 중국의 시도 앞에 물러서지 않으면서, 기후, 군사, 보건, 팬데믹 통제, 인권, 무역 등의 여러 폭넓은 쟁점들에 대해서는 관여로 나가야 한다. 그것이 생산적인 관계를 만드는 핵심이다. 분명 중국은 너무 크고, 또 이제는 너무 강하기에 '그 야망을 돕고, 적대감을 부추기며, 이웃들을 위협하게끔' 내버려둬서는 안 된다. 이미 많은 어려움이 있고, 아마 앞으로 더 어려워지겠지만, '대화합'으로 가는 길은 아직 의미가 있다. 낙관은 금물이며 신중에 신중을 기해야 한다. 냉정한 현실주의가 필요한 이유다.

이 글을 쓰는 시점에, 바이든 행정부는 집권 1주년을 맞았다. 아직까지 그의 대중국 정책은 확실하게 다듬어지지 않았다. 하지만 새로운 관계를 구축할 준비가 차차 진행되고 있는 듯 보인다. 2021년 11월, 미국과 중국은 기후변화 문제에 대해 협력을 강화하기로 합의했다. 같은 달에 중국의 한 국영기업은 액화천연가스를 미국에서 20년 동안 구입하기로 계약을 맺었으며, 이로써 미국은 중국의 천연가스 수입 대상국 1위가 됐다. 한편, 중국 상품들에 대한 관세는 유지됐다. 일부 중국 기업들에 대한 첨단 반도체 수출 규제도 마찬가지였다. 바이든 대통령은 2022년 베이징 동계 올림픽에 외교사절을 보내지 않을 것이라고 밝혔다. 그러나 선수단의 참가는 독려한다고도 했다. 간단히 말해, 이런 정책들은 모순적이라고 여겨지는 게 많다. 그러나 충분히 조리 있어 보이기도 한다. 이 혼란스러운 경쟁과 협력이 번갈아가며 계속되는 만큼, 앞으로 나타날 미중관계의 문제점들도 관리의 범위 내에 머무를 수 있을 것이다. 그것이 결국 미국과 중국 사이의 '뉴노멀'이 될 것이다.

존 폼프렛 John Pomfret
저자, 저널리스트. 전 《워싱턴포스트》 베이징 지사장을 역임했으며 미중관계에 대한 다양한 책을 저술했다.

02

관여는 여전히 최선의 대중국 정책인가?

엘리자베스 이코노미

관여 정책의 핵심을 이루는 기본 믿음은 이런 것이다. "중국을 자유주의 국제 질서를 지탱하는 국제기구와 국제 협약들에 통합시키자. 그러면 중국은 그 질서의 기둥이 될 것이며, 자유항행, 인권, 자유무역과 같은 그 질서가 추구하는 가치를 받아들이게 될 것이다. 나아가, 그런 통합은 중국 경제의 발전과 더불어 중국의 국내 통치 체제와 외교정책의 우선순위를 결국 미국 및 그 동맹국들의 그것과 비슷하게 바꿔갈 것이다." 미국 모델과 자유주의 국제 질서가 근본적으로 막강하다는 데서 나온 이런 믿음은 거의 40년 동안 미국 대중국 정책의 근간을 이뤄왔다. 그러나 결국 중국은 흥미를 잃어버렸고, 미국은 믿음을 잃어버렸다. 관여는 더 이상 최선은커녕 그럴듯한 미국의 대중국 정책이 되지 못한다.

관여 정책이 약속했던 것들

/

관여는 오늘날 미국 외교정책 정신에 깊이 뿌리내리고 있는 하나의 이상이다. 리처드 닉슨은 심지어 대통령이 되기도 전인 1967년, 미국의 외교 전문지 《포린어페어스Foreign Affairs》에 기고한 글에서 이렇게 주장했다. "중국이 변화하기 전까지 세계는 안전할 수 없다. 따라서 우리는 할 수 있는 한 그런 변화를 이끌어내는 일을 목표로 삼아야 한다."

그 뒤를 이은 미국 대통령들과 이들 행정부의 최고 외교정책 담당자들은 그 개념에 계속 승인 도장을 찍어왔다. 예를 들어 빌 클린턴은 2001년 세계무역기구WTO에 중국이 가입했을 때 관여 정책의 정점을 보여줬다. 그는 2000년 3월 존스홉킨스대학교에서 한 연설에서 이렇게 말했다. "물론 중국이 미래에 취할 행보는 중국이 선택할 것입니다. 우리는 그런 선택을 통제할 수 없고 다만 영향을 줄 수 있을 뿐입니다. 그러나 우리는 우리가 행하는 일에는 완벽한 통제력을 가지도록 해야 함을 인식해야 합니다. 우리는 중국이 옳은 방향으로 나아가도록 끌어당길 수도 있고 등을 돌리게 할 수도 있습니다. 만약 후자의 경우라면 그들을 잘못된 방향으로 떠미는 것과 마찬가지입니다. WTO 협정은 중국을 옳은 방향으로 이끌 것입니다. 그것은 미국이 중국을 위해 일하는 목표를 향상시켜줄 것입니다."

조지 W. 부시 행정부에서 국무부 차관을 지낸 로버트 졸릭Robert Zoelick도 2005년 국무위원회 미중관계 연례 포럼에서 관여 정책의 정당성을 열렬히 토로했다. 그는 중국이 책임감 있는 동업자가 되리라 단언했다. "우리의 목표는 (…) 다른 나라가 스스로의 목소리를 가지도록,

스스로의 자유를 찾도록, 스스로의 길을 가도록 돕는 데 있습니다. (…) 폐쇄적 정치는 중국 사회에서 영구히 버티는 데 한계가 있습니다. 지속 가능하지 않아요. 중국은 정부가 국민에게 의무를 다하고 책임을 지는 나라로, 평화적으로 바뀌어갈 필요가 있습니다."

미국 대통령과 그 행정부가 계속 바뀌는 가운데서도, 관여 정책을 쓰면 중국이 시장 민주주의 모델로 바뀌고 자유주의 국제 질서의 굳건한 지지자로 바뀔 거라고 여기는 순진한 생각은 그대로 이어진 듯하다. 왜 그럴까? 역사를 보면 그런 변화가 가능하며, 심지어 그럴듯하게 보였기 때문일지도 모른다. 미국의 관여와 압력에 의해, 중국의 이웃 나라인 일본, 대만, 한국을 포함한 여러 권위주의 국가들이 앞서 그런 변화를 이뤘기 때문이다. 그리고 몇 가지 면에서는 중국도 그들의 뒤를 따르고 있는 듯도 하다. 1980년대 초, 중국 지도자 덩샤오핑은 중국 경제를 시장주의, 외국자본, 외국 사상 등에 개방했다. 이런 노력은 중국이 세계은행IBRD과 국제통화기금IMF에 가입하면서 뒷받침됐다. 두 기구 모두 중국의 경제개혁 과정에서 긴요한 재정 지원과 기술 지원을 제공했다. 2001년 중국의 WTO 가입은 자국의 경제개혁에도 그 못지않은 영향을 미쳤다. WTO 가입을 위해 중국에게 요구된 조건에 따라 중국 정부는 그 시장을 더 활짝 열어 해외 기업들이 더 활발히 경쟁할 수 있도록 했으며, 국영기업의 역할과 농산물 무역에 대한 통제도 줄이고, 민간 기업의 활동 공간을 넓히도록 했다.

중국의 국제 체제 참여는 내부의 정치 개혁 과정에도 직접적이고 유효한 영향을 미쳤다. 예를 들어 1992년도 유엔환경개발회의는 중국 정부가 비정부기구NGO의 설립을 승인하도록 설득했다. 중국은 1994년 최초의 비영리 환경 단체인 '자연의 벗自然之友'을 설립했다. 또한 환경 보전, 이민자 자녀 교육, 가난 구제 등을 목표로 하는 민간 기구들이 속속 설립됐다. 10년 이상, 미국과 서구의 NGO들과 공익 재단들은 중국 시민 단체의 가장 큰 자금줄이었다. 2010년대 초 기준, 중국 NGO 숫자는 수만에 이르렀다. 그 가운데 한 단체는 심지어 야심적인 중국 시민들이 지방의회에 후보로 나서도록 교육 훈련을 시행하기까지 했는데, 이는 중국공산당에 정면으로 도전하는 행위였다. 부유한 기업인들은 개혁 지향적인 학자들과 변호사들이 정치 개혁의 가능성에 대해 토론하는 살롱을 열었다. 중국 국민들은 일부 NGO를 통해 얻은 새로운 정보들을 활용해 공기 질 개선 요구, 토지 수탈 반대, 부정부패 규탄 등을 내걸고 가두시위를 벌였다. 2010년, 시위 횟수는 18만 건을 넘어섰다.

그러나 관여 정책이 확고한 승리를 거뒀다고는 농담으로도 말할 수 없다. 개혁 개방 시기는 정치·경제개혁에서 반짝 개선을 거뒀다가 오랜 침체기가 이어지는 반복이었다. 그리고 1989년의 천안문 사태 같은 엄청난 퇴보 또한 있었다. 중국 정부는 완전한 시장경제로의 이행을 거부했으며, 정치 개혁은 중국공산당의 권력 상실로 이어질 것이라는 생각을 버리지 않는다. 중국은 또한 WTO나 유엔해양법협약UNCLOS(미국도 이 협약을 비준하지 않았으나, 그 원칙을 준수하고 있다)이니 하는 기구 및 협약에서 요구하는 국제 규범을 따르는 데 신물이 나 있다. 그리고 인권과 관련한 중국의 관행은 유엔인권협약에서 규정하는 내용에 여전히 한참 못 미치고 있는데, 중국은 이 협약에 서명했으나 비준은 미루고 있다. 미국 지도자들은 여전히 관여 정책을 역설하지만, 중국이 이

미 등을 돌린 시점에서는 뭔가 대안이 필요하다는 사실만 뚜렷해질 뿐이다.

관여 정책의 종말

관여 정책의 종말은 10년 정도의 시간을 두고 차차 진행됐으며, 세 가지 두드러진 사건에서 분명히 확인됐다. 2007~2009년 금융 위기가 닥치면서 중국에 대한 관여 정책은 처음으로 재고됐다. 미국 경제의 붕괴와 중국 경제의 상대적 호황을 보면서 중국 고위 관료들은 미국 모델을 따라야 될 필요성을 더 이상 느끼지 않게 됐다. 왕치산王岐山 부주석이 미 재무 장관 행크 폴슨Hank Polson에게 했다는 말은 이미 유명하다. "당신은 나의 선생님이죠. 하지만 행크, 당신네 체제를 좀 보세요. 이제 우리는 당신들한테 더 배울 게 있을지 모르겠네요." 그리고 중국인민은행 총재 저우 샤오촨周小川은 세계의 지급 준비 통화 지위에서 달러를 밀어내는 게 어떠냐고 발언하기도 했다.

중국 최고위층에서 처음 싹튼 이런 생각은 2012년에 시진핑이 중국공산당 총서기가 되면서 쑥쑥 자랐다. 정치·경제적 개혁 개방 노선은 막을 내렸다. 시진핑은 시민 행동과 인터넷 및 언론을 통한 자유로운 정보 유통을 엄중하게 규제하는 법규를 신설했으며, 대규모의 디지털 감시 시스템을 구축하고, 신장 위구르 자치구에서 최대 100만 명에 이르는 위구르계 무슬림을 강제 노동 수용소에 억류했다. 그리고 목표 한정, 보조금, 규제 등의 수단을 동원해 10개 첨단산업 부문에서 중국 기업을 보호하고 다국적 기업을 억제하기 위한 '중국제조中国制造 2025'

같은 새로운 산업 진흥 계획을 세웠다. 시진핑은 중국이 서방세계와 그 가치 및 규범에 더 긴밀히 통합된다면 중국공산당의 권위와 중국의 정치적 안정이 위태로워질 것이라고 생각했다. 그는 매우 강력한 규제 입법으로 중국 NGO들이 해외의 NGO와 교류하지 못하도록 했고, 그 결과 중국에서 활동하는 외국 NGO의 수는 2016년의 7천여 개에서 2020년 529개로 감소했다. 이 과정에서 시진핑은 중국 시민사회와 협력하려는 미국 시민사회의 힘과 열정을 약화시켰고, 이로써 미국의 적극적 관여 정책을 지지하는 가장 중요한 뿌리를 없애버렸다.

동시에, 2018년 6월 당중앙위원회 외교 관계 회의 연설에서 시진핑은 "중국이 현재 자유주의 국제 질서의 상황을 살핀 결과 그 미비함을 포착했다"라고 명확히 언급했다. 그러면서 그는 중국이 "글로벌 거버넌스 시스템 개혁을 주도해야 한다"라고 주장했다. 유엔과 다른 국제기구들과 일하면서, 그는 인권, 인터넷 거버넌스, 경제개발, 군사동맹 등을 놓고서 중국적 가치와 규범이 그런 조직들에 흘러 들어가도록 했다. 친중적인 정책을 유도하기 위해서였다. 또한 당 조직에 대한 외국 공무원들의 연수 제공 및 실시간 인터넷 검열을 통해서 중국의 정치·경제 발전 모델을 외부에 퍼뜨렸다.

중국의 국내외 정책에서 일어나는 많은 변화에 직면한 미국은 아시아-태평양 지역 군사 배치를 늘림으로써 중국의 커지는 야심에 대응하려 했다. 그러나 오바마 행정부 내내, 그것은 관여 정책의 미몽에 사로잡힌 상태로 이뤄졌다. 미국과 중국은 분명 기후변화 협상에서 협력하는 모습을 보였고, 그 결과 파리기후변화협약에서 중국이 사상 최초로 자국의 온실가스 배출량을 줄이겠다고 약속하는 성과가 있었다.

그러나 불행히도, 관여 정책에 있어서 세 번째이자 최후의 치명타를 날린 쪽은 미국이었다. 미국이 거의 40년 동안 관여 정책에 공을 들인 후에 새로 들어선 트럼프 행정부는 중국을 '전략적 경쟁 국가'이자 '수정주의 세력'이라고 새롭게 평가했다. 민주적 규범과 규칙 중심적 질서를 뒤흔들려 하는 세력이라는 것이다. 또한 트럼프는 국제기구들을 미국의 힘과 이익에 방해된다고 봤으며, 유엔인권위원회, 세계보건기구, 포괄적공동행동계획JCPOA을 비롯한 여러 국제 협약과 기구에서 과감하게 탈퇴했다. 그는 미국이 국제기구에 참여하는 데 거의 관심이 없었을뿐더러, 중국의 참여를 끌어들이는 데는 더더욱 관심이 없었다.

새로운 날, 새로운 새벽

관여는 더 이상 미중관계의 현실을 반영하지 못한다. 중국 지도자들은 미국의 거버넌스 모델에 순응할 생각이 없고, 자유주의 국제 질서에는 선택적으로만 관심을 가진다. 그들은 또한 미국 주도의 현 체제를 바꾸고 싶어 하며, 그래서 국제 규범과 가치를 중국이 선호하는 방향으로 움직이려고 한다. 이제 미국은 근본적인 미국적 가치와 규범에 국내외에서 도전하는 중국을 마주하고 있다.

미국이 중국의 정치·경제정책에 영향을 줄 능력은 제한적이지만, 중국이 활동하는 외부 세계의 환경 형성을 도울 능력은 있다. 먼저, 미국은 스스로의 거버넌스 모델부터 손봐야 한다. 그것이 개방성, 투명성, 법치주의라고 하는 규칙 기반 질서의 가치에 뿌리를 두고 있음을 확실히 해야 한다. 시장경제 민주주의의 가장 좋은 점들을 모델로 삼은 미국은 규범에 대한 중국의 도전에 가장 강력하게 대응할 수 있다. 또한 미국은 중국과의 경쟁이 규칙 기반 질서인가, 힘과 영향력을 놓고 양대 세력이 겨루는 상태인가를 확실히 해야 한다. 예를 들어 남중국해에서 중국의 야심적 행동은 국제해양협약을 무시하는 것으로, 또 항행의 자유에 대한 규범에 도전하는 것으로 프레임화될 수 있다. 이는 심지어 남중국해와 별 이해관계가 없는 행위자를 포함한 모든 국제 행위자들이 국제해양협약의 수호를 위해 힘을 모으고, 중국의 행동을 견제하는 방향으로 나아가도록 할 수 있다.

또한 중국의 도전이 가지는 글로벌한 성격에 비춰, 미국은 규칙 기반 시스템을 수호할 때 종래의 유럽 및 아시아 동맹국들과만 파트너십을 이루는 것에 그쳐서는 안 된다. 여기에 더해 아프리카, 라틴아메리카, 중동 등 중국이 이미 상당한 영향력을 가지고 있으며 그 힘을 더 늘려가고 있는 지역의 개도국들과도 협력해야 한다. 미국과 그 동맹국들이 인터넷 거버넌스, 기술 표준, 청정한 물자 보급선 네트워크 등을 위해 새로운 노력에 들어갈 때, 개도국 경제도 이에 포함될 것임을 분명히 해야 한다.

마지막으로, 중국에는 여러 이해 집단이 있다. 그 가운데는 진보적 지식인들과 기업인들처럼 아직도 암암리에 정치·경제개혁을 지지하는 집단들도 있다. 미국은 그들을 돕기 위해 계속해서 중국에 개방정책을 써야 한다. 두 나라 간 학생, 학자, 공무원이 지속적으로 교류할 수 있도록 장려해야 한다. 그리고 그들이 미국과 일하다가 미국적 가치를 받아들일 아주 작은 가능성이라도 활용해나가야 한다. 그런 가능성의 일환으로, 미국은 기후변화나 팬데믹 같은 글로벌 위기에 대해서도 중국과의 협력을 이어가야 한다. 정치 변화는 시간이 오래 걸리는 게임이다. 미국은 미래의 관여를 위해 문을 계속 열어둬야 한다.

> **엘리자베스 이코노미** Elizabeth Economy
> 미 상무부 대중 선임 자문역. 오랫동안 아시아 전문가로 활동했으며 미국외교협회 아시아 학장, C.V.스타 선임 연구원으로 일했다.

03

중국은 왜 미국의 최애 위협인가?

판첸징

지금 미국의 여론에서 가장 인기가 없는 나라는 어디일까? 정답은 명확하다. 최근 퓨리서치센터와 갤럽의 여론조사를 보면 어찌 됐든 중국에 호감을 가진 사람의 비율이 역대 최저로 떨어졌음을 알 수 있다. 그러나 중국은 적어도 한 분야에서는 미국의 최애 대상이다. 바로 미국의 위협 분석 대상으로는 말이다.

연방수사국FBI 국장 크리스토퍼 레이Christopher Wray는 중국을 일컬어 '사회 전반적인 위협'이라고 하며 다음과 같이 말했다. "이 나라는 폭넓고 다양한 부문에 걸쳐 절도를 저지르고 악영향을 끼치고 있는데, 그것도 국가 차원에서 효율적으로 실행하고 있다. 그들은 계산적이다. 그들은 끈질기다. 그들은 참으며 기회를 노린다. 그리고 그들은 개방적인 민주사회의 공정한 규제나 법의 지배에 구애받지 않는다."

미국을 하나로 묶는 최고의 희망

/

2020년 대통령 선거 때, 적어도 4명의 민주당 대선 후보들이 중국을 미국의 '최대 지정학적 위협'이라고 불렀다. 2021년 10월, 중앙정보국CIA 국장 윌리엄 번스William Burns는 중국문제전담센터China Mission Center의 설립을 밝히며 "이는 우리가 21세기에 봉착한 가장 중대한 지정학적 위협에 맞서기 위한 것이다"라고 말했다. 심각하게 분열된 데다가 코로나19 팬데믹으로 어수선한 미국에서, 중국의 위협이란 보기 드문 초당적 합의를 이끌어내는 주제임이 분명하다.

이는 놀라운 일이 아니다. 중국은 명백하고 현존하는 위협으로서의 모든 구성요건을 갖추고 있다. 권위주의 정치체제인 데다 이제는 (아마도) 종신 집권자인 시진핑의 영도 아래 있고, 고질적인 인권유린 국가이며, 홍콩 시위를 강경 진압했고, 국가가 주도하는 중상주의적 자본주의인 데다가, 공격적인 전랑 외교에, 대규모의 군비 증강에, (남중국해와 대만해협에서 보듯이) 이웃 나라를 밀어붙이는 야심적인 위협 행위에, '일대일로' 전략을 통한 거침없는 세계 지배 차원의 야망까지……. 일부만 들어도 이 정도인 것이다. 이렇게 볼 때, 중국의 위협이란 그 실재성에서나 강도에서나 의심의 여지가 없는 현실로 여겨진다.

지속 가능한 발전에서부터 지역 세력균형에 이르기까지, 강성해지는 중국은 분명 큰 불안을 야기하는 존재다. 그러나 중국의 실제 및 느낌상의 위협 내지 강압의 긴 목록, 그것만으로는 왜 중국이 미국의 최애 위협favorite threat인지 설명이 되지 않는다. 국제 관계에서 위협이란 명확히 예측 가능한 명징한 현상으로 나타나는 일이 드물다. 그것은 상호 간 의도의 변화에서 비롯될 수 있는데 이를 인식하는 데는 원래 충분한 확실성이나 객관성이 결여되기 마련이다. 그에 따라, 실제 위협과 잠재적 위협 사이의 불확실한 간극은 종종 위협감感으로 메워진다. 모든 감각이 다 그렇듯, 위협감은 감지된 대상만큼이나 감지의 주체가 누구인가에 따라 크게 달라진다.

대부분의 감각은 여러 수준의 현실과 접목된다. 그러나 인간의 감각기관은 우리가 의식하는 1비트의 정보를 얻기 위해 약 100만 비트의 정보를 현실 세계에서 수집한다. 인간의 감각은 불완전하고 선별적이며, 문화·정치적으로 통용되는 내러티브에 좌우될 수밖에 없다. 그렇지 않으면 특정한 현실의 대상은 모든 사람에게 동일한 감각 이미지를 투사할 것인데, 그런 일은 거의 발생하지 않는다. 이는 위협감을 포함하는 감각은 현실과 관련되고 현실에 따라 형성되지만, 반드시 현실 그대로를 반영하지는 않는다는 뜻이다.

사회적 정체성 이론에 따르면, 위협감은 일반적으로 사회적 정체성에 따라, 특히 내집단과 외집단 사이의 구별 짓기에 따라 영향을 받으며 형성된다. '낯선 자의 위험'과 같은 타자에 대한 공포는 그 타자의 능력이나 의도와 무관하게 타자의 위험을 인식함으로써 스스로의 정체성을 인식하게 된다는 점에 기인하기도 한다. 이런 식으로 "우리는 누구인가"와 "우리와 타자를 구별 짓는 것은 무엇인가"에 대한 우리의 개념은 종종 경시되지만, 실제로는 위협의 사회적 구성에 핵심 역할을 수행한다.

중국을 최애 위협으로 여기는 미국의 감각도 예외는 아니다. 그것은 미국이 스스로를 어떻게 보는지와 깊이 연관돼 있다. 미국의 대표적인 자기 이미지 중 하나는 '세계를 이끌어갈 명백한 사명을 가진 선민'이다. 우드로 윌슨 대통령은 "미국의 원칙은 한 지방이나 한 대륙의 원칙이 아니다. (…) 해방된 인류 모두의 원칙인 것이다"라고 말했다. 이처럼 미국적 정치 가치의 보편적 적용이 가능하다는 오래된 믿음은 잘못하면 분열될 수 있었을 다양한 인종 집단, 문화적 배경, 종교적 신념을 가진 국민을 통합하는 데 필요했던 것이다. 미국의 국무 장관을 지낸 헨리 키신저Henry Kissinger는 "자유의 이념이 보편적으로 적용될 수 있다고 주장하지 않았다면, 미국 스스로도 그 이념을 적용할 수 없었을 것이다"라고 말하기도 했다.

미국이란 무엇이며 미국이 지향하는 것은 무엇인지에 대한 정의, 미국의 민주주의, 자유, 인권, 법치주의의 가치를 확인하는 일은 동시에 미국의 타자 또는 비미국적인 것을 정의하는 것이기도 하다. 이 매우 특출한 미국의 자기 정체성에 비춰, 중국은 매우 열등하며 반드시 정치 개혁을 이뤄야 하는 나라로 보인다. 그런 개혁이 없는 중국은 위협적 존재다. 그리고 그 가치와 정치체제는 미국적 정체성의 대척점에 놓인다. 따라서 중국의 위협이란 중국이 실제 미국을 대상으로 벌이는 일에만 근거한다고 볼 수 없고, 미국의 본질에, 그리고 그것에 반대되는 중국의 본질에 근거를 두는 것이기도 하다.

미국의 가치 중심적인 자기 이미지화가 미국 정체성의 근간이 되는 한, 그런 공통의 정체성에 대한 위협은 미국이라는 국가의 통일성과 공동 목표에 위협이 된다. 특히 내적 불화와 양극화가 심각한 상황에서는 더욱 그렇다. 《파이낸셜타임스》의 칼럼니스트인 자난 가네시Janan Ganesh는 중국을 "미국을 하나로 묶기 위한 최고의 희망"이라고 부르며, 그런 희망이 없다면 "미국인들은 서로에게 덤벼들 것이다"라고 말했다. 사실 소련이 무너지고 몇 년 되지 않았을 때, 미국의 정치학자인 새뮤얼 헌팅턴Samuel Huntington은 이렇게 봤다. "미국인이라는 사실이 자유, 민주, 개인주의, 사유재산권 보호 등의 원칙을 존중함을 뜻하고 저 바깥에 그런 원칙들을 위협하는 악의 제국이 없다면, 과연 미국인이란 무슨 의미이며, 미국이 추구하는 국익이란 무엇이겠는가?" 달리 말해서, 미국의 자아는 위협적인 타자 없이는 우리가 지금 인식하고 있는 것처럼 명확해지지 않는다는 뜻이다.

만들어진 적, 중국?

/

공포와 위협의 정치가 미국에만 있는 것은 아니다. 역사적으로 볼 때, 메투스 호스틸리스Metus hostilis, 즉 '적에게 가지는 공포'는 로마 공화국의 통합에도 이바지했다. 프랑스의 정치철학자 장 보댕Jean Bodin은 "국가를 유지하고, 국가를 분열, 반란, 내란에서 지키는 최선의 방법은 (…) 그들이 한마음 한뜻으로 맞설 수 있는 적을 찾아내는 것이다"라고 말했다. 그러나 미국의 자기 이미지화는 특수한 적을 요구한다. 많은 미국인들의 눈에, 미국은 보편적으로 적용할 수 있는 도덕 원칙과 세계에 군림하는 패권적 군사력을 겸비한 나라다. 미국은 자유세계의 지도국이며, 따라서 미국의 적은 세계의 적이다.

지역 안정성 같은 국지적 위협은 역내에 국한되도록 통제되거나 '해당 지역 보안관'이 처리하도록 위임될 수 있다. 다른 부문, 가령 세계적인 빈곤 문제나 기아, 기후변화 등은 선과 악의 일대 대결을 펼칠 만한 무대로는 적합하지 않다. 또 다른 위협 가운데 테러 조직 네트워크나 팬데믹 등은 그 뿌리를 찾아내기 어렵고, 지도상에서 문제의 근원지를 짚어내기가 불가능하다. 러시아가 중대한 위협의 후보자로 남아 있지만, 이제는 능력 면에서 옛 체제의 그림자 정도밖에 안 된다. 이란과 북한은 재래식 지정학적 입장에서 골칫거리 정도는 되겠지만, 세계는 물론 미국 사회에서 상상력을 자극할 정도의 무게를 주지 못한다. 결국 중국이 글로벌 차원에서 유일무이한 위협 세력일 수밖에 없다. "중국은 크다. 지도상에서 큰 면적을 차지한다. 황인종의 나라다. (…) 그리고 관심을 온통 쏟기에 충분한 조건을 갖추고 있다. (…) 중국은 그런 관심을 유지하기에 충분히 크다." 전 미국 국가 안보 보좌관 즈비그뉴 브레진스키Zbigniew Brzezinski가 1990년대에 남긴 말이다.

물론 미국의 글로벌 리더십에 대한 중국의 위협은 단지 상상 속의 괴물은 아니다. 중국의 부상이 자유주의 질서의 일부를 무너뜨린 것은 맞다. 중국이 경제개발과 통치의 대안을 제시함에 따라, 미국과 서구 동맹국들은 다른 세계를 상대로 조언, 통제, 지도하는 일에 점점 더 어려움을 겪고 있다. 미국에게 있어서 자국의 글로벌 패권이 침식당하는 일은 그 패권을 유지하는 게 최우선 목표인 국가 안보 체제 자체가 위협받는 일이다.

따라서 중국이 미국의 글로벌 패권의 유일한 도전은 아니라도, 군산복합체에 계속 힘을 실어줄 가장 편리하고 가장 설득력 있는 도전이라고는 할 수 있다. 합참의장 마크 마일리Mark Milley는 "세계는 위험한 곳이며 날마다 더 위험해지고 있습니다. 그러니 (국방) 예산을 통과시켜 주십시오"라고 말했는데, 그렇게 생각해보면 또 중국이라는 유령보다 더 효과적인 위협은 없어 보인다. 이야말로 군산복합체가 일찍이 창조해낸 '강대국의 위협'의 전형인 것이다. 중국만큼 큰 대륙 규모의 위협이 존재하지 않았다면 핵잠수함, 항공모함, 스텔스 전투기 등을 대량으로 발주해 달라는 요청은 받아들여지기 어려웠을 것이다.

미국이 보유한 모든 고가의 무기 체계가 뭔가 공상적인 강대국을 상정하며 모호한 정당성을 갖추고 있는 것은 아니다. 확실히 정의되는 위협이 없더라도 어느 정도 기본적인 군사 준비 태세는 국방에 필수적이다. 그러나 세계 1위의 군사비 지출국인 미국이 2위에서 12위까지의 군사비를 모두 합친 것에 필적하는 지출 규모를 유지하려면, 즉 글로벌 산업체 수준의 군사력 투사를 위해서는 그에 못지않은 적의 존재를 계속 필요로 한다. 적이 존재하지 않는다면 만들어내서라도 말이다. 이런 맥락에서 아예 새롭게 만들어내지 않아도 되는 중국은 편리한 존재다. '레디메이드ready-made 위협'인 것이다. 수십 년 동안 이 나라를 흉악한 괴물처럼 상상하는 일이 미국인들에게 가능했음은 푸 맨추Fu Manchu 박사(잉글랜드의 소설가 색스 로머Sax Rohmer가 1913년 창조해낸 세계 정복의 야심을 가진 천재 악당 중국인으로 여러 차례 영화화됐다 – 옮긴이), 황화론, 《붉은 위협Red Menace》(1949년에 나온 반공 영화로, 미국 사회에 잠입한 소련 스파이들을 찾아내고 싸우는 내용이다 – 옮긴이) 등 오리엔탈리즘과 냉전 시대의 사고로 도배된 이야기들, 서사들이 풍부하게 있었던 덕분이다.

위협의 역학은 언제나 '양가적'이다

그렇다고 오늘날의 중국을 적으로 바라보는 위협감이 단지 역사적으로 형성된 전형에 따른 것만은 아니다. 중국이 남중국해에 병력 배치를 점점 늘림으로써 그 지역의 안보 불안은 커지고 있다. 대만의 독립을 저지하기 위해 대만해협에도 병력을 배치했는데, 이는 중국이 대만의 독립을 자국 영토의 주권을 침해하는 주요 위협으로 여기기 때문이다. 그러나 그런 도전들이 미국에 직접적으로 군사적·정신적 위협을 가하는 것들로 확대 해석되려면, 가치 중심적인 미국의 자기 정체성이 가진 보편성과 미국의 글로벌 패권이 가진 정당하고 선량하며 비위협적인 성격을 추호의 의심 없이 받아들여야 한다. 그러나 이런 경우라면, 그 어떤 신흥 강대국도 위협이 될 수밖에 없다. 또한 위협의 역학이 언제나 양가적이라는 사실, 즉 중국이 미국에 위협이 될 뿐 아니라 미국도 중국에 위협이 된다는 사실을 부정해야만 한다.

미국의 위협감이 2010년대 초 이후 중국의 행동에 얼마라도 영향을 미쳤을까? 확실히 영향을 미치긴 했다. 그러나 앞서 봤듯, 중국을 위협으로 보는 시각은 2010년대 이전에도 있었다. 그렇다면 최근 중국의 위협적 행동들도 미국의 장기적인 대중국 위협감과 그에 관련된 대중국 정책에 영향을 미쳤을까? 그랬을 수도 있다. 모든 감각 가운데, 위협감은 자기실현의 가능성이 가장 높다고도 한다. 중국의 위협에 대응하려는 미국의 잦은 부정적 태도와 정책, 예를 들어 미국 외교 안보 정책의 축을 아시아-태평양 지역으로 옮기기 위한 오바마 대통령의 2011년 '피벗투아시아Pivot to Asia'로까지 거슬러 올라가는 정책들은 중국의 국익을 위협하는 것으로 비칠 수 있었고 실제로도 그랬다. 그리고 일부 중국의 공격적 행동은 그러한 상호작용의 맥락에서 이해할 수 있다.

위협감은 강대국들의 세력 대결을 부추길 뿐 아니라 사람 대 사람의 관계에도 부정적인 영향을 미친다. 중국, 그리고 그것이 무엇이든 간에 중국적인 모든 것들은 공포와 의심의 프레임화를 거치며, 중국계를 포함한 많은 아시아계 미국인들은 아시아인에 대한 증오 범죄가 증대하는 상황 속에서 실제로 위협을 당하고 있다. 그리고 미국 정부도 그 위협에 가세했다. 미 법무부가 발족한 '차이나 이니셔티브(현재는 '국가 위협 대응 전략'이라고 이름을 고침)'에 따라 인종주의 색채가 농후한 '간첩 활동 및 지식재산권 절도' 혐의로 근거도 없이 고발당할 수 있는 것이다. 1950년대의 '빨갱이 공포'와 매카시즘을 떠올리게 되는 상황이다.

위협감의 자기실현적 결과와 미중 간 적대의 근본적이고 상호적인 동학은, 중국의 위협이든 미국의 위협이든 위협이란 사회적 구성물이며 대개 정체성에 대한 가정, 그리고 자신과 타자에 대한 막무가내식 이분법에 근거함을 일깨워준다. 이렇게 보면 '미국의 최애 위협으로서의 중국'은 두 핵 보유 초강국들이 얽힌 위험한 안보 딜레마 때문만이 아니라, 더 중대하고 급박한 도전들에 대응하지 못하게 되는 기회비용 문제 때문이라도 '그 자체가 위협'인 셈이다.

그런데 만약 중국의 위협이 이미 현실화됐다면 어떨까? 이는 좋은 의문이지만, 사회적 구성물로서 정체성에 기반한 위협이란 대부분 새로운 관점, 새로운 대화, 그리고 정체성과 차이를 구축하는 새로운 방법에 따라 순화된다는 사실을 기억할 필요가 있다. 냉전이 극에 이르렀을 때 이뤄진 미중관계 정상화 시기의 중국은 지금보다 훨씬 권위주의적이었다. 지금보다 더 공산주의 이념을 중시했고, 자본주의와도 더욱 거리가 멀었다. 이런 사실이 앞서 언급한 순화의 가능성을 입증한다. 미국이 과거로부터 배우지 못하고, 중국에서 느끼는 위협감과 중국 그 자체를 계속 뒤섞어서 본다면, 그 결과는 비극적일 것이다. 어쩌면 파멸적일지도 모른다.

판첸징 Chengxin Pan

마카오대학교 정치학 교수. 저서로는 《Knowledge, Desire and Power in Global Politics: Western Representations of China's Rise》(2012), 《China's Rise and Rethinking International Relations Theory》(2021)가 있다.

04

중국은 미국을 어떻게 보는가?

푸샤오위

미합중국과 중화인민공화국은 전환점에 이르렀다. 공식 외교 관계를 수립한 지 40년 만에, 두 나라 사이에는 무역, 기술, 사이버 공간, 그리고 동아시아에서의 경쟁 격화를 둘러싸고 점점 더 긴장이 조성되고 있다. 관여 정책처럼 한때 이 관계의 지침이 됐던 일부 근본적 아이디어도 의문의 대상이 되고 있다. 많은 사람들이 이 두 나라가 새로운 냉전의 덫에 걸리는 게 아닐까 우려한다. 미국 정치인들이 갈수록 중국에 거친 태도를 보임에 따라, 중국에 대한 일반 여론도 부정적으로 변해가고, 과반수 이상의 미국인들이 중국을 파트너라기보다는 경쟁자, 심지어 위협 세력으로 보고 있다. 관계의 변화에 따라 중국 쪽의 미국관 역시 악화되고 있다. 그러면 중국의 엘리트와 대중은 지금 미국을 어떻게 바라보고 있을까?

근대화의 벤치마크 대상

/

중국은 오랫동안 미국에 대해 양가적 태도를 가져왔다. 많은 중국인들에게 미국은 찬양과 분노의 대상이다. 그들은 미국을 세계에서 가장 영향력 있고 강력한 나라로 보며, 여러 가지 이유에 따라 호오好惡의 감정을 동시에 가진다. 중국어로 미국은 '아름다운 나라', 즉 '메이구오美國'다. 지난 수십 년 동안 중국은 미국을 긍정적으로 봤고 그 혁신과 번영을 우러러봤다. 그러나 중국인들은 미국에 대한 강렬한 분노의 감정 또한 가지고 있는데 특히 외교정책에서 그렇다. 그리고 종종 미국의 패권주의적 태도를 비난한다. 이런 자세는 마오쩌둥 시대에서 오늘날에 이르기까지 여러 차례 변화했는데, 마오 시대 때는 이념적·지정학적 이유 모두에서 중국 사회 전반에 반미 감정이 만연했다. 이어진 개혁 개방 시대에 중국은 보다 실용주의적 태도로 바뀌었고, 미국의 일부 측면을 모방하면서 다른 측면은 경계하는 자세를 견지했다. 조지워싱턴대학교의 데이비드 샴보David Shambaugh가 쓴 《미제美帝: 아름다운 제국주의자The Beautiful Imperialist》는 중국이 미국에 가지는 복잡하고 모순적인 감정의 본질을 잘 짚어내고 있다.

최근, 일부 미국인들은 중국을 자유민주주의 국가로 탈바꿈시키고자 했던 미국의 관여가 결국 실패했다고 불평한다. 그러나 장기적 관점에서 미국은 중국을 이미 근본적으로 탈바꿈시켰다고 봐야 한다. 중국은 오랫동안 미국을 패권 대국으로 여겼고, 그 번영과 선진성을 찬탄해왔다. 근대화를 위한 중국의 고군분투는 서구, 특히 미국을 기준으로 삼는 경우가 많았다. 20세기 초, 중국은 과학과 민주주의를 중국 근대화의 핵심 수단으로 여겼는데, 미국은 중국에 과학과 근대 사상을 전해줌으로써 20세기 초 대학, 병원, 교회, 직업단체 등이 들어서는 데 기여했다. 초기 냉전기의 미중 간 적대 관계에도 불구하고, 중국 지도자들은 미국을 중국의 근대화와 야망 실현을 위한 벤치마크로 여겼다. 1950년대 말, 참담하게 실패한 마오쩌둥의 '대약진운동' 정책은 "영국을 추월하고 미국을 따라잡는다"라는 야심만만한 구호 아래 중국의 초고속 산업화를 지향했다. 이어지는 개혁 개방 시대에 중국은 미국에게 보다 직접적인 가르침을 받았다.

1970년대 말, 덩샤오핑이 개혁 개방을 시작한 시기가 중국과 미국이 국교를 수립한 때와 겹치는 것은 우연이 아니었다. 중국의 개방은 시장경제, 기업 경영, 첨단 기술 분야에서의 사고 혁신을 이끌어냈다. 1990년대에 주룽지朱镕基 수상 같은 중국의 개혁자는 미국을 포함한 일체의 외부 압력을 내부 개혁의 동력으로 삼았으며, 이는 2001년 중국의 WTO 가입으로 이어졌다. 1990년대에 나온 "국제적 흐름에 연결돼 있으라"라는 구호는 중국에서 가장 영향력 있는 지도 원리의 하나가 됐다. 많은 시사평론가들이 중국의 정치와 경제가 서방의 지배적 관념들에 도전하고 있다고 보지만, 더 자세히 들여다본다면 이른바 '중국 모델'은 중국이 서방 관념 일체를 버리지는 않았음을 보여주고 있다. 중국은 서방의 여러 관념을 선택적이고도 실용적으로 수용하고 있으며 그 가운데는 당연히 미국의 것들도 있다.

미국의 영향은 경제 부문을 뛰어넘는다. 예를 들어 중국인들은 오랫동안 미국의 고등교육 시스템을 찬미해왔다. 1970년대 말부터 수백만 명의 중국 학생들이 미국에서 학업을 쌓았으며, 그 가운데는 중국 최고 엘리트들의 자녀나 손자도 있었다. 그 결과 미국은 여러 세대의 중국인 기업인을 비롯해 과학자, 기술자, 변호사, 그리고 심지어 고위 관료들을 배출해냈다. 이에 미국의 일부 정치인들은 그런 교육 부문의 연계가 미국의 국익을 해치지 않는지 의심하게 됐는데, 그들은 미국 대학이 길러낸 중국인 전문가들이 결국 중국을 초강대국으로 끌어올리고 미국의 경쟁자로 만들지 않았느냐고 주장한다. 그러나 미중 간 교육 교류는 두 나라 모두에 보탬이 된다. 미국에서 유학한 학생들은 중국에 돌아가 그 나라의 과학기술을 발전시킬 뿐 아니라, 미국에 대한 이해도도 높이기 때문이다. 물론 미국도 이점이 있다. 세계 최고 수준의 과학기술 선진국으로서 미국의 과학, 기술, 공학, 수학 분야는 전 세계의 전문가들과 가장 우수한 학생들을 매혹시켜 왔다. 최근 수십 년 동안, 중국은 미국에 그런 우수한 학생들을 가장 많이 공급해왔고, 그 가운데 많은 중국인들은 학위를 따고 나서도 미국에 계속 남기를 원했다. 이 새로운 이민자들은 미국의 혁신적인 생태계에 새 힘을 불어넣고, 기술 발전에 기여하고, 교육 역량과 인재 풀을 늘려줬다. 귀국한 중국인 유학생들도 양국 관계에 대체로 긍정적인 역할을 수행했다. 중국의 근대화를 선도하는 한편, 두 나라 사이의 가교 구실도 해준 것이다. 중국의 최고위 경제 관료 중 일부는 미국에서 대학원을 나왔으며 미국 교육기관에서의 경험은 두 나라 사이의 경제 관계를 더 돈독히 하는 데 도움이 됐을 수 있다.

중국 사회에서, 미국 문화 역시 큰 영향력을 가지고 있다. 농구는 중국에서 가장 인기 있는 스포츠며, NBA는 수억에 이르는 중국인 팬과 팔로워를 가지고 있다. 음악, 무용, 연극, 영화 분야에서 세계적 명성을 지닌 미국의 줄리어드대학교는 중국의 티안진天津에 분교를 세웠다. 많은 할리우드 영화와 미국 팝송 가수들 역시 수백만의 중국인 팬들을 거느리고 있다. 2019년 베이징대학교에서 실시한 설문 조사에 따르면 56.7%의 도시 거주자와 77%의 전문직 종사자가 미국 문화는 중국 사회에 긍정적 영향을 준다고 응답했다.

국익의 일순위는 '체제 안보'

그러나 미국과 중국 사이의 문화적·경제적 교류는 정치적 긴장과 이념적 차이 때문에 시련에 봉착해 있다. 홍콩과 신장 위구르의 정치 상황에 고심하는 중국 정부는 그 거대 시장의 힘을 이용해 미국 기업과 단체에 자국의 정치적 의지를 강요하려는 듯 보인다. 그러나 표현의 자유와 인권은 미국의 핵심 가치다. NBA, 할리우드, 그리고 많은 미국 기업들은 서로 모순되는 정치적 올바름의 문제에 부딪혀 골치를 앓고 있다. 중국의 정치적 입장에 적응하다 보면, 미국 기업들은 자국에서 욕을 먹기 십상이다. 그렇다고 중국에 맞서 미국의 가치를 지키려다 보면, 중국 시장을 잃을 위험이 있다. 더군다나 때때로 중국 관료들은 미국의 문화적 영향력에 과잉 반응을 보이는 경우가 있다. 2021년 4월, 중국 태생의 영화감독 클로이 자오Chloe Zhao가 최초로 아카데미 감독상을 탄 아시아계 여성이 된 사례가 대표적이다. 그녀의 역사적인 위업을 축하하는 대신, 중국은 자오의 오스카상 수상 소식이 자국 내에 보도되는 것을 철저히 차단했다. 이 검열은 그녀가 지난 2013년 한 인터뷰에서 중국에 대해 비판적인 언급을 했기 때문이라고 한다.

그 문화와 교육 시스템을 찬양하면서도, 많은 중국인들은 미국의 대외 정책 중 일부 측면들을 강력히 비판하고 있다. 미국 엘리트들이 점점 더 중국의 위협을 체감하고 있다면, 중국 쪽 엘리트들은 자신들이 취약하다고 생각하며 불안해하고 있다. 중국의 정책 결정자들로 말하자면, 거의 모든 안보 문제가 미국과 연결돼 있다. 한때 중국 외교계에서 최고 위치에 있었던 다이빙궈戴秉国에 따르면, 국익을 따질 때 중국에서 최우선으로 꼽는 문제는 체제 안보다. 그다음이 영토의 보전, 그리고 경제 발전이다. 중국공산당이 이따금 국내 정치적 정당성을 얻기 위해 국가주의를 강조하지만, 중국의 엘리트들은 미국이 자신의 국가적 통일성과 정치적 안정성 모두를 해칠 수 있다는 불안을 떨쳐버리지 못하고 있다. 중국 최고의 '미국통'인 왕지스王缉思에 따르면, 중국 지도자들은 무엇보다도 외부 위협에 따른 국내 불안을 염려하며, 따라서 그들에게 미국은 언제나 장기적인 안보 위협 요인이다.

반미주의 감각은 종종 '수치의 100년'이라는 역사 내러티브와 연계된다. 청 왕조와 중화민국 시기, 외세의 개입과 침탈을 되새기는 내러티브와 오늘날의 중국이 세계 2대 경제력과 영향력을 가진 대국이 됐더라도, 중국공산당은 중국의 주권과 국가적 존엄을 지킨다는 자체의 역사적·정치적 사명을 강조한다. 따라서 중국인들은 종종 미국과 마찰을 빚을 때마다 희생자 내러티브에 주목하는 경향이 있다. 그들은 대만 문제, 무역 전쟁, 인권 논쟁 등을 포함한 여러 문제들을 장기적인 역사 내러티브로 접근하려 한다. 미국 엘리트들이 대체로 미국은 티베트, 신장, 홍콩의 인권을 지켜야 한다는 입장인 반면, 중국 엘리트들은 이를 미국이 중국의 내적 질서를 뒤엎으려는 시도로 보는 게 보통이다.

많은 미국인들이 대만을 아시아 민주주의의 파트너로서 지켜줘야 한다고 보지만, 중국인들은 미국의 대만 지원을 중국 통일의 최대 걸림돌로 보는 게 일반적이다. 남중국해와 동중국해를 볼 때, 미국 지도자들은 그 지역의 동맹조약 체결국들을 보호하는 게 규칙에 기반한 지역 질서의 핵심이라고 여긴다. 그러나 중국 전략가들은 이를 자국의 안보 이익을 위협하는 것이라 본다. 두 나라 사이의 긴장이 분명 서로 다른 국익 추구에서 비롯되고 있는 한편, 이 같은 양국 간 관점 차이는 앞으로 상당 기간 동안 미중관계에 영향을 주게 될 것이다.

중국은 전통적으로 미국을 양면적으로 봤으나 최근에는 부정적인 시각 쪽으로 무게가 더 실리고 있다. 2021년도 여론조사에 따르면 72%의 중국인들이 미국을 부정적으로 보고 있는 것으로 나타났다. 일부 중국인들은 미국이 여전히 아름다운 나라인지 의심하기 시작했다. 더 많은 중국인들은 미국의 패권이 더 불안정해졌으며, 이런 변화의 조짐은 양국 관계의 실체가 변화한 데서 비롯됐을 수 있다고 보는데, 그것은 중국 정부가 미국의 대중국 정책이 거칠어진 것을 과장해서 선전한 데 어느 정도 원인이 있다.

중국은 종종 미국의 정치적 난맥상이나 사회적 불안을 집중 조명하고, 심지어 과장한다. 중국 공영 언론은 미국의 양극화와 정당정치, 그리고 가끔씩 벌어지는 공공기관 파업 등을 자주 대대적으로 보도한다. 인종차별이나 총기 난사 같은 미국의 사회문제들도 열띤 보도 주제가 된다. 자유민주주의 미국의 부정적인 쟁점에 주목함으로써, 중국공산당은 중국의 일당 체제가 국가 안정 유지에 꼭 필요하다는 사실을 정당화할 수 있다. 인권 문제에서도 중국은 더 이상 미국의 비판에 수동적으로만 임하지 않으며 점점 더 같은 개념을 들이대며 미국에 역공을 가하고 있다. 여러 해 동안 중국은 미국의 인권 상황에 대한 보고서를 내왔으며, 총기 난사, 인종차별, 경제 불평등 등의 문제를 꼬집어왔다.

'경쟁적 공존'은 가능한가?

/

중국의 부정적 미국관은 트럼프 행정부의 유산으로 인해 더 심해졌다. 당시 행정부가 벌인 무역 전쟁은 중국의 국가주의 의식을 더욱 부추겼고, 더 많은 중국인들에게 미국은 중국의 부상을 용납하지 않으려 한다는 생각을 심어줬다. 한편, 중국이 미국에 많이 의존하고 있다는 믿음은 예전보다 줄어들고 있다. 중국의 정책 결정자들이 미국에 대한 기술 의존도에 우려를 표하면서 자체 기술 입지와 국산화 혁신을 강조하는 쪽으로 정책 방향이 바뀌었다. 그들은 중국이 미국의 압력에도 굴하지 않고 번영할 수 있다는 믿음을 키웠으며 국제적으로 강하게 인식된 중국의 이미지를 간간이 국내 선전용으로 써먹고 있다. 예를 들어 중국 지도자들은 때때로 지금의 무역 전쟁을 한국전쟁 당시 두 나라 사이의 대립과 비교한다. 더 나아가, 트럼프가 코로나19 위기 대응에 실패한 일과 그 밖의 미국에서 벌어지는 여러 사회문제들은 중국의 선전전에 계속 탄약을 공급해줬다.

전체적으로 보면, 미중관계는 근본적 차원에서 바뀌었다. 바이든 행정부는 이 관계를 다시 생각할 기회를 제안하고 있다. 한편으로 미중관계는 더 경쟁적으로 변했으며 예전으로 다시 돌아갈 수 없을 것이다. 그러나 다른 한편으로 미국과 중국은 그들 사이의 경쟁을 책임 있게 관리해야만 하며, 기후변화 같은 공통의 도전에는 협력해서 대응해야 한다. 자유 관여적 접근과 대결적 접근 사이에서, 바이든 행정부는 제3의 길을 모색할 수 있다. 일부 바이든 각료들이 '경쟁적 공존competitive coexistence'이라고 개념화한 이 길은 미국이 중국과 경쟁하는 동시에 공존하면서 미국의 이익과 가치를 지킬 수 있음을 강조한다. 미중관계가 계속 경쟁적 성격을 띠더라도, 반드시 대립적일 필요는 없는 것이다. 두 나라는 모두 탄력성이 있으며 장기적으로 서로를 견디며 지낼 방법을 찾아내야만 한다. 존 바이든 대통령은 국내 쇄신을 최우선에 두겠다고 분명한 판단을 내렸다. 민주주의를 진흥시키는 최선의 방법은 그 시스템이 미국에서 잘 돌아가게 만드는 것이다. 중국 또한 고령화, 환경 악화, 사회적 불평등 등의 심각한 국내 문제에 직면해 있다. 미국과 중국 모두 국내적 쇄신을 우선하면서 그들 사이의 경쟁을 현명하게 관리해나간다면, 두 나라는 앞으로 지속 가능한 관계를 구축해나갈 수 있을 것이다. 미국과 중국 사이의 궁극적인 경쟁은 양국 중 어디가 스스로를 더 나은 나라로 쇄신할 수 있는지를 두고 벌어져야 한다.

푸샤오위Xiaoyu Pu
네바다주립대학교 리노 캠퍼스 정치학 부교수. 《Rebranding China: Contested Status Signaling in the Changing Global Order》(2019)의 저자다.

05

대중국 정책은 어떻게 만들어지는가?

라이언 해스

효과적인 대중국 정책의 개발이 지금보다 더 중요하고 또 복잡한 적은 없었다. 오늘날 세계에서 중국이 단독이든 공동이든 개입하지 않은 문제란 없다. 중국의 행동은 매일같이 모든 곳에서 미국의 활동과 뒤얽힌다. 이는 지속적인 기반 아래서 여러 세트의 정책 결정을 만들어야 할 필요가 있으며 그런 정책은 미국과 중국의 국민들뿐 아니라 세계의 수많은 사람들에게도 중대한 영향을 줄 수 있음을 의미한다.

따라서 대중국 정책 개발은 마치 영원히 연주를 멈추지 않는 오케스트라를 지휘하는 것과 비슷한 전략적 과제다. 어떤 날, 어떤 곳, 어떤 시간대든지, 미국과 중국의 정책 개발 전문가들은 여러 프로젝트의 장점을 논의하고, 외교관들은 난항을 겪는 협상에 골몰하며, 무역 협상가들은 갑론을박을 벌이면서, 전투기 조종사들은 태평양 전역에서 서로의 국경에 아주 가깝게 날아다니고 있다고 보면 된다. 대통령을 비롯해 어떤 유력한 고위 인사라 할지라도 모든 사안에 대한 확정적 지침을 내려줄 수는 없으며, 미국의 모든 활동에서 그것이 중국에 대해 가지는 의도와 중국에 대한 평가 등을 적절하게 버무려낸 메시지를 담아내기란 어렵다. 하지만 이렇게 정책의 통일성이 없는 상황에서는 혼란된 신호를 상대에게 보낼 위험과 그에 따라 잘못된 소통과 잘못된 계산이 빚어질 위험, 그리고 그것이 위험한 결과를 초래할 가능성이 항시 존재한다는 것을 알아야 한다.

정부 전반의 대중국 정책 프레임의 수립

/

정책의 통일성을 기하기 위해, 매일같이 미중관계 문제와 맞닥뜨리는 수천 명의 미국 공직자들에게는 일정한 방향성과 선명성을 부여해주는 프레임이 필요하다. 그리고 이것은 대통령만이 만들 수 있는 것이다. 미국 정치 체계에서 미국 국민이 뽑고, 미국의 대중국 관계의 기조와 방향을 세팅할 수 있는 능력을 갖춘 사람은 그 말고는 아무도 없다.

이런 까닭에, 행정부가 출범하고 초기에 대통령이 대중국 관계에 대한 일련의 기본 원칙들을 수립해두는 게 절실하다. 이로써 정부 각급 부처의 공직자들은 각자의 일상 업무에서 마주치는 중국 관련 사안들에 대응할 지침을 얻게 되는 것이다.

이를 위해 대통령은 공식 연설, 〈미국 국가안보전략백서〉의 발행, 기밀화된 대통령 정책 지침 작성, 특정 정책 문제들에 대한 신중한 결정 등을 활용할 수 있다. 이런 업무는 백악관 관료들에서 각 부처와 사무국들에 이르는 인사들이 대통령의 생각을 설명하고 그것을 각자의 사안에 적용하려는 적극적 노력에 힘입어 이뤄진다. 가령 필자는 백악관 NSC 중국 국장으로 2013년부터 2017년까지 재직하며 정기적으로 각 부처와 사무국을 방문하고 그 지도부가 대통령의 대중국 정책 비전에 대해 어떤 우선순위를 가지고 있는지를 보고받았다. 그것이 노동부든, 항공우주국이든, 환경보호국이든, 교통부든, 그 어떤 정부 부처의 정책 포트폴리오에도 중국 관련 사안이 빠진 곳은 한 군데도 없었다.

미중관계의 성격에 대한 공동의 이해 수립

/

정책 결정자들은 미국과 중국 사이의 역학 관계가 어떤지, 중국에 대한 미국의 레버리지 포인트가 어디인지에 대한 공통의 이해를 수립할 필요 또한 있다. 트럼프 행정부는 초기에 무역정책과 관련해 결정을 내릴 때 중국에 대한 철 지난 평가에 기초했는데, 이는 다시는 답습해서는 안 될 사항이다. 당시 행정부 관료들은 중국을 수출 중심의 제조업 경제로 여겼으며, 빠른 경제성장률을 유지하고 실적을 중시하는 중국공산당의 정당성을 유지하려면 중국은 미국과의 무역에 의존하지 않을 수 없을 것이라고 결론지었다. 그 결과, 트럼프 행정부는 미국 시장으로의 접근권을 레버리지로 써서 중국이 경제개혁을 수용하도록 만들 수 있다고 생각했다.

트럼프 행정부 관료들은 중국의 경제성장이 대체로 내수시장의 성장과 미국 외 국가들과의 무역에서 창출되고 있으며, 대미 무역의 비중은 점점 줄어들고 있음을 파악하지 못했다. 트럼프 행정부가 관세와 그 밖의 수단으로 중국에 일방적인 압력을 가했을 때, 중국은 미국의 압력에 굴복하는 대신 비슷한 식으로 보복했다. 레버리지에 대한 미국의 과대평가가 가져온 손익계산서는 실로 어마어마했다. 무역 전쟁으로 미국 내 일자리 24만 5천 개가 사라졌고, 280억 달러의 납세자 기금이 사라짐으로써 미국 농업을 유지하던 자원이 격감했다. 2017년에서 2020년까지 중국의 대미 직접투자액이 90% 줄고 미국의 GDP는 0.7%가 줄었다. 무엇보다도, 무역 전쟁이 목표로 삼았던 '중국 경제 모델이 가지는 기본적 문제점들'의 해결 방안은 손도 대지 못한 채로 남았다.

확고한 목표 설정

/

잘 정비된 정책 과정은 정책 입안자들이 실현 가능한 목표를 설정하고 그 실현 계획을 수립하게끔 유도하는 것이어야 한다. 이런 과정은 문제가 되는 사안에 관련된 모든 행위자들이 적절하게 평가된 대로 선택지들 사이의 균형이 유지돼야 하며, 또한 그 정책을 시행할 최종 실무진이 일하는 정부 내 모든 부처들에게 적극 수용될 수 있어야 한다.

중국을 향한 구체적인 행동과 메시지가 중요하기는 해도, 효과적인 대중국 정책의 모든 요소들이 직접 중국과 엮이지는 않는다. 예를 들어 바이든 행정부는 앞으로 기술 관련 문제가 미중 경쟁에서 핵심이 되도록 입장을 정했다. 미국이 국내에서, 그리고 동맹국들과 함께하는 일은 미국의 혁신 역량을 강화하는 것이며, 이를 통해 미국의 능력이 중국을 능가하게 된다면 그런 역량 강화 결정은 중국 또는 중국 기업들에 대해 내리는 어떤 결정과 동등하거나 그 이상의 의미를 가지게 되는 것이다. 이는 과학, 기술, 공학, 수학 분야의 연수 기회를 넓히고, 첨단 기술 인프라를 개선하며, 해외의 자본과 재능을 미국으로 끌어들이고, 기초 및 응용 연구 개발에 더 많이 투자하고, 파트너 국가들과 인력 및 자원을 공유하는 일 등을 포함한다.

따라서 효과적인 대중국 전략은 여러 정책 영역들의 통합을 필요로 한다. 예를 들어 경제정책이 안보정책과 따로 놀 수는 없다. 인권 문제에 대한 고려가 무역 및 투자와 관련한 정책적 고려와 별개일 수 없다. 그리고 국내 소비에 우선순위를 둔다고 해도 그것이 미국이 중국을 앞서나가야 한다는 인식보다 더 우위일 수는 없다.

정책 허브로서의 백악관

/

이렇게 다양한 정책 사안들을 하나로 통합할 유일한 방법은 백악관이 나서서 정부 부처들 사이에 정책 우선순위를 정하고 조율하는 중앙 송신망 역할을 해주는 것이다. 정책 결정 과정이 잘 돌아간다면, NSC 구성원들이 포괄적이고 효과적인 정책 결정 과정을 이끌었다는 의미가 된다. 그런 과정은 확고한 목표를 엄중히 정립해야 하고, 대통령의 의사 결정을 위한 건의안을 개발해야 하며, 대통령의 결정을 투명하게 전달하고 소통시키면서, 그에 따라 결정들이 부처와 사무국들에 두루 실행되도록 하는 것이어야 한다.

이러한 과정이 효과적으로 수행되려면, 양방향 모두에서 투입과 제안 제시를 허용해야 한다. 고위 관료들이 만날 경우, 그들은 즉시 행동을 취해야 마땅한 가장 최근의 위기나 문제에 초점을 맞추려는 경향이 있다. NSC 구성원들이 미팅을 잡을 때는 보통 국가 안보 보좌관이나 부보좌관이 주재해 긴급한 사안들 사이에서 잘 균형을 잡음으로써, 장기적인 주요 의사 결정이 긴급 사안 처리에 묻히지 않도록 조심해야 한다.

효과적 정책 결정의 또 다른 요소는 각 부처와 사무국 대표들이 각 전문 영역별로 사안에 대해 발언하도록 설계하는 것이다. 전통적으로 상무부는 재계에 미칠 영향에 대한 정책을 고려하고, 국무부는 더 넓은 외교적 목표에 따라 이를 보면서 미국 동맹국들의 입장을 고려할 때 우선순위가 올바른지를 살핀다. 그리고 국방부는 안보 차원에 주목하고, 재무부는 미국 거시경제의 건전성과 글로벌 경제 차원의 사안에 대해 전망한다. 정보 부처는 종종 중국과 그 밖의 나라들이 이 정책을 어떻게 받아들이고 대응할 것인지에 대한 전망을 내놓는다.

정책 참여자들이 각자 맡은 영역에서 우선적인 의견을 내놓을 수 있게 되면, 해당 정책 결정에서 문제가 되는 부분을 그들 기구의 전문적 관점에 따라 검토하는 것도 가능해진다. 이러한 분과들의 상호 보완적 논의는 정책 아이디어에 대한 스트레스 테스트와 함께 2차, 3차 효과를 예측하게 함으로써 대통령이 최종 결정을 내리는 데 필요한 선택지를 마련해준다.

정책 오류 예방

이처럼 정책 결정 과정에서 우선순위를 설정하면 단 하나의 사안이 모든 것을 휩쓸어버리는 증후군, 말하자면 대중국 정책이 논의 당시 주의를 끄는 문제에 압도돼 버리는 상황을 방지할 수 있다. 무역 불균형 문제든, 북핵 협상 문제든, 인권 문제든, 다른 뭐든 간에 미국의 정책이 단 하나의 사안에만 집중되는 일은 바람직하지 않다. 미국이 중국과 나날이 부딪히는 관계에서 어떤 쪽에서 긍정적인, 어떤 쪽에서 방어적인 자세를 취할지 우선순위가 필요하기 때문이다.

효과적인 대중국 정책의 요건 또 하나는 백악관이 정책과 정치 사이에서 건전한 균형을 잡아주는 것이다. 미국의 전임 대통령 둘은 이 문제에 있어서 완전히 극과 극이었다. 오바마 행정부의 NSC는 "좋은 정책은 좋은 결과를 낳으며, 그것은 좋은 정치로 이어진다"라는 말을 염불하듯 외우고 다녔다. 몇 안 되는 예외를 빼면 버락 오바마 대통령은 정치의 지나친 관심으로부터 대중국 정책을 가리려고 했는데, 부분적으로는 그때그때의 분위기에 휘둘림이 없이 꾸준하고 장기적인 견지에서 정책을 펼치려고 했기 때문이다. 오바마의 이러한 접근에 대한 비판자들, 특히 도널드 트럼프 같은 사람들은 그런 접근은 많은 미국인들이 중국에 대해 느끼고 있는 급박함과 분노를, 가령 일자리 상실, 마약성 진통제인 합성 오피오이드 밀거래, 지식재산권 절도, 사이버 첩보 활동 등에서 빚어진 미국민의 악감정을 제대로 반영하지 못한다고 주장했다.

트럼프 전 대통령과 그의 팀은 의사 결정에 대해 알릴 때 정치적 계산기를 두드리는 일이 많았다. 하지만 이런 접근법의 맹점은 정치적 계산이 정책 결정의 지침이 됨으로써 체계적인 정책 결정 과정이 훼손된다는 것이다. 예를 들어 '1단계 무역 협상phase one trade deal'을 끝내기로 한 결정은 협상 타결의 돌파구가 열렸다거나 기본적 문제점들이 해소돼서가 아니라, 그저 2020년 대선의 시간표에 따라 그쯤에서 무역 협상을 마무리 짓는 것이 좋았기 때문에 이뤄졌다. 비슷하게 코로나19를 '쿵플루', '중국 바이러스' 따위로 부르기로 한 트럼프 행정부의 결정은 중국과의 관계에서 뭔가 특정 과제를 개신시킬 목적이기보다는 통제 불능 상태로 퍼져가는 바이러스로 팽배해진 국민의 분노를 중국에 대한 적의로 돌려보려는 생각에서 나온 것이었다.

이제 중국의 행동이 얼마나 미국인의 삶에 영향을 주며, 얼마나 미국 언론에서 주목받는지를 생각하면, 모든 정책 결정이 정치적 고려와 동떨어진 채로 냉정하고 무심하게 이뤄질 수 있다는 건 망상일 것이다. 그러나 같은 맥락에서, 중국 관련 정책 결정을 해당 시점의 지배적인 정치 기류에 맡겨 버리는 일은 위험하다. 정치적 편의와 국익이 같은 결로 가지 않는 때가 있기 때문이다. 대중국 정책이 오로지 정치적 렌즈를 통해서만 평가될 때, 그것은 일부러 거친 태도를 보이도록 부추기고, 되도록 약한 모습을 보이지 않도록 몰아가는 것이다. 따라서 정책 결정은 단기적인 정치적 영향과 장기적인 전략적 이해를 모두 고려해 이뤄져야 한다. 그런 균형 잡기가 말처럼 쉬운 것은 아니지만 말이다.

결론적으로 대중국 정책은 대통령의 우선순위를 뒷받침하려는 수없이 많은 결정들이 쌓이고 쌓여서 이뤄지는 것이다. 여기서 개선이 이뤄지고 있는가의 여부는 '중국이 미국의 뜻에 따라 움직여가고 있는가', '미국의 이익과 가치를 해치는 결과는 나오지 않는가'에 따라 가늠된다. 정책의 성공 여부는 종종 그 당시에는 가늠이 어렵다. 결국, 미국의 최대 경쟁국인 중국과 상대하면서 인내, 지혜, 침묵, 확신 등을 갖춰야만 일관성 있고 효과적인 전략을 짜낼 수 있다.

궁극적으로 미국과 중국은 어떤 통치 체제가 그 국민에게 더 나은 결과를 내놓는지를 놓고 장기적인 체제 경쟁에 묶여 있는 셈이다. 그 성과에 따라 세계에서 누가 더 높은 인정을 받느냐가 정해질 것이다. 미국의 정책이 미국민의 삶을 향상시키고 미국의 글로벌 리더십을 더 강화시킬수록 미국은 중국과의 경쟁에서 더 효과적으로 우위를 점할 수 있을 것이다.

라이언 해스 Ryan Hass
미국 브루킹연구소, 마이클 H. 아르마코스트 Michael H. Armacost 외교정책학 부장. 대만학 연구 부장이기도 하다. 《Stronger: Adapting America's China Strategy in an Age of Competitive Interdependence》(2021)의 저자다.

06

누가 중국공산당에 들어가며, 누가 당의 간부가 되는가?

빅터 시

약 9,100만 명의 당원을 보유한 중국공산당은 오늘날 중국의 가장 중요한 정부·비정부 조직을 통제하는 거대한 조직이다. 그 거대한 규모에도 불구하고 당 간부에서 고위 간부에 이르기까지 놀랄 만큼 동질적인 것은 대부분 대학 교육을 받은 화북華北 출신의 한족 남성으로 이뤄져 있기 때문이다. 중국공산당 제19기 중앙위원회 구성원만 봐도 61%가 그런 사람들이다. 더 놀랍게는 당 최고위의 경우 2030년까지 이런 상황이 이어질 전망이다. 이와 같은 동질성은 체제의 시야를 제한해, 국내와 국외의 정책 우선순위를 매길 때 문제를 낳는다. 집권 공산당이 중국의 사회·정치·경제에 미치는 막대한 통제력을 생각할 때, 이러한 당의 구성, 특히 최고위층에서의 이 같은 구성은 중국 정부의 정책 선호도에 큰 영향을 끼칠 수밖에 없다.

당원 모집 방식

1978년의 중국공산당 제11기 중앙위원회 본회의 이래, 당원 모집의 중점은 노동자와 농민에서 점점 더 지식인과 경제 엘리트 쪽으로 옮아가는 추세다. 대졸자를 당원으로 끌어들이는 정책은 중국공산당이 이 나라 최고의 학력자들 사이에서 충성파들을 확보할 필요성을 절감한 1989년 이후 가속화됐다. 2012년에는 신규 당원의 33%가 준 학사 이상의 학력을 가졌지만, 2019년에는 그 수치가 45%에 이르렀다. 지식인 엘리트의 비중이 늘면서 신입 당원 가운데 노동자 및 농민의 비중은 점차 줄어들었는데, 당 공식 통계에 따르면 2012년에는 27%, 2019년에는 23%로 감소했다. 물론, 이런 수치는 실제와 다를 수 있다. 농촌 지역에서 올라온 인민 해방군 출신 신입 당원도 농민 출신으로 분류되기 때문이다.

중국공산당이 갈수록 엘리트 지향화되는 상황은 확실히 동질적인 당원 집단을 이루기 위해 오랫동안 이어져온 당원 모집 상의 편향성과 맞물려 있다. 최근 여성 당원을 더 충원하려고 노력을 기울이고 있지만, 2019년에 42% 신규 충원에 머물렀으며 아직도 전체 당원 가운데 28%만이 여성이다. 당원의 성비 균형을 맞추려는 노력은 다른 공공기관에서 신규 구성원의 여성 비중이 50%를 넘기도록 하려는 방침과 이어져 있다. 신규 당원과 당원 전체에서 소수민족 집단 출신의 비중은 7% 남짓이며, 따라서 중국 총인구에서 8.5%를 차지하는 소수민족 집단의 당내 역할은 제한될 수밖에 없다. 더욱이 대니얼 코스Daniel Koss가 《Where the Party Rules(당의 권력 중추)》에서 지적했듯, 심지어 한족 당원도 주로 중국의 북부와 중부, 즉 중국공산당이 1930년대와 1940년대에 발판으로 삼았던 지역 출신자들이 대부분이다. 따라서 성비 균형 쪽으로 얼마간 노력이 있기는 해도 최근 이뤄진 가장 큰 변화는 당원들의 평균 교육 수준이 높아지고 있다는 것이고, 성, 민족 등에서의 기존의 편향적 차별은 그대로 유지된다는 것으로 정리된다. 즉, 당 지도부의 동질적인 성격은 계속 유지되게끔 판이 짜여 있는 것이다.

당 상층부의 성향: 현재와 미래

/

다음의 비교는 두 가지 핵심 코호트cohort를 대상으로 했다. 하나는 1952~1961년 사이에 태어난 사람의 집단(52후 코호트), 다른 하나는 1962년 이후 태어난 집단(62후 코호트)이다. 이 분석은 캘리포니아 샌디에이고주립대학교에 구축된 중국공산당 간부 집단 데이터베이스의 자료에 기반하는데, 이 연구를 위해 필자가 이끄는 팀은 5천 명이 넘는 당료들의 신상과 경력 정보를 분석했다. 52후 코호트 구성원들은 지금의 중국 지도자들이며, 1950년생인 리잔수栗戰書를 제외한 중앙정치국 상무위원 전원이 이에 해당한다. 2022년의 제20기 전국인민대표자회의에서는 이 코호트에서 가장 어린 축들도 마지막 공직에 취임할 것이고, 더 나이 든 축들은 최상층에 있는 소수의 예외 말고는 65세라는 통상의 정년 나이대로 퇴임할 것이다. 한편, 62후 코호트들은 20기에서 다수의 중앙위 자리를 맡을 것으로 보인다. 그들 가운데 가장 나이 든 축도 20기 이후 5년 정도 실세로 활동할 것이다. 그리고 1970년대 초 출생자들은 이후로도 10년 정도 더 고위직에 머물 것이다.

〈표 6.1〉 두 코호트 집단의 성 및 민족 분포와 평균 학력

	여성의 비중	소수민족의 비중	평균 학력
52후 코호트	7.4%	9.0%	2.74(석사 학위 소지 이하)
62후 코호트	8.4%	8.6%	3(석사 학위 소지)

출처: 글로벌 분쟁 협력연구소 Institute of Global Conflict and Cooperation, 2020

〈표 6.1〉에서 보듯 중국공산당 간부들은 계속해서 이 당을 세계에서 가장 성비가 불균형한 집단의 하나로 만들고 있다. 이 강력한 간부들(중앙위 구성원과 지방 상임위원들 전원) 중 여성의 비중은 52후 코호트에서 겨우 7.4%이고 62후 코호트에서도 고작 8.4%에 불과하다. 물론 62후 코호트에서 부지역장 수준 정도까지 올라가면 여성 비율도 늘어나긴 하지만, 그것마저 전체의 10%를 넘지 못한다는 점에서 놀라울 뿐이며, 비슷한 중급 소득 국가들의 비슷한 직급과 비교하면 현저히 낮은 수준이다. 정치국 수준에서는 25명 가운데 단 1명만이 여성이며, 물론 과거에나 가까운 미래에 당의 우두머리에 여성이 올라갈 가능성은 거의 없다.

62후 코호트의 보다 촉망받는 구성원들 사이에서도 여성 비율이 낮은 것은 지금의 체제, 즉 전국인민대표자회의 때마다 정치국에는 여성 1명, 중앙위에는 그보다 10명 남짓이 더 있으며 소수의 후보 위원들이 추가로 있는 체제가 유지되리라는 전망을 제시한다. 특별한 변화가 없다면 이런 상황은 2032년의 22차 전인대 때까지 그대로 이어질 수 있다.

중국공산당은 소수민족 당원의 모집과 승진에서도 마찬가지로 부

진한 모습이다. 사실 그들의 비중은 62후 코호트로 넘어오면서 오히려 약간 떨어졌다. 이런 비중 감소의 원인은 대체로 위구르 출신 간부의 급락 때문인 것으로 풀이될 수 있다. 52후 코호트에서 위구르계는 6명인 반면, 62후 코호트에서는 후베이성 공산당 상임위원회 소속의 에르켄지장 툴라홍 단 하나뿐이다. 신장 위구르 자치구에 대한 무자비한 탄압을 실시하면서, 중국공산당은 그들의 대표성이 별반 필요가 없다고 보고 수가 얼마 되지 않던 간부들의 육성마저 중단한 것이다.

두 코호트 사이에서 평균 학력은 살짝 올라가서 석사 이하이던 것이 석사로 됐다. 이제 당 간부가 되려면 학사 학위, 심지어 석사 학위까지 필수가 됐다는 뜻이다. 여성의 경우에는 두 코호트 사이에 평균 2.7에서 3.19로(즉, 석사 이하에서 석사 이상으로) 평균 학력이 상당히 뛰었다. 한편, 남성은 2.77에서 3.0이라는 차이를 보였는데, 이를 보면 여성들의 대표성이 매우 저조할 뿐 아니라 여성의 경우 간부가 되려면 남성보다 훨씬 고학력을 갖춰야 한다는 것을 알 수 있다. 이는 10년 사이에 더 심해졌다.

놀랍게도, 두 코호트 모두 중국의 명문대 출신이 장악하고 있지는 않다. 해외 또는 미국 명문대 출신인가 하면 그것도 아니다. 52후 코호트의 경우 600명 정도 가운데 7% 이하만이 중국 3대 명문대인 베이징대, 칭화대, 런민대 학사 학위 소지자며, 62후 코호트는 수치가 좀 더 올라가서 8.7%다. 당 간부나 군 장교 대다수가 지방대 또는 전문대에서 학위를 땄다. 고위 간부로 올라가면 전체 당원 평균보다 학력 수준이 높아지지만, 그들이 널리 알려진 명문대 출신은 아니다.

대학 졸업장을 보면 동질성이 그다지 높지 않지만, 출신 지역을 보면 동질성이 매우 높다. 제19기 전인대를 보면 거의 절반에 가까운 대표들이 중국의 북부와 북서부 출신임을 알 수 있다. 중국 중부 지역인 허난성, 장쑤성, 후베이성, 안후이성 출신들을 합치면 70%에 이른다. 반면 남부와 남서부 출신의 간부들은 30%에 불과하다. 중국에서 경제가 가장 발달한 지역의 하나인 광둥성 출신 지역 또는 고위 간부는 겨우 13명으로 전체의 1.2%에 불과하다. 이 모든 요소들을 합치면 '대졸 이상의 화북 출신인 한족 남성'이 19기 전인대의 61%를 차지한다는 매우 동질성이 높은 모양새가 나온다. 중앙정치국 상무위원을 보면 덩샤오핑과 장쩌민이 1990년대 초에 바꿔 놓은 출신별 충원 모양새에서 거의 바뀌지 않았다. 다만 최근에 저장성 출신이 늘어나는 추세인데, 이는 그 지역 연고가 있는 시진핑이 총서기가 됐기 때문이다.

적체의 조짐

/

중국공산당의 엘리트는 놀랄 만큼 동질적일 뿐 아니라, 하급 당료 출신, 특히 지역 공산당에서 배출되는 사례를 찾아보기가 점점 어려워지고 있다. 간단히 말해 62후 코호트의 구성원들이 이제 대거 지역 상임위로 진출하고 있지만, 10년 전 52후 코호트가 그랬던 것만큼 중앙위원회까지 올라가지 못하고 있다는 것이다. 이는 중앙위원회가 10년 전에 비해 늙었다는 뜻이며, 62후 코호트의 간부들 다수를 20기 전인대에서 충원하지 않으면 계속 노령층 위주의 집단이 된다는 뜻이기도 하다. 그러나 다음과 같은 분석에 따르면 그러한 대폭적인 충원이 있을 것 같지는 않다.

62후 코호트가 지역 상임위에서 228개의 자리를 잡았지만, 그 이동성은 이전의 52후 코호트에 비해서 낮다. 무엇보다도 18기와 19기 전인대에서 62후 코호트 구성원들이 이룬 경력 향상은 16기와 17기 때 52후 코호트가 이뤘던 것보다 못하다. 17기 전인대에서 52후 코호트 38명이 중앙위에 자리를 얻었고, 19기에서 중앙위에 들어간 62후 코호트는 27명이었다. 중앙위 총원이 그 사이에 204명에서 205명으로 1명만 늘었음을 고려하면 이는 의미 있는 감소다. 이전 코호트 세대가 19기 전인대의 중앙위를 지배하고 있으므로(204석 중 158석을 차지해 77%에 이르렀다), 다음 코호트 세대가 중앙위를 엇비슷한 수준으로 지배하려면 그들이 대거 퇴임해줘야만 한다.

더 정확히 말해서, 62후 코호트가 20기 전인대에서 그런 식의 주도권을 쥐려면 대략 121명이 중앙위에 새로 들어가야만 한다. 그러려면 52후 코호트보다 윗세대인 현 중앙위원 9명과 52후 코호트 112명의 퇴장이 필요하다. 그런 일은 가능할 것 같지 않은데, 19기 중앙위에서 후보 위원으로 선정된 62후 코호트 구성원은 도합 103명밖에 되지 않기 때문이다. 따라서 그들 모두 정식 위원이 된다 해도, 18명이 모자라게 돼 후보 위원 외 인사의 직접 충원이라도 있어야 한다.

그렇게 대대적 물갈이가 이뤄질 가능성은 없는데, 이는 두 가지 이유에서 그렇다. 첫째, 시진핑 총서기는 103명의 후보 위원들 모두를 승진시키고 싶어 하지 않는다. 그들 모두가 자신의 파벌이거나 연고가 있는 사람은 아니기 때문이다. 더 중요한 이유로 지금의 52후 코호트 중앙위원들은 시진핑의 친구이자 동료로서 자리를 지킬 가능성이 높다. 시진핑이 최고 지도자로 있는 한, 설령 그들이 통상 은퇴 연령인 65세가 되더라도 중앙위와 정치국에 많이 자리 잡고 있게 될 것이다. 최근 68세인 샤바오룽夏宝龙을 홍콩-마카오 사무판공실 주임이라는 요직에 앉힌 것은 그 본보기다. 이런 당내의 느린 이동성은 동질적으로 구성된 엘리트층이 2032년의 22기 전인대를 거치더라도 바뀌지 않을 것임을 시사한다.

정책에 주는 의미

이제까지의 분석은 중국공산당이 전체로든 고위 간부층으로든 놀랄 만큼 동질적이며, 대졸 이상의 화북 출신 한족 남성들에 의해 지배되고 있다는 내용이다. 상층부에서의 느린 이동성은 이 동질적 집단이 2032년도의 22기 전인대 이후로도 비슷하게 갈 것임을 뜻한다. 여성, 소수민족, 그리고 그 밖의 과거에 소외되던 목소리가 세계 곳곳에서 새롭게 대표성을 획득하고 권력을 얻고 있는 상황에서, 중국의 권위주의 체제가 상대적으로 동질적 집단이며 최고위층이 이를 유지하려는 정책을 쓴다면, 국방, 경제성장, 기술 우위 등과 관련된 정책 사안에서 결정의 범위가 좁아질 가능성이 높다. 중국의 다수 인구가 안고 있는 시급한 문제들은 지도자들에게 계속 외면받거나 심지어는 적대시될 것이다. 이런 엘리트들의 정책 선호와 별도로, 중국 인구의 다수는 성 평등, 종교의 자유, 이주민 노동자들의 도시 복지 서비스 통합 등의 쟁점 사안들을 더욱 고려하게 될 것이다. 그러나 미국과 그 밖의 민주국가들은 성 평등이나 복지 증진 등의 공통 이익과 관련해서 중국의 더 넓은 범위의 사안들에서 관여하는 대신, 중국 지도부가 관심을 가지는 사안들, 가령 기술 경쟁, 산업정책, 무역 등에 대해서만 관여가 가능할 것이다. 이렇게 상대적으로 좁은 범위에서 관여할 수 있는 사안들은 중국과 다른 경제 대국들과의 협상 공간을 좁히며, 장기적 협력을 더욱 어렵게 만든다. 중국 남부의 활기 넘치는 기업가층이 가진 경제 분야의 입장조차 지도부에게 외면될 수 있다. 중국 국민 중 일부에 불과한 그들에게는 비극적이게도, 당의 최고 결정권자들은 당의 대표성을 현저히 다양화하면서까지 그들의 말에 귀를 기울일 동기도 없고 그런 말을 들을 제도적 채널도 없는 게 현실이기 때문이다.

빅터 시 Victor Shih
캘리포니아주립대학교 샌디에이고 캠퍼스 정치학 부교수. 《Factions and Finance in China: Elite Conflict and Inflation》(2019)의 저자다.

2부
세계 질서

07

새로운 세계 질서에 중국을 위한 자리는 있는가?

수잔 A. 손튼

1967년, 리처드 닉슨은 《포린어페어스》에 기고한 글에서 아시아는 지금 놀라운 변신을 하고 있다고 주장했다. 세계 인구의 절반이 거주하는 아시아가 정치·경제적으로 가장 역동적인 지역으로 급부상하고 있다는 내용이었다. 닉슨은 그 지역에 드리운 중국의 오랜 그림자를 경계하면서 중국의 '변화 필요성'을 역설했다. 사회주의 혁명의 고취에서 중국 내부 문제의 해결을 더 우선하는 쪽으로 노선의 변화를 촉구한 것이다. 닉슨은 미국이 고립주의의 유혹에 굴복해서는 안 되며, 오히려 미국의 번영과 안보에 기여할 수 있도록 아시아의 강점에 기반해 아시아 국가들을 지원해야 한다고 주장했다. 또한 그는 10억의 역량 있는 국민들을 가진 중국이 국제사회의 외부에 머물러서는 안 된다고 고언했다. 지역적·세계적 이익은 중국을 고립시킨 채 유지될 수 없으며, 미국 역시 '중국 봉쇄'에 대한 '과도한 부담'을 홀로 감당할 수 없다는 것이다.

그로부터 50년이 더 지난 지금, 이 '안정적이면서도 역동적인 아시아'는 계속 잘나가고 있다. 이 지역에 살고 있는 이들(전 세계 인구의 60%)은 매년 세계 성장의 3분의 2 이상에 기여하고 있으며, 그런 점에서 21세기 아시아는 지구의 무게중심이라 할 수 있다. 닉슨이 예견했고 실제로 그가 일정 역할을 담당했던 중국의 1972년 '개방'과 함께, 중국의 변화는 이러한 급속한 발전에 있어 핵심적인 기능을 수행했다. 중국의 내부 문제에 시선을 돌리면, 마오쩌둥의 사망 이후 중국의 지도자들은 근대화를 강력하게 추구했으며 이는 역사 교과서에 나올 만한 사건이었다. 불과 50년 사이에 10억이 넘는 중국 인구의 1인당 소득은 100달러 미만에서 1만 달러 이상으로 치솟았다.

이러한 역동성은 제2차 세계대전 이후 세계의 평화와 안정, 그리고 번영을 가능하게 만들었던 기존의 국제 질서를 뒤흔드는 권력 이동을 함께 가져왔다. 아시아와 중국의 경제력은 어떤 경제체제도 상호 의존과 산업별 특화로부터 자유로울 수 없는 세계화와 성장을 추동시키는 데 기여했다. 이러한 상호 의존성의 증가는 일부 국가들 사이에서 중국의 군사력과 이해관계의 확장, 그리고 그 의도를 끊임없이 의심하게 만드는 안보 불안감으로 나타나고 있다. 국제 규칙을 회피하거나 무시하는 데 능수능란한 중국이 강대국들의 무력 충동을 제약하려는 시도는 오히려 중국에 대한 우려를 증폭시킬 뿐이다. 그러나 세계적인 강대국에 대해 우려하는 것과 지난 70년 동안 내적으로 복잡하게 짜인 국제 질서에서 그 강대국을 제외하는 것은 전혀 다른 차원의 일이다.

아주 오랜 기간 평화와 번영을 유지해온 시스템을 해체하는 것은 위험할 뿐만 아니라 무모하기도 하다.

현 세계 질서에 내재된 중국

국제 체제를 객관적으로 볼 때, 중국은 분명 주요 행위자다. 1971년 (중화민국 혹은 대만을 대체해) 유엔안전보장이사회(이하 유엔안보리) 상임이사국이 된 후, 중화인민공화국은 유엔의 대부분의 조약과 협정을 수용했으며, WTO에 가입했고, 글로벌 차원에서 공공재의 주요 공급자로 활동해왔다. 미국 다음으로 유엔 회비를 가장 많이 분담하고 IMF와 세계은행의 지분을 상당수 가지고 있는 중국은 비록 여전히 과소 대표되고 있지만, 유엔안보리의 5개 상임이사국 중에서 가장 많은 나라(예를 들어 이란, 아프가니스탄, 이라크, 북한, 남수단 등과 그 외 해적 소탕 작전을 포함해)에 평화 유지군을 파견하면서 세계 평화 유지에 기여하고 있다. 글로벌 인프라 개발을 위한 금융 원조 액수도 가장 많다. 특히 최근 중국의 고위 관료들은 세계 질서에 대한 중국의 외교정책과 비전은 유엔헌장과 국제법, 그리고 개방적이고 포용적인 다자주의에 기반하고 있다고 강조한다. 아울러 글로벌 평화와 번영을 유지하고 협력해야 하는 강대국들의 책임과 필요에 부응하고 있다고 역설한다.

그러나 여전히 중국을 세계 질서에 들어오게 '허락한 것'은 실수였다고 주장하는 세력이 있다. 그런 관점에서 본다면, 중국은 제2차 세계대전 이후 서구의 선진 민주주의 국가들이 주축이 돼 만든 오늘날의 규칙 기반 질서에 맞춰, 정치·경제적으로 적응하고 자유화를 추진해야만 했다. 중국이 15년간의 협상 끝에 드디어 2001년 WTO에 가입했을 때 이런 기대는 별 무리 없이 이행될 것으로 보였으나, 현재 중국은 이런 세계 체제를 위협하고 있다. 그뿐만 아니라 체제의 전복을 추구하거나 이의 대안으로 비자유주의 체제를 만들려 하고 있다. 비판자들 눈에는 미중관계 역시 대단히 왜곡돼 왔으며, 개발도상국에 대한 중국의 인프라 원조 계획은 미국과 '대적하려는' 위협으로 간주되고 있다. 그리고 코로나19 백신을 자체 개발하려는 중국의 노력은 글로벌 공공재 보급이라는 인도주의적 차원이 아니라 지정학적 경쟁 차원의 렌즈로 관찰된다.

제2차 세계대전 이후의 제도들에 기반해 확립된 자유주의적 국제 질서가 중국과 같은 거대한 권위주의적 국가 자본주의 체제에서 적응하기 힘든 설계임은 확실하다. 또한 이는 애초에 중국의 적응을 염두에 두고 만들어진 것도 아니다. 지금 시진핑 체제에서 중국은 서구에서 설계된 자유화에 미적거릴 뿐만 아니라 자유화 자체에 대한 반발도 보여주고 있다. 이제 중국은 서구의 시스템을 자기 구미에 맞게 뜯어고치려 하거나 아니면 자국을 그 시스템에 맞추되 적어도 누군가의 희생을 전제로 할 것이라는 의구심을 불러일으킨다. 일부에서는 중국의 이른바 '윈-윈'이라는 구도를 "(동전을 던져서) 앞면이 나오면 내가 이기고, 뒷면이 나오면 네가 진다"는 식의 아전인수격 제로섬에 지나지 않는다고 의심하기도 한다. 세계가 최소한의 평화와 번영을 누리려면, 규칙 기반의 질서를 지키기 위해 중국을 추방하거나 적어도 맞서 싸워야 한다는 목소리도 높다. 이런 맥락에서 트럼프 행정부의 '인도-태평양' 전략은 대륙보다는 해양에 주목하면서 아시아에서 중국을 떼서 보는 전략인 한편, 그 지역과 세계 질서에서 중국을 분리시키고 제외하려는 전략적 함의를 가진다.

그러나 이러한 주장들은 국제 체제의 변화, 글로벌 권력 구조의 변화 및 중국이 이미 국제 체제에 깊숙이 들어와 있음을 적절하게 고려하지 못하고 있다. 지난 30년 동안의 세계화는 너무도 심층적이고 역동적이어서 단 하나의 거대 권력이 이를 지배하기란 매우 어렵다. 오늘날, 통신과 운송 기술, 그리고 과학 연구계 등이 통합된 글로벌 가치 사슬은 국경의 제약을 뛰어넘는다. 국제 체제에 영향을 미치는 크고 작은 다양한 권력들이 각종 규칙과 관행, 제도를 선도하거나 변형시키고 있다. 국가 간의 연합 역시 공동의 이슈 혹은 지역적 이해를 모색하기 위해 유동적인 집단화를 모색하고 있다. 국제 체제 자체가 확장돼 왔으며 다차원적으로 중첩적이고 교차적인 질서로 분화돼 온 것이다. 중국은 이 모든 질서에 핵심적인 참여자다. 중국이 일부 요인들의 변화와 약화를 추구한다는 것도 사실이지만, 다른 많은 영역에서 지도적이고 건설적인 행위자라는 것도 분명해 보인다.

글로벌 질서가 수렴하는 곳, 그리고 분화하는 곳

/

중국이 기존의 국제 체제에 도전하는 수정주의적 세력이라고 주장하는 하버드대학교의 앨러스테어 이안 존스턴Alastair Iain Johnston은 그의 연구에서 다양한 세계 질서를 헌정적 질서(유엔헌장 및 다자간 협약에 따른 제도들), 군사적 질서(군비 통제, 평화 유지 활동), 정치적 발전 질서(민주화, 인권), 복합적인 경제적·사회적 질서(개발, 무역, 금융 등)로 유형화하고 있다. 그런 질서들에 대한 중국의 지지를 연구한 그는 중국의 지지 수준은 정치적 발전 질서의 영역에서만 '낮음'으로 평가되며, 다른 영역의 질서에서 국제 규범에 대한 중국의 지지도는 (비록 가변적이기는 하지만) '중간 이상'으로 평가된다. 지난 25년 동안 무기 통제, 핵 비확산 규범, 평화 유지 활동 등 몇 개의 사례에서 국제 규범에 대한 중국의 지지는 점차 상승해왔다. 국제 개발과 무역 등 다른 사례에서도 중국은 원칙상 그러한 국제 질서를 지지하고 있다. 다만 실천 과정에서 그런 질서를 채택하는 것은 느리게 진행됐다.

증가하는 중국의 영향력에 비례해 중국의 역할에 대한 다른 국가들의 평가 역시 높아지고 있다. 예컨대, 중국은 거대하고 팽창적인 시장, 급속한 근대화, 엄청난 외환 보유고 등으로 인해 세계 경제 질서에서 일반적으로 대단히 높은 영향력을 가진 행위자로 평가된다. 2020년 중국의 국내총생산은 2010년 대비 2배 증가했으며, 앞으로도 5~6%대의 성장률을 유지한다면 2035년까지 다시 2배 증가할 것으로 예상된다. 중국은 지난 40년 동안 중대한 사회 불안정 없이 경제개혁을 관리하면서 수억 명의 국민들을 빈곤에서 구제했으며, 생산 가치 사슬을 향상시키면서 세계적 수준의 사기업을 무수히 육성했다. 이런 인상적인 결과를 만들어낸 경제 분야의 기술 관료들은 다른 개발도상국들을 충분히 매료시킬 만한 경쟁력을 갖춘 것으로 보인다. 중국이 계속해서 자국을 개발도상국으로 규정하고, 비동맹 운동과 연계하려 하며, 평화 5원칙(1955년의 반둥회의에서 미국 중심의 자유 진영도 소련 중심의 공산 진영도 아닌 '비동맹'을 표방하며 내세운 ① 영토 보전과 주권 존중, ② 상호 불가침, ③ 내정 불간섭, ④ 호혜 평등, ⑤ 평화공존의 5원칙. 당시에는 저개발국이자 중립 외교를 지향하던 중국은 여기에 적극 찬동했었다 – 옮긴이)에 대한 지속적인 지지를 보내고, 최근 대규모 전쟁에 개입하지 않으면서 경제적 근대화에 성공하는 모습 등은 서방국가들에게는 초조함을 줄지라도, 가중되는 압력에 시달리는 다수의 유엔 회원국에는 길잡이처럼 여겨지는 것이다.

과거에는 중국이 자국의 근대화에 집중했기 때문에 유엔안보리 상임이사국 중에서 국제적인 기여 역시 최소한의 수준을 유지했고 쟁점이 되는 투표에 대해 기권할 정도로 소극적 자세를 보였지만, 지난 10년 동안 안보, 금융, 기술, 노하우 등의 부분에서 세계적인 공공재의 공급자로 탈바꿈해왔다. 이 모든 공공재는 과거에는 미국을 포함한 선진 민주주의 국가들이 대부분 공급해온 것이었다.

유럽의 한 무역 담당관이 언급한 것처럼 중국은 "자유주의 무역 체제의 정신이 아니라 오직 문구에만 충실하면서" 이 모든 성과를 이룩해온 것이 사실이다. 분명 환율 조작, 급격한 무역 불균형, 합의된 시장에 대한 접근 장벽, 정부 보조금, 지식재산권과 기술 도용 등의 문제들은 여러 국가에 불공정한 경기장으로 여겨질 만했다. 많은 행위자들이 중국의 느린 시장 개방 속도에 어려움을 겪었으며, 중국이 글로벌 기준의 공정한 자유주의적 무역 규칙에서 일탈하는 것이 아닌지 우려를 표명해왔다. 그러나 이런 시각은 (분명 위와 같은 문제점이 있다고 하더라도) 중국이 성취해온 진전을 간과하는 경향이 있으며, 계속 변화하는 도전 앞에서 글로벌 시스템을 존속시키는 데 어떻게든 도움이 되지 않는다. 현 체제에서 최선은 중국이 체계적으로 규칙이나 변화를 회피하는 것에 대한 책임을 촉구하면서 해결책을 모색해나가는 것이다. 혹은 체제의 허점을 보완하고 현재의 문제를 처리할 수 있는 다자간 규칙을 고안하면서 문제를 해결해나가는 것이다. 이러한 모색은 충분히 가능한 일이며, 또 해야만 하는 일이다. 물론 그 결과는 절대적으로 안전하다거나 완벽한 해결책을 제공해주지는 않을 것이다. 그러나 치명적인 붕괴는 막을 수 있으며, 또한 새로운 산업으로부터 나오는 수익을 촉진하고 최대한 공정하게 배분하는 데 도움을 줄 수 있을 것이다.

정보와 데이터의 흐름을 규제하는 국제 질서는 초기 단계고 경쟁도 치열하다. 국경을 넘나드는 정보의 흐름을 어떻게 관리할 것인가에 대한 국제적 합의도 아직 형성되지 않았다. 이미 알려진 것처럼, 중국은 이 영역에서 유엔 중심의 거버넌스를 주창한다. 이러한 거버넌스는 국경 내부에서 작동하는 주권 국가의 통제력과 현재의 규제 구조에 기반하며, 일차적으로는 국내법으로 시행되고 있다. 몇몇 주요 강대국들은 중국의 이런 입장에 대해 전반적으로 또는 부분적으로 동의한다. 이 같은 심정적 동의는 거버넌스를 향상시키고 정보 기술에 대한 국민적 관심에 부응하려는 추진력 때문이기도 하지만, 자국민들을 감시하고 통제하려는 의도도 작용하고 있다. 이 영역에는 상업적·군사적인 이해관계, 첩보 활동, 법 집행 범위의 충돌에서 기인하는 심각한 불신이 자리 잡고 있다. 그리고 아직까지는 이러한 상호 불신이 글로벌 통신과 인터넷 인프라를 공유함으로써 얻게 되는 명백한 공통의 이익을 크게 해치고 있다. 정보 영역에서 서구와 중국의 주도권 경쟁이 어떤 결과를 낳을지는 불확실하다. 그러나 그 결과가 세계적인 비즈니스, 운송, 통신 등에 미치는 영향력은 막대할 것이다.

국제적인 정치발전 질서에 대한 중국의 지지 부족, 심지어 대항이야말로 서구가 가지는 가장 큰 불만 요인이다. 즉, 중국의 국내 정치 구조와 민주주의 및 인권 규범 간의 간극은 미래의 국제 질서에 끼치는 중국의 영향력에 대한 서방 세계의 우려와 불안의 핵심이다. 이런 불안은 특히 중국이 내국인을 억압할수록 증가한다. 중국이 시민 활동가와 법률가, 비판자들을 투옥하는 등 자국민들을 대상으로 권력을 남용하고 티베트와 위구르의 소수민족을 대규모로 투옥하고 억압하는 행태들이 중국의 국경을 넘어 확장될 수 있다는 우려는 타당하다. 더구나 중국은 세계 무대에서 더욱 지배적인 역할을 수행할 수 있기에 더욱 그렇다. 최근 홍콩 사태에 대한 중국의 조치는 이런 우려를 더욱 증폭시키고 있다.

국제 제도를 중국의 국내 정치 구조에 개입시켜 변화를 유도할 수는 없지만, 중국과 같은 주요국 정부가 유엔 협약에 명문화돼 있는 시민의 기본권 보호를 최고 수준에서 준수하도록 지속적으로 압박하는 것은 필요하다. 국제기구들이 주권 국가의 국내 정책이나 행태를 좌우할 수는 없을 것이다. 그러나 극단주의자를 뿌리 뽑겠다는 명분이든 부패를 철저히 조사한다는 명분이든, 마구잡이식 투옥과 감금은 세계에서 가장 선도적인 국가에서는 수용할 수 없는 규범이라는 것도 분명하다. 누군가는 중국이 '독재하기에 안전한 세상을 만들기 위해' 정치발전의 질서와 규범을 퇴보시킬 것이라고 주장하지만, 다행히도 그렇게 될 가능성은 거의 없다. 권리 보장은 대중적으로 너무도 익숙한 일이며 이는 중국이라고 예외는 아니다. '시민적·정치적 권리에 관한 국제 규약ICCPR'은 유엔 회원국 중 5개국만 제외하고 대부분의 국가가 비준했는데, 주요국 중에서는 중국만이 빠져 있다. 이러한 사실은 여러 국가가 높은 수준의 국제 규범을 잘 준수하고 있다기보다는 권리 보장에 대한 명백한 합의가 존재한다는 것을 의미한다. 중국 역시 이러한 권리 규범과 거리를 두기보다는, 권리에 대한 정의를 확장하거나 변형시킬지라도, 권리 규범을 지키는 선에서 자신들의 정책을 끊임없이 정당화할 것으로 예상한다.

국제 질서 안에서의 공진화共進化

/

앞에서 살펴본 것처럼 중국은 이미 세계 질서에 들어온 상태이며 많은 하위 질서에서 지도적인 역할을 하고 있다. 최근 미국 정부는 자주 부정적인 태도를 보이지만, 중국은 지난 40년 동안 외부 세계와 급속한 관계 진전을 보여왔다. 중국공산당 통치 방식도 많이 제도화됐다. 비록 전부는 아닐지라도 대다수 중국 국민들의 삶도 상당히 향상됐다. 중국이 국제 체제에 크게 관여하면서 이익을 얻고 있는 이상, 중국은 앞으로도 이 체제에 투자하고 가치를 부여해나갈 것이다. 사실 이것이 중국을 끌어들일 당시 국제사회가 가졌던 중요 목표였다. 문제는 이제 중국이 시스템의 규칙을 새롭게 쓰거나 영향을 미칠 수 있을 정도로 강해졌다는 것이다. 일부는 중국이 너무 큰 국가여서 자국에 유리한 방향으로 체제를 기울일 수 있다는 점을 우려한다. 이는 분명 타당한 우려다.

미국과 우방국들은 중국이 경쟁력을 가진 영역에서의 공헌을 인정하고 중국이 낙후됐던 영역에서 큰 진전을 이룩했다는 것을 높이 평가하면서도, 중국이 규범을 위반한 영역에서는 이에 대한 비판을 지속해야 할 것이다. 이것은 매우 어려운 일이지만 달리 선택의 여지가 없다. 2005년 로버트 졸릭 전 미국 국무부 차관은 한 연설에서 중국은

"국제 체제의 책임 있는 주주가 돼야 한다"라고 강조했다. 중국은 즉각적으로 예민한 반응을 나타냈고, 자신들은 아직 막대한 부담을 질 수 있는 준비가 돼 있지 않다고 답변했다. 그로부터 15년이 지난 지금, 중국은 이제 국제 체제에 공헌하고 이끌 준비가 충분히 돼 있다. 하지만 그런 역할을 하는 것에 익숙하지 않다. 또한 '책임 있는 주주' 발언이 나올 당시에는 간과했던 '의혹의 대상'이 되고 있다. 서방세계는 중국이 자신의 이익에만 치중하지 말고 책임성을 증명해야 한다고 말한다. 이에 대해 중국은 자신들은 이미 충분히 증명했으며, 서방 쪽이 이중적 기준을 가지고 있다고 대답한다.

그러나 우리가 중국을 지속적으로 비난하는 와중에도 세계가 처한 위기의 본질은 계속해서 변하고 있다. 지금 이 순간에도, 우리의 긴급한 (초)국가적 위기에는 팬데믹 확산, 기후변화, 이와 연관된 자연 재앙, 우리 사회를 분열시키는 (거짓) 정보와 기술 통제의 무능력 등이 포함된다. 이런 관점에서 주요 강대국들의 경쟁이 심화된다면, 이는 전략이 없는 전술일 뿐만 아니라 공멸로 가는 지름길이다. 주요 국가들의 대립은 미래 문제를 더욱 악화시킬 뿐이기 때문에, 함께 협력할 수 있는 능력과 의지를 가진 정부들은 문제 해결의 단초를 마련하고 공동의 해결책을 모색해야만 할 것이다. 기술, 데이터, 여행, 이주, 환경, 건강, 무기, 무역 등에 대한 새로운 규범의 합의는 중국을 다른 방으로 내쫓음으로써 이뤄지는 것이 아니고, 중국과 같은 협상 테이블에 앉아서 함께 마련해야 하는 것이다.

코로나19 팬데믹이 가져온 긍정적 반전이 하나 있다면, 그것은 미국과 중국 모두 기존의 위상을 잃어버렸으며 많은 국가들이 새로운 대리자를 찾거나 스스로 주도적 역할을 하는 길을 찾았다는 것이다. 더 이상 G2라는 말은 언급되지 않는다. 국제 체제를 능멸했던 4년간의 트럼프 정부 동안 많은 국가들은 새로운 대안을 찾아 배회했다. 유럽은 세계보건기구의 코백스COVAX 시설을 통해 백신 보급로를 마련했고, 러시아는 자체 백신을 개발해 다른 나라에 공급하고 있다. 한국은 코로나19 확산을 효과적으로 억제했으며, 자체 생산한 진단 키트 및 여러 의료 장비들을 빠르게 공유했다. 격동의 시기에 중견 국가들이 보여준 이러한 능력 향상과 지도력의 발휘는 세계 체제의 변혁과 이행에서 핵심적인 요소로 작용할 것이다.

물론 미국과 중국은 국제 체제에서 여전히 탁월한 건설자의 역할과 가장 적극적인 신참자의 역할을 수행할 것이다. 자국의 패권에 도전하는 중국에 대한 미국의 불안과 자국의 세력 확장을 억제하는 미국의 힘을 가늠해보려는 중국의 시도는 긴장과 불신을 더욱 가중시킬 수도 있다. 그러나 국제 체제는 다가오는 위기에 대응해 끊임없이 진화하며, 따라서 그 안에 있는 두 국가도 지속적으로 변화해나갈 수밖에 없다. 두 국가의 뛰어난 역량과 문제를 해결하기 위한 협력에 기반해 다른 국가들과의 상호 의존이 잘 이뤄진다면, 두 국가의 공진화는 최악의 상황을 피하는 데 유익할 뿐만 아니라 공통의 문제에 함께 대응하는 노력도 가능해질 것이다.

수잔 A. 손튼 Susan A. Thornton
외교관. 전 미 국무부 동아시아-태평양 담당 차관보 대행을 역임했다. 현재 예일대학교 로스쿨 선임 연구원이다.

08

중국은 자유주의 세계 질서를 약화시키려 하는가?

앨러스테어 이안 존스턴

정책 토론장에는 의문의 여지가 없고 당연한 의미로 해석되는 밈meme과 서사가 난무한다. 기본적으로 이것들은 참여자의 말의 범위를 제약하며, 특정한 담론 공동체의 내부에 있든 외부에 있든 타자에게 자기 뜻을 전달하는 방식을 제약한다. 또한 자신의 목소리를 권위 있게 전달하는 방식도 제약한다. 그 집단의 전문용어를 쓰지 않는 사람은 자격을 갖춘 사람으로 받아들여지지 않으며, 이것은 반대 의견의 경계를 제한한다. 어떤 경우에는, 정책 문제의 본질을 정의하려 할 때 이러한 담론은 논자들의 사고방식을 선험적으로 제약하며, 고려할 수 있는 선택지를 제한하기도 한다.

자유주의liberal '규칙 기반의 질서RBO, Rules-Based Order' 개념은 그동안 정책, 미디어, 싱크탱크 집단에서 영향력 있는 사회적 통념으로 널리 받아들여졌다. 일반적인 서사는 이 RBO가 제2차 세계대전 후에 미국에 의해 정착됐으며, 정치적 자유화, 경제적 자유시장, 국가 간 분쟁 해결에 대한 국제법 적용 등의 규범을 체현하고 있다는 것이다. 미국의 정책 집단 내부에서는 이러한 자유주의 체제가 1945년 이후 지역적·세계적 평화와 번영을 유지해줬다는 데 대체로 의견의 일치를 보인다. 또 공통적 통념의 성격은 조금 약하긴 하지만, RBO는 국가들을 정상 국가와 수정주의 국가로 구분해준다고도 본다. 정상 국가들은 RBO를 옹호하지만 수정주의 국가들은 그것에 도전한다. 정상 국가는 덕스럽지만 수정주의 국가는 사악하다.

'단일한 국제 질서'라는 서사

/

어쨌든 그러한 서사에는 몇 개의 중요한 개념적·경험적 문제들이 있다. 첫째, 일반적으로 더 널리 쓰이고 있는 말이지만, 자유주의적 국제 질서는 상대적으로 새로운 것이다. '규칙 기반의 질서'라는 용어 자체가 2010년에야 미국 정책 사전에 처음 등장한다. 당시 힐러리 클린턴 미국 국무 장관과 케빈 러드Kevin Rudd 호주 외무 장관의 공동성명에서 이 용어를 채택했다. 이 용어는 애당초 아시아-태평양 지역에서 규칙에 기반한 질서를 건설하겠다는 열망을 담고 있었다. 그러던 것이 몇 년 뒤에는 의미가 완전히 달라졌는데, 제2차 세계대전 이후 70년 동안 지역적·세계적 안정을 이끈 미국이 주도한 체제를 의미하게 된 것이다. 동시에 남중국해 지역을 둘러싼 군사적 긴장이 불거지면서 중국은 이러한 질서의 주요 도전자로 인식되기 시작했다. 이 같은 서사는 미국을 정상 국가로, 중국은 수정주의 국가로 분류해서 보도록 한다. 이는 마침내 2017년도 〈미국 국가안보전략백서〉에서 성문화됐는데, 이러한 구분은 중국(과 미국)이 다양한 국제적인 규범과 제도에 대한 접근을 단순하게 유형화한 무대를 만들게 된다.

둘째, RBO는 단일한 국제 질서가 존재한다는, 경험적으로 취약한 주장에 기반하고 있다. 미국에 의해 창출된 단일한 국제 질서가 지난 70년 동안 세계에 평화와 안정을 가져다줬다는 생각은, 우리가 실제로 국제정치 행위자가 창출하고 행동하고 말하고 지지하고 반대하는 상황을 분석해볼 때 설득력이 별로 없다. 그러한 관점은 다양한 규범과 제도들이 작동하는 많은 정책들을 미국이 지배하는 단일한 국제 질서 속으로 뭉뚱그려 넣는다. 그러므로 RBO의 서사는 오늘날 존재하는 규범과 제도들이 왜 자주 경쟁적이고 모순적이며 경합하는지를 설명하지 못한다.

이 서사는 국가의 행태를 통제하는 경제적·군사적 요소들 및 인권 규범과 제도들을 창출하는 데 미국 외에도 다양한 행위자들이 역할을 하고 있음을 간과한다. 예를 들어 유럽은 세계화의 강력한 추종자였고 WTO, G20 같은 제도들을 강력하게 지지해왔다. 또한 미국과 달리, 유럽은 최근 수십 년 동안 여성과 어린이, 약자 등 대부분의 인권 혁신을 지지해온 주 행위자였다. 미국이 18세 이상 성인들의 권리에 대한 주요 협정 및 의정서 5개만을 비준한 반면, 대부분의 유럽 국가는 모든 권리 조항을 비준했다. 캐나다와 유럽의 헌정주의는 세계 곳곳에 헌정체제를 수립하는 데 있어 미국의 헌정주의보다 더 큰 영향력을 지녔다. 중국을 포함해 지구의 남반구는 사회적·경제적 발전에 대한 권리가 광범위한 의미에서 인권에 포함된다는 생각을 가져왔다.

세상에는 단일한 자유주의적 질서 하나만 있는 게 아니라 여러 다양한 질서들이 존재한다. 그 결과는 수많은 국가들의 관료 체계, 비정부 행위자, 개별적인 규범 주창자들, 다국적 기업들, 국제기구들의 창발성으로 나타난다. 이 행위자들은 무역, 사회적 개발과 인간 개발, 인권, 무기 통제, 기후변화, 정보 등 구체적인 영역에서 전문적인 활동을 하고 있다. 언급했다시피 한 질서의 규범과 제도들은 다른 질서의 규범 및 제도들과 충돌하기도 한다. 국가가 시민의 정치적 표현, 결사, 참여의 권리를 억압하지 못하도록 제약하는 정치발전의 질서 역시 지배적인 '헌정 질서'와 충돌할 수 있다. 이런 헌정 질서에서 국가는 국제 관계상 최고의 행위자이며 내정 불간섭과 주권의 고유함을 강조한다.

그러므로 경험에서 보자면 국가가 현 상태를 유지할 것인가 변화시킬 것인가, 현재 질서의 지지자가 될 것인가 도전자가 될 것인가를 판단하는 것과 무관하게, 어떤 단일하고 일관된 질서가 존재한다는 가정을 세우고 이에 기반해 선험적으로 외교정책을 개발하는 것은 비효율적이다. 왜냐하면 세상에는 복수의 질서들이 존재하며, 많은 국가들, 특히 강대국들은 어떤 질서는 지지하고 어떤 질서는 반대할 수 있기 때문이다. 이런 이유로 중국을 오로지 단일한 국제 질서에 도전할 뿐인 수정주의 국가로 보는 지금의 서사는 국제 질서에 대한 중국의 다양한 접근 방식을 제대로 다루지 못한다.

기존 질서에 대한 중국의 접근법

/

뚜렷이 구분되는 4개의 질서에 대한 중국의 다양한 접근 방식을 간단히 따져보자. 한쪽 극단에는 규범과 규칙이 주권국가 시스템을 구성하는 '헌정 질서'가 있다. 그 핵심에는 주권과 영토 통합의 규범이 작동한다. 만일 이런 규범이 존재하지 않거나 일관성 있게 강조되지 않는다면, 국가 간 시스템 역시 성립하지 않을 것이다. 이런 질서를 촉진하고 실체화시킨 핵심적인 행위자가 바로 유엔이다. 유엔에 가입한 1971년 이후부터 중화인민공화국은 대체적으로 유엔을 강력히 지지했으며 유엔의 원조가 글로벌 거버넌스 사안을 해결하는 데 주된 방법이 되는 것에도 지지를 보내왔다. 중국의 보수적 성향은 핵무기 보유 강대국들의 지배력을 약화시킬 수도 있는 유엔안보리 시스템의 근본적인 구조 개선에 대한 반대 입장에 잘 나타난다. 이는 미국의 입장과도 일치하는 것이다. 예를 들어 세계은행 및 대부분의 군비 통제 관련 기구들과 같이, 영토를 가진 주권국가들이 존재하기 때문에 만들어진 국제기구들은 가입 요건으로 국가 지위가 필요하다. 모든 국가는 주권과 영토의 단일한 통합체임을 주창하며, 이는 중국 역시 예외가 아니다. 중국이 외교정책에서 전반적으로 어떤 입장을 가졌는지 가늠할 수 있는 기준은 어떤 이슈가 중국의 주권과 영토의 통합성을 약화하는지 혹은 강화하는지가 될 것이다.

또 한편의 극단에는 중화인민공화국이 일관되게 반대해왔으며 대안을 내세우려 애쓰는 '정치발전 질서'가 있다. 이 질서는 국가가 국민들의 정치적 이해와 활동을 어떻게 다룰 것인지에 대한 규칙과 제도들에 대한 것이다. 논쟁의 여지가 있겠지만, 지금 이 시대의 지배적인 규범과 제도들은 자유주의적이고 민주적인 것이다. 이들 규범과 제도는 다양한 국제적인 조약과 위원회에 구체화돼 있으며, 언론의 자유, 결사의 자유, 출판의 자유, 주기적인 선거 등 자유민주적인 관행들을 진흥할 뿐 아니라 소수자, 여성, 어린이, 사회적 약자 등의 정치적·문화적 권리를 방어하기도 한다.

냉전 시기에는 이 질서가 오늘날만큼 충분히 발전되지 못했다. 포스트 냉전기에 들어서야 자유민주주의 체제를 수용한 국가들의 수가 근소한 차이로 좀 더 많아지게 됐다. 중국뿐만 아니라 다른 많은 국가들은 경제적으로 발전할 권리가 정치적인 인권보다 우선한다고 주장해왔다. 서구 민주주의 국가들에서 권위주의적 우파 민족주의 운동의 발흥은 자유민주적 질서의 규범들이 국가 간 관계에서뿐만 아니라 한 국가 내부에서도 경합하고 있음을 시사한다. 그러나 큰 원칙에서 거시 역사적 흐름으로 보자면, 개인과 사회 집단의 정치적 권리를 더 옹호하는 움직임이 경제적 권리에 대한 옹호보다 더 앞서는 모양새다.

1949년 이후 정치적 반대파와 민족적·종교적·사회적 소수자의 권리에 대해 중국이 내린 일련의 조치들은 자유민주적 질서의 지배적인 규범과 제도, 조약을 일관되게 위반하는 것이었다. 그리고 이런 현상은 마오쩌둥 사망 이후 잠시 찾아온 자유화 시기에도 마찬가지였다. 비뎀연구소V-Dem Institute(2014년 설립된 미국의 민간연구소로 민주주의의 다양성이라는 주제 아래 각국 정부의 활동과 역량을 비교 평가한다 - 옮긴이)의 자료에 따르면, 중국에서 마오쩌둥 시대의 자유화와 포스트 마오쩌둥 시대의 자유화는 별반 차이가 나지 않는다. 예컨대 남한의 권위주의 시대와 포스트 권위주의 시대의 차이, 그리고 1965년 미국의 투표권법 이전과 이후의 차이와 비교할 때 그 차이가 미미하다는 것이다. 시진핑 체제하에서 정치적 권리의 옹호를 위한 중국공산당의 성과는 보잘것없는데, 특히 소수민족에 강요한 문화적 동화와 정치적 반대파에 대한 탄압과 관련해서는 더욱 그러하다. 그러나 자유민주적 질서를 거부해온 중국공산당의 오랜 역사에서 본다면, 이는 상대적으로 그다지 큰 퇴보는 아니라고 할 수도 있다.

이러한 두 극단적인 질서 사이에서 세 번째 질서인 '세계무역 질서'에 대한 중국의 접근법을 살펴보자. 오늘날 이 질서는 얼마간 자유주의적 규범에 입각해 있으며, WTO와 역내 자유무역협정 등 몇몇 제도들로 구현되고 있다. 미국에서 중상주의 성향이 높아지고 중국 무역정책이 폐쇄적이라는 주장에 대한 여러 논의에도 불구하고, 객관적인 자료들은 상당히 이중적인 모습을 보여주고 있다. 예를 들어 공식적인 중국의 관세율은 WTO에 가입한 이후 꾸준히 감소해왔다. OECD의 무역 촉진 지수에서 11개 지표로 평가한 결과, 2017년부터 2019년까지 중국의 무역 촉진 성과는 8개의 지표에서 개선됐으며(즉, 무역을 더욱 촉진하는 방향으로 개선됐으며) 오직 1개의 지표에서만 퇴보한 것으로 나타났다. 〈국제무역협정계획〉의 자료에 의하면, 최근 몇 년 동안 중국이 체결하고 있는 양자 간, 다자간 자유무역협정은 보다 많은 비관세 장벽을 포함하면서 점점 더 포용적인 성격을 띠고 있으며 수준 또한 매우 높은 것으로 평가받는다. 중국은 다른 주요 경제국과 크게 다르지 않은 조치를 통해 WTO를 이용(혹은 악용)해왔다. 그러나 이처럼 세계무역 질서에 충실함에도 불구하고, 중국은 비관세 장벽의 범위, 지역 보호주의, 국영기업에 대한 정부의 지원 등으로 인해 주요 경제국 중에서 가장 덜 개방적인 국가로 취급받는다. 전반적으로 세계무역 질서에 대한 중국의 지지는 이중적이다.

미완의 지지가 이뤄지는 또 다른 영역은 '군사적 질서'다. 이 질서는 국경을 사이에 두고 어떻게 군사력을 사용할 수 있으며, 또 어떻게 사용해야 하는지에 대한 규범과 제도들로 구성돼 있다. 이 질서는 침략전쟁을 금지하는 규칙, 군비 통제 협정 등 특정한 경우에 군사력을 제한하는 원칙들, 그리고 군사적 의도와 능력에 대한 오해를 감소시킬 수 있는 신뢰구축조치CBM, Confidence Building Measures 등을 포함한다. 이 질서에 대한 중국의 접근도 이중적이다. 사실 한편으로 1979년 베트남 침공 이후 중국은 자국과 영토 분쟁을 겪지 않는 어떤 국가도 침공하지 않았다. 게다가 중국은 대부분의 군비 통제 협정을 비준했다. 그중에는 무엇보다 중요한 핵확산금지조약NPT, 포괄적 핵실험금지조약CTBT 등이 포함된다. 이런 점에서 중국은 군사적 질서상의 대부분의 책무를 중대하게 파기하거나 교란한 적이 없다. 다만 최근 러시아가 핵 미보유 국가를 대상으로 핵 공격 위협을 가하는 상황에서 중국이 무대응으로 일관하는 것은 자국의 안전보장 정책을 위반할 소지가 있다.

중국은 인도, 러시아, 여러 중앙아시아 국가를 포함해 국경 주변의 국가들과 군사적 CBM에 합의했으며, 덧붙여 해상 충돌 방지 규범CUES에도 서명했다. 물론 국경을 맞대고 있는 국가들과 체결한 CBM이 분쟁과 충돌 발생 가능성을 완전히 제거해주는 것은 아니다. 그러나 이 협약은 분쟁이 악화되는 것을 억제하고 군사행동을 어느 정도 제한한다. 미국 제9항모전단 사령관의 최근 진술에 따르면, 서태평양에서 미국과 중국 해군의 상호작용은 '대단히 예측 가능하며 전문가적인 방식으로' 이뤄졌다. 한편, 중국은 남중국해, 동중국해, 인도와의 국경 지대 등 영토 분쟁 문제와 관련해 주변국 및 관계국들에 자주 제한적인 군사력과 강압적인 외교력을 동원한다. 또한 중국은 남중국해에서 "해상권 제한에 대한 상설중재재판소의 중재 판결로 국제법적인 결말을 내자"는 분쟁 당사자들의 제안을 거부해왔다. 특히 남중국해 문제에 대한 중국의 강압적 외교 방식의 빈도수는 2007년 이후 계속 증가하고 있다.

흑백논리는 위험하다

/

요약하면, 미국이 지지하고 중국이 거기에 도전하는 단일한 자유주의 질서가 존재한다는 생각은 개념적으로나 경험적으로나 문제가 많다. 만일 어떤 단일한 질서가 있다면, 우리는 미국이 지지하는 모든 규범과 제도들에 중국이 반대할 것이며, 중국이 지지하는 모든 것에도 미국이 반대할 것으로 예상할 수 있다. 그러나 현실은 훨씬 복잡하다. 미국과 중국이 모두 지지하거나 또는 반대하는 규범과 제도들이 있으며, 미국은 반대하고 중국은 지지하는 (혹은 그 반대의) 상황도 있다. 만일 미국이 떠받치고 중국은 도전하는 단일한 자유주의적 규칙이 지배하는 세계 질서를 상정한다면, 이러한 상황들은 설명이 불가하다.

그런데 과연 그게 문제가 될까? 물론이다. 두 가지 면에서 그렇다. 첫째, 복잡성은 중요한 문제다. 우리는 나무의 모양을 알지 못한 상태에서 숲 전체를 알 수 없다. 정책적 문제들의 특성을 정확히 파악할 때, 아마 우리는 비로소 더 많은 정책적 이익을 확보할 수 있을 것이다. 확실히 여러 부문에서 보듯이, 정치발전과 같은 몇몇 질서에서 '중국의 도전'은 맹렬하다. 그렇다고 해서, 군비 통제나 기후변화 등과 같은 영역에서 중국과의 협력을 모색하기보다 민주정치 규범의 변화에 대한 중국의 도전 측면을 더 중시하고 거기에 우선적으로 대응하는 것이 과연 옳은가? 그 결정은 어떤 규범적 관점에 의존하고 있는지의 여부, 그리고 여러 질서 사이에 트레이드오프trade off가 있는지에 대한 신념에 달려 있다. 가능한 결론은 민주국가의 정치 지도자들은 이러한 타협 혹은 균형의 복잡성과 어려움을 최전선에서 회피하지 말아야 한다는 것이다.

둘째, 담론 역시 중요한 문제다. "정상 국가들(우방국)과 수정주의 국가들(대립국 혹은 적대국)로 이뤄지는 단일 질서"라는 매우 단순한 아이디어는 중국을 배제하게 된다. 마찬가지로 중국이 내세우는 "근본적으로 평화로운 중국을 근본적으로 패권적인 미국이 봉쇄하고 있다"는 아주 단순한 아이디어 또한 미국을 배제하게 된다. 서로를 예외적인 존재로 간주하는 이러한 담론들, 즉 우리는 예외적으로 덕스럽고 저쪽은 예외적으로 사악하다는 식의 논리는 상호에게 영향을 줄 수밖에 없다. 국가적 또는 민족적 예외주의에 대한 믿음은 자칫 과장된 위협과 경쟁에 대한 믿음으로, 결국 군국주의로 귀결될 수 있다. 상호 간에 위협이 증가하는 상황에서 우리에게 필요한 것은 흑백논리가 아니라 서로 구분할 수 없는 그 복잡성과 회색 그림자의 관점에서 사고하는 것이다.

앨러스테어 이안 존스턴 Alastair Iain Johnston
하버드대학교 정부 부서의 세계 중국 문제China in World Affairs 교수다.

09

중국은 인도주의적인 개입을 바꾸려고 하는가?

코트니 J. 펑

미중관계는 유엔안보리에서 또 하나의 시험대에 올라갔다. 인도주의적 필요에 의해 때로 국가 주권의 영역에 도전하는 타국의 인도주의적 개입 혹은 조치의 범위에 대해, 두 나라가 극한 대립각을 세우고 있기 때문이다. 전통적으로 미국이 일반 시민에 대한 인권유린을 막고자 국가 주권을 제한하는 것에 강한 의지를 보인 반면, 중국은 국내 정치에 대한 '개입'에 대단히 신중하거나 반대하는 입장이다. 안보리 상임이사국 중 하나인 중국의 거부권에도 불구하고 티베트나 신장 문제 등 중국의 국내 정치 문제라고 여길 수도 있는 사항에서 인도주의적 개입 절차가 확립될 수 있을지는 꾸준한 관심의 대상이 돼 왔다.

주권국가에 대한 무력 사용 문제

/

중국은 전통적으로 국제정치의 최고층에서 과소 대표돼 온 개발도상국으로, 즉 남반구의 일원으로 스스로를 정의하고 있다. 중국의 다자적 참여는 인도주의적 개입의 가능한 사례로서 특히 중요한데, 중국은 상임이사국으로서 거부권을 가질 뿐 아니라 특별한 외교적 영향력을 가지고 있기 때문이다. 예를 들어 국제사회의 소위 왕따 국가pariah state들과 중국이 맺고 있는 관계는 다르푸르와 수단에서의 대량 학살이나 북핵 문제 등에 유엔이 대응하는 데 크게 기여했다. 중국은 국제사회의 인도주의적 개입은 당사국의 동의 및 지역적인 지지를 얻은 상태에서 안보리의 권한 부여를 통해서만 전개돼야 한다고 주장한다. 그런 임무는 주권을 존중해야 하며 당사국의 통제를 벗어나서는 안 된다고 주장한다. 또한 중국은 무력 사용은 갈등 해소의 효과적인 수단이 될 수 없으며 주권국가의 중요한 원칙들을 심각하게 훼손하기 때문에 최후의 수단이 돼야 한다고 일관되게 주장해왔다.

그러나 중국은 최근 수십 년 동안 인도주의적 개입 문제를 다루는 방법에 있어 의미 있는 변화를 보여줬으며, 그런 변화들은 대체로 진보적이라고 평가받는다. 1971년에 안보리 상임이사국이 된 중국은 비록 냉전 시기의 분위기상 다자간의 행동이 어렵다는 점을 감안해도, 한동안 표결을 일체 기피해왔다. 중국이 상임이사국으로서 처음으로 지지표를 던진 것은 1981년으로, 전통적인 합의에 기반한 평화유지군 활동에 대한 것이었다. 그러다가 탈냉전 시기로 들어서면서 중국은 인권이 유린되고 있는 나라의 '악을 바로잡기 위해' 그 나라의 주권에 개입할 수밖에 없는 상황에 부닥치게 됐다. 1990년대의 대부분, 그리고 지금 세기의 첫 10년 동안 중국은 국민국가의 지역 통치에 영향을 미치려는 안보리의 적극적인 행보에 불편함을 감추지 못했다. 대체로 중국은 지지도 거부도 하지 않는 표결 기권을 통해 수동적인 역할을 수행했고, 특수한 조건 속에서 개입이 정당화될 때는 찬성표를 던지기도 했다. 그러나 오늘날, 인도주의적 개입 체제에 대한 중국의 참여는 점차적으로 증가하고 있고, 안보리의 대립 구도에서 반동적이거나 수동적이었던 중국의 역할도 점차 변화하고 있다.

탈냉전기 초기에 발생한 일부 주요 사건들은 인도주의적 개입의 동기, 수단, 맥락의 새로운 선례가 됨으로써 인도주의적 개입의 경계를 재설정했다. 1991년 발발한 걸프전 당시, 중국은 쿠웨이트에서 이라크군을 축출하기 위해 미국 주도의 개입을 승인하는 문제에 대한 유엔의 표결에서 기권을 택했으며, 이라크 북부와 남부에 비행 금지 구역을 설치하는 표결도 기권했다. 중국은 튀르키예와 이란으로 난민이 쇄도하는 등 이라크 내의 인도적 문제가 심각한 상황임을 인정했으나, 이라크에 대한 개입이 인도주의를 앞세워 국가 주권을 방어하는 핵심적인 원칙을 손상시키는 선례가 되는 것을 우려했다.

한편, 1991년 소말리아에서 쿠데타 및 내전이 발생해 유엔안보리가 유엔소말리아평화유지단UNOSOM과 유엔통일기동부대UNIITAF 등 여러 목적의 병력 파병 문제를 결의할 때는 당사국 소말리아의 동의가 없는데도 중국은 인도주의적 개입을 지지했다. 하지만 이는 예외적인 경우다. 사실 국가 붕괴라는 극단적 조건의 소말리아에는 합의나 반대를 표명할 수 있는 정상적인 정부가 없었다. 이런 논리에 입각해 중국은 일관되게 "당사국의 동의가 있어야 한다"는 원칙을 고집했다. 1991년 아이티에서의 쿠데타로 대규모 난민 문제가 발생하자, 중국은 1993년 안보리의 대對아이티 금수와 기타 제재 결의를 지지했지만, 이는 어디까지나 아이티 국내 문제임을 재차 강조했다. 미국 주도의 다국적군이 쿠데타 세력을 끌어내리고 축출됐던 합법 정부를 복귀시키는 결의에 대해, 축출된 정부와 아이티의 여러 국내 세력의 요청이 복귀 결의에 정당화를 부여했음에도 중국은 표결에 불참했다. 1994년 르완다에서 인종 대학살이 발생하자 중국은 인도주의적 요구에 부응해 위험에 빠진 난민과 시민들을 보호하는 작전을 지지했다. 또한 중국은 보스니아에 대한 인도주의적 개입의 예외적인 특성을 강조하면서 합의되지 않은 조치들은 제한돼야 한다고 강조했다. 동티모르에서 국민투표 이후에 벌어진 폭력 사태를 다루는 문제에 있어서는 인도네시아 정부의 동의가 나온 뒤에 지지했다.

인도주의적 개입의 기준에 대해 탈냉전기의 중국은 타협이 필요하다고 간주될 때는 타협을 할 수도 있다는 실용주의적 행위자의 모습을 보여주고 있다. 이 같은 중국의 유연한 대응은 즉각적으로 자국의 이해를 우선시하는 태도와 함께 예외적으로 타협을 수용하는 것은 자국의 원칙주의적 입장과 이해를 보호할 수 있다는 학습이 결합돼 나타난다. 게다가 인권에 대한 광범위한 유린에 대응해야 하는 임무를 포함해 국제사회에서 지도적인 국가로서의 역할에 대한 심층적인 신념도 작용하고 있다. 중국은 유엔의 평화 유지 활동을 위해 지속적으로 작은 규모의 부대를 파견했다. 다양한 활동들이 있지만 대표적으로 보스니아와 헤르체고비나에 필요한 인력과 자원을 신속하게 보낸 것, 코소보에서의 과도정부 구성, 에티오피아와 에리트레아 작전, 부룬디에서의 작전 등이 포함된다.

중국의 거부권 행사 원칙

/

중국은 탈냉전 시기에 거부권을 단 두 번만 사용할 정도로 거부권을 매우 드물게 행사했다. 그 두 번도 대만에 대한 중국의 통치권 문제와 직간접적 관계가 있는 경우였다. 첫 번째는 1997년 과테말라에서 평화협정이 잘 준수되고 있는지를 감독하기 위한 군 감시단 파견에 대한 거부권 행사였는데, 이는 대만과 과테말라가 친밀한 관계였기 때문이었다. 그러나 결국 과테말라가 대만의 지원 활동 중단에 동의하고 평화 감시의 필요성이 높아지자 중국은 거부권을 철회하고 군 감시단 파견에 찬성했다. 두 번째로는 1999년에 마케도니아에 대한 유엔분쟁예방군 UNPREDEP 주둔 연장에 거부권을 행사했다. 마케도니아가 대만과 공식적인 외교 관계를 수립했기 때문이었다.

인도주의적 개입에 대한 탈냉전 초기의 열기는 두 가지 결과가 복합적으로 작용하면서 약해졌다. 21세기에 들어 유엔이 더욱더 야심 찬 대규모 목표를 추진하게 되면서 중국은 인도주의적 개입의 필요에 부응해 적극적인 지지로 돌아섰다. 아울러 인도주의적 사명감을 가지고 수단, 레바논, 라이베리아, 콩고민주공화국, 남수단 등 먼 지역의 평화유지 활동에까지 더 많은 군대를 파병했다. 하지만 한편으로 중국은 2007년 미얀마에 대한 유엔의 비난 성명에 반대했으며, 2008년 짐바브웨에 대한 제재와 무기 금수 조치에 대해 거부권을 행사했다. 이 국가들의 문제는 국내적인 영역이며 국제 안보에 위협이 되지 않는다는 이유였다.

최근 들어 중국은 인도주의적 개입과 외국에 의해 강제되는 체제 변화는 명확히 구분돼야 한다는 입장을 점점 더 강력하게 주창하고 있다. 중국이 주장하는 외세의 강제적인 체제 변화는 군사적·법적 수단을 통해 기존 정부를 뒤엎고 당사국의 중요한 정치제도를 바꾸는 것을 의미한다. 9·11 테러 이후 외세의 강제적인 체제 변화는 미국 외교정책의 주목표가 됐다. 이러한 외교정책은 특히 아프가니스탄, 이라크, 리비아, 수단의 지도자들을 겨냥하는 것이었으며, 2011년 '아랍의 봄' 당시 시위대가 요구했던 정치적인 변화를 국내 목표로 삼도록 하는 것이었다.

중국은 특정 국가가 국민들의 인권을 명백하고 광범위하게 유린하고 있을지라도, 유엔안보리가 그 국가에 개입할 수 있는 새로운 수단을 사용하는 것에 대해 여전히 경계하고 있다. 유엔안보리는 대량 학살, 인권에 반하는 범죄, 전쟁범죄 등에 책임이 있는 국가의 지도자를 기소하고 구속할 수 있고 국제형사재판소에 회부하는 수단까지 가지고 있다. 물론 특정한 제재, 비행 금지 구역 설정, 휴전 강제 등도 개입 수단에 포함된다. 인도주의적 개입 작전이 결국 외세에 의한 강제적인 체제 변화로 귀결되는 왜곡된 현상에 대한 중국의 경계는 2011년 리비아 개입 이후에 강화됐다. 중국은 리비아의 지도자였던 무아마르 카다피Muammar Gaddafi를 국제형사재판소에 회부하는 것에 대해 찬성표를 던졌지만, 이후의 표결에서 카다피 정권에 대한 제재와 비행 금지 조치에 대해서는 기권했다. 중국은 그런 표결이 벵가지의 반란 세력을 지원하고 민간인 보호에 역효과를 낼 것으로 생각하지 않았다. 리비아 사태에서 자국이 외세 개입에 의한 강제적인 체제 변화의 하수인이 되고 말았다고 판단한 중국은 이후 외부의 개입을 최대한 경계하는 입장을 더 확고히 하게 됐다.

중국은 국제사회가 국내 정치의 영역 바깥에 머물러야 할 때와 국제적인 안보와 평화에 초점을 맞춰야 할 때를 구분하는 더욱 엄격한 기준을 세우고, 인도주의적 개입에 대한 자국의 분명한 관점을 서서히 밀고 나갔다. 중국은 안보리가 코로나19 팬데믹을 '국제 평화와 안보를 위협하는' 어젠다에 포함해서는 안 된다는 입장을 견지했다. 그리고 사이버 이슈를 공식 의제로 다루는 것에 대해서도 여전히 경계하고 있다. 아울러 중국은 유엔 사무총장이 주도하는 예산의 재구조화와 현장 조직의 능률화 지침을 통해 유엔의 효율성과 효과성을 제고하고자 최선을 다하고 있다. 또한 중국은 '평화 유지 활동 혁신안'에 대해 우호적이다. 이 혁신안은 예산 내에서 평화 유지 활동을 유지한다는 데 역점을 두면서, 가령 그 과정에서 인권 개선 관련 임무는 축소하는 방안을 찾는다는 내용이다.

인도주의적 개입의 문제

/

중국은 인도적 개입 개념의 확장 해석을 차단하는 것뿐만 아니라 인도주의적 개입과 외세의 강제적인 체제 변화 시도를 확실하게 구분하자는 강력한 의지를 보이는 데 집중하고 있다. 이러한 입장은 안보리의 여러 주요 사안을 놓고 중국이 분명 미국과 충돌한다는 뜻이다. 중국은 2019년 베네수엘라 위기에 개입하는 데 거부권을 행사했으며, 시리아 위기에 대해서도 지난 10년 동안 줄곧 거부권을 행사해왔다. 중국의 일관된 입장은 국가 주도의 광범위한 인권유린보다 국가 주권이 더 중요하다는 것으로, 위의 두 사례에서 미국의 입장과는 큰 대조를 이룬다. 중국은 두 국가의 정치적 지도자들이 권위와 정당성을 상실했다고 여기는 미국의 입장에 대해 분명하게 반대한다.

중국은 또한 외세에 의한 강제적인 체제 변화는 불법적이며 인도주의적 개입이 그런 결과를 낳을 위험성을 경고하는 안보리 성명을 거듭 발표하면서, 그러한 개입을 최대한 막기 위해 애쓰고 있다. 하지만 이와 동시에 중국은 인도주의 개입이 빈번해진 상황에 적응하고 있으며 특정 조건 아래서는 심지어 지지하기도 한다. 체제 변화는 받아들이지 못하지만 말이다. 한편, 중국은 인도주의적 개입을 통해 민간인을 보호하려는 노력이 체제 변화를 시도하는 외세의 기획으로 변질되지 않도록, 개입의 기준을 변경하기 위해 절치부심하고 있다. 인도주의적 개입의 범위를 확장하려는 미국에 반대하면서, 필요하다면 개입 자체를 중단시키는 안보리 거부권을 활용해 정책 결과를 원래의 범위에 묶어두고자 애쓰고 있다. 또한 안보리가 각국 정부에 의한 자국민 인권유린에 대응한다며 은밀히 체제 변화를 추진하는 식의 인도주의적 개입 여지를 차단하고자 한다.

이 같은 중국의 입장은 많은 개발도상국과 신흥 강대국들의 광범위한 지지를 받고 있다. 이들 지지국은 인도주의적 개입의 동기에 회의적일 때가 많다. 가령 러시아, 인도, 브라질 등은 리비아의 체제 변화를 지지하는 북대서양조약기구NATO의 입장을 비판한다. 더구나 중국은 거부권을 행사할 경우 받게 될 국제적 비난과 외교적 압력 부담이 자국과 마찬가지인 러시아에 의존하고 있다. 이러한 회의주의를 활용해, 중국은 최근 각국 정부의 정치적 책임성과 인권 존중성을 더 엄격히 요구하려는 경향에 반대하거나 적어도 현상 유지를 견지하려는 입장이다. 중국은 안보리 활동을 통해 국제 인도주의 체제를 변화시키고 있다. 특히 중국의 국내 정책, 외교정책에 대해 국제적 관심이 이어지고 있는 이상, 중국은 적어도 당분간은 인도주의적 개입에 대해 이런 보수적 노선을 견지할 것이다.

코트니 J. 펑 Courtney J. Fung
호주 매쿼리대학교의 보안 및 범죄학 교수다. 2019년 발간된 《China and Intervention of at the UN Security Council》(2019)의 저자다.

10

중국의 경제적 성공은 독재가 민주주의보다 우월함을 증명하는가?

유엔유엔앙

1978년에 개혁이 시작됐을 때부터 2018년까지, 중국은 연평균 9.3%의 성장률을 기록했다. 이 기록은 세계은행이 "주요 국가 중에서 가장 빠른 성장을 지속적으로 유지한 예로 역사상 유일하다"라고 평가할 정도의 성과다. 중국 경제는 2021년이 끝나갈 무렵에 강력한 역풍에 직면했지만, 여전히 세계 경제의 견인차 노릇을 하고 있다. 현재, 중국은 신규 해외투자가 가장 많이 몰리는 지역이자 세계 최대의 해외투자국이다.

서구적 민주주의가 번영을 위한 전제 조건이라고 믿는 사람들에게 중국의 급성장은 뭔가 정상에서 벗어난 불편한 사례로 비친다. 근대 이후, 일당 권위주의 체제가 지배하는 거대한 국가 경제 또한 중국이 유일하다.

중국의 경제성장은 독재가 민주주의보다 우월하다는 것을 증명하고 있는가? 많은 관찰자들에게 그 대답은 명백한 '예스'다.

이러한 스펙트럼의 한쪽 끝에는 중국공산당의 선전가들이 있다. 그들은 중국 내에서 "민주주의는 바람직하지 않다"고 자국민들에 확신을 심어주고자 한다. 그들은 공산당의 권력 독점적 지배가 결국은 기대했던 바를 산출해냈음을 자랑한다. 스펙트럼의 반대편 끝에는 스스로를 '민주주의의 수호자'로 여기는 사람들이 있다. 이들은 중국의 권위주의적 자본주의 모델은 자유주의적 가치의 빛이 바래지도록 만든다고 우려한다. 미국 민주주의기금National Endowment of Democracy은 "중국은 민주주의 정치제도 없이도 경제 발전에 성공한 나라로 비치기를 바란다"라고 강조했다. 이런 입장에서는 민주주의 국가들을 결집해 중국에 대항하려 한다. 이들이 보기에 중국은 이른바 '샤프 파워sharp power'로 세계인들을 장악하려는 악의적이고 은밀한 시도를 하고 있다.

완전히 상반되는 두 집단이지만, 중국공산당 선전가들과 그 반대 집단은 특정 견해를 공유하고 있다. 두 집단 모두 중국의 경제성장이 권위주의적 지배의 유리한 특성을 증명했다고 여긴다는 것이다. 중국의 샤프 파워를 비판하는 세력은 그 서사의 함의를 비난하고 있지만, 그것이 현실을 왜곡하고 있다고는 생각하지 않는다. 그러니까 적어도 그들은 중국의 흥기에 대한 대안적인 설명을 제공하지 못한다. 실제로 그들은 그 서사가 가지는 몇 가지 사실들을 인정하고 있기에, 그 영향력에 대해서 민감하게 공포를 느끼고 있다. 더구나 두 입장 모두 강대국 간의 경쟁에 집중하고 있다. 즉, 미국과 중국 중 어느 국가가 패권 경쟁에서 '승리'하느냐는 것이다. 이 거대한 무대에서, 그리고 중국의 발전 과정에서 나타난 수억 국민들의 행동과 삶의 체험은 거의 주목받지 못하고 있다.

어떤 입장도 중국이 흥성한 현실적인 정치적 기반을 포착하고 있지 않다. 오랜 개혁의 굴곡진 길을 따라가 보면, 그리고 삶의 현장에서의 변화들을 관찰해보면, 중국 자본주의의 성공 이면에 자리한 비밀을 발견할 수 있다. 그 비밀이라는 것들은 알고 보면 민주주의의 성공 요인과 다르지 않다. 바로 책임성, 경쟁, 권력 제한, 아래로부터의 참여, 그리고 기탄없는 논쟁이다.

시장 개방 이후 덩샤오핑은 이러한 원리들, 즉 '민주적 특성democratic characteristic'이라고 부를 수 있는 것을 공산당 독재에 주입했다. 이로써 체제 안정을 유지하면서도 사람들의 자발성과 창조성을 촉진했다. 이러한 중국의 정치적 조건들이 수출 주도의 산업화를 통해 세계경제로의 통합 과정과 조화롭게 맞아떨어졌기 때문에 그 성과가 폭발적일 수 있었던 것이다.

그러나 이야기는 여기서 끝나지 않는다. 2012년 중국의 최고 지도자가 된 시진핑은 독재적 통치와 국가 통제 경제에 맞지 않는 덩샤오핑의 정책들을 다수 폐지했다. 이런 변화는 미국 민주주의에 심각한 균열을 야기한 트럼프 행정부 기간의 혼란과 비슷한 점이 있다.

달리 말해, 2016년부터 2022년까지 시진핑 체제의 중국과 트럼프 집권기의 미국은 민주주의의 '동반' 퇴행을 경험했다. 이러한 퇴행은 두 강대국 사이에 1인 중심 독재와 비자유주의적 민주주의의 경쟁이라는 새롭고 혼란스러운 상황을 빚었다. 조 바이든 대통령 당선을 계기로 미국은 정상 상태로 복귀할지도 모르지만, 국가주의적 포퓰리즘의 위험성은 여전하고 트럼프 같은 후보들이 장차 선거에서 재당선될 가능성도 배제할 수 없다.

1949년 이후 3개의 중국

1949년 중화인민공화국이 건국된 이후 공산당은 유일 당으로 중국을 통치했다. 총선거나 정치적 자유에 대한 헌법적 보호는 없었다. 공산당은 반대파, 저항 세력, 소수 종교 신도를 탄압했다. 그러나 공산당의 집권이 계속되는 동안 거버넌스의 성격은 극적으로 변화됐고, 이에 따라 최소한 3개의 중국이 존재하게 됐다.

마오쩌둥 통치하의 중국은 1인 지배의 독재국가였다. 마오쩌둥은 개인숭배 체제를 수립, 자신을 무오류의 신과 같은 존재로 끌어올렸다. 현대 중국의 어떤 지도자도 마오쩌둥만큼의 사적 권력을 가지지 못했다. 그러나 그의 절대적 권위는 재난만 초래했을 뿐이었다. '대약진운동' 기간 동안 마오쩌둥의 반대파 숙청과 '미국을 따라잡는다'는 허황된 비전에 대한 탐닉은 3천만 명의 국민이 굶어 죽는 사태로 끝났다. 그 뒤 마오쩌둥은 자신의 권력을 유지하기 위해 '문화대혁명' 기간 동안 급진적인 추종자들로 하여금 경쟁자와 국가 관료들을 난폭하게 공격하도록 선동했다.

마오쩌둥 사망 이후 권좌에 오른 덩샤오핑은 마오쩌둥 숭배 정책으로 인해 개인적으로 고통 받았던 사람이었기에 권력은 반드시 견제돼야 한다는 생각을 절실하게 가지고 있었다. 그래서 덩샤오핑은 경제 자유화뿐만 아니라 중대한 정치 개혁을 추진했다. 그러나 그 개혁은 서구의 비평가들이 바라거나 예상했던 방식으로 진행되지는 않았다.

덩샤오핑은 다당제 선거제도 대신, 집단지도체제, 권력 승계의 제도화, 최고 권력자의 임기 제한을 도입했다. 그는 기존의 교조주의를 중국 전래의 가르침인 '실사구시實事求是'나 '흰 고양이건 검은 고양이건 쥐만 잘 잡으면 된다(흑묘백묘黑描白描)' 등에서 찾을 수 있는 실용주의로 대체했다. 그는 또한 개인숭배를 배척했다. 이처럼 덩샤오핑은 지금의 번영하는 중국의 중요한 설계자이지만, 중국의 100위안 지폐에는 여전히 마오쩌둥 초상이 그려져 있다.

덩샤오핑 집권기 동안 중국은 소위 '계획된 즉흥주의directed improvisation'라고 불리는 수용성 있는 통치 시스템을 실행했다. 이 시스템에서 중국 정부는 독재자dictator에서 지휘자director로 탈바꿈했고, 권력을 지방정부로 위임해 서로 경제 성과를 두고 경쟁할 수 있도록 했다. 기업가와 지방 관료들이 동반 관계를 이뤄, 지역의 자원을 활용하고 지역 실정에 맞는 정책을 개발해 경제 발전을 추진하게 했다. 그 결과는 결코 천편일률적이지 않아서, 지역에 따라 다르고 또 시기에 따라 다르게 진화한 다양한 중국 모델들을 창출했다.

덩샤오핑 체제하에서의 개혁 과정들을 충실하게 분석해보면, 중국 모델에 대한 추상적이고 정치 편향적인 설명을 넘어서, 삶의 현장에서 충실히 살아온 대중들에게 더 관심을 쏟아야 하는 필요성을 알게 된다. 연구 과정에서 필자가 인터뷰했던 인상적인 인물 하나는 부동산 거물이었다. 마오쩌둥 시기에 가난한 농민 집안에서 태어난 그는 어린 시절 내내 배고픔에 시달렸다. 성인이 돼 군에서 제대한 그는 작은 시골 지역으로 이사해 하급 공직자가 됐다. 그러나 상사와의 가벼운 말다툼 후에 홧김에 일을 그만뒀다. 장사에 뛰어든 그는 평생 노력을 통해 50만 위안을 벌겠다는 꿈을 품었다. 놀랍게도, 그는 그 돈을 단 1년 만에 벌 수 있었다. 이 같은 이야기들은 중국을 빈곤에서 탈출시킨 것, 겨우 한 세대 만에 중국을 중간 소득 국가로 끌어올린 것은 위로부터의 통제가 아니라 부에 대한 개인적 야망이었음을 말해준다. 전자 상거래 같은 중국 경제의 가장 성공적인 요소들은 민간 영역에서 출현했으며, 중앙의 기획자들은 이를 놀라운 눈으로 바라봤을 뿐이었다.

그러나 중국의 놀라운 성장 과정이 온통 장밋빛만은 아니었다. 가난뱅이에서 부자가 된 부동산 거부들이 있는 반면, 헐값에 개발자들에게 땅을 팔아야 하는 농민들, 최저임금을 받고 고통스럽게 일하는 수백만 명의 중국인들이 있다. 19세기 미국의 대호황기가 그랬듯이, 경제성장은 필연적으로 부패와 불평등과 금융 위기 등을 가져온다.

2012년 시진핑이 최고 권력자에 올랐을 때, 그는 대호황기의 중국을 이어받았다. 그의 전임자들과 비교해보면 시진핑은 더 부유하고 더 강력한 국가를 통치하게 된 셈이다. 그러나 그 역시 정실 자본주의 crony-capitalism(경제가 반드시 합리적으로 움직이지 않고 정경 유착이나 개인의 연줄 등 부정적인 사회적 관계로 움직이는 자본주의를 말한다 – 옮긴이) 경제에서 필연적으로 발생하는 많은 문제에 직면했다. 평등과 정의라는 공산당의 '근본적 사명'을 되살리겠다는 맹세 아래, 그는 부패와의 전쟁과 빈곤 퇴치라는 두 가지 중요한 국내 정책을 활용해 자신의 정치적 입지를 강화했다.

2021년이 끝나가던 몇 달 동안, 시진핑은 더 대담하게 움직였다. 자본주의에 따르기 마련인 일부 병폐에 전면적인 철퇴를 내린 것이다.

그는 거대한 첨단 기업들에 대한 규제를 신설하고, 부유한 명사들을 처벌하며, 부동산 영역에서 과도한 채무를 단속했다. 같이 잘살자는 뜻의 '공동부유共同富裕'라는 시진핑의 슬로건은 가장 최신의 시대정신이 됐다. 시대적 도전과 개인적 야심에 의해 고무된 시진핑은 힘으로 밀어붙여 중국판 '진보 시대Progressive Era'를 만들어내려고 한다.

또한 시진핑의 집권은 중국 정치와 경제의 균열로 이어지고 있다. 그는 덩샤오핑이 정착시킨 자유주의적 규범을 차례차례 폐지하는 중이다. 정치적 관점에서 시진핑은 이데올로기적 통합과 정치적 자유 탄압으로 권력을 자신에게 집중시키고 있다. 경제적 관점에서는 사적 영역을 희생하면서 국가 영역을 확장하고 있다. 외교정책의 영역에서는 덩샤오핑의 기본 원칙인 "낮은 자세를 유지하면서 필요한 일만 하자"를 저버리고 세계 최고의 지도 국가가 되겠다는 원대한 야심을 추구하고 있다.

시진핑 체제하에서, 중국은 다소 제한된 권력과 제한된 1인 중심성 덕에 얼마간 순화됐던 일당 독재체제에서 다시 퇴보하고 있다. 시진핑은 이미 당의 '조타수'로 추앙받고 있는데, 이는 한때 마오쩌둥을 칭송하는 단어였다. 그러나 시진핑은 마오쩌둥이 아니다. 그는 젊은이들에게 혁명에 참여하라는 선동을 하지 않는다. 대신 그는 절대적인 통제와 질서를 요구한다. 동시에 자본주의적 번영을 포기할 생각은 없다. 시진핑의 딜레마는 충돌 없이도 자유시장과 사적 기업가들을 통제할 수 있는가이다. 덩샤오핑이 중국을 부유하게 만들고 싶어 했다면, 시진핑은 중국을 강하고 깨끗하며 공정한 국가로 만들려 한다.

중국에 대해 부정적으로 말하기

/

중국의 세계적인 위상을 더욱 높이겠다는 시진핑이 가진 야심의 일환으로, 그는 중국인들에게 '중국 이야기를 훌륭하게 말할 것'을 촉구했다. 중국의 미디어와 전문가들은 중국의 놀라운 성취에 대한 찬양으로 시진핑의 분명한 메시지에 화답했다. 대표적으로 2018년에 중국중앙텔레비전CCTV에서 제작한 〈나의 조국 만세厉害了, 我的哥〉라는 다큐멘터리가 있다. 허세에 찬 이 작품은 중국의 다리, 댐, 고속도로, 마천루 등을 선전하는 내용을 담고 있다.

좀 더 소프트파워적인 영역에서는, 민주주의의 대안으로서 유교적 가치를 높이 평가하고 중국공산당의 '능력주의'를 찬양하는 국내외 전문가들이 이러한 선전의 대열에 합류하고 있다. 국영 매체들은 외견상 이 같은 중국의 특성에 감명받은 듯한 방문객들의 발언을 자랑스럽게 보도하고 있다.

물론 이런 이야기들이 일부 순진한 지지자들을 매료시킬 수는 있겠지만, 서구적인 시각에서 중국 모델은 권위주의 체제와 하향식 투자를 의미할 뿐이다. 국가 기반 시설에 대한 강박적 자랑은 물리적인 외양이 외국인들을 혹하게 만들 수 있다는 생각의 산물이다. 능력주의에 대한 찬사는 시진핑 스스로가 비판했던 중국의 심각한 부패 위기와도 모순된다. 이러한 선전은 충만한 자신감보다는 오히려 부족한 자신감을 드러내는 꼴이다. 진정한 자신감은 위력이나 신화가 아니라, 가치와 현실에 기반하기 때문이다.

역설적으로 중국의 선전가들이나 서구의 비판자들 모두 중국 발전에 대한 가장 단순한 이해에서 벗어나지 못하고 있다. 실제로 중국은 정치적 안정을 유지하면서도 민주적 전환을 추진한 덩샤오핑 체제하에서 번영했다. 또한 중국의 경제 발전은 서구 강대국들의 성장기와 마찬가지로 많은 비용과 리스크를 안고 있다.

단순히 강력한 권위주의적 지배의 효과로 중국의 발전을 해석하고 싶어 하는 다수의 개발도상국은 발전 과정에서 전개된 이념, 통치 방식, 경제 경영 방식 등의 심층적 변화를 제대로 이해하지 못한다면, 마오쩌둥 체제에서 중국이 저질렀던 과오를 똑같이 반복할 위험이 있다. 예컨대 환경 위험과 같은 중국의 기회비용을 제대로 평가하지 않고 중국의 고도성장 모델을 그대로 모방하게 되면, 언젠가는 똑같은 비용으로 고통을 받게 될 것이다. 특히 기후변화 위기에 직면해 '산업화와 환경오염 우선, 환경 정화는 나중에'의 경로를 그대로 따라 한다면, 대재앙으로 치달을 수 있다.

시대를 초월하는 교훈

/

바이든 대통령은 미중 경쟁을 두고 "독재와 민주주의의 역사적 싸움"이라고 틀 지웠다. 2021년 3월의 첫 번째 언론 회견에서 바이든은 "예측하건대, 장차 여러분의 자녀와 손자들은 독재 혹은 민주주의 중에서 무엇이 성공했는지를 주제로 박사 논문을 쓸 것입니다. 그것이야말로 오늘날 중대한 문제이며, 그 경쟁 상대가 꼭 중국만은 아니기 때문입니다"라고 말했다.

바이든 대통령이 정확했던 점은 독재와 민주주의 사이에 중대한 싸움이 벌어지고 있다는 사실이다. 그러나 그것은 한쪽 나라의 악당들과 반대편 나라의 영웅들이 벌이는 싸움은 아니다. 진짜 싸움은 한편에는 민주주의적 가치를 소중히 여기는 미국인들과 중국인들이, 다른 한편에는 현실 속에서 그런 가치들을 위축시키려는 사람들 사이에 벌어진다. 각 팀은 비록 내부에서 더 큰 적들과 싸우면서도 상대편과의 싸움을 그만두지 않는다.

미국과 소련의 냉전기에는 자유 시장 민주주의와 공산당 독재라는 명확한 전선이 존재했지만, 오늘날 미국과 중국의 경쟁은 두 국가 모두 그런 단순한 이분법으로 규정될 수 없다. 이는 전선을 더욱 복잡하게 만든다. 복수의 정당, 개인적 자유에 대한 법적인 보호 등으로 정의되는 체제 유형으로서 민주주의는 독립적 사고, 아래로부터의 참여 등을 포함해 민주적 특성이라고 부르는 것들과는 구별돼야 한다. 이들은 잘 기능하는 민주주의가 줄 수 있는 혜택들이다.

덩샤오핑이 1978년 연설에서 그의 동지들에게 "정신을 자유롭게 해방하라(백화제방 百花齊放)", "자기 의견을 솔직 과감하게 표현하라(백가쟁명 百家爭鳴)"고 외쳤을 때, 이는 민주적 특성을 주입하려는 시도가 녹아 있는 것이었다. 그러나 정치체제는 여전히 권위주의 체제였다. 그가 추진한 개혁들은 형식적 민주주의 관점에 입각한 서구의 기대에는 한참 못 미쳤다. 하지만 그 개혁들은 혁명적인 결과를 가져오기에 충분했다.

이를 염두에 둔다면, 우리는 민주적 퇴행은 선거 민주주의 국가들뿐만 아니라 시진핑 체제하의 중국에서도 발생하고 있다고 말할 수 있다. 덩샤오핑 시대가 민주적 특성을 포함하고 있다는 나의 주장이 시진핑 통치를 정당화하는 것으로 오해돼서는 안 된다. 그것은 도널드 트럼프를 특징지으면서 버락 오바마를 활용하는 것과 같은 오류다. 실제로, 시진핑은 자유화를 역행시키고 있다.

태평양 반대편에서 트럼프, 그리고 그가 대변하는 국수주의적 국가주의자들은 미국 민주주의에 독재적 특성을 끌어들였다. 트럼프는 관료 체제의 자율성을 무시하고, 대통령의 권력을 자기 사업의 수익에 활용했으며, 평화로운 정권 이양을 뒤엎기 위해 봉기를 선동했다. 어떤 외국의 독재자도 트럼프와 그의 추종자들처럼 미국의 의회와 소중한 민주적 전통을 (문자 그대로) 짓밟은 적은 없었다.

세상을 흑백논리로 보는 것은 오류를 가져온다. 예를 들어 트럼프의 가장 광적인 지지자 중 일부는 중국공산당에 반대하는 사람들이다. 그들은 2020년에 '도둑맞은 선거'라는 거짓말을 퍼뜨렸다. 그들은 비록 트럼프가 민주주의 국가에서 독재자처럼 행동할지라도, 오직 트럼프만이 중국을 독재에서 해방시킬 수 있을 만큼 강경한 지도자라고 믿는다. 세계 무대에서 트럼프 행정부 관료들은 중국의 권위주의를 맹공격했지만, 정작 미국에서는 그에 못지않은 트럼프의 행보에 대해서는 눈을 감았다. 이러한 그들의 위선은 미국 민주주의에 대한 신뢰를 약화시킬 뿐이었다. 비슷하게, 중국의 샤프 파워에 대한 과잉 행동들은 중국의 영향력에 대한 편집증을 불러오며, 그에 따라 미국 내 아시아인들에 대한 의심이 늘어나는 등의 상황으로 이어질 것이다. 그것은 미국의 민주적 원칙을 훼손한다.

세상이 복합적인 총체임을 수용한다는 것은 세상을 더 잘 이해할 수 있도록 해줄 뿐 아니라, 기회도 부여해준다. 중국을 무차별적으로 공격하는 대신에 미국 정치인들은 덩샤오핑 체제의 중국이 부분적으로 정치적 자유화를 추구했다는 것을 인정하고, 다만 시진핑의 중국은 그렇지 않음을 인식해야 한다. 미국인들은 정치적 자유가 주는 본질적인 혜택에 대한 믿음을 가져야 하며, 권위주의적 중국이 번영하고 있다는 이유로 자신감을 잃어서는 안 된다. 더 나아가, 앤 마리 슬로터Anne-Marie Slaughter가 《프로젝트 신디케이트》에 기고한 글에서 주장했던 것처럼, 세계를 다시 이끌겠다는 바이든 대통령의 약속에는 과거의 오류와 심각한 균열을 명확히 시인하는 것이 포함돼야 한다. 그런 정직함이야말로 기만에 찬 과거와 맞서고 있는 중국공산당과 자유 사회인 미국을 구분 지어줄 것이기 때문이다.

바이든이 상상했던, 미래에 논문을 쓰는 '자녀나 손자들'은 우리의 시대를 모호함의 시기로 회고할 것이다. 덩샤오핑은 민주적 특성들이 단일 정당 체제에서도 이식될 수 있음을 보여줬다. 반면 트럼프는 권위주의 세력이 성숙한 민주주의도 타락시킬 수 있다는 것을 증명했다. 이러한 기괴한 혼합이 주는 교훈이 있다면, 그것은 민주주의의 깃발을 흔드는 데 그치지 않고 더 깊게 통찰하면서, 민주주의의 실천과 실체를 숙고해야 한다는 것이다.

유엔유엔앙Yuen Yuen Ang
존스홉킨스대학교 정치학 교수. 《How China Escaped the Poverty Trap》(2016), 《The Paradox of Economic Boom and Fast Corruption》(2020)의 저자다.

3부
세계 속의 중국

11

중국의 대외 이미지 재구축이 미국에 의미하는 바는 무엇인가?

네이머 그린-라일리

최근 중화인민공화국은 자국의 국제적 이미지를 제고하기 위해 막대한 투자를 하고 있다. 이번 글에서는 중국이 어떻게 국제적 이미지를 새롭게 형성하고 있는지를 미국의 관점에서 검토하고, 이런 이미지 전략이 미국에 주는 더 큰 함의를 살펴볼 것이다.

미국 내에서 중국의 국가 이미지 제고를 목적으로 한 활동은 수없이 많다. 일반 시민에 접근하는 문화적·교육적 공공 외교 프로그램부터 영향력 있는 사업가와 정치 엘리트들을 대상으로 한 네트워크 조직 및 로비 활동까지 매우 광범위하다. 이러한 활동에는 중국공산당 관료들의 목소리를 국영 미디어 플랫폼과 소셜 미디어를 통해 널리 퍼뜨리는 정보 작전도 포함된다. 또한 지적 담론에 영향을 미치고자 싱크탱크 그룹 및 대학들과 제도적 연계를 맺는 노력도 있다. 이러한 노력이 중국에 대한 미국의 여론에 의미 있는 변화를 줬는지는 불확실하지만, 미국의 정책 결정자들은 이런 중국의 이미지 제고 노력 가운데 투명성, 학문의 자유, 언론의 자유 등과 같은 미국의 원칙을 훼손할 위험이 있는 요소들을 파악하려 애쓰고 있다.

중국의 국제 이미지 쇄신 프로젝트가 미국에 주는 더 큰 함의는 국제적으로 경쟁을 벌이고 있는 미국과 중국의 '이야기 투쟁'에서 비롯된다. 중국은 지구를 횡단하는 일대일로 전략, 즉 전 세계에 걸쳐 140여 개 국가를 연결하는 복잡하고 엄청난 비용이 드는 기반 시설 프로그램을 통한 이미지 제고를 목표로 수십억 달러를 투자했다. 또 중국의 대학에서 외국 학생들이 공부할 수 있도록 매년 수만 달러의 장학금을 지급하고 있다. 아울러 다른 국가들을 향해서도 '미래를 함께하는 인류 공동체'에 참여해 달라는 홍보전을 열심히 전개한다. 향후의 세계적 가치, 경제적 트렌드, 국제적 기준 등에 영향을 미칠 수 있는 중국의 서사가 국제적으로 얼마나 많은 매력과 성과를 얻고 있는지가 미국 정책 결정자에게는 초미의 관심사다.

'민족 부흥'과 중국 이미지 구축의 이론적 기반

미국 내에서 벌어지는 중국의 활동에 대해 살펴보기 전에 먼저 중국의 더 광범위한 국제적 이미지 제고 프로젝트의 이면에 있는 정책 이념을 검토해보자. 중국공산당 지도자 시진핑의 거창한 정치적 비전은 '중화민족의 위대한 부흥中華民族偉大復興'의 요구를 토대로 한다. 그런 정치적 슬로건은 외국인들에게는 일반적으로 이해되기 힘들겠지만, 중국 대중의 마음에는 감정적 이미지를 불러일으킬 수 있다. 민족 부흥이라는 서사는 당대의 중국을 5천 년 역사의 풍요로운 나라로 윤색한다. 실제로 중국공산당 관료들은 공개적 발언에서 중화인민공화국이 이전 왕조의 계승자임을 자주 강조하고 있다. 특히, 수익성 높은 무역 네트워크, 대륙 간 외교적 유대, 광범위한 문화적 영향력 등을 지녔던 찬란했던 청 제국의 유령은 역사에서 큰 자리를 차지하고 있다. 청 제국은 시진핑의 서사와 깊이 연결돼 있으며, 결과적으로 민족 부흥 프로젝트의 성공적인 모델로 기능하고 있다. (자주 언급되는 '굴욕의 세기'는 1840년대와 1940년대 사이를 의미하는 것으로, 이 시기에 중국은 영국, 일본, 그리고 몇몇 외국과의 전쟁 패배로 인해 상당한 고통을 겪었다. 이 용어는 지난 몇 년 동안 대중의 감성을 자극하는 데 이용됐다.) '부흥' 서사는 중국이 국제 무대에서 더 큰 리더십, 평판, 권위를 희망하고 있음을, 또 어쩌면 다른 국가들로부터 더 큰 존경을 자아내기를 원한다는 것을 명료하게 보여준다.

중국 지도자들은 이를 성취하기 위해 무엇을 원하고 있을까? 중국의 소프트파워를 강화해야 한다는 주장에 덧붙여, 중국의 지식인들은 오랫동안 중국의 '국제적인 담론 권력'을 더욱 강화해야 한다고 주장해왔다. 다른 맥락 속에서 중국의 '담론 권력話語權' 개념은 누군가의 발언이 사회에서 얼마나 중시되는지를 지칭한다. 예를 들어 중국에서 나이 많은 사람들이나 엘리트와 비교해 더 젊은 세대들이 더 큰 문화적, 사회적 영향력을 가지는 현상을 설명할 때 이 용어를 사용한다. 국제적 관점에서 이 개념은 말과 글로 이뤄진 담론을 통해 세계적 여론이나 행동, 의제 형성에 영향을 미칠 수 있는 국가의 능력과 연관된다. 대체로 중국에서의 담론 권력은 국내 정치적 문제와 관련된 것으로 시장의 동향에 상응한 조치를 취해왔지만, 국제 무대에서 자국 담론의 신뢰도를 확보하기 위해서는 경쟁이 불가피하다. 미국의 패권을 못마땅해하는 중국의 지식인들은 미국에서 쓰는 언어(미국의 선언, 국제적 행동을 결집시키기 위한 호소, 심지어 세계 상황에 대해 미국 언론 매체가 그리는 그림 등)가 국제적으로 큰 무게를 가지는 현실을 한탄한다. 그러므로 담론 권력의 주창자들은 중국 관료들의 발언에 대한 국제적인 관심과 의존이 더 늘어나기를 추구한다. 나아가 중국에서 나오는 정보의 권위에 대한 국제사회의 인식을 개선시키려 노력한다.

미국 아시아정책연구소 선임 연구원인 나데지 롤랑Nadege Rolland은 서구 정치사상이 세계를 지배하고 있는 현실에 대한 불만으로 많은 중국 지식인들이 글로벌 리더십에 대한 중국의 독창적인 이론을 모색하고 있다고 설명했다. 실제로 많은 중국 지식인들은 중국이 담론 권력을 증대시키기 위해 국제 공동체를 뒷받침하고 있는 가치와 규범들에 영향을 미쳐야 한다고 주장한다. 예를 들어 2011년 《뉴욕타임스》에 〈중국은 어떻게 미국을 패배시킬 수 있는가?〉라는 논란의 칼럼을 쓴 것으로 유명한 칭화대학교의 학장이자 국제관계학자인 옌쉐퉁閻學通은 '왕도王道'가 널리 평가받도록 해야 한다고 주장했다. 그가 말하는 왕도란 고대 중국의 철학자 순자의 글에서 가져온 것으로, 순자는 지도자들에게 "이웃의 약한 국가들에는 관대한 외교를 펼쳐라. 그렇게 하면 그 호의는 그런 지도력의 혜택을 입은 약소국들의 감사로 돌아올 것이다"라고 말했다. 이러한 전략적 전망은 중국의 범세계적 지원 프로젝트에서 명확하게 나타난다.

2013년 이후, '인류 운명 공동체'에 동참해달라는 다른 국가들을 향한 중국의 반복적인 요청은 중국공산당의 세계관을 잘 드러내고 있다. 중국의 영향력을 늘리기 위해 중국 외교관들은 유엔 같은 국제적인 대회에서 쓰는 공식 문서에 그 문구를 넣고자 무척 애를 쓰고 있다. 중국 지도자들도 '인류 운명 공동체'라는 표현을 자주 사용하는데 그것은 이제 미국에 의해 주도되는 국제 질서가 아니라 새로운 다극적 질서의 시대가 됐음을 의미한다. 중국인민대학교 교수이자 대중 지식인인 왕이웨이王义桅는 "미국의 확대 사법 관할권 남용, 군사력 악용, 금융 패권의 남용 결과, 점점 더 많은 국가들이 자국의 운명을 스스로 결정하고자 탈미국화를 목표로 투쟁하게 될 것이다. 그리고 인류 운명 공동체 건설은 더욱 촉진될 것이다"라고 주장하기도 했다.

'인류 운명 공동체'에서 단순히 다른 국가들과 대등한 역할을 수행하기를 바란다는 중국의 주장은 의심의 여지가 많다. 2017년 19차 공산당 대회에서 시진핑은 다가오는 시대에는 "중국이 세계 무대의 중심으로 더 가까이 이동하는 것"을 보게 되리라 장담했다. 또한 2020년 3월 신화통신新华通讯은 〈인류 운명 공동체의 태양이 세상을 비추게 하자〉라는 제목의 사설을 실었다. 이 사설은 중국을 다른 나라들을 돕고 지도하는 '태양'으로 묘사하고 있다.

미국에서 진행돼 온 중국의 이미지 프로젝트

/

수십 년 동안, 특히 중국의 지정학적 전략이 개시된 이후에 중국의 외교관과 언론인, 그리고 학자들은 미국과 그 외 서구 국가들을 우호적인 중국 이미지를 형성하기 위한 목표에 있어서 중요한 정치체들로 여겨왔다. 중국 지식인들은 그들이 소위 '중국 위협론'이라고 말하는 서구적 관점에 특히나 격한 반응을 보인다. 중국의 흥기가 세계에 위협이 된다는 그 관점은 불공정할 뿐만 아니라 서구 중심적인 시각의 산물이기 때문이다. 이런 이유로 중국은 미국의 국내 여론에 영향을 미치기 위해 많은 투자를 하고 있다.

트럼프 행정부에서 미중 간 긴장이 높아짐에 따라, 미국 관료들은 중국의 이런 노력들을 끊임없이 경계해왔다. 미국 당국자들이 샅샅이 조사한 중국의 미국 내 이미지 프로젝트 활동은 다음과 같다.

- **공자학원**: 전 세계의 550개 공자학원 중 100개 이상이 미국에 세워져 있다. 중국의 언어와 문화센터 역할을 하는 이 기관들은 보통 대학과 파트너십을 맺으며 개원한다. 일단 설립이 되면 이 학교들은 그 지역의 유치원생부터 고등학생에 이르는 학생들을 대상으로 '공자교실'을 열고 중국어 과정을 제공한다. 대중 지식인들뿐만 아니라 마코 루비오Marco Rubio, 테드 크루즈Ted Cruz, 세스 몰튼Seth Moulton 등, 미 연방의회 의원들도 공자학원 프로그램의 제도적, 개인적 효과에 대해 우려를 밝혀 왔다. 그들은 이런 프로그램들이 대학의 학문적 자유를 위축시킬 수 있으며 학생들의 마음속에 중국에 대한 잘못된 인식을 주입시킬 위험이 있다고 주장한다. 2020년 8월, 미 국무부는 워싱턴의 '미국 공자학원 센터'를 외교 공관으로 규정, 미국 당국에 활동 보고서를 제출해야 한다고 지정했다. 나아가, 의회는 많은 대학들에게 공자학원과의 파트너십을 해지하도록 압박했다. 2022년 2월 기준, 95개 이상의 미국 대학들이 공자학원의 문을 닫았거나 닫을 예정이다.

- **국영 언론 매체:** 중국은 외국인을 주 대상으로 하는 수많은 국영 언론 매체를 통해 자국의 국제적 영향력을 증대하기 위해 노력하고 있다. 이런 매체들은 영어(및 다수 외국어)로 제작된 콘텐츠를 방송하거나 발간한다. 그 목록에는 신화통신, CGTN中国环球电视网, CRI中國國際廣播電臺 같은 방송사와 중국공산당 공식 기관지로 알려진《인민일보人民日報》,《차이나데일리the China Daily》,《글로벌 타임스Global Times》 등의 신문들이 포함된다. 이미 몇몇 언론 매체들은 외국대행사등록법Foreign Agents Registration Act에 의해 관리되고 있었지만, 트럼프 행정부는 2020년에 중국 관련 언론 매체 중 15개를 외교 공관으로 지정해 인원 감축 및 그들의 활동에 대한 미국 정부 보고를 의무화했다.
- **소셜 미디어 계정:** 중국은 자국 영토 내에서는 서구의 소셜 미디어 사이트를 엄격히 제한하고 있지만, 중국 대사관, 영사관, 외교관 등의 임무와 역할 등에 관한 공식적인 트위터 계정은 2019년 이후 급속하게 증가했다. 이러한 새로운 계정을 통해 중국 관료들은 그들의 가장 중요한 주장들을 선전할 뿐만 아니라 종종 서구 관료들과 뜨거운 논쟁을 벌이기도 한다. 2020년, 몇몇 소셜 미디어 기업들은 일반적으로 국가가 후원하는 원천 정보에 근거한 콘텐츠에는 라벨을 붙이기 시작했다. 관련 정책이 조금씩 다르지만, 페이스북과 트위터는 중국, 러시아, 그리고 일부 국가의 콘텐츠에 라벨을 표시한다.
- **허위 정보 유포 활동:** 미국에서 이미지를 제고하려는 중국의 모든 시도들이 공개적이지는 않다. 2020년, 여러 소셜 미디어 기업과 미국 관료들은 일련의 허위 정보 유포 활동과 중국 정부가 서로 연계돼 있다고 공식 발표했다. 예를 들어 2019년과 2020년에 트위터는 서로 공모

한 듯이 일사불란하고 비정상적인 방식으로 홍콩 시위대에 대해 정치적으로 분열적인 정보들을 올리는 가짜 계정들을 삭제했다고 발표했다. 이 계정들의 대부분은 중국에서 트윗된 것들이며, 일부는 영어로 작성됐다. 2020년 6월, 트위터 보안팀은 이러한 활동에 '깊숙이 연루된' 2만 개의 트위터 계정을 폐쇄하고, 이러한 계정의 정보를 퍼뜨렸던 15만 개의 확산용 계정도 삭제했다. 그들은 이러한 계정들이 국가의 지원을 받아 활동해왔으며, 이는 과거 중국 정부가 실행했던 작전과 흡사하다고 강조했다. 또한 트위터는 2021년 12월, 위구르 인권에 대한 중국 정부의 일방적인 주장을 확산시키는 데 활용된 2천 개 이상의 중국 계정과 신장 지역의 중국 지방정부와 긴밀한 관계인 사기업과 연계된 112개의 계정도 삭제했다. 2020년 4월, 《뉴욕타임스》는 서로 다른 부처의 미국 관료들 6명의 발언을 인용해 '중국 첩자들agents'이 코로나19에 대한 미국 정부의 대응과 관련해 거짓 정보가 담긴 문자 메시지를 확산시키는 데 관여했다는 명백한 증거가 있다고 보도하기도 했다.

중국의 이미지 프로젝트가 미국에 주는 의미

/

이런 이야기들은 미국에서 중국의 이미지 제고가 성공하고 있는지에 대한 의문을 지속적으로 제기할 수밖에 없게 만든다. 최근의 사태를 고려하면 대부분의 지표는 '아니오'라고 답하고 있다. 미국에서 설립된 수많은 공자학원은 2021년 말에 문을 닫았다. 2019년과 2020년에 필자가 진행한 조사에 따르면, '공자교실' 수업에 참여한 미국 고등학생들은 그 기간 동안 오히려 중국에 대해 비우호적인 입장만 커진 것으로

드러났다. 미국 내 중국의 언론 매체들은 미 국무부에 의해 외교 공관으로 지정된 이후에 상당한 수준의 감독을 받고 있다. 소셜 미디어 기업들은 국가 연계적인 계정들의 중국 원천 콘텐츠에 라벨을 달고 있으며, 중국의 허위 정보 유포 활동에 동원된 수천 개의 계정을 폐쇄했다. 그뿐만 아니라, 퓨리서치센터의 자료에 의하면, 중국에 대한 미국인의 우호적인 답변은 2000년대 초반에 조사를 시작한 이후 2021년 가장 낮은 수치를 기록했다.

그럼에도 불구하고 중국의 이미지 향상 프로젝트는 미국의 향후 정책에서 큰 의미를 가지고 있다. 이미지를 향상시키려는 중국의 노력이 미국 여론에 영향을 미치지 못한다고 해도, 우리는 최종 결론을 내기 전에 몇 가지 문제를 들여다볼 필요가 있다.

더구나 중국 정부의 온라인 정보 활동 중 다수가 대만이나 홍콩 같은 중국어권에 집중되고 있는데, 이를 위해 미국에 있는 소셜 미디어 플랫폼을 활용하고 있는 것이다. 소셜 미디어 기업들은 이미 러시아와 이란 같은 국가를 비롯해 미국 내의 정치적 대리인들에 의해 활용된 집단적 조작과 허위 정보, 그 밖의 기술적인 문제들에 대처하는 나름의 방식을 개발해왔다. 그러나 미국 정책 결정자들이 미국 소속의 기술 플랫폼이 활용되는 방식을 관리해야 하는지, 또 그들에게 관리할 권한이 있는지의 문제는 표현의 자유, 정부의 검열, 기술적 규제 등이 연루된 복잡한 문제다.

더 일반적으로, 미국의 많은 지식인들은 정보 접근성 측면에서 미중의 불균형을 지적하고 있다. 중국의 언론인과 학자들은 오랫동안 미국에서 특별한 정보 접근권을 즐기고 있지만, 미국의 학자들과 언론인들은 중국 내에서 유사한 접근을 하려 할 때 보통 심각한 장애에 부딪힌다는 것이다. 일부는 트럼프 행정부 시기에 단행된 비자 발급과 언론 활동에 대한 제한을 정당화하기 위해 이를 내세우기도 했다. 그리고 그런 주장은 바이든 행정부에 들어와서도 계속됐다. 그러나 두 국가가 서로 비자 및 언론 관련 제한을 두는 것은 궁극적으로 위험하다. 일단 언론인과 학자들이 상대국의 생생한 실상을 관찰할 수 없다면, 그들의 성과물은 큰 의미가 없게 될 것이다. 그 결과 미국과 중국의 상호 이해에 기여할 수 없게 된다. 2021년 11월, 시진핑과 바이든의 비대면 정상회담 후, 미국과 중국은 언론 취재 제한을 완화하는 상호 조치 이행 계획을 발표했다. 그런 선을 지켜가면서, 정보에 대한 더 용이한 접근과 두 정부가 이제껏 보여온 언론인들에 대한 불신을 조정해야 하는 과제는 두 국가 정책 결정자들에게 계속 골칫거리로 남을 것이다.

마지막으로, 중국의 더 광범위한 이미지 프로젝트는 미국이 다른 국가들과 맺는 관계에도 함의를 가지고 있다. 중국의 세계적인 목표는 미국 리더십에 대한 의존도를 빠르게 약화시키고 국제적인 가치, 표준, 제도들을 전환해 중국이 세계에서 더 큰 역할을 맡는 것이다. 중국의 주변국들뿐만 아니라 중국으로부터 많은 지원을 받아 경제적으로 중국에 포획된 국가들을 포함해 중국에 신세를 진 많은 국가들은 세계적인 인권 규범을 변경하거나 비자유주의적인 기술 및 산업 표준에 더 힘을 실으면서 중국 리더십에 우호적인 입장으로 전환할 수도 있다. 이런 가능성을 우려한 바이든 행정부는 중국의 주도권에 대항하기 위해 민주적 가치를 공유하는 동맹국과 동반자 국가들에 호소하는 집단 대응 전략을 추구하고 있다.

2021년 3월 앵커리지에서 열린 미중 회담은 바이든 행정부 최초의 미중 외교 회담이었는데, 미국과 중국의 경쟁적인 내러티브가 적나라하게 부딪히는 자리가 됐다. 장관 회담에서, 중국공산당 외교 담당 정치국원 양제츠杨洁篪는 "미국의 소위 보편적 가치들이 국제적 여론을 반영한다는 주장에 세계 대다수의 나라들이 동의한다고 볼 수 없습니다"라고 직설적으로 말했다. 이에 대해 미 국무 장관 앤토니 블링컨Antony Blinken은 "이 말씀을 드려야겠습니다. 저는 귀하의 말씀과 아주 다르게 알고 있습니다. 미국이 세계 무대에 다시 돌아온 것에 세계는 대만족한다고요. (…) (그리고) 귀국 정부의 몇몇 조치에 대해서는 심각하게 우려한다고 말이죠"라며 반박했다. 이 회담 이후에도 계속된 미국과 중국의 마찰을 생각하면 미국과 중국의 '내러티브 경쟁'은 앞으로 세계를 더 시끄럽게 할 것으로 보인다.

네이머 그린-라일리 Naima Green-Riley
전 외교관. 프린스턴대학교 공공 및 국제관계대학원 교수이자 정치학 교수 내정자다.

12

미국은 중국의 '일대일로'와 어떻게 공존할 것인가?

민 예

일대일로 프로젝트는 아마 중국의 가장 야심 찬 전략이면서, 동시에 최대의 논란을 불러오고 있는 세계화 전략일 것이다. 이는 인프라, 무역, 투자, 정책 그리고 문화의 영역에서 중국을 세계와 연결하는 것을 목표로 하고 있다. 2013년에 이 글로벌 프로젝트가 시작된 뒤, 미국은 이를 극복하고 견제하며 대항하려고 노력해왔으나 그 결과는 꼭 좋지만은 않았다. 이 프로젝트에 대한 비판과 반발에도 불구하고, 일대일로는 경제성장을 위한 주요 정책이자 외교를 개선하며 지정학적 긴장을 관리하는 전략으로서 여전히 중국의 기본적인 세계화 플랫폼으로 작동하고 있다. 향후 미국은 이 프로젝트가 가지는 중국의 자체 논리와 그것이 수혜국들에 주는 지속적인 매력을 인정할 필요가 있다. 좋든 싫든 미국은 이 프로그램과의 공존을 준비해야 하며, 중국의 해외 활동들이 빚는 다양한 도전들에 대응하기 위해 '복합 경쟁' 전략을 마련해야 한다.

일대일로에 대한 미국의 과거 인식과 반대

일대일로는 미국에서 가장 많은 연구가 진행된 중국의 대외 전략이다. 2013년부터 2015년까지는 미국의 분석가들이 그 중요성을 간과했는데, 당시 중국의 '실속 없는 말 잔치'에 주목한 미국은 그 프로젝트가 제한적인 성과에 그칠 것으로 결론지었다. 왜냐하면 새로 세운 아시아 인프라투자은행에 참여해달라는 중국의 요청을 각 국가의 정책 결정자들이 무시하고 있었기 때문이다. 이 은행은 중국이 일대일로 전략을 발표하면서 제시한 양대 사업 중 하나였다. 미국은 동맹국들에 해당 사업의 불참을 권고하기도 했다.

그러나 2016년부터 2018년까지 중국이 아시아와 그 외 지역에서도 일대일로 프로젝트를 저돌적으로 추진하고 해외투자와 인프라 건설 계약의 증가세가 뚜렷해지자, 미국 분석가들의 관심이 다시 집중되기 시작했다. 그들은 일대일로가 중국의 팽창주의적 외교정책을 예고하는 전조가 될 것이며, 이는 미국의 지정학적 이해를 약화시키려는 의도를 가진 것으로 생각했다. 미국 정부도 일대일로 프로젝트에 대해 참여국들을 위험에 빠뜨리는 '부채의 덫'이자 중국의 '경제적 국가 책략'으로 묘사하기 시작했다. 의도하지는 않았지만, 이러한 미국 비판자들의 의견은 오히려 중국이 그 프로젝트의 리스크를 방지하고, 허황된 사업들은 폐기하며, 새로운 비전을 추가하는 등 일대일로 전략을 수정하는 데 도움을 줬다. 더구나 수혜국에서 실시한 일대일로에 대한 많은 연구들은 이 프로젝트에 대한 미국의 부정적 낙인에 이의를 제기했다. 수혜국들은 일대일로 프로젝트가 자국에 매우 유용하며, 그에 비해 미국은 자기 이익만 챙기면서 약소국들을 쥐고 흔들려 한다고 묘사하기 시작했다.

2019년과 2020년, 특히 코로나19가 발생한 이후 미중 간의 지정학적 경쟁이 치열해지면서 일대일로 프로젝트에 대한 미국의 평가는 더욱 부정적이고 격앙된 것으로 변해갔다. 미국은 일대일로 전략에 군사 문제도 포함돼 있음을 지적하며 일대일로는 '무기화'됐다며 비판했다. 그러나 일대일로를 그렇게 정의하는 것은 부정확할 뿐만 아니라 위험하기도 하다. 중국적 세계화의 핵심 역할을 수행하는 일대일로는 중국과 해외의 금융사 및 건설 기업, 무역 회사들을 포괄한다. 그런 계획을 군사적 프로젝트로 묘사하는 것은 일대일로에 참여하는 다양한 상업적 행위자들에 대해 미국이 자국의 안보를 명분으로 불이익을 줄 가능성을 제기할 수 있는 일이다. 이는 독단적인 강대국이라는 미국의 이미지를 더욱 강화할 뿐이며, 미국이 국내적으로나 국제적으로 더 넓은 지지를 확보하는 것을 오히려 방해하는 셈이다.

이제는 미국이 중국 내부의 일대일로 추진 세력이 다양하다는 것과 이 프로젝트가 해외에서 복합적인 효과를 내고 있음을 이해할 시간이다. 좋든 싫든, 다가오는 수년 동안 우리는 중국의 일대일로와 함께 살아가야 한다. 오직 복합적이면서도 일관된 경쟁 전략만이 미국과 세계의 이익에 대한 중국의 도전에 대처할 수 있다.

일대일로의 국내적 논리와 지속성

/

중국에서 일대일로는 지정학적, 외교적, 경제적 필요를 포함해 국내적으로 긴급한 상황에 의해 동기를 얻었으며, 중국의 중요 정치적, 경제적 행위자들에 의해 실행됐다. 그런 국내적 논리와 정책 동학이 중국의 중요한 세계화 정책을 특징짓고 있다. 일대일로는 중국의 몇 가지 장기적인 목표와 이해관계를 반영하고 있는 것이다.

첫째, 이 프로그램은 당시에 주변국들과의 외교 관계를 악화시키고 있던 미국과의 지정학적 전략 경쟁에 대처하려는 긴급한 모색이자, 국내적으로는 산업의 과잉생산에 대처하려는 노력의 결과였다. 2020년 코로나19로 인한 팬데믹 사태 속에서 유사한 상황이 지속됐고, 중국의 정책 전문가들은 일대일로 전략을 미래로 계속 가져가야 한다고 주장했다. 이 시기에 미국와 중국의 경쟁은 더욱 고조됐으며 세계적인 지도력에 대한 중국의 야심은 뚜렷하게 나타났다. 짧은 휴지기 이후, 일대일로에 관한 중국의 슬로건과 의지는 다시 회복됐다.

둘째, 다른 세계화 전략의 경우도 그렇듯, 일대일로에는 중국의 중요 정치, 경제 집단들이 관여하고 있다. 그 집단들은 정책 결정 과정에서 다양한 방식으로 각자의 역할을 수행한다. 중국의 정치 지도부는 국가주의적 수사를 사용하고 정부 조직과 그 예산을 프로젝트에 동원함으로써, 공적 영역에서 촉매 역할을 한다. 관료들은 정책 지침서를 작성하고 정책 집행을 위한 계획을 공식화한다. 그 전략이 제시하는 인센티브와 기회들에 의해 동기부여된 중국 기업들과 지방정부는 할당된 프로젝트 및 이를 위한 투자를 담당하는 진취적인 집행자가 된다. 또한 사회집단과 학자들, 그리고 과학자들도 참여해 이 프로그램의 확대에 기여한다. 이러한 광범위한 참여로 인해, 일대일로는 국내와 해외에서 변화하는 환경에 적응할 수 있었다. 그러나 코로나19 팬데믹으로 인해 국내외적 환경은 완전히 달라졌으며, 막대한 비용의 인프라 건설도 새로운 도전에 직면하게 됐다. 그럼에도 불구하고 대학 컨소시엄, 전자상거래 지원, 의료 협력 등 소프트한 과학 분야의 일대일로는 여전히 강력하게 추진되고 있다.

셋째, 중국의 중요한 다른 정책처럼, 일대일로 프로젝트는 단순한 접근을 따르지 않으며 복합적인 단계를 가진 역동적인 과정이다. 다양한 맥락에서 일대일로의 정책적 우선순위와 그 내용은 유연하게 변화하고 있다. 예를 들어 일대일로 프로젝트에 착수하려던 당시에 중국은 심각한 경제적, 외교적, 지정학적 압력에 직면하고 있었다. 정치 지도자들은 정부가 이 계획을 수용하도록 국가주의적 수사학을 활용했다. 실행 기간에 국영기업과 지방정부는 유연하게 자신들의 경제 확장을 추구했던 반면, 중국의 국가 관료들은 막연한 규정을 제시했다. 하지만 일대일로가 국제적 비판과 반발에 직면하자 중국은 그 실행 계획을 재조정했고 재정적, 환경적 위기에 대응할 수 있는 다자적인 협력 메커니즘을 창출했다. 투자의 흐름이 둔화되던 2017년 이후에 중국은 디지털 실크로드, 의료 실크로드 등과 같은 비용 부담이 낮은 정책에 초점을 맞췄다. 이 중 전자는 전자 상거래와 디지털 인프라 분야에 주력하는 것이고, 후자는 의료와 건강 서비스 분야에 집중하는 것이다. 상대적으로 덜 문제시되고 비용 부담이 적은 과학 프로젝트는 코로나19 팬데믹 동안에 주력 분야로 부상했다.

일대일로와 그 리스크

일대일로는 중국의 기본적인 세계화 전략이다. 이는 경제를 확장하고 외교력을 향상하며 지정학적 긴장에 대처해야 한다는 등의 중국 내 전략 우선순위에 따라 유지되고 있다.

첫째, 중국이 글로벌 강대국을 꿈꾸는 한, 일대일로는 다양한 형태로 지속될 것이다. 그러므로 미국은 일대일로를 중단시키거나 중국의 확장적 세계화를 봉쇄할 수 있다는 믿음을 버리는 것이 좋다. 미국이 위험한 채무의 덫 또는 수혜국에 대한 군사적 진출로 일대일로를 규정했던 과거의 입장은 그 증거가 불충분하고 그런 규정은 파키스탄이든 스리랑카든 일대일로 수혜국들의 충분한 지지를 받기도 힘들다.

둘째, 일대일로의 기본 추동력은 상업적이며 대체로 군사전략적 요소를 포함하고 있지 않지만, 중국이 일대일로 프로젝트를 아시아를 넘어 세계 곳곳에서 추진함에 따라 안보에 끼치는 영향 역시 점차 늘어나게 될 것이다. 한편, 중국의 증가하는 해외투자와 해외에 진출해 있는 많은 인력의 보호를 위해서 중국과 그 지역의 보안 병력이 개입할 수밖에 없게 된다. 결과적으로 공동의 치안 작전과 군사훈련이 증가하게 되고 중국의 감시 기술 이용도 증가하게 될 것이다. 또 다른 면에서는 일대일로 프로젝트가 철도, 항구, 5G 네트워크, 위성 등을 포함하게 되면서, 일부 인프라 프로젝트들은 민간 차원과 군사 차원에서 중국 또는 다른 적대적 세력에 의해 활용될 수 있는 소지가 있다. 최소한, 중국이 건설하는 해외 인프라의 일부는 장차 미국의 전략적 움직임에 맞서거나 무력화하는 데 쓰일 가능성이 있다.

셋째, 일대일로는 미국의 우려를 넘어서는 더 큰 문제를 일으킬 수 있다. 그 프로젝트가 가져올 경제적인 수혜에도 불구하고 해당 지역에 상당한 충격과 위협을 줄 수 있다. 예를 들어 중국은 해외에서 중국 기업들의 투자 행태를 관리할 수 있는 효율적인 제도가 취약한 편인데, 이는 지역공동체를 파괴하거나 환경적인 재앙을 야기하거나 수혜국 정부에게 재정적 부담을 줄 수 있다. 생태 문제를 떠올려보자. 중국에서 이미 강화되고 있는 환경오염 검사와 관련 규제에 직면한 중국 기업들은 해외에서 환경을 오염시키는 활동을 묵인하거나 심지어 더욱 확대할 수도 있다. 한동안 많은 국가들이 산업화와 경제 발전을 더욱 가속화시키기 위해 중국의 투자와 인프라 건설을 절박하게 필요로 했다. 따라서 일대일로의 사회적, 환경적 비용 문제를 제기하는 것이 일대일로의 존재 또는 확장을 부정하는 것으로 이해돼서는 안 된다.

미국은 어떻게 대응해야 하는가?

일대일로는 중국의 세계화가 지속되는 한 계속해서 추진될 것이다. 따라서 일대일로가 제기하는 위험성에 대비하기 위한 미국의 복합적이면서도 일관성 있는 적극적인 대응이 필요하다.

첫째, 지정학적 위협을 예측하고 대처하기 위해 미국은 명확한 정보 수집, 시나리오 분석 수행, 다양한 영역에서의 동맹국들과의 협력을 지속해야 한다. 일대일로 프로젝트가 중국의 전략적 자산과 해외를 연계시킨다고 할 때, 이를 통해 미국과 우방국들은 이러한 연계를 방해하거나 무산시킬 수 있다. 또한 해당 지역에서 미국을 위한 안보 기구를 강화할 수도 있다. 미국의 안보에 필수적인 지역에서는 미국과 동맹국들은 중국이 건설한 인프라 구조를 무력화하거나 그 프로젝트의 과업을 분산시키는 데 전략적으로 초점을 맞춰야 한다. 덜 중요한 지역에서 동맹국들은 대안적인 프로젝트를 제공하는 한편, 일대일로 프로젝트를 면밀하게 감시해야 한다.

둘째, 환경적·사회적 위험들에 대처하기 위해 미국은 보다 활동적인 연구 조직을 구성해 일대일로 수혜국에 대한 유용한 정보를 수집해야 한다. 이 과정에서 세계적·지역적 기구들의 역할이 결정적이며, 여기서 미국은 일대일로 프로젝트가 안고 있는 리스크에 대한 국제적 토론과 해결책 모색을 위한 허브가 될 수 있다. 더욱 중요한 것은, 적당한 시기가 되면 미국과 동맹국들이 대안적인 인프라 건설 및 투자 기회를 제공해야 한다는 것이다. 보다 수준 높은 표준을 설정하고 다른 기회를 제공한다면, 수혜국들은 일대일로 및 중국과 연계된 투자와 인프라보다 더 많은 이익을 얻을 수 있다.

마지막으로, 중국의 국가 행위자가 다양함을 이해한다면 미국은 그들과 협력해 내부에서부터 일대일로를 재형성하게 만들 수 있다. 일대일로의 전략적 중요성, 이질적인 다양한 행위자들, 그리고 조정 가능성이 열려 있는 정책 실행을 미국에 유리하게 돌릴 수 있다. 우선적으로 일대일로는 중국의 민족 부흥과 화평굴기和平崛起를 추구하는 기본 정책 과제를 반영한다는 점을 활용해야 한다. 미국은 중국 지도자들에게 특정한 프로젝트가 안보에 미치는 영향을 들어 반대한다는 입장을 전달할 수 있는데, 안보 이슈를 심화시키는 것은 군사적 마찰을 일으킬 가능성을 환기하고자 함이다. 모든 것을 고려해볼 때, 중국 역시 어떤 항구를 건설하는 것이나 5G 계약을 성사시키는 것이 만약 안정적인 국제적 환경을 해치게 된다면 추진할 가치가 없다고 판단할 수 있다. 안정적인 외부 환경은 중국의 지속적인 세계화에 필수적인 조건이기 때문이다. 미국은 일대일로의 집행 과정에서 발생하는 이슈에 대해 문제를 제기할 수 있고, 그런 위험을 최소화할 수 있는 개방적이고 투명한 규정들을 개발하도록 중국에 요구할 수 있다. 이는 해외의 반발에 깊이 우려하면서 중국의 확장적 해외투자에 대한 통제권을 유지하기 원하는 중국 관료들을 설득하는 데 도움이 된다.

그러나 전반적으로 미국과 국제사회는 일대일로 프로젝트에 대해 확실한 정보와 지식을 최대한 확보한 다음, 그 프로젝트의 기획자, 투자자, 실행자인 중국 은행, 국영 및 민영기업, 지방정부들과 협조할 필요가 있다. 미국의 연구자 및 정책 전문가들은 이 프로젝트를 제대로 평가하고 현장에서 그들의 조치와 행태를 관측하기 위해 중국에 머물 필요가 있다. 중국의 정치 시스템을 민주화하기 위한 미국의 '관여 정책'은 실패했지만, 미국 주도의 세계화는 기능적, 전문적 수준에서 성공적으로 중국에 영향을 미쳐왔다. 그러므로 해외 활동에서는 대체로 경험이 없는 중국의 실행 집단들이 이미 확립된 국제적 규범과 제도들을 채택할 가능성도 있다.

미국 역시 중국인들을 국내로 초청해야 한다. 이를 위한 한 가지 방법은 지금의 반중 정서와 비즈니스, 교육, 여행 등의 영역에서 최근 추진돼 온 디커플링 추세를 뒤집는 것이다. 그 대신, 미국은 중국 기업 및 정부 소속 방문객들에게 문을 활짝 열어야 한다. 그들은 우리의 경험을 공유할 수 있고, 이 땅에서는 당연한 규범과 관행들을 지지할 수 있는 사람들이다. 중국인 유학생들은 그러한 변화와 노출의 과정에서 핵심적인 존재다. 그들 중 상당수가 중국의 세계화 프로그램에서 일하기 위해 본국으로 돌아갈 것이다. 미국에서 그들이 배운 것들은 국제적인 우려와 위험을 예측하고 다루는 데 도움을 줄 것이다. 미국 내부에 존재하는 중국인들이 미국의 국가 안보에 위협이 된다는 가정은 과장된 것이다. 미국의 시스템은 그렇게 허약하지 않다. 대신에 미국이 행하는 차별과 배제는 미국의 도덕적 권위를 약화시키고, 중국의 투자자, 방문자, 유학생들을 좌절시킴으로써 더 큰 위험을 초래할 수도 있다.

일대일로 프로젝트는 가장 최근의, 가장 견실한 중국의 세계화 프로젝트이며 지정학적, 외교적, 경제적으로 중국의 최우선적인 문제를 다루고 있다. 이 프로젝트의 궤적에 근본적인 변화가 없다면 일대일로는 가장 중요한 외교정책 플랫폼으로 지속될 것이다. 다른 중국의 세계화 전략과 마찬가지로, 일대일로는 중국의 정치 지도자, 관료, 국영기업, 지방정부, 학자, 과학자, 사회집단 모두를 포괄하고 있다.

중국의 이익을 진전시키는 세계화 플랫폼으로서 일대일로는 미국에 지정학적 도전을 제기하며, 수혜국으로서는 상당한 상업적, 인프라적 이익을 얻을 수 있으나 그와 동시에 환경적 위험이라는 부담도 안게 된다. 그렇더라도 미국이 일대일로에 대해 '부채의 덫', 인프라의 '무기화'라고 묘사하는 것은 적절하지 못하다. 그보다 미국은 복합적이면서 일관성 있는 전략으로 경쟁에 나서야 한다. 한편으로는 전략적이고 군사적인 우려에 관해 직접적이면서도 빈틈없는 경계를 유지하고, 한편으로는 중국의 다양한 전문가들과 정책 전문가들에 영향을 주며, 글로벌 측면에서 '일대일로'가 가져올 수 있는 위험과 파괴를 감시하고 대처할 수 있어야 한다.

민 예 Min Ye

보스턴대학교의 파디 스쿨 글로벌 연구Pardee School of Global Studies 부교수. 《The Belt, Road and Beyond: State-Mobilized Globalization in China 1998~2018》(2020), 《Diasporas and Foreign Direct Investment in China and India》(2014)의 저자다.

13

중남미에 대한 중국의 영향력 증대는 미국에 어떤 의미를 지니는가?

올리버 스투엔켈

미국은 전통적으로 미국의 뒷마당으로 여겨져 온 라틴아메리카에서 중국의 영향력이 급증하는 상황에 대처하고자 분투하고 있다. 최근 수십 년 동안 중국의 흥기보다 라틴아메리카에 더 대대적인 영향을 미친 사건은 없었다. 오늘날 라틴아메리카의 경제는 중국 경제와 깊게 연계돼 있다. 중국은 투자국이자 채권국이자 수입국으로서, 그리고 가장 최근에는 코로나19 백신과 5G 기술의 공급자로서 라틴아메리카에서 대단히 중요한 정치적·경제적 행위자가 됐다. 미국은 그동안 이 지역에서 강한 존재감을 유지해왔다. 그러나 오늘날 중국은 다양한 방식으로 라틴아메리카에서 최소한 미국만큼의 영향력을 가지고 있다. 중국은 이 지역 국가 중 멕시코를 제외한 모든 나라에서 가장 중요한 교역국이 됐다. 라틴아메리카 최대 경제인 브라질의 대중 수출량은 대미 수출량보다 3배 이상 많다. 이 외에도 중국은 칠레, 페루, 우루과이의 가장 중요한 교역국이 됐으며, 라틴아메리카 최대의 채권국이기도 하다. 중국은 최근 멕시코 정부를 향해 수천만 회의 코로나19 백신 공급을 약속하고, 에너지 분야에 진출하기로 하는 등 열렬한 구애를 보내면서 이 지역에서 자국의 영향력을 더욱 강화하고 있다.

중국으로 기우는 중남미

/

라틴아메리카와 다른 지역과의 관계는 그들이 미국에 의존했던 20세기에 대부분 형성됐다. 라틴아메리카 국가에서 외교정책 결정자의 중요한 과제는 비대칭적인 미국과의 관계에 어떻게 대처할 것인가였다. 미국은 그들에게 기회를 제공했지만, 동시에 그들의 주권을 위협하기도 했다. 그러나 2000년대 이후에 라틴아메리카 국가들은 서구에서 아시아로의 글로벌 권력 이동을 실감했다. 이 지역의 중국 수출은 한 세대에 한 번 있을까 말까 할 정도의 경기 호황을 이끌어냈고, 덕분에 2007~2009년 시기의 세계적인 대불황도 살짝 비껴갈 수 있었다.

중국은 라틴아메리카에서 그 경제적 존재감을 정치적 영향력으로 성공적으로 전환시켰다. 미국과는 달리 중국은 이 지역에서 눈에 띄지 않는 신중한 자세를 유지했으며, 최근에 이르러서야 라틴아메리카 지역에서 공론의 대상이 됐다. 라틴아메리카 지역에는 전통적으로 반미 정서가 광범위하게 퍼져 있기 때문에, 민족주의 지도자들은 자신들의 정치적 목적을 달성하기 위해 반미 정서를 습관적으로 활용했다. 이에 비해 반중 정서는 최근에 불거진 현상이다.

2018년 라틴아메리카의 한 정치 거물이 중국에 대한 비판을 자신의 핵심적인 정치 화두로 제시했다. 브라질의 대통령 후보 자이르 보우소나루Jair Bolsonaro가 대만을 방문해 자신이 대통령에 당선된다면 중국과 같은 공산주의 체제와의 동맹을 끝내겠다고 약속한 것이다. 비록 보우소나루가 트럼프 대통령의 확실한 짝패이긴 했지만, 과거 연방의회 의원 시절에 그는 상대적으로 중국에 대해 실용적 입장을 취했다. 더구나 2019년 시진핑과 만났을 때 "중국은 브라질의 미래에 중요한 부분"이라고 평가했던 것을 고려한다면 그의 변화는 시사하는 바가 크다. 그러나 보우소나루가 집권한 후에도 브라질은 여전히 중국이 주도하는 브릭스BRICs 그룹의 일원이며, 그는 중국의 화웨이를 브라질의 통신 네트워크에서 배제하겠다는 트럼프 대통령과의 약속을 이행하지 않았다. 그리고 중국이 이 지역에서 코로나19 백신의 핵심적인 공급자가 되자 중국과의 관계 개선을 추구했다. 반중국적 수사가 현재 브라질 정치인들에게는 일반적이고 라틴아메리카 전체의 극우파에서는 중국 혐오 정서가 지배적이지만, 중국의 조용한 접근은 여전히 이 대륙에 큰 혜택을 주고 있으며 중국의 흥기에 대한 정치적 혹은 대중적 반발은 제한적인 편이다.

중국은 지난 몇 년 동안에 라틴아메리카의 거의 모든 영역에서 영향력을 심화해왔다. 미국의 압력에도 불구하고 엘살바도르, 도미니카공화국, 파나마는 대만과의 외교를 단절하고 중국과 수교했으며, 파라과이에서도 그 길을 따르라는 압력이 높아지고 있다. 미국이 주도하는 클린 네트워크Clean Network(5G 통신망 건설에서 화웨이를 배제한다는 전략)에 합류한 50개국 대부분은 서구 국가들이다. 라틴아메리카에서는 도미니카 공화국, 에콰도르, 브라질만이 이 단체에 가입하는 데 동의했다. 그러나 브라질의 보우소나루 대통령은 다시금 치졸한 변절을 시도, 중국 통신회사에 대한 비난의 목소리를 낮췄고 화웨이의 역할 제한에 반대하기로 결정했다. 중국의 백신 공급이 차질을 빚을 수 있다는 우려 때문이었다. 라틴아메리카의 어떤 국가도 중국의 홍콩 억압이나 신장에서의 인권유린 사태에 대한 미국의 비판에 동참하지 않았다. 라틴아메리카 대부분의 정부들은 대만 사태를 포함해 어떤 위기가 발생한다면 딱히 한쪽 편에 서지 않는다는 입장에 비공식적으로 동의하고 있다.

미국의 실책

/

중국의 라틴아메리카 진출을 두고 트럼프 행정부는 라틴아메리카에 대한 지정학적 통제를 더욱 강화하겠다고 선언하고 명백한 반중 정책을 펼쳤다. 트럼프를 비롯해 마이크 폼페이오 전 국무 장관부터 마이크 펜스 전 부통령, 국가 안보 보좌관 존 볼턴에 이르기까지 실제로 라틴아메리카를 방문한 미국의 모든 정책 결정자들은 이 지역을 향해 점증하는 중국의 영향력을 끊임없이 경고했다. 라틴아메리카 국가들에 주재하는 미국 대사들 역시 만약 주재국들이 중국의 화웨이 회사에 5G 통신망 건설을 허용한다면, 미국과의 관계는 큰 손상을 입게 될 것이라고 자주 경고해왔다.

그러나 트럼프의 반중 정책은 베네수엘라, 쿠바, 니카라과 등 라틴아메리카 좌파 독재자들에 대한 그의 강경한 자세로 인해 심각하게 약화됐다. 미국 행정부는 그 지도자들을 '독재자 삼총사'라고 조롱했으며, 그들을 몰아내 버리겠다고 단언하기도 했다. 트럼프가 2019년 니콜라스 마두로Nicolas Maduro 베네수엘라 대통령을 축출하기 위해 군사 개입도 배제하지 않겠다는 입장을 밝혔을 때, 미국의 가장 충실한 동맹자인 콜롬비아의 이반 마르케스Ivan Marquez 대통령과 브라질의 보우소나루 대통령조차, 비록 마두로를 대통령으로 인정하지 않으면서도 마지못해 그의 편에 섰다. 두 사람 모두 마두로를 경멸했지만, 이웃 국가에 미국 군대가 주둔하는 것은 대단히 우려스러운 상황이며 과거 미국의 패권 아래서 오랫동안 주권이 시달렸던 경험을 떠올릴 수밖에 없었기 때문이다.

이러한 상황은 트럼프 행정부 고위 관료가 먼로주의를 언급하며, "오늘, 우리는 자랑스럽게 모든 사람들이 들을 수 있도록 선언합니다. 먼로주의는 여전히 유효하며 견실합니다"라고 이해할 수 없는 주장을 하면서 더욱 힘을 받았다. 2019년 4월에 볼턴은 라틴아메리카의 오랜 트라우마로 남아 있는 미국 개입의 역사를 상기시켰던 것이다. 먼로주의는 베네수엘라의 볼리바르 사회주의자부터 브라질 군 내부의 극우파까지 라틴아메리카의 모든 이념적 스펙트럼에서 한결같이 거부당하고 있는 개념이다. 먼로주의 주창은 라틴아메리카 국가들이 '친중 노선'이라는 드문 합의를 이끌어내는 데 큰 역할을 했다. 친중 노선은 미국의 영향력에 맞서는 데 긴요할 것이며, 중국은 기꺼이 그런 역할을 수행할 것이었다.

그러나 베네수엘라, 쿠바, 니카라과를 직접 겨냥한 미국의 공격적인 비난은 논외로 치더라도 트럼프 행정부는 중요한 두 가지 영역에서 모두 실패했다.

첫째, 비록 무역에 상당 수준의 불공정한 조건이 있다고는 하나 중국의 라틴아메리카 진출이 이 지역에서 엄청난 수익을 창출하고 있는 상황에서, 미국의 계속된 경고는 미국의 관심이 라틴아메리카를 돕는 것에 있지 않고 중국의 영향력을 약화시키는 것에만 있다는 인상을 줬다. 특히 중국이 라틴아메리카에서 코로나19 백신 공급의 중요한 역할을 담당했을 때, 중국에 대한 미국의 비난은 심각한 냉소를 피할 수 없었다.

둘째, 라틴아메리카 지역에서 미국과 중국의 심화되는 긴장을 민주주의와 독재의 대립으로 봐달라는 미국의 요청은 미국의 가치 추구적인 외교정책이 제2차 세계대전 이후 유럽 이외 지역에서는 종종 일관성이 결여됐음을 고려하지 못하고 있다. 그러므로 자유주의적 국제질서에 대한 미국의 찬사가 독일이나 프랑스 등의 해석 방식과는 근본적으로 다른 역사적 렌즈를 통해 해석된다는 사실은 놀랍지 않다. 트럼프 이전에 미국 주도의 질서는 일반적으로 모두에게 혜택을 주는 것으로 간주됐다. 대부분의 라틴아메리카 국가들이 규범과 규칙 중심적 국제 질서를 인정하는 것은 그런 규칙과 규범들이 외부의 개입으로부터 자신들을 보호한다고 믿기 때문이지, 그런 규칙이 다른 나라에 영향을 미치는 수단이라 여겨서가 아니다. 바이든 행정부는 라틴아메리카에서 트럼프보다 덜 공격적인 수사를 사용하고 있지만, 이 지역에 대한 미국 정부의 우선적인 관심은 중국의 증가하는 영향력을 봉쇄하는 것으로 이는 그 전과 크게 다르지 않다.

민주주의는 라틴아메리카 외교정책에서도 중요하지만(실제로 라틴아메리카공동시장MERCOSUR, 미주기구Organization of American States와 같은 몇몇 지역

기구들은 헌장에 민주주의 조항을 넣고 있다), 라틴아메리카의 나라들은 국가를 민주주의 국가와 비민주주의 국가로 나누는 이분법에 전통적으로 냉소적인 태도를 보였다. 그들은 그런 이분법적 논리가 자기보다 약한 국가에 대한 강대국의 내정간섭을 정당화시킬까 두려워한다. 이는 라틴아메리카에서 가장 완벽한 민주주의를 보여줬다고 할 만한 브라질 전 대통령 페르난두 카르도주Fernando Cardoso가 1990년대 후반 전 미 국무장관 매들린 올브라이트의 "라틴아메리카에서 민주주의 국가 연맹을 창설하자"라는 주장을 왜 거부했는지를 설명해준다.

대부분의 라틴아메리카인들이 중국보다 미국의 문화와 정치체제에 더 큰 매력을 느끼고 있지만, 중국은 이러한 불리한 상황을 교묘하게 활용해 주권에 대한 그들의 우려를 존중하는 대등한 발전도상국임을 내세우고 있다. 종종 지나치게 요구가 많고 위압적인 미국과 협력하는 것은 라틴아메리카의 정책 결정자들에게는 정치적 부담이 된다. 반면에 중국과 함께 일하게 되면 강대국에 복종적이라는 비판을 덜 받게 된다. 실제로 2016년에 중국 기업들이 브라질 전기 업계의 3분의 1을 장악한 것은 대규모 전략의 결과였지만, 브라질의 공적 논쟁에서 이 사안은 거의 주목받지 못했다. 만약 미국 기업이 그런 급상승을 보였다면 관련 책임자는 대중의 '엔트레기스타entreguista'라고 공격을 받았을 것이다. '배반자'를 뜻하는 이 단어는 브라질보다 미국의 이익을 위해 행동하는 브라질인을 가리킨다.

왜 굳이 '한쪽'을 택해야 하나?

그렇다고 해서 라틴아메리카 정부들이 미국보다 중국에 더 우호적이라는 의미는 아니다. 하지만 미중 간의 증가하는 긴장에 직면해 대부분의 라틴아메리카 정부들이 왜 등거리와 중립성을 요구해왔는지를 최소한 알 수는 있다. 이곳 국가들의 전반적인 이념 스펙트럼, 미국에 대한 라틴아메리카의 지정학적 근접성, 원거리에 있는 중국에 대한 경제적 의존도의 증가, 전략적인 자립성을 제한할 수도 있는 장기간의 동맹 확립에 대한 역사상의 회피 경향 등을 근거로 하는 지배적인 관측에 따르면 라틴아메리카는 중립을 지키는 동시에 미국과 중국 양쪽 모두에 우호적인 관계를 유지하기 원한다.

예를 들면 아르헨티나 전임 대통령이자 중도우파인 마우리시오 마크리Mauricio Macri와 그의 후임이자 중도좌파인 알베르토 페르난데스Alberto Fernandez 대통령 모두 두 국가와의 유대 관계를 동시에 바라고 있다. 칠레 대통령 세바스티안 피녜라Sebastian Pinera는 라틴아메리카 지역에서 미국과 중국 양국으로부터 신뢰받는 교섭가가 되기 위해 노력하고 있다. 콜롬비아의 이반 두케Ivan Duque 정부는 미국과의 전통적인 긴밀한 안보 협력을 지속하고 있지만, 한편으로는 화웨이를 배제할 계획이 없다는 점도 확실히 표명했다. 화웨이 배제는 중국과의 관계를 악화시킬 수 있다는 점에서 라틴아메리카의 대부분 국가들이 꺼린다. "두 강대국과 유대관계를 유지하는 것이 가능하다면, 왜 굳이 하나의 편만 들어야 하는가?" 거의 예외 없이, 라틴아메리카 지역의 정책 결정자들은 이와 같은 생각을 바탕으로 비슷한 전략을 추구해왔다.

그러므로 라틴아메리카에서 중국의 영향력 증대에 대해 미국은 다음의 다섯 가지 사항들을 잘 고려해 대응해야 한다.

첫째, 라틴아메리카에서 미국의 전략은 중국과 관련된 것을 우선해서는 안 된다. 그리고 이 지역에서 미국 정책 결정자들은 중국에 대해 많은 이야기를 해서는 안 된다. 미국이 중국의 영향력에 대해 정당한 우려를 표명한다고 해도(가령, 중국에 대한 브라질의 수출 의존도가 높아지면서 중국의 투자가 일으키는 환경적 영향과 관련된 많은 문제들이 있다), 그런 표명조차 미국이 마치 라틴아메리카의 후견인인 체한다며 거만하다는 인상을 준다. 그런 문제들에 대해서도 라틴아메리카의 정책 결정자들이 논의하도록 내버려둬야 한다. 중국이 세계적인 수준에서 압도적인 정치적·경제적 역할을 일궈 나간다면, 라틴아메리카 전체에 대한 중국의 영향력 증대는 자연스러운 현상이다. 미국은 중국의 영향력을 없애거나 감소시키려 하기보다, 차라리 그런 상황을 기본적으로 인정하면서 세부적 조정을 모색할 필요가 있다.

미국이 무엇을 하든지, 라틴아메리카와 중국이 경제적으로 상호보완적인 관계임을 고려한다면 앞으로도 라틴아메리카에서 중국의 역할은 현격히 증대할 것이다. 대조적으로 미국은 브라질과 같은 농업 대국과 직접적으로 경쟁을 해야 한다. 그리고 그런 국가들은 중국의 미국산 콩 수입 제한 조치 등과 같은 미국과 중국의 무역 전쟁으로부터 단기적인 이익을 거둘 수 있다.

둘째, 미국은 중국이 명백히 우월한 분야에서는 경쟁을 시도하지 않는 게 좋다. 그중 하나가 바로 5G 기술이다. 그 분야에서 화웨이는 가격 측면에서 세계 각지의 개발도상국에 큰 이익을 제공할 수 있다.

만일 미국이 중국 회사의 공급을 차단함으로써 발생하게 될 라틴아메리카 국가들의 손실을 보상할 의사가 없는 채로, 화웨이와 관련해 막연히 징계 의사만 밝히는 일은 별 실익이 없을 것이다. 아무튼 화웨이가 개발도상국들에 5G를 깔아주는 것에 미국이 어떤 대안을 가지고 있다면 그것은 5G를 아예 포기하도록 하는 것 말고는 없을 것이다.

셋째, 대신 미국은 중국이 핵심적인 역할을 수행할 수 없는 정책 영역에 초점을 맞춰야 한다. 예를 들어 증가하고 있는 강력한 마약 밀매 같은 조직화된 범죄 등이다. 이들 범죄와 싸우고 있는 시민사회와 정부들이 좀 더 인도적이면서 효과적인 방식으로 대처할 수 있도록 지원함으로써, 그들의 지지를 확보하는 것도 한 방법이다. 또한 미국은 라틴아메리카 국가들이 그 스스로도 골치가 아픈 이민 위기를 해결하게끔, 실질적인 지원을 제공할 수도 있을 것이다.

넷째, 미국은 관여를 통해 중국과는 달리 라틴아메리카에 민주주의를 강화시킬 수 있는 역량을 가지고 있다. 트럼프 대통령 임기 후반기에 미국 민주주의가 경험한 위기는, 역설적으로 바이든 행정부로 하여금 라틴아메리카의 민주주의가 직면하고 있는 도전에 대해 더 당당하게 말할 수 있게 만들었다. 트럼프의 당선, 그리고 미국 극우 음모론자 집단이 채택한 새로운 전략들은 라틴아메리카의 공론장에서 뜨거운 논쟁의 대상이 됐다. 그러므로 그런 경향에 맞서는 바이든 행정부의 새로운 메커니즘은 라틴아메리카 전역에서 민주주의 운동을 펼치는 사람들의 호응을 얻을 수 있다.

마지막으로, 미국은 의심할 여지 없이 라틴아메리카의 지역 협력을 촉진하는 중요한 역할을 수행할 수 있다. 이 지역에서 협력은 최근 수십 년 동안 거의 찾아보기 어려울 지경이다. 오늘날 라틴아메리카는 심각하게 분열돼 있고 이념적인 대립도 심해, 국가 지도자들 사이에 국제적으로 중요한 문제나 이 지역이 그 문제에 관해 맡을 역할 등에 대해 대화조차 불가능할 정도다. 남미국가연합USAN은 사실상 해체됐으며, 중도우파 혹은 우파 정부들의 동맹체인 남미발전포럼PROSUL은 최근 이념적 경향을 고려한다면 앞으로 한 차례씩 각국 선거가 치러진 뒤에는 존립 자체가 어려울 수 있다. 미주기구는 라틴아메리카 지역에서 신뢰를 받지 못하고 있다. 이러한 상황은 더 진전된 지역 협력을 촉진할 수 있는 새로운 플랫폼의 긴급한 필요성을 제기한다. 쿠바나 베네수엘라, 그리고 5G 같은 민감한 이슈를 피하는 것이 가능하다면, 이민과 환경, 법치주의, 그리고 조직적인 범죄와의 전쟁 등의 이슈에서 지역 협력을 훨씬 진전시킬 수 있는 잠재력은 충분하다.

미국이 어떤 정책을 쓰든, 중국의 영향력이 증대할 수밖에 없는 라틴아메리카를 포함해 세계 모든 곳에서 다극적 질서를 받아들이는 움직임은 미국에 도전이 될 것이다. 그러나 만일 미국이 올바른 카드를 가지고 게임에 참여한다면, 미국은 여전히 이 지역에서 상당한 수준의 건설적 역할을 수행할 수 있는 역량을 가지고 있다.

올리버 스투엔켈 Oliver Stuenkel
브라질 상파울루에 있는 FGVFundação Getulio Vargas 국제관계대학 부교수. 저서로는 《The BRICS and the Future of Global Order》(2015), 《Post-Western World: How Emerging Powers Are Remaking Global Order》(2016)가 있다.

14

중국의 흥기는 미국-유럽 파트너십을 위협하는가?

필립 르 코르

트럼프 행정부가 물러나면서 대서양을 사이에 둔 국가들의 관계에 새로운 기회가 조성됐다. 중국의 세계적 흥기에 대해 진지하게 논의해보자는 프랑스의 에마뉘엘 마크롱Emmanuel Macron 대통령의 제안을 트럼프가 일축한 지 2년이 지난 시점이다. 트럼프는 "중국은 나쁘죠. 하지만 유럽연합은 더 나쁘거든요"라고 직설적으로 비난했다. 이 외에도 몇 가지 더 모욕적인 언사로 인해, 트럼프 집권 마지막 해에 백악관은 유럽의 주요 국가들의 지도자들만이 아니라 유럽 대부분의 국가들과 외교적으로 냉각기에 접어들었으며 관계 또한 악화됐다. 이후 바이든 행정부가 다자주의를 수용하게 되면서 중국의 흥기가 대서양 사이 국가들의 파트너십을 위협하는지에 대한 질문이 가능해졌다. 그 대답은 저마다 다르지만, 몇 가지 공통된 주장들도 분명히 나타나고 있다.

중국은 세계 무대에서 더욱 과감해지고 있으며, 그 역할이 증대하고 있다. 여기에는 일대일로 프로젝트를 비롯해 적극적인 다자주의 포럼 참여, 그리고 유엔 및 다양한 국제기구에서 자국의 인지도를 높이는 전략 등이 포함된다. 고통스러운 2020년이 끝나갈 때, 미국과 유럽은 여전히 팬데믹으로 황폐했지만, 중국은 경제 분야에서 가장 뛰어난 성과를 보여줬다는 평가를 받았다. 중국은 트럼프의 조치들이 빚은 권력 공백과 세계적인 팬데믹 재유행의 여파로 대서양 국가들 사이의 관계가 많이 약화된 상황을 적극 활용할 준비가 돼 있었다. 중국은 유럽을 직접 상대하며 외교적 노력을 다했다. 특히 중부 유럽, 동유럽, 남유럽 국가들에 집중했는데, 그 지역에서 중국은 중부 및 동부 유럽 국가들과 중국의 연합체인 17+1 국가 그룹을 형성해 자신의 영향력을 입증하기도 했다.

2020년 바이든의 대통령 당선은 유럽을 포함해 '비슷한 생각을 가진 국가들'의 유대를 추구하는 그의 관점에서 대서양 국가들의 협력이 새롭게 형성될 것이라는 기대를 낳았다.

앙겔라 메르켈 전 독일 총리가 여전히 지도부를 맡고 있던 유럽연합은 중국과 포괄적 투자 협정CAI을 체결하는 대담한 움직임을 보여줬다. 2020년 12월 30일에 종료되는 유럽 이사회에서 순번제 의장국으로서 독일의 6개월 임기가 끝나기 하루 전날 협정에 합의한 것이다. 이것은 보다 앞서 미국 백악관 안보 보좌관으로 임명된 제이크 설리번Jake Sullivan이 앞으로 미국 정부는 "중국의 경제적 관행들에 대한 공통의 우려에 기반해 먼저 미국과 협의해준다면 환영할 것이다"라고 밝힌 요청을 대놓고 무시한 것이다.

새로운 미국 행정부가 강력한 대중국 정책을 선언하자(바이든 대통령은 초기에 두 나라의 관계를 '극한적 경쟁'으로 묘사했다), 메르켈과 마크롱은 한목소리로 유럽 지도자들은 "중국과의 관계 단절은 없다고 생각한다"고 강조했다. 마크롱 대통령은 "중국에 대항해 모든 국가들이 일치단결해야 하는 상황은 발생 가능한 갈등 시나리오 중 가장 최악이다. 이런 상황은 적어도 우리 입장에서는 비생산적이다"라고 말했다.

유럽의 '줄타기 외교'

/

유럽연합과 중국의 투자 합의는 미국과 유럽의 일부 사람들에게는 갑작스러울지 모르지만, 실제로는 7년 이상 관련 협상이 진행돼 왔다. 유럽의 기업들은 중국 시장에 더 쉽게 접근하고, 또 '평평한 운동장'을 만들기 위해 은밀하게 로비를 해왔다. 유럽 지도자들은 협상이 진행되는 동안에 유럽연합 집행위원회의 보고를 받아왔으며, 최종적으로 메르켈이 협상의 배후에서 영향력을 행사했다. 메르켈은 독일 기업들(적어도 그 일부)의 요구뿐만 아니라 그녀 자신의 생각도 투자 협정에 반영했다. 16년간의 공직 생활을 마치고 2021년 후반에 은퇴한 메르켈은 다른 많은 서구 지도자들과 달리 1979년 개방 이후 중국의 경제적 성과에 큰 감명을 받은 것처럼 보였다.

냉전 이후 동독에서 성장한 그녀는 공산주의의 대한 자신의 혐오와 중국의 성공적인 경제적 실용주의 사이에서 균형을 잡았다. 그녀는 총리 재임 기간 동안 유력한 기업 사절단과 함께 중국을 12번이나 방문했다. 사실 메르켈 총리의 입장은 다소 모순적이다. 그녀가 이끌고 있던 독일 정부는 대불황 시기 채무 위기에 처한 남유럽 국가들에게 국가 자산을 민영화하라고 요구했지만, 정작 본인은 시진핑 체제하에서 더욱 국가 자본주의 위주로 돼 가는 중국 경제와는 더 강력히 관계를 맺은 것이다.

대서양 국가들 사이의 신뢰 문제는, 유럽연합에 대한 트럼프 대통령의 오만한 담론들만 영향을 미친 건 아니다. 중국 우한에서 발생한 코로나19 바이러스가 2020~2021년에 전 세계로 확산된 이후로 특히 중국에 대한 유럽 대중들의 부정적인 시각이 증가했음에도 불구하고, 메르켈과 마크롱은 중국을 상대로 자신들이 실용적인 '도구 상자'라고 부른 기획을 관철해나갔다. 달리 말해 중국과의 투자 협정에 사인을 한다는 것이, 곧 2019년 봄의 3자 공동성명에서 밝힌 유럽연합 대중국 정책의 전환을 의미하지는 않는다. 당시 유럽연합은 중국을 "협상 파트너이자 경제적 경쟁자이며 체제의 라이벌"로 묘사했다.

유럽연합의 현재 정책들은 외국 직접 투자 심사 시스템, 국가 보조금에 대한 행정명령, 5G(경제 차원), 기후 위기에 대한 협력, 지속 가능한 발전과 보건 문제, 강제 노동 등에 대한 명확한 정의 및 문제, 홍콩 사태, 중국 정부의 위구르 소수민족에 대한 억압과 같은 쟁점들을 포함하고 있다. 무역 협상가들이 유럽 기업들의 중국 시장에 대한 접근을 논의한 반면, 유럽연합의 외교 안보정책 고위 대표인 주제프 보렐Josep Borrell은 "홍콩에서 현재 진행되고 있는 민주주의와 근본적인 권리에 대한 억압, 인권 옹호자들에 대한 처분과 특히 신장에서 벌어지고 있는 인종적, 종교적 소수집단에 대한 조치들"에 대해 유럽연합의 깊은 우려를 반복해서 강조했다.

이러한 '줄타기 외교'는 미국이 취한 방식과는 거리가 매우 멀다. 미국의 대중 접근법은 바이든 행정부 임기 초반 다시 강화됐다. 앤토니 블링컨 국무 장관은 "일반적으로 트럼프가 중국에 대해 강경 노선을 채택한 것은 옳았다"라고 말했다. 그러나 그것은 생산적인 결과를 창출하지 못했다. 올바른 접근은 '다른 무엇보다도' 강자의 위치에서 나오는데, 이러한 강함은 동맹국과 우방국 간의 긴밀한 협력을 기반으로 한다. 그는 "미국이 동맹국들과 협력하는 대신에 그들에게 시비를 걸기 바쁘다면, 중국을 다루는 우리의 힘은 약화된다"라고 덧붙였다. 2021년 9월, 호주, 영국, 미국이 참여하는 새로운 인도-태평양 3자 동맹AUKUS은 애석하게도 대서양 국가들의 지역 협력에 충격을 줬으며, 프랑스를 포함한 유럽 국가들에 해롭다고 여겨졌다.

유럽과 달리 미국은 인도-태평양에 대규모 군대를 주둔시키고 있으며, 일본이나 한국 등 오랜 동맹국을 가진 태평양 강대국의 관점에서 중국을 바라본다. 이에 비해 유럽 국가들은 중국에 대해 주로 경제적 측면에서만 우려를 표한다. 여기에는 강제적인 기술 이전, 조달, 국가 보조금, 지식재산권, 사이버 첩보 활동 등의 문제가 포함된다. 대체로 이러한 문제들은 미국과 공유하고 있는 것들이다. 그러나 유럽연합은 미국보다 중국 시장(유럽연합의 최대 수출국인 독일의 경우 자동차 산업에서 특히)에 더 많이 의존하고 있다. 지리적으로 중국과 유럽은 유라시아 대륙에 속하며 이 둘의 이동 거리는 경제적으로 의미가 있다.

유럽 지도자들은 중국과의 냉전에 끼어들 생각이 없다. 경제적으로 중국은 유럽 국가들에게 너무 많은 이해관계가 걸린 대상이다. 예를 들어 유럽연합이 추진하고 있는 중부 유럽과 동유럽의 생산 및 공급망

확충 문제는 유럽인들의 일자리 문제도 포함된다. 한편, NATO는 너무 친미적이어서 조만간 유럽 국가들 사이에서는 반중 공세의 최전선으로 여겨질 판이다.

2020년 유럽연합과 중국은 서로에게 가장 큰 무역 파트너가 됐는데, 이것은 중국이 미국을 추월한 결과다. 유럽연합의 기업들은 자주 중국 기업들과 평평한 운동장에서 경쟁할 수 없다는 사실을 깨닫게 됨에도 불구하고, 지난 20년 동안 막대한 해외직접투자액(약 1,400억 달러)이 유럽연합에서 중국으로 흘러 들어갔으며, 유럽연합에 대한 중국의 누적 투자액 역시 비슷한 수준(약 1,200억 달러)이다.

최근 몇 년 동안 중국에 대한 유럽연합의 언사가 더 거칠어지고 있지만(개별 국가의 정부 차원보다는 주로 유럽연합 기관에서 많이 나오고 있다), 한편으로는 광폭의 중국 투자를 환영하고 있다. 또한 코로나19 이전에 급증했던 중국 관광객들과 방문객들에 대한 의존 역시 무시할 수 없다. 2019년 한 해만 보더라도 프랑스 파리의 경우 그 숫자가 200만 명이었다. 심지어 중국은 유럽연합의 핵심에 긴밀한 동맹국을 보유하고 있다. 바로 헝가리다. 헝가리는 중국의 최고 대학 중 하나인 푸단대학 캠퍼스를 유치할 계획이며, 유럽 전역에서 확산되고 있는 공자학원뿐만 아니라 중국이 지원하는 싱크탱크를 이미 설립했다. 포스트 팬데믹 환경 속에서 유럽은 (그 지도자들에 따르면) 중국과 결별할 수 없다. 수많은 국가들이 중국 시장에서 자국의 상품을 경쟁적으로 판매하고 있으며, 저렴한 비용의 생산라인을 이용하고 있다. 산업 이전은 대단히 느릴 수밖에 없다. 대안이 없기 때문에 이렇다 할 진전을 보이지 못한다.

미래지향적인 새로운 미국·유럽관계

/

미국과 유럽은 특히 NATO를 통해 오랜 동맹 관계를 이어왔다. 그러나 그들은 또한 경제적 경쟁자였고 수년 동안 무역과 과세 정책에 대해 각기 다른 입장을 보여왔다. 특히 미국 기업인 구글, 페이스북, 마이크로소프트 등이 두 진영 간의 문젯거리였다. 게다가 유럽인들은 트럼프 재임 기간의 예측 불가능한 4년을 경험하면서 미국에 대해 큰 불신을 가지게 됐다. 인도-태평양 3자 동맹은 그 불신을 더 키웠다. 미래의 협력을 위해서 양측은 다시 함께 일하는 법을 배워야 한다. 조 바이든 대통령은 반복해서 민주주의 국가 간의 협력을 강조해왔다. 2020년 12월 유럽연합의 유럽-미국 관련 의제에서 유럽연합은 다음과 같은 내용들을 제안했다.

"지구적 리더십과 가장 중요한 원칙들에 기반한 세계적 협력을 위해 새롭고 미래지향적인 유럽-미국 의제를 제안한다. 강력한 다자주의적 조치들과 제도들, 공동 이익의 추구, 집단적 힘의 활용, 공동의 가치를 존중하는 해결책의 추구 등이다."

이러한 의제들은 특히 중국 관련 이슈에도 적용 가능하다. 사이버 정보 절취, 국가 보조금, 강제적인 기술 이전 등 중국의 일탈적 관행과 관련해 유럽과 미국 모두 부정적 견해가 일치하고 있다. 그들은 서로를 완전히 신뢰하지는 못한다. 그러나 그들 모두 중국을 보다 덜 신뢰한다. 2020년 후반, 유럽과의 포괄적 투자 협정 초안에 서명한 몇 주 후에 중국은 본국에 투자하려는 외국 기업들에 대한 새로운 국가 안보 규칙을 전격 도입했다. 이에 유럽연합뿐만 아니라 전 세계가 눈썹을 치켜

세웠다. 2021년 유럽연합은 위구르 소수민족에 대한 탄압이 이뤄지던 시기에 신장 위구르 자치구를 책임지고 있던 4명의 중국 관료에게 제재를 가했다. 이러한 조치에 대해 중국은 유럽연합의 관료 및 학자들을 대상으로 맹렬한 반격을 가했다. 1989년 천안문 사태 이후 유럽연합이 중국에 제재를 가한 것은 처음이었다. 그 당시의 제재 역시 유럽연합, 영국, 캐나다 그리고 미국이 연대한 결과였다.

외국인의 직접투자위험을 심사하는 쪽에서 미국은 유럽연합보다 훨씬 체계적이다. 미국은 외국인투자위원회CFI와 2018년 국회를 통과한 외국인투자위험심사현대화법FIRRMA이 이 기능을 담당하고 있다. 예를 들어 FIRRMA는 2019년에 국방수권법NDAA에 통합됐는데, 심사 대상 거래covered transactions의 네 가지 유형을 구분했다. 이 조항은 '핵심 기술'의 정의를 확장해 신생 기술과 기반 기술emerging and foundational technologies까지 포함시켰다. 미국의 이런 체제를 기반으로 유럽연합은 (구속력은 없지만) 2019년에 외국인 투자위험 심사 시스템을 채택했고, 2020년 10월부터 그 효력이 발생했다. 그러나 이를 뒷받침하기 위해서는 회원국 사이에서의 적용 승인 및 개별 국가 메커니즘과의 조정이 필요한데도, 27개의 회원국 중 16개의 국가만이 여기에 응했다. 2020년에 유럽연합 집행위원회는 특히 보건, 의료 연구, 생명공학 그리고 인프라 분야에서 유럽연합의 기업들과 핵심 자산을 보호하는 것을 중요하게 여겼다. 유럽연합 집행위원회의 우르줄라 폰데어라이엔Ursula von der Leyen 위원장은 "공중 보건 위기와 이와 연관된 경제적 취약성의 시대에 외국인의 투자위험 심사에 대해 유럽연합 전체가 강력하게 접근할 수 있도록 보장하겠다"라는 더욱 강력한 지침을 발표했다.

국제적 거버넌스, 핵 비확산, 기술 등 미국과 유럽이 협력할 수 있는 분야는 많다. 게다가 미국은 지금 파리기후변화협약에 재가입했다. 이런 조치들은 기후변화, 생물 다양성 등의 이슈에서 협력의 쇄신을 가능하게 만들 것이다. 그리고 이런 협력들은 미국-유럽 국가들의 관계에서 대단히 큰 중요성을 가진다.

마지막으로, 앞서 언급한 '민주주의 가치를 지지하는' 미국의 입장은 27개국의 단일체로서 유럽연합의 동조를 필요로 한다. 비록 그들이 회원국별로 다양한 이해관계를 가지고 있다고 해도 말이다. 유럽연합-중국의 포괄적 투자 협정을 둘러싼 논쟁은 그 지역 정치인들, 특히 그 협정에 투표한 유럽연합 의회의 정치인들이 지역 유권자들의 변화된 중국관을 오롯이 반영하고 있음을 나타낸다. 다양한 조사들이 반복해서 강조하는 것은 중국의 인권 문제, 권위주의 정치에 대해 이 지역 시민들의 우려가 커지고 있다는 것이다. 미국에서는 중국이 미국 자체의 국내적 이슈로 인해 다소 억울한 희생양이 되는 경향이 있다. 코로나19 이후의 어려운 경제적, 사회적 여건에서 유럽에서도 중국을 이와 비슷하게 대할 수도 있다. 앞으로 몇 달, 몇 년간, 중국은 이익이나 가치를 놓고 충돌하는 정치적 이슈와 급진 좌파부터 시작해서 우파 포퓰리즘, 그리고 최근에 점점 강력해지고 있는 녹색당까지 포함한 유럽의 정치 현장에서 치열한 논쟁의 주제가 될 것이다.

정치 생명을 길게 지속하기를 원하는 유럽 지도자들은 비교적 최근의 유럽 역사에 깊게 스며들어 있는 민주주의 가치의 교훈을 잘 기억해야 한다. 이런 점에서 미국과 유럽의 지도자들은 중국이라는 비민주적인 초강대국의 세계적인 급부상에 어떻게 대응해야 할지에 대해 많은 것을 공유할 수 있다. 2022년 초반, 우크라이나에 대한 러시아의 침공을 중국이 교묘하게 지지한 사실은 미국과 유럽이 공동으로 협력할 필요성을 각국의 지도자들에게 각인시키고 있다.

필립 르 코르 Philippe Le Corre

하버드대학교 케네디스쿨, 모사바르 라흐마니 기업 정부연구소 Mossavar-Rahmani Center for Business and Government, 애쉬 민주적 거버넌스&혁신센터 Ash Center for Democratic Governance and Innovation의 연구원이다.

15

중국은 아프리카에서 미국과 경쟁하고 있는가?

마리아 레프니코바

지난 20년 동안 중국의 아프리카 재진출 움직임은 옛 식민 지배 국가였던 서구 국가뿐만 아니라 미국의 큰 반발을 불러일으켰다. 중국 정부는 중국-아프리카 관계를 연대와 호혜의 관계로 묘사했지만, 서구의 미디어와 관료들은 그 관계를 착취적인 것으로 조명하는 경우가 많다. 중국의 경제적 거래들은 무엇보다도 아프리카 국가들을 벗어날 수 없는 채무국으로 전락시키고, 취약한 인프라 및 불평등한 무역 계약만을 안겨주는 갈취적이고 불투명한 거래라는 평가를 받는다. 더욱이 최근에 중국은 자신의 권위주의적 통치 모델을 아프리카에 수출하고 있는 것으로 보인다. 이 지역에서 민주주의를 촉진하려는 미국의 뜻과는 전혀 다르게 말이다. 지금까지 계속 미국의 외교정책 집단은 아프리카에서 중국과 경쟁할 필요성을 주창해왔으며, 광범위한 미중관계를 바라보는 관점에서 중국의 대아프리카 정책을 분석해왔다.

그러나 이런 입장은 아프리카에서 중국의 존재가 가지는 복잡성을 제대로 포착하지 못하고 있다. 지난 20년 동안 중국이 아프리카에서 보인 매력과 행동 방식은 그들로 하여금 중국을 좀 더 접근하기 쉽고, 어쩌면 좀 더 의존할 만한 파트너로 자리 잡게 했다. 중국의 매력은 중국이 아프리카 엘리트와 일반 시민에게 제공하는 엄청난 규모의 기회와 그러한 기회에 참여하는 조건이 쉽다는 데서 비롯된다. 그러나 이러한 접근성은 중국의 가시적인 영향력이 대륙 전체에 걸쳐 마찰과 불신을 일으킴에 따라, 평판 유지 비용을 수반하기도 한다.

"미국은 어디에 있죠?"

/

자본과 인프라, 엘리트 연수 기회, 대학 장학금 수여 기회, 미디어 접근성 등의 영역에서 중국은 성실하면서 유연한 자세로 아프리카와 관계를 맺고 있다. 자본의 경우 미국에서 아프리카로의 외국인 직접투자FDI가 2009년 이후 꾸준히 감소한 반면, 중국의 FDI는 급증하고 있다. 그 증가율이 가장 낮았을 때도 중국은 전년 대비 27억 달러가 증가한 반면, 같은 시기에 미국의 FDI는 24억 달러 감소했다. 대부분의 경제적 지원은 차관 형태를 띤다. 어떤 지표에 따르면, 중국의 차관은 아프리카 국가들의 전체 채무액 중 20%를 차지하고 있다. 세부적인 경제 항목을 규정하거나 때때로 정치적인 조건이 붙은 세계은행 및 미국의 차관과 달리 중국의 차관은 종종 투명성이 결여되긴 하지만, 어쨌든 매우 손쉽게 유입된다. 차관의 상당수가 거대한 규모의 인프라 건설에 투여

되는데, 이 같은 건설 시행은 또 중국 국영기업들이 맡게 되고 중국 노동자들이 현장에서 일하게 되는 경우가 많다. 이러한 점 역시 아프리카 국내 노동자들을 주로 활용해 진행되는 세계은행의 소규모 프로젝트와 비교된다. 거대한 인프라 건설 프로젝트는 아프리카의 관료들에게는 많은 정치적 이득을 안겨준다. 왜냐하면 도로, 철도, 경기장, 공항 등의 인프라 건설을 통해 해당 국가의 급속한 발전을 홍보할 수 있기 때문이다. 중국의 이런 '약탈적 투자'에 대해 미국 정부가 비판을 하자, 어떤 아프리카 엘리트는 그렇게 말하는 미국이 아프리카에 해준 게 뭐냐는 듯 "미국은 어디 있죠?"라고 물었다. 거대 규모의 차관과 결합돼 있는 중국의 인프라 개발 규모와 속도는 이 지역에서 중국을 매력적인 파트너로 인식시키고 있다.

좀 더 최근의 사례를 살피자면, 중국은 아프리카의 엘리트, 청년, 일반 시민들을 대상으로 상당한 규모의 직접적인 이익을 제공하면서 자국의 소프트파워를 더욱 강화하고 있다. 아프리카 엘리트에게 중국은 중요한 해외 연수 국가가 되고 있다. 2018년, 중국-아프리카 협력 포럼은 5만 명에게 새로운 연수 기회를 약속했다. 비록 2021년 포럼에서는 1만 명으로 감축됐지만 말이다. 수천 명의 관료들과 많은 언론인들이 이미 중국에서 (보통은 통역을 통한 영어 연수로) 연수를 받았다. 이런 연수는 그들에게 종종 첫 번째 해외여행인데, 중국에는 자국의 국가 발전 모델의 성공을 홍보하는 기회이기도 하다. 또한 중국이 아프리카 엘리트 및 언론 종사자들과 네트워크를 형성하는 기회가 되기도 한다. 아프리카에 있는 61개의 공자학원은 무료 혹은 저렴한 비용으로 중국어 교육 기회를 제공한다. 어떤 공자학원은 채용 정보를 제공하기도 하며,

중국 기업 취업을 목표로 하는 이들에게 통번역 공부 기회를 제공하기도 한다. 에티오피아에서 필자가 인터뷰한 많은 학생들은 중국어 공부를 통해 얻을 수 있는 현실적인 기회에 끌리고 있었다. 또한 중국은 많은 아프리카 유학생들을 중국의 대학에 유치하고 있다. 일부 학생들은 장학금을 받고, 일부는 수업료를 감면받는다. 8만 명 정도의 아프리카 학생들이 현재 중국에서 공부하고 있다. 그런데 중국에서의 연구와 교육 경험은 중국이 이룩한 성과에 대한 지식을 쌓고 존경심을 갖게 하지만, 동시에 비판적 평가도 만들어낸다. 이에 대해서는 이 글의 마지막에서 다룰 것이다.

이와 대조적으로 미국은 훨씬 선별적이다. 미국 국무부가 운영하고 있는 '젊은 아프리카 리더십 이니셔티브'는 1년에 약 700명 규모의 장학금을 지급하는데 대단히 어려운 선발 과정을 통과해야 한다. 풀브라이트Fulbright 프로그램은 200명 규모의 펠로십 기회를 제공한다. 그 밖에 미 국무부와 국제 개발처 주관의 연간 3천 명 수준의 장학금 및 교환학생 기회가 있다. 정부가 직접 관리하는 중국 대학의 장학금과 달리 미국 장학금은 각 대학이 관리하고 있으며, 따라서 지원자들은 개별 대학의 기회 제공 여부를 찾고 조건에 맞추는 데 더 많은 주의를 기울여야 한다. 현재 연간 대략 4만 명의 아프리카 유학생들이 미국에서 공부하고 있는데, 이는 중국 내 아프리카 유학생의 절반 수준이다. 전임 미국 대사관 관료가 설명했듯이, 중국 정부는 계획에 따라 대규모로 접근 기회를 제공하는 반면에, 미국은 최고의 능력을 입증한 소수 학생들에게만 개별적으로 기회를 부여하는 경향이 있다. 또 다른 관료는 "최고의 실력을 가진 학생들은 언제나 미국으로 가는 길을 찾을 것이다"

라면서 미국이 교육 기회를 제공하는 면에서 중국과 규모의 경쟁을 할 필요가 없다고 주장했다.

중국 언론의 현지화 전략

경제적·교육적 개발을 넘어, 중국 정부는 미디어와 통신 영역 혹은 시진핑 총리가 '담론 권력'이라고 부르는 영역에서도 적극적으로 경쟁하고 있다. CNN이나 미국의 소리Voice of America 같은 미국 주요 언론의 해외 지사와 해외 방송이 감소하고 있는 반면에, 중국은 2012년에 케냐 공화국의 나이로비에 새로운 텔레비전 본부를 설립했으며 아프리카에서 신화통신 지사를 2018년까지 28개로 확대했다. 2012년에는 영자 신문《차이나데일리》의 아프리카판을 대륙 전역에서 발행해 배포하기 시작했다. 중국의 언론 매체들은 긍정적인 뉴스를, 혹은 많은 중국의 전문가들이 '건설적인 보도'라고 부르는 뉴스 보도를 통해 아프리카의 매체 수용자들에게 접근하려 한다. 반면에 서구의 언론들은 보다 비판적인 프레임의 보도를 하는 경향이 있다. 중국 언론 매체가 지속적으로 현지화 전략을 추구하면서 아프리카 언론인들도 이런 성향을 많이 따라하고 있다.

중국의 언론 콘텐츠들은 접근하기 쉽다.《차이나데일리》는 무료다. 신화통신은 다수의 아프리카 뉴스 에이전시와 데이터베이스에 대한 무료 접근을 허용하는 계약을 했다. 뉴스 접근의 소프트웨어적인 측면을 넘어서 중국 회사들은 현재 아프리카 대륙 전체에 걸쳐 통신 인프라 개발의 하드웨어를 장악하고 있다. 베이징에 본사를 둔《스타타임스四达时代》의 디지털 TV를 개인 요금 부담으로 시청하도록 하는 것부터 화웨이와 ZTE를 통해 5G 네트워크를 건설하는 것, 그리고 아프리카 시장을 겨냥해 특별히 제작된 저렴한 스마트폰을 판매하는 것까지 일반적으로 이 지역의 통신 분야는 중국의 상품과 서비스가 지배하고 있다.

감사와 비판의 혼재

/

중국이 스스로를 접근하기 쉽고 많은 분야에서 협력 의지를 가진 국가로 자리매김하면서, 미국과의 경쟁은 불가피하게 됐다. 그러나 이러한 가시적 성과는 몇몇 논쟁과 불신 사태를 초래했다. 역설적으로, 중국에서 나오는 것들의 높은 접근성은 중국의 상품과 서비스, 기술들에 대한 질적인 문제를 제기하는 기회를 늘렸다. '질'에 대한 이러한 불만은 아프리카에 대한 중국의 영향력을 묻는 정기적인 여론조사에서도 나타난다.

이러한 현상은 필자가 에티오피아에서 수행한 광범위한 현장 조사에서도 드러났다. 에티오피아 도시 거주민들과의 많은 면담을 통해, 중국에 대한 감사와 비판이 혼재돼 있음을 발견할 수 있었다. 택시 기사는 중국이 건설한 도로는 장마 기간에 빗물이 흘러넘친다고 지적했고, 호텔 직원은 중국 텔레비전 세트에 대해 불평했으며, 에티오피아 관료는 중국 소비자들도 거부하는 중국 상품을 들여오고 있다고 조롱했다. (에티오피아 혹은 중국에서) 중국어 교육을 받은 에티오피아 학생들은 교육 수준에 대한 불만을 토로했다. 그리고 중국 미디어 콘텐츠들은, 비록 이용하기 쉽고 아프리카에 대한 긍정적인 내용들이 많을지라도, 엘리트 집단 외에서는 널리 소비되고 있지 않다.

질에 대한 이런 우려는 중국의 상품과 서비스들이 이타적인 선물이 아니라 전략적인 거래로 인식된다는 사실에 근거하고 있다. 중국의 지원들은 수혜국 쪽의 재정 투입이나 기타 책무 이행을 요구하는 경우가 많기 때문에, 그런 조건이 적절한 것인지에 대한 의문이 나온다. 거대 규모의 인프라 건설 등과 같은 몇몇 중국 프로젝트들은 장기간의 고비용 사업이다. '채무의 덫 외교'라는 비유의 실제, 다시 말해서 중국이 계획적으로 아프리카 국가들의 채무 부담을 증가시켜서 아프리카의 자산을 획득하려 한다는 주장은 아직 경험적으로 뒷받침되지 않았다. 그러나 여론조사를 해보면, 중국의 지원 상황을 알고 있는 응답자들이 채무 문제를 매우 우려하고 있음을 확인할 수 있다. 이런 의식은 에티오피아, 케냐, 앙골라 등에서 한결같이 나타난다. 이 같은 염려는 중국인들이 집단적으로 거주하면서 현지인들과 실제로 섞여서 사는 국가에서 증폭될 수 있고, 그 지역의 주민들이 중국인을 경계, 혐오하는 경우도 없지 않다. 필자의 연구 주제를 들은 아디스아바바의 한 교수는 "중국인들은 결코 아프리카를 떠나지 않을 겁니다"라고 말했다.

미중 대결에 대한 피로감

/

그러므로 아프리카에서의 중국의 영향력 확장은 미국의 이익에 대한 위협으로만 볼 수 없는 복잡한 현상이다. 중국은 분명 경쟁적이고 대립적인 존재이다. 중국은 자원과 경험, 그리고 상품들에 대한 대규모의 접근 기회를 제공한다. 그러나 이러한 접근은 때때로 아프리카 국가들과 협상할 필요와 아프리카 대중의 반발에 부딪칠 가능성에 봉착해 있다. 아프리카인들은 수동적인 원조 수혜자로서 위축되기보다는 적극적인 소비자이자 협상가로 행동한다. 더구나 중국의 가시적이고 적극적인 활동에도 불구하고, 아프리카의 많은 국가들은 미국과 더욱 긴밀한 관계를 맺으려 하고 있다. 가나에 있는 비당파적인 범아프리카 연구 기관, '아프로바로미터Afrobarometer'가 2019~2020년 사이에 18개의 아프리카 국가들을 대상으로 조사한 결과에 따르면, 대부분의 국가들은 중국 모델보다는 미국 발전 모델을 선호하는 것으로 나타났다. 필자 역시, 에티오피아에서 학생들과 엘리트들을 인터뷰하면서, 미국과 중국에서 교육과 연수의 기회가 주어진다면 대부분은 미국을 선택한다는 것을 알았다. 그들은 미국의 투자와 장학금에 대해서도 대부분은 환영하고, 감사하게 여기고 있었다.

그러나 아프리카의 오피니언 리더들은 대륙에서 강대국 간 대결이 재현되는 것에 강력히 반대하고 있으며, 중국과 미국 두 국가 중에서 어느 한쪽 편을 들어야 한다는 사실에 대해 거부감을 가지고 있다. 아프리카 대륙에는 미국과 중국뿐만 아니라 다른 많은 나라들이 경합하고 있으며, 특히 오늘날 러시아, 튀르키예, 인도까지 여기에 끼어든 상황은 아프리카 정치인과 기업인들에게 더 큰 협상력을 부여한다. 필자가 인터뷰한 대부분의 에티오피아 관료들은 기왕이면 소수보다 다수의 외국과 파트너십을 맺는 일을 선호한다. 그들은 중국의 초청 연수를 흔쾌히 수락하지만, 그와 동시에 미국의 투자를 얻기 위해서도 노력한다. 두 선택지는 대립적이기보다는 보완적인 것이다.

미국이 중국과 경쟁하기를 바란다면 먼저 아프리카와의 관계를 다시 긴밀하게 만들어야 한다. 오직 중국과의 경쟁이라는 목적을 위해서가 아니라, 아프리카와의 관계 그 자체에 충실해야 한다. 미국은 프로그램의 높은 질적 수준을 부각시킬 수 있으며, 기업, 시민사회, 아프리카의 초기 기술 산업 분야 등에서 상호 보완적인 지원을 제공할 수 있다는 점에 초점을 맞출 수 있을 것이다. 그런데 지금 이 시간, 미국은 27개의 군사기지와 6천 명의 군 인력을 가진 미국 아프리카 사령부 활동에만 열중하고 있다. 미국 국제개발처USAID에 따르면, 2019년 아프리카에 대한 미국의 군사원조(6억 4천만 달러)는 교육 분야 원조(3억 1천만 달러)보다 2배 높았다. 일부 자원을 안보에서 교육으로 이동하는 것은 생산적인 첫걸음이 될 것이다. '빌드 액트Build Act' 같은 선도적인 정책을 통해 좀 더 많은 미국 기업들이 위험을 감수하고 아프리카 투자에 나설 수 있도록 장려하는 것도 생산적이다. 이 빌드 액트는 양당이 공동 발의한 법안으로, 이에 따라 미국의 새로운 개발원조를 담당하는 국제개발금융공사DFC가 창립됐다. 보건 개발 같은 몇 개의 영역에서는 미국과 중국이 더 자주 협력할 수 있다. 중국 정부 관계자들은 에볼라 전염병에 맞서 중국과 미국이 함께 싸운 경험을 성공적인 사례로 자주 언급한다.

미국과 중국의 관계가 양국 간에, 그리고 세계 차원에서 심각한 긴장에 직면하면서, 중국 위협론을 주창하는 사람들의 목소리만 커지고 있다. 중국 위협론은 이해하기 쉽고 대중적이지만, 필연적으로 생생한 현실을 반영하지 못한다. 지금 중국은 아프리카 지도자들과 대중들에게 첫 번째 선택지는 아니지만, 종종 접근하기 쉬운 선택지로서는 유일하다. 이런 상황은 아프리카와 중국 모두에게 미래의 생산적인 경쟁과 협력을 위한 많은 여지를 남긴다.

마리아 레프니코바 Maria Repnikova
조지아주립대학교 글로벌 커뮤니케이션학과 부교수이자 교내 글로벌 정보학센터 센터장이다. 《Chinese Soft Power》(2022)의 저자다.

16

서방은 중러관계를 우려해야 하는가?

라일 골드스타인

최근 중러관계의 성격에 대한 학자들의 의견이 분분하다. 양국 관계가 지난 30년 동안 꾸준히 향상된 궤적을 나타내고 있다는 주장은 어떤 입장에서 볼 때는 다소 어이없기도 하다. 여전히 많은 전문가들은 그동안 양국의 관계 개선 노력은 구체적인 성과가 미미하며, 문화와 역사의 차이가 그들을 다른 방향으로 이끌어왔고 다양한 차이점들이 훨씬 크게 작용하고 있고 주장한다. 궁극적으로 두 거인의 관계가 완전히 단절되지 않게 붙잡고 있는 유일한 것은 그들에 대한 서방, 특히 미국의 압력뿐이라는 것이다.

만일 위의 전문가들을 '회의주의자'라고 한다면, 이들은 보다 많은 '낙관주의자'들과 맞서야 할 것이다. 낙관주의자들의 입장에서 보면 러시아와 중국은 수많은 협력과 신뢰를 창출하면서 양국 관계의 점진적 향상을 가져왔고, 관계의 제도화도 늘고 있다. 그들은 무역에서부터 외교, 군사전략에 이르는 러시아와 중국 관계의 모든 영역에서 의미 있는 진전이 이뤄져 왔다고 여긴다. 그러나 2022년 2월 러시아의 우크라이나 침공은 국제사회를 경악시켰으며, 이를 계기로 러시아와 중국은 양국 관계가 얼마나 튼튼한지를 검증하게 되는 상황을 맞이했다.

양국 관계가 서방 국가들에게 어떤 의미를 가지는지도 양국 관계의 성격에 달려 있을 수 있다. 달리 말해 둘 사이의 관계가 깊지 않고 회의적으로 보인다면, 양국 관계를 그냥 무시해버리거나 아니면 2개의 거대한 유라시아 권력 사이를 갈라놓을 쐐기를 박고자 하는 시도를 추진해볼 수도 있을 것이다. 그러나 만일 둘 사이에 대한 낙관주의자의 주장이 좀 더 신뢰할 만하다면, 양국 관계는 세계 정치의 앞날에 중요한 문제를 제기하는 것이 된다. 중국과 러시아의 역동적이면서도 안정적인 관계는 글로벌 세력균형을 뒤흔들어, 서방에 불리한 구도를 낳을 수 있기 때문이다.

경제 협력

팬데믹은 중국-러시아의 경제 관계에 심각한 타격을 가져왔다. 그리고 회의주의자들은 두 국가가 서로에 대한 의존보다는 서구와의 상업적 유대에 더 많이 의존하고 있다고 오랫동안 강조해왔다. 러시아는 중국의 무역 파트너에서 상위권을 차지하지 않으며, 일본, 한국, 미국보다도 훨씬 못 미친다. 더구나 양국 간에는 중국의 '일대일로' 인프라 프로젝트를 놓고 명백한 긴장이 존재한다. 마지막으로, 양국 간의 무역은 실질적인 통합 관계를 이루지 못하고 상품 교역에만 치중한다는 불평이 많다. 러시아의 우크라이나 침공 이후 중국 지도자들은 중국의 경제적 이익을 희생시키지 않고 러시아와의 신뢰 관계를 어떻게 지켜낼 것인지의 경제적 딜레마에 직면할 것이다. 러시아에 대한 중대 제재는 여러 중국 기업들의 비즈니스에 피해를 줄 것이기 때문이다.

낙관주의자들은 양국의 무역 관계에 인상적인 변화가 진행 중이며, 그런 변화는 러시아-우크라이나 전쟁 이전에 이미 양국 관계의 실질적 발전의 모멘텀을 만들어냈다고 주장한다. 이미 몇 차례의 서방 국가들의 제재를 경험하면서 두 국가는 양국의 무역 관계를 훨씬 중시하게 됐으며, 그 이전에 이미 새로운 틈새시장이 창출돼 있었다는 것이다. 예를 들어 미국과 중국 사이의 무역 제한 조치들은 러시아 농민들에게 새로운 기회를 제공했다. 비슷하게 중국 화웨이를 겨냥한 미국의 조치는 러시아에서 많은 고용을 창출했다. 말할 필요도 없이, 러시아에 서방 자본 유입이 크게 줄면서 그 수요를 충족시킬 중국 투자가들이 러시아로 쇄도했다. 러시아에서 크게 주목받는 프로젝트, 예를 들어 야말Yamal 반도에 매장된 방대한 천연가스를 개발하기 위한 대규모의 야말 프로젝트와 같은 경우, 중국의 투자와 기술 역량이 대단히 크게 기여했다. 2022년 초반, 러시아-우크라이나 전쟁 발발 이후에 형성되고 있는 새로운 경제 질서 속에서 중국의 일부 투자가들은 분명한 리스크를 감수하면서 새로운 사업을 확보하고자 나서고 있다. 전쟁과 그 결과로 이어지는 각종 제재는 러시아의 국제 무역에서 위안화의 사용량을 늘릴 것으로 보인다.

외교 협력

/

중국-러시아의 외교적 협력은 그 중요성이 높은 유엔안보리부터 시작된다. 그곳에서 양국은 전문가들이 'P2 동맹'이라고 부를 만큼, 투표와 비토veto권에서 거의 일치하는 모습을 보여왔다. 이러한 협력은 특히 북한 문제 같은 세계적인 쟁점에 대해 입장 일치를 볼 만큼 발전해왔는데, 이는 양국 모두 북한과 국경을 공유하며 그 지역에서 계속되는 위기에 대해 공통의 우려가 있기 때문이다. 이러한 외교 협력은 2016~2019년에 한층 강화됐다. 양국은 미국의 무력적인 '코피bloody nose 작전'의 위협을 한목소리로 비난했다. 나아가 두 국가는 북핵 문제에 '이중 동결double freeze'이라고 부르는 완만한 해결책을 내세우는 데서도 한목소리를 냈다. 이 방안은 북한이 가장 도발적인 무력 행동인 미사일 및 핵실험을 중지하는 대신, 미국과 한국도 합동 군사훈련을 축소한다는 내용이다. 이 방안은 북핵 문제 해결에 거의 기여하지 못했지만, 이를 논의하기 위한 정상회담이 몇 차례 개최됐으며, 그것은 당장의 실질적 성과는 적을지언정 향후 발전의 잠재력을 가지는 과정이었다.

베네수엘라부터 시리아까지 다른 글로벌 위기 상황에서도 양국의 외교 협력은 명백해 보이지만, 2021년 중반 미군의 갑작스러운 아프가니스탄 철수를 놓고 둘 관계는 중요한 시험대를 맞이하기도 했다. 일반적으로 많은 서방인들이 놀라워할 정도로 양국은 중앙아시아에서 안정적인 잠정 협약을 맺고 있다. 2021년 중반에 상하이협력기구의 9번째 회원국으로 이란을 맞아들이기로 결정한 것은 이런 패턴이 여전히 유효함을 시사한다.

분명, 중국과 러시아의 외교가 모든 쟁점에서 일치되는 것은 아니다. 예를 들어 그들은 인도, 베트남, 동유럽 정책에 있어 다른 목소리를 낼 수 있다. 중국은 러시아가 수십억 달러에 이르는 선진 무기류를 중국의 경쟁국인 베트남과 인도에 파는 것을 탐탁지 않게 본다. 그럼에도 불구하고 양국이 자신들의 세계관을 어떻게든 합치시키고 있음은 사뭇 놀라운 일이다. 2022년 러시아-우크라니아 전쟁의 발발은 러시아에 대한 중국의 영향력을 증가시키게 될 것이다. 그러므로 이러한 외교적 상황에서 두 강대국의 응집력은 더욱 강화될 것이다.

군사 협력

냉전이 종식된 이후 중국-러시아의 군사적 관계는 기복이 심했다. 그러나 관계의 강도 면에서는 차근차근 꾸준한 상승세를 보여주고 있다. 양국 관계는 2014년 발생한 우크라이나 사태 직후 새로운 활력을 얻게 됐다. 양국 모두 상호 협력이 어떤 상한선도 가지지 않는다고 공개적으로 천명하고 있는 가운데, 많은 관측통, 특히 서방 관측통들은 두 나라가 결국 군사적 동맹으로 나아갈 것이라 전망하고 있다. 그러나 지금까지 두 나라는 공식 동맹이 곧 체결될 예정은 없다고 일관되게 밝히고 있다. 다만, 우크라이나와의 전쟁에서 군사적 고전을 겪고 있는 모스크바는 중국에 손실 장비의 보충을 비롯한 일정 형태의 군사적 지원을 요청할 것이라는 관측이 나오고 있다.

두 나라의 군사 관계의 핵심은 무기 판매와 군사훈련 등이다. 1990년대 초반부터, 상대적으로 구식이었던 중국의 군대는 소련의 뛰어난 무기 설계 및 군사 교리 개발 정보로 많은 덕을 봤다. 한편, 러시아는 주로 대규모의 무기 수출 전략에 힘입어 탄탄한 군사 연구 시스템을 유지할 수 있었다. 이러한 관계는 수년간 지속됐고, 중국 군대의 모든 분야에 지대한 영향을 미쳤다. 인민 해방군의 해군은 러시아의 잠수함과 구축함을 구입해 큰 도움을 받았다. 또한 중국은 수십 년 동안 러시아의 수송선, 공중 급유기, 헬리콥터, 그리고 무엇보다도 중요한 전투요격기를 수입했다. 이 전투요격기는 예전에 대단한 성능을 보여준 러시아의 수호이Sukhoi 전투기(NATO에서는 플랭커Flanker라고 부른다)의 설계를 본뜬 것이었다. 이런 무기 무역은 2010년 이후부터 크게 둔화되다가 2015년 이후에 얼마간 회복됐으며, 중국은 최근 러시아의 헬리콥터, 전투기, 지대공미사일 등을 대규모로 구입했다. 그러다 2022년 러시아의 우크라이나 침공으로 인해 러시아가 중국으로부터 무기를 구입하는 새로운 시대가 열렸다. 종래의 무기 판매 관계가 역전된 것이다.

군사훈련과 합동 군사훈련도 최근 늘어나고 있다. 군사훈련은 이제 다양한 병과를 망라하는 매우 일반적인 것이 됐다. 합동 군사훈련은 발트해부터 남중국해까지 중국과 러시아에서 멀지 않은 거의 모든 지역에서 전개되고 있다. 그 규모도 더욱 증가하고, 또 고도화되고 있다. 예를 들어 2021년 10월 양국의 합동 해상 훈련은 중국의 일부 최신형 수상 전투함정들의 훈련 무대가 됐다. 다소 놀라운 기동을 보여준 그 합동훈련은 '첫 양국 합동 해상 순찰 활동'이라는 이름을 내세우고는 소함대를 거느린 10척의 전함이 일본의 쓰가루 해협을 통과해 태평양까지 항해했다. 최근 이러한 해상 훈련은 복잡한 과제까지 시도하는데, 가령 상륙작전 및 대잠수함작전 등도 포함된다. 2019년 중국-러시아의 합동 훈련은 남아프리카나 이란에서 가까운 해역에서 실시되었으며, 양국의 합동훈련은 점점 새로운 해역들로 무대를 넓혀 가고 있다. 또한 매년 수백 명의 중국군 장교들이 러시아 군사학교에서 연수를 받고 있으며, 소수이지만 그 반대의 경우도 있다. 이는 장기적으로 양국의 군 엘리트들이 더욱 친밀한 관계를 유지하는 데 지속적인 영향을 미칠 것이다.

다극 체제에 대한 불만

의심의 여지 없이, 러시아의 우크라이나 침공은 중러관계의 중요한 시험대가 되고 있다. 양국 관계를 꾸준히 '정략결혼'이라고 규정해온 회의주의자들은 중대한 압력에도 불구하고 러시아에 꾸준히 기울어져 있는 듯한 중국의 행태를 설명해보라는 전에 없는 압력을 받고 있다. 그러나 아직 끝나지 않은 이야기가 있다. 만일 러시아-우크라이나 전쟁이 오랫동안 지속된다면, 중국은 양국 관계를 재조정할 길을 찾을 수도 있다는 것이다.

중러관계가 잠시 유행을 타는 게 아니며, 잠정적이거나 일시적 반발로서의 유대 그 이상의 많은 것을 포함한다는 주장에 대략 동의할지라도, 학자들과 많은 전문가들은 그것이 주는 외교정책의 함의나 정책적 전망에 대해서는 의견이 분분하다. 일부는 두 국가를 서구에 중대한 위협을 제기하는 '권위주의의 축'으로 보며, 가장 강력한 대응을 주문한다. 즉, 전쟁 억제력을 더욱 강화해야 하며 서방 국가들의 전열을 재정비해야 한다는 것이다. 또 다른 일부는 유럽이 두 국가 중 한쪽에 구애해, 지금 밀착해 있는 유라시아의 두 거인을 갈라놓아야 한다고 주장한다. 러시아-우크라이나 전쟁 이후에 많은 국가들이 러시아를 더욱 고립시키려는 뜻에서 미중관계 개선을 요구할 수 있다. 그러나 미중관계는 지난 20년 동안 너무도 많이 손상을 입었기 때문에, 이것이 실현 가능한 접근이라고 보기는 어렵다. 세 번째 대안도 있다. 강화된 중러관계를 인정하는 것이다. 이런 대안은 부상하고 있는 다극적 세계 체제의 안정화에 폭넓게 기여할 수 있는 정책을 함께 추구해보자는 서방의 제안에 이 두 나라가 화답하는 것을 전제로 한다. 이런 대안은 거의 냉전 시대와 유사한 고도의 긴장이 조성된 지금의 시점에서는 설득력이 없어 보인다. 그러나 한반도의 사례를 성찰한다면 교훈을 얻을 수 있다. 서구의 대다수 평론가들은 중러관계의 강화를 비판해왔다. 그러나 '이중 동결' 제안이 2017년부터 2019년까지 최악의 위기를 안정시키는 데 도움이 됐음을 상기해야 한다.

우리는 세계 곳곳의 다른 화약고들도 전형적인 관점 양극화의 틀에서 한 걸음만 떨어져서 볼 수 있다면 비슷한 도움을 받으리라 상상할 수 있다. 실제로 러시아-우크라이나 전쟁을 종식시키는 데 중국이 적극적인 중재 역할을 맡는 일은 상당히 그럴듯해 보인다.

세계의 모든 정치적, 군사적, 경제적, 문화적 영역에서 엄존하는 서방세계(북아메리카, 유럽, 일본 그리고 한국을 포함하는 넓은 범위에서)의 일방적인 우위를 생각하면, 러시아와 중국의 밀월 관계가 세계의 세력균형을 위협한다고 인정하기 어렵다. 그러나 중국의 지속적인 성장은 놀랄 만하며, 러시아는 강대국으로서 과소평가돼 온 것도 사실이다. 두 국가에 대한 우려는 분명 일리가 있다. 그러나 지금 서방세계는 자신감과 자제력과 유연성을 가지고 행동해야 한다. 그런 접근은 러시아의 우크라이나 침공 이후로 압력이 더욱 증가하고 있는 지금 그 어느 때보다 중요하다. 특히, 서방세계는 러시아와 중국이 좀 더 공식적이고 위협적인 동맹 관계를 추구하도록 만들 여지를 주는 위험한 수단을 자제해야 한다. 우리는 긴장으로 가득 찬 1950년대의 세계로 결코 돌아가서는 안 된다.

라일 골드스타인 Lyle Goldstein
브라운대학교 내의 왓슨 국제 관계 및 사회연구소 객원교수. 미국 방위 물자 조달 업무를 맡고 있는 디펜스 프라이어리티Defense Priorities의 아시아 담당 디렉터다.

CRITICAL INSIGHTS INTO US-CHINA RELATIONS

4부
안보

17

중국의 국력은 미국의 국력에 비해 어떻게 변해갈 것인가?

앤드루 에릭슨

미국과 중국은 국가 시스템, 이해관계, 목표 등에 있어 점점 달라지고 있다. 일찍이 이 두 나라가 동시에 강대국이었던 적은 없었다. 중국 지도자들은 상대적으로 종합적 국력을 평가하고, 그 동향을 면밀히 검토하며, 그에 맞춰 정책들을 조정한다. 중국 경제는 이미 세계에서 최소한 두 번째로 규모가 크고, 국방 예산 역시 두 번째로 많다. 미국은 전반적인 군대의 수준과 첨단화, 전력 조정력 등에서 앞서지만, 중국 군대 역시 점점 우위에 서는 부문들을 하나둘 확보해나가고 있다. 지역적·세계적 안보, 국경을 넘어서는 모든 영역의 거버넌스, 국제법과 국제기구, 국제 질서 등 많은 것들이 두 강대국의 경쟁에 달려 있다. 이 모든 것은 국제사회에 있어 오늘날 가장 중요한 문제로, 중국의 국가권력이 미국과 비교해 어떻게 변화해나가는지를 예의 주시하게 된다.

국력 비교 계산, 목표들, 변화 동향

/

국력을 세밀하게 계산하기란 어렵다. 따라서 국가 목표 및 그 목표를 성취하기 위해 필요한 역량 및 그 실행 수단 등을 비교하는 것이 효율적이다.

비교 계산

종합적 국력comprehensive national power은 '국제 체제의 모든 중요한 차원에서 영향력을 행사하거나 타국의 영향력에 저항할 수 있는 해당 국가의 능력'으로 정의될 수 있다. 미국 정부는 종합적 국력을 일반적으로 외교, 정보, 군사, 경제로 범주화한다. 그러나 국력을 측정한다는 것은 대단히 어렵다. 이러한 구성 요소를 계량화해 체계적으로 계산하려는 많은 시도가 이뤄졌으나, 그 결과는 극히 복잡할 뿐만 아니라 소프트파워의 영향력이나 혁신 및 변혁의 잠재력 같은 중요한 무형적 요소들을 놓치는 경우가 많은 것으로 나타난다. 그런 이유로, 미국과 중국의 분석가들은 국가의 상대적인 국력 순위를 매길 수 있도록 넓은 범위에서 각종 평가 도구들을 개발해왔다. 종합적 국력을 평가하려는 좀 더 현실적인 접근들은 잠재적인 미래 시나리오까지 다양하게 고려하며, 강대국의 향후 발전 경로에 영향을 미칠 수 있는 핵심적인 역동을 조사하고 평가한다.

목표

미국은 장기적인 중앙 집중적 계획을 선호하지 않는다. 간단히 말해,

미국의 전반적인 전략 목표는 기존의 규칙 중심의 국제 질서를 고수하면서, 부분적으로 그 질서에서의 미국의 지도력을 유지하는 것이다. 점점 이러한 구도를 바꿔놓으려는 중국의 시도에 대응하고 저항하는 일 역시 그 목표에 포함되고 있다.

중국의 공식 문서와 선언들은 오늘날 강대국들 가운데 중국이 가장 거대하며, 또 대체로 전략적인 목표를 가지고 있음을 아주 명료하게 보여준다. 시진핑은 중국공산당의 권력과 정책이 국내외적으로 도전받지 않도록 애쓰면서, 중국을 다시 위대하게 만들고자 한다. 그는 이러한 야심 찬 계획을 "민족 부흥"이라 규정했으며, 2049년까지 달성해나갈 중요한 목표들을 공표했다. 여기에 따르면 중국은 2035년까지 군사적 현대화를 완성하고, 2027년까지 첨단 전력 수준을 향상시킬 예정이다. 이와 관련된 목표로는 지금의 영토 분쟁을 중국에 유리하게 해결하는 것이 있다. 구체적인 일정은 명확히 제시돼 있지 않지만, 이는 분명 중요한 문제다. 중국은 홍콩 문제를 강압적으로 처리하는 한편, 우선적인 군사적 목표로서 대만을 손아귀에 넣을 것을 설정하고 있다.

확실히, 시진핑은 이런 역사적 위업을 이룩하려는 야망에 차 있다. 그러나 이 야망의 일부는 미국 및 그 동맹국과 우방국의 체계적인 반대에 직면하고 있다. 그러므로 중국이 이러한 중요 목표들을 실현해나가는 속도와 강도는 중국의 국력이 미국의 국력에 비해 어떻게 변화하느냐에 달려 있다.

발전 동향과 국력의 요소

/

구조적인 향후 발전 동향은 국력 변화의 전망을 평가하는 데 유용하다. 이러한 동향에는 인구, 환경과 기술, 경제 및 군사적인 국력의 구성 요소들이 포함된다.

인구, 환경, 기술

인구는 국력과 여러 중요한 사항들에 영향을 미치는 가장 중요한 요소이자, 예측 가능한 요소다. 여기서 중국의 전망은 암울하다. 1990년대 초반에 이미 출생률이 인구 대체 수준(현재의 인구를 유지하기 위해 필요한 출생률. 보통은 2.1%다 - 옮긴이) 이하로 떨어졌으며, 노동 가능 인구는 2015년에 정점을 찍은 뒤 점차 줄어들고 있다. 2028년 이후 전체 인구는 14억 4천만 명 이상을 넘어서지 않으며, 노동시장 신규 진입 인구는 2030년까지 절반으로 감소하게 될 것이다. 2040년에는 결혼 적령기의 남성이 여성보다 3천만 명 더 많아지며, 중국 정부의 예측으로는 65세 이상의 고령 인구가 3억 4천만 명에 이를 것으로 보인다. 노인 인구가 미국 전체 인구보다 많아지는 것이다. 또한 중국의 전체 인구는 매년 400만 명씩 감소하게 될 예정이다. 조만간 역사 속의 어떤 국가보다도 많은 은퇴자를 가진 나라가 되는 것이다. 그리고 과거 어느 때보다 적은 노동인구가 그들을 부양해야 한다. 2100년이면 중국 인구는 현재의 절반으로 감소할 수 있다. 일찍이 그 어떤 강대국도 역전된 인구피라미드를 가지고 번영을 계속 이어가지는 못했다.

중국은 2015년 '한 자녀 정책'을 폐기했으나, 너무 서둘러 도입한 바람에 출생률은 이미 인구 대체 수준 아래로 떨어져 버린 후였다. 또한 그 정책은 두 세대에 걸쳐 삼촌이나 숙모, 사촌이 없는 외동아이들을 만들며 '친척 없는 가족'의 비중을 증가시켰다. 이런 가족은 부모와 1명의 자식, 혹은 기껏해야 부부와 2명의 자식으로 구성된다. (부부가 모두 외동일 경우) 잠재적으로 양가 4명의 부모와 8명의 조부모에 해당하는 숫자의 노인들을 책임져야 하기에, 이들은 전례 없는 노인 부양 의무에 직면하게 된다. 2500년 동안 이어진 유교 기반의 강력한 가족 네트워크가 갑작스럽게 해체되면서, 회복 탄력성과 기업가 정신 역시 심각하게 손상될 위기에 처한 상황이다. 결국, 중국의 극적인 고령화 및 인구 감소는 미지의 도전 과제인 셈이다.

이렇게 점점 커지는 '인구 공백'을 메우고자 중국이 개발하고 있는 복지 프로그램은 많은 예산이 들어가는 사업이며, 경제성장이나 외교 및 국방정책에 쓸 자산을 돌려 쓰는 것이다. 외동아들인 병사가 결혼하지 않은 채 사망한다면 가문의 대가 끊기는 것인데, 이런 현상이 늘어나면 중국의 군사 기획에도 상당한 영향을 줄 수밖에 없다. 인구 문제는 선진국의 공통된 장기 과제라고 할 수 있지만, 중국은 이에 대해 어느 나라보다 대비 없이, 그리고 대규모로 직면하고 있다.

중국에 불리하게 작용하고 있는 또 다른 근본적인 요소는 바로 환경오염이다. 중국은 세계에서 가장 끔찍한 공기, 식수, 토양 오염으로 고통받는 국가다. 이것은 경작에 적합한 토지 비율이 낮아져 식량 안보 리스크가 높아지는 결과로 이어진다. 오염은 중국의 성장과 보건 의료, 생산성, 그리고 전반적인 국가 번영의 질적·양적 측면에 모두 심각한 부정적 영향을 미친다.

마지막으로, 중국의 기술은 상당한 잠재력을 보유하고 있지만, 다음의 이유에서 만병통치약은 아니다. 첫째, 그 기술로 다른 도전들을 완전히 해결할 수 없다. 둘째, 중국 기술의 첨단화와 혁신 역량은 아직 절반의 성공으로 남아 있다. 중국이 자체 개발한 코로나19 백신의 제한적인 효과는 중국의 혁신이 그 수요에 비해 여전히 부족함을 보여주는 중요한 사례다. 셋째, 고령화와 친족 유대감의 감소가 기술혁신을 불가능하게 만들지는 않더라도, 그 동력을 약화시킬 것임은 분명하다.

경제

중국이 가진 가장 유리한 잠재력은 (논란의 여지는 있지만) 그들이 점점 동아시아 경제의 중심으로 복귀하고 있고, 국제적으로 경제 확장의 강력한 추진자라는 점이다. 이러한 특징은 중국의 옛 왕조시대와 많이 닮았다. 대략 2세기 전에 중국은 전 세계 부의 약 30%를 창출했다. 미국 국가정보위원회NIC는 중국이 2040년까지 세계에서 가장 큰 경제 대국이 될 것으로 전망했다. 중국이 전 세계 GDP의 22.8%를 차지하면서, 20.8%를 차지하는 미국보다 조금 더 큰 규모의 경제를 가지게 된다는 것이다.

그러나 중국의 성장의 속도는 느려지고 있고, 채무는 증가하며, 개혁은 지연되고 있다. 중국이 국가적·세계적 차원에서 추진 중인 '일대일로' 같은 거대한 인프라 개발 사업은 인상적인 투자이기는 하지만, 재정적으로 지나친 부담이 된다.

지난 30년 넘게 추진된 중국식의 따라잡기 경제성장 모델은 지속될 수 없을 듯하다. 중국은 개발도상국의 고질병인 중간 소득 함정

middle income trap(국가가 중간 소득수준에 도달한 후 성장이 둔화되는 현상. '중진국 함정'이라고도 한다 – 옮긴이)에 빠져 선진국 수준으로 경제 발전을 이루지 못할 위험에 처해 있다. 중국 지도부는 새로운 성장 모델을 지지할 수 있는 국내 소비 기반의 경제로 이행한다는 목표를 세웠으나, 이를 성취하지 못할 듯하다. 정부 주도의 투자와 제조업 중심의 구조로부터 혁신 서비스 경제로의 진정한 이행은 강력한 기득권의 저항을 극복할 수 있는 개혁을 필요로 한다. 중국공산당이 이러한 산적 과제들을 수행하기에는 정치적 위험성이 너무 높다. 중국 지도자들은 경제적 관점에서 무엇을 해야 하는지를 알고 있지만, 그런 선택을 하게 되면 자신들의 정치적 권위가 약해진다는 사실도 너무나 잘 알고 있다. 딜레마에 직면한 그들은 기존의 권력 구조를 유지하기 위해 단기적인 안정성을 추구하면서 미래의 경기 둔화를 감수하는 쪽으로 움직인다.

군사

군사력은 시진핑이 전반적인 국가 목표와 하위 목표를 달성하는 데 결정적인 요소다. 이는 중국이 상대적으로 큰 우위를 점하고 있는 영역이기도 하다. 지리적으로 인접한 지역에서의 군사적 목표 달성을 최우선시하면서 전력을 집중하고 있는 중국군은 세계 전역에서 활동하는 미군에 맞서서도 우세에 있다. 중국의 결정은 미국의 안보 공약과 지역 질서를 전환시킬 수 있는 행동들을 촉진할 수 있는데, 특히 대만과 관련해 더욱 그러하다. 따라서 이 문제는 분석가와 정책 결정자들에게 초미의 관심사로 떠오르고 있다.

중국의 군사적 역량과 군대 배치 수준에 종합적으로 경쟁할 수 있는 상대는 미국 정도다. 자체 개발 노력에 더해 외국의 군사기술을 획득하고 적용하는 대규모 시스템의 지원을 받는 중국의 군사력은 영역과 규모 면에서 주변국들이 대적할 수 없을 정도로 급속하게 성장했다. 군사적 하드웨어 역량이 소프트웨어 역량의 발전까지 모두 이끌고 있다. 중국은 '충분히 좋은' 지금의 해법에 만족하는 한편, 미래의 기술을 최대한 이끌어낼 여러 대규모 프로젝트에도 전략적 투자를 하며 전술적 유연성을 보이고 있다.

2020년 미 국방부가 의회에 제출한 연간 보고서에 의하면, 최근 중국의 급속한 군사적 현대화는 여러 부문에서 정도의 차이는 있지만 해외에서 미국의 군사적 우위 폭을 좁히고 있다. 그뿐만 아니라 군함 건조, 육상 재래식 탄도미사일, 크루즈미사일, 통합적 방공 체제 등에서는 이미 미국을 능가하고 있다.

그러나 이러한 성과들이 시공간을 초월해 계속 지속된다고는 볼 수 없다. 중국이 최첨단 기술을 얻으려 할수록, 더 큰 비용과 복잡성에 직면하면서 진전 속도가 현격히 떨어지게 될 것이기 때문이다.

잠재적 동학과 순純효과

시진핑 체제하에서 중국은 누구도 부정할 수 없는 강대국의 지위에 올랐다. 그러나 그 야심적인 목표를 달성하기에는 아직 넘어야 할 산이 많다. 미국을 상대로 더 앞서나가기 위해서는 전통적인 발전 모델에 대한 의존을 줄이고, 거기에서 얻은 이익 감소도 감수해야 한다. 이것만으로도 벌써 힘겨운 길인데, 고령화, 사회 분화, 사회구조 재편, 기술적인 난국, 기후변화에 따른 빈부 격차 및 사회적 유동성 증대, 인구 이동과 이민으로 빚어지는 불안정 등이 그 길을 더 힘겹게 만들 수 있다.

매우 특이하게도, 이른 시기에 중국은 과거 신흥 강대국들을 괴롭혔던 급속한 비용 증대와 수익 감소 상황에 직면하고 있다. 중국 정부는 국내외의 압박에 대응해 국가적 자원을 동원할 수 있는 한계에 이미 다다른 것처럼 보인다. 국력의 성장도 전반적으로 둔화되고 있다. 경제 발전이 가져오는 필연적 변화로, 시민들이 점차 개인적 복지를 최우선시하는 현상 또한 이러한 경향을 더욱 부채질할 것이다.

불확실성, 유리함, 적응력

시나리오 모델링은 내부적·외부적 요소들을 모두 포함해야 한다. 내부적인 변수들은 국력의 추이를 이끌어간다. 이번 글에서는 근본적으로 확인이 가능한 내부적 위험에 초점을 맞췄으며, 이 변수들의 중요성은 그동안 저평가된 경향이 있었다. 어쨌든, 역사는 예견할 수 없거나 최소한 정확하게 예측할 수 없는 우연적 혹은 새로 발생하는 사건들, 그럼에도 불구하고 역사의 전환점이 되기도 하는 사건들로 틀 지워질 수 있다.

그리고 그러한 전환점들이 일관되게 한 방향으로 움직일 때 근본적이고도 새로운 동향을 창출해낸다. 2007~2009년 대불황과 코로나19 팬데믹은 이러한 전환점들이 빚어낸 사건이었다. 두 사건 모두 중국의 국가주의를(그리고 아마도 상대적인 국력도 함께) 강화시켰고, 미중관계를 악화시켰다.

새롭게 발생하는 예측 불가능한 요소들과 사건들은 미국과 중국을 포함하는 많은 국가가 처한 상황들을 유리하거나 불리하게 극적으로 변화시킬 수 있다. 여기에는 천재天災 또는 인재人災로서의 세계적인 재난, 국가와 비국가 행위자들 사이의 관계, 국가 행위자들 사이의 힘의 분산, 기술의 파괴적 영향 등이 포함된다. 한편, 유력한 돌파구들이 대안 에너지, 수질 정화 기술, 우주개발, 극초음속 기술, 생체 인식 기술, 로봇과 인공지능 등과 같은 영역에서 마련될지 모른다. 과학, 기술, 경제, 수학교육 등에 초점을 맞춘 장기적 비전, 충분한 재원으로 육성된 인적 자본과 시설 인프라, 그리고 기술을 획득, 적용, 개발할 수 있는 세계 최대의 국가기구 등은 중국이 갖춘 부정할 수 없는 유리함이다.

그러나 전반적으로 보면 내부적·외부적 요인들 모두, 국가가 관리하는 장기적인 기획 및 실행력보다는 회복력과 적응력이 우선적인 중요성을 가진다. 억압적이고 너무 경화돼 있어 오히려 금이 가기 쉬운 중국의 정치체제와 그것이 시진핑의 개인 리더십에 종속돼 있다는 사실은 매우 심각한 취약성과 위험을 내포한다.

이런 점에서 미국은 중국에 대해 결정적인 유리함을 가졌다고 볼 수 있다. 여기에는 풍부한 자원들, 학문적 자유의 창조적인 역량을 충분히 발휘할 수 있는 최상급 대학들과 연구 기관, 혁신 경제, 세계적으로 가장 규모가 크고 선진화된 군대, 다원적이고 적응력 있는 민주주의, 확고하고 합리적이며 효율적인 법률 및 규제 시스템, 매력적인 문화 소프트파워, 매우 우월한 인구학적 전망, 충분한 협력 의사를 가진 다양한 동맹국과 우방국 및 동반자들의 네트워크 등이 포함된다.

향후 전망

/

미국의 전반적 세력과 영향력이 압도적이었을 때조차도, 중국은 강대국이던 자국의 역사적 위상을 회복하려 애써왔다. '굴욕의 세기(1840~1945)'와 마오쩌둥 체제하의 경제적 고립 기간은 상대적으로 짧은 일탈의 시기로 치부된다. 지금 문제는, 특히 시진핑의 목표와 미국을 고려할 때, 중국이 얼마나 강한 국가가 될 수 있는지, 그리고 그것이 어떤 의미를 가지는지다. 최종적인 대답은 불확정적이다. 그러나 지금까지 언급한 내용들을 고려한다면, 어느 정도 일관성 있는 통찰과 지표들을 확인할 수 있다.

중국의 국력이 증가하는 기세는 분명히 둔화되고 있으며 그 추세는 앞으로 더욱 심해질 것이다. 아직 중국은 전반적인 세력과 영향력에 있어 미국을 능가하지 못하며, 대만 병합 같은 핵심적인 목표를 달성하지 못하고 있다. 지금의 난관들과 장기적 국력 동향을 고려하면, 미국이 앞으로 험난한 길을 가리라는 것을 전 세계가 익히 알고 있다. 따라서 그러한 중국의 도전들은 이미 충분한 검토를 받았으며, 어쩌면 일부 과장된 면도 없지 않다. 반면에 중국은 자체적으로 급증하는 도전에 직면하고 있지만, 그 도전들에 아직 충분한 대응을 하지 못하고 있는 듯하다. 어찌 됐든, 성장 기조가 둔화된 중국이지만, 일부 우위와 강점이 있는 영역에서는 중대한 수정주의적 성과를 낼 수 있다. 여기서 현 상태를 유지하는 것이 미국에게는 가장 유리하다. 한편, 중국이 영유권을 주장하는 여러 분쟁 지역에서 그 목표를 기어코 달성하려고 한다면 중국은 훨씬 더 큰 위험과 더 낮은 실현 가능성을 떠안게 될 것이다.

물론 향후 몇 년 동안 세계는 미국과 중국의 세력 경쟁보다 더 많은 사건을 목도하게 될 것이다. 더 큰 역동성과 불확실성이 두 나라에 영향을 미칠 것이고, 이는 다른 나라들도 마찬가지다. 한 가지 '메가 트렌드'가 특별히 큰 영향을 미칠 것인데, 중국과 동북아시아에 닥치는 유례없고 돌이킬 수 없는 고령화가 바로 그것이다. 이는 다른 선진국들도 비슷하며, 미국도 어느 정도는 예외가 아니다. 팽팽한 대결의 초기에는 강대국들 사이에 긴장, 위기, 충돌의 위험이 한층 높아질 것이다. 하지만 이후부터는 '고령 사회의 평안geriatric peace'을 추구하려는 경향이 늘어날 것이다. 물론 국가가 노화하고 퇴보함에 따라, 비국가 행위자들이 서로의 규범을 두고 다투며, 무질서와 위험을 증대시킬 가능성이 커질 수 있다. 아마도 그런 상황이 오게 되면, 미국과 중국의 관계는 궁극적으로 현재의 경쟁 관계와는 사뭇 다른 성격으로 재조명될 것이다.

앤드루 에릭슨 Andrew S. Erickson
미국 해군참모대학교의 중국해상학연구소 설립자이자 전술 담당 교수다. 하버드대학교 페어뱅크 중국연구소의 객원교수로도 활동한다.

18

중국의 국가 안보관은 무엇인가?

쉬나 체스트넛 그레이텐스

국내외를 막론하고 국가 안보에 대한 시진핑의 접근법은 그의 리더십이 보여주는 핵심적인 특성과 밀접한 관련을 맺고 있다. 더 일반적으로, 중국 소식통들이 이 문제들에 대해 이야기할 때면, 그들은 가장 흔히 '국가 안전national security'이라는 용어를 사용한다. 중국은 이를 통해 무엇을 말하고자 할까? 이 용어를 어떻게 받아들여야 최근 중국의 국내외 안보 행태를 이해하는 데 도움이 될까?

새로운 안보정책의 징후들은 시진핑의 집권 초기, 중국의 안보정책을 다른 방향으로 추진하겠다고 계획한 시점에 나타났다. 2013년 11월에 개최된 18차 공산당 대회의 3중전회에서 이와 관련해서 간략한 언급이 나왔다. 하지만 2014년 4월에 그가 '총체국가안전관總體國家安全觀'이라는 것을 제안했을 때, 그 의미가 더욱 명료해졌다. 이 용어는

'포괄적인 국가 안보comprehensive national security 개념'으로 번역될 수 있고, '총체적 국가 안보holistic state security 개념'으로도 번역될 수 있다. 이 개념은 중앙국가안전위원의 창설과 때를 맞춰 등장했다. 이는 새로운 안보 개념이 당과 국가 전체에 잘 이행되고 있는지를 감독하는 기구다.

2015년 1월, 당 중앙정치국이 '중국안전전략'을 승인했다. 그 내용은 공개되지 않았으나 관영 통신의 요약에 따르면, 이 전략은 시진핑의 집권 초기 연설에서 강조한 원칙들을 반영한 것으로 보인다. 당시 논평자들은 이 전략에 대해 "이론적으로 중요한 혁신이며 중국적 특색을 가진 국가 안보 이론"임을 강조하면서, "중국의 새로운 전략"이라고 평가했다. 중앙정치국은 2021년 이 전략의 수정 보완판도 승인했다.

'내우외환'을 경계하다

처음에 미국의 전문가들은 중앙국가안전위원회가 미국의 NSC처럼 대외 정책에 중점을 둘 것으로 여겼다. 그러나 이런 예상은 몇 가지 이유에서 잘못된 것으로 밝혀졌다. 첫째, 국가 안보에 대한 중국의 개념은 국내 안보 문제를 훨씬 더 중시하고 있다. 그리고 국가 안보 활동의 무게중심 역시 명백히 국내에 있다. 그러므로 대부분의 중앙국가안전위원회 회의는 신장 사태나 코로나19 팬데믹 등 국내적인 문제들과 연관돼 있다. 중국의 전략적 사고는 국내 안보와 대외 안보를 상호 결합된 것으로 간주하는 오랜 역사를 가지고 있다. 유명한 문구인 '내우외환內憂外患'은 '내적인 무질서와 외적인 재난 및 재앙'으로 번역할 수 있는데, 전자가 후자를 불러온다는 의미를 가지고 있다. 그러나 최근의 중국 소식통은 내적이고 비전통적이며 새롭게 부상하는 위협에 대한 시진핑의 강조와 과거 지도자들이 전통적으로 대외 안보 문제를 중시하던 접근법을 구분했다. 새로운 전략에서 외부적인 위협은 이 같은 위협이 국내의 사회 안정과 정치 안보에 어떤 영향을 미치는지에 대한 프리즘을 통해 재해석된다.

이뿐만 아니라, '안보'는 매우 넓은 범위의 문제를 포괄한다. 시진핑이 처음 제시한 개념은 포괄적인 국가 안보 개념의 하위 범주로 11개의 안보 유형을 제시하고 있다. 여기에는 정치 안보, 국토 안보, 군사 안보, 경제 안보, 문화 안보, 사회 안보, 과학기술 안보, 정보 안보, 생태 안보, 금융 안보, 핵 안보가 있다. 또 다른 자료에서는 사상 안보(정치 안보와 문화 안보를 융합한 것으로 설명된다)와 보건 안보도 포함된다. 이러한 폭넓은 정의는 무엇이든 걸고넘어지면 대부분 안보 위협으로 고려될 수 있으며, 중국이 개발하고 있는 국가 안보 수단의 대상이 될 수 있음을 의미한다.

그러나 가장 기초적인 수준에서 이 신전략의 목표는 중국공산당과 시진핑 자신의 지도 역할을 수호하는 데 있다. 중국 문헌들은 정치 안보를 국가 안보의 '토대'라고 지칭한다. 그리고 정치 안보란 "공산당의 지도적 위치, 사회주의 체제, 중앙위원회와 그 핵심이 되는 시진핑의 권위를 지켜내는 것"이라고 정의한다. 그래서 일부 전문가들은 중국의 새로운 안보 개념인 '국가 안보'를 번역할 때, 이를 'state'로 할지 'national'로 할지 논란을 벌이기도 한다. 왜냐하면 그 핵심적인 목표는 분명 체제regime 보호이기 때문이다. 중국에서도 '국가國家'를 'national' 대신 'state'로 영역할 때도 있다. 한 예로 중국의 정치경찰 역할을 맡은 부처인 '국가안전부Ministry of State Security' 등이 있다.

정치 안보에 대한 위협은 물리적 혹은 신체적 상해뿐만 아니라 사상의 오염까지 포함한다. 중국 학자들은 '사상 안보'에 대해 많은 글을 썼으며 사상적 위협을 조기에 적발하고 대응하는 메커니즘의 필요성을 주장했다. 위협에 대한 이런 정의는 소련의 붕괴에 대한 중국공산당의 분석으로부터 유래한다. 시진핑은 내부의 부패, 사상적 충성의 부족, 강압 기구에 대한 통제력 약화가 소련을 붕괴시킨 핵심적인 요소라고 믿고 있는 것으로 보인다.

포괄적인 국가 안보 개념에 반영돼 있는 세계관은 위기와 기회를 한 쌍으로 보는 거의 변증법적인 방식이다. 특히 2017년 이후에는 "한 세기에 볼 수 없는 세계적인 변화"라는 문구가 자주 나오는데, 이는 다음과 같은 한 쌍의 생각을 의미한다. 바로, 진정으로 중국은 세계 무대의 중앙에 진출하고 있으며, 당과 국가가 '민족 부흥' 목표 실현에 다가갈수록 그만큼 위험과 난관도 커지고 있다는 생각이다. 그러므로 중국의 국가 안보 프레임이 해외의 점증하는 기회에만 주목하고 있다는 분석은 근거가 없다. 중국의 안보 개념은 리스크, 불확실성, 불안정성, 위험의 증가와 항상 동반적으로 상호작용하는 것이기 때문이다.

예방과 통제가 우선

새로운 안보 개념에 따르면, 중국에게는 스스로 모든 위협에 선제적으로 대응하고 방지하는 것이 옳은 해결 방안이다. 이와 관련된 은유 중 상당수는 매우 의학적이다. 정치적 위협은 '바이러스, 종양'으로 비유

되며, 연륜 있는 정치 지도자들은 위협적이고 불안정화시키는 행태를 불러올 수 있는 정치 사고로부터 중국의 정치체가 "면역력을 갖추도록 해야 한다"고 주장한다. 결과적으로, 중국은 '안정 유지'에서 '예방과 통제' 담론으로 이동했다. 이는 중국공산당에 잠재적 위험이 되는 안보 위협을 그것이 현실화되기 전에 때려잡는다는 개념이다. 2015년 이후 공식적인 지침들은 "공공 및 사회적 안보를 위해 다차원적 정보에 기반한 예방 통제 시스템을 구축하는 것이 당과 국가의 목표"임을 강조하고 있다.

이것은 단순한 레토릭rhetoric(수사학)이 아니다. 포괄적 국가 안보 개념, 새로운 국가 안보 전략의 채택, 정치 안보 위협과 관련한 예방 통제 시스템의 강조 등은 중국이 2013년 이후 추진한 여러 단계적 조치들을 설명하고 있다. 그러한 설명이 없다면, 그런 조치들은 분명 지리멸렬해 보였을 것이다.

국내와 국제적 안보 위협이 깊이 연관돼 있는 세상에서 이런 전략을 실행하기 위해, 시진핑은 군과 정부 소속 안보 기구, 특히 중국 인민무장경찰부대를 다시 조직했고, 더욱 엄격한 공산당의 통제권을 확보하고자 훈련과 감시 장치를 강화하고 혁신했다. 중앙국가안전위원회 창설과 함께 추진된 이러한 구조적·조직적 변화들은 중국의 전통적인 관료 구조가 오늘날 안보 환경에 대처하기에 적합하지 않다는 지적으로 정당화됐다.

전국인민대표대회는 당-국가가 국내적·국제적 도전에 대처할 수 있는 권한을 증대시키는 20여 개의 법안들을 그대로 통과시키거나 일부 수정을 거쳐 통과시켰다. 이 가운데 최신에 속하는 2020년 여름에 통과된 홍콩보안법은 개인과 기업에 대한 중대한 '치외법권적 권한'을 주장하고 있으며, 그 밖에 첩보, 대테러, 사이버 안보, 그리고 다른 초국가적·비전통적 안보 문제들을 다룬 법안들이 줄지어 있다.

국내 안보 예산에서 지역과 변방의 몫은 크게 증가해왔다. 언론 보도가 주목하듯이, 이 분야의 지출은 마찬가지로 급증하고 있는 군사와 국방 지출을 넘어서기 시작했다. 이렇게 늘어난 지출의 대부분은 조기 경보 및 예방과 통제의 목표 달성을 위한 감시 기술과 데이터 통합 도구에 할당됐다. 이 기술들은 2019년에 최소한 80여 개 국가들에 수출됨으로써 중국 국내뿐만 아니라 전 세계적으로도 큰 주목을 받았다.

우리는 팬데믹 동안에 이러한 기술들이 작동하는 많은 시스템을 확인했다. 예방과 통제는 공중 보건과 공공 안보라는 이중의 담론적 특성을 가지고 있다. 이런 특성은 '중국 질병예방통제센터中國疾病預防控制中心'라는 이름 자체에서도 확인된다. 코로나19에 대한 중국 정부의 대응은 공산당이 이미 사회통제를 위해 갖추고 있었던 광범위한 감시와 안보 인프라에 상당 부분 의존했다. 그리드 관리grid management와 같은 도구는 도시를 그리드(구획)별로 나누고 운영팀이 개별적으로 감시 및 정보 수집을 하도록 할당하는데, 이는 특정 도시를 봉쇄하는 데 활용됐다. 또한 정보 데이터 기반의 예측성 빅데이터 플랫폼 역시 치안에 활용됐는데, 팬데믹 기간에 중국 당국은 이러한 도구들을 더욱 강화한 것으로 나타났다.

특히 군사적·정치적·법적 시스템을 겨냥한 시진핑의 반부패 운동은 정치 안보를 위한 것으로 보인다. 부패가 중국공산당의 '통치 기반'을 잠식하는 것, 그리고 공직자들이 외국 정보원들의 뇌물이나 거래에 넘어가는 것을 좌시하지 않겠다는 확고한 표현인 셈이다. 이러한 '반부패 활동의 안보화'는 외환의 통제가 내란을 억제하는 데 도움이 된다는 생각과 함께, 중국의 법 집행으로 국제 협력을 추구한다는 접근으로도 특히 힘을 얻고 있다.

포괄적 안보 개념의 리스크

이 새로운 안보 접근은 시진핑 시대에 일부 지역과 정책 이슈에서 중요한 변화들을 이끌어냈다. 대표적인 사례는 신장에서 공산당이 위구르 무슬림을 집단적으로 억압한 것이다. 2017년 봄에 시작돼 점점 중대해진 이 사태는 중국의 국내 문제이기 때문에 강력하게 대응한 측면도 있지만, 포괄적 국가 안보 전략의 관점에서 국제적 환경의 작은 변화들이 잠재적으로 내부 불안정을 심화시키는 리스크로 작용할 수 있다는 데 예민하게 반응한 것이기도 하다. 이 사태에서 중국 지도자들은 급진적이고 초국가적인 위구르 네트워크와 남아시아, 시리아, 더 넓은 중동 지역의 테러리스트 집단과의 연계(아무리 미약한 수준일지라도)를 통해 중국에서 테러리즘이 확산되는 것을 조기에 원천 봉쇄할 필요성을 확신했던 것으로 보인다. 이 사태는 시진핑의 포괄적 안보 개념에 따라 대내외적 안보가 결합된 하나의 예로, 관료들은 이를 철저히 살펴볼 필요가 있다. 안보에 대한 포괄적인 개념이 '면역'의 예방 논리와 결합될 때, 그것은 집단적 억압뿐만 아니라 시민적 권리와 정치적 권리, 그 밖의 다른 인권에 대한 대규모의 극단적인 침해라는 심각한 상황으로 이어질 수 있다. 그것이 바로 신장에서 만천하에 드러난 것이다.

요약하면, '국가 안보'에 대한 중국의 접근은 시진핑 체제에서 포괄적 국가 안보 개념이 도입되면서 변화돼 왔다. 국가 안보는 대외적인 문제로, 국토 안보는 대내적인 문제로 다루는 미국과 달리, 중국의 안보 개념은 양자를 모두 포함하고 있으며 내적인 위협과 불안정을 가져오는 세력이 안보의 중요한 대상이 된다. 중국의 이 새로운 전략은 가능한 모든 위협을 적극적으로 예방해 발본색원할 것을 요구한다. 지나치게 선제적이며 점점 더 억압적인 조치들이 많이 나오는 까닭이 여기에 있다.

쉬나 체스트넛 그레이텐스 Sheena Chestnut Greitens
미국 텍사스대학교 오스틴 캠퍼스의 사회학 부교수이자 아시아 정책연구소 소장. 워싱턴 소재의 비영리연구소인 미국 기업연구소American Enterprise Institute 객원 연구원이다.

SECURITY

19

중국은 미국 국가 안보를 위협하는가?

오리아나 스카일라 마스트로

명백하지는 않더라도, 중국이 미국 국가 안보에 위협이 된다는 생각은 엘리트와 대중의 담론에서 점점 더 강해지고 있다. 마이크 폼페이오는 국무 장관으로 재임하던 시절 중국공산당을 "우리 시대의 중심 위협"이라고 낙인찍었으며, 그의 후임자인 앤토니 블링컨은 "중국이 세계의 다른 어떤 국가보다도 미국에게 중대한 위협이 됨은 의심의 여지가 없다"라고 단언했다. 미국의 대중 역시 이런 주장에 동의하는 것으로 보인다. 퓨리서치센터의 2020년 여론조사에 의하면, 66%의 미국인들이 중국에 비우호적이며 62%가 중국의 세력과 영향력을 중요한 위협으로 여기고 있다.

핵심 쟁점은 중국이 미국의 국가 안보를 어느 정도로 위협하는가와 정확히 중국이 어떻게 미국의 국가 안보에 도전하는 것인지, 그리고 이 문제들에 대한 대답이 시간이 지남에 따라 달라질 수 있는가이다. 어찌 보면 이것은 근본적으로 중국 전략의 추진 동인에 대한 논쟁이기도 하다.

오늘날 중국이 미국의 국가 안보를 위협하는 직접적·간접적 방식 중에서 먼저 두 가지를 살펴보자.

첫째, 도전 혹은 위협에 대한 집중된 논쟁은 중국이 미국을 위협하는 정도를 곡해하고 있을 수 있다. 종합적으로 검토해보면, 위협론은 미국 국가 안보의 관점에서 중국의 유해한 영향력을 제시한다. 그러나 그런 관점은 상황을 더 악화시킬 수 있다. 중국은 많은 영토 분쟁들을 평화롭게 해결해왔다. 중국은 인접 지역을 넘어서는 곳에서는 미국의 영향력에 맞서기 위해 주로 경제적·정치적 수단에만 의존했다. 중국은 매우 다양한 국제기구의 능동적인 회원국이다. 우월한 미국의 재래식 군사력에 직면한 상황에서도, 중국은 최소한 '핵무기 선제사용 포기 원칙'을 바꾸지 않고 있다.

둘째, (필자의 경우 과거 중국의 전략 경향과 추이에 대한 연구도 수행했지만, 여기서는 오늘날의 도전에 중점을 둔다. 이러한) 중국의 도전들은 앞으로 5년에서 10년까지 그 범위가 확장되고 강도도 증대할 것으로 보인다. 그러나 많은 도전들은 중국과 미국, 각 국가의 전략 및 국내적 요소 등의 지속과 변화에 달려 있다. 예를 들어 미국이 자국의 국가 안보를 어떻게 인식하고 있는가는 중국의 위협 정도를 결정하는 중요한 요인이다. 그런데 이 문제에 대한 명확한 정의가 없다. 안보 개념은 군사적 공격이나 정치적 종속으로부터 국가를 보호하는 방어적 개념부터 미국의 영향력을 줄이려는 시도를 막는 광범위한 문제까지 때에 따라 다양하게 정의돼 왔다. 2017년 〈미국 국가안보전략백서〉는 안보의 네 가지 중요한 목표를 다음과 같이 제시하고 있다. ① 본토 보호, 미국 국민 보호, 미국적 삶의 방식 보호, ② 미국의 지속적인 번영, ③ 강력한 힘에 의한 평화 유지, ④ 미국의 영향력 증대가 그것이다. FBI에 따르면, 중대한 위협은 테러리즘, 첩보 활동, 핵 확산, 경제 스파이, 국가 정보 인프라 공격, 미국 정부 공격, 인식 조작, 해외 정보활동 등에서 비롯된다. 오바마 행정부는 종종 국가 안보 개념에 지구적 공공재, 사이버 안보, 기후변화, 에너지 문제 등을 포함했다.

20년 전 애슐리 텔리스Ashley Tellis와 마이클 스웨인Michal Swaine의 랜드연구소RAND 보고서에 따르면, 중국은 동아시아 전역에서 미국의 자유로운 군사적 행동에 대한 직접적인 도전으로 인식된다. 또한 동아시아 및 그 외 지역에서 미국의 경제적 접근에 대한 도전이고, 미국이 누려온 대다수 아시아 국가와의 각별한 관계에 대한 도전이며, 아시아에서 평화롭고 안정적인 발전을 보장하는 방법으로 공식적·비공식적 동맹국과 관계를 맺고 있는 미국에 대한 도전인 것이다. 이러한 도전들은 지금도 여전히 진행 중이다. 그러나 맥락적으로 오랜 도전과 최근의 도전을 구분하기 위해, 필자는 직접성의 정도를 기준으로 중국의 위협을 다음과 같이 유형화한다.

미 본토에 대한 중국의 직접적인 위협

중국은 미국에 테러 공격 위협을 하거나 미국의 국경 통제력에 대해 위협을 가하지 않는다. 미국의 영토를 침공, 점령할 수 있는 군사적 역량

(혹은 그럴 야망)을 가지고 있지도 않다. 그러나 중국은 미국의 영토를 표적으로 삼고, 미국의 국내 제도를 흔들어놓으며, 미국 정부와 시민과 기업의 자유를 위축시키는 방법을 선택할 수는 있다.

지난 20년 동안 강대국으로서의 중국의 위상과 뛰어난 군사 개혁 프로그램을 생각해보면, 보통의 많은 관측자들은 재래식 무기를 써서 중국이 미국을 위험에 빠뜨릴 수 있는 능력이 거의 없다는 사실에 놀랄 것이다. 중국의 폭격기와 전투기들은 미국에 도달할 수 없다. 중국은 자국의 수상함대와 잠수함들이 미국 해안에 근접해 작전을 이어 나갈 만한 지원 인프라를 가지고 있지 않다. 이것은 또한 중국이 재래식 군사 플랫폼으로 감시와 정찰을 수행할 수 없다는 것을 의미한다. 그러므로 중국은 첩보원, 인공위성, 정보시스템의 취약 부분을 공략하는 정보 갈취 및 보안 공격 등에 주로 의존하고 있다. 중국은 세계에서 가장 뛰어난 탄도미사일과 크루즈미사일 프로그램을 가지고 있다. 그러나 중국의 재래식 미사일의 최대사거리는 고작 4,500km(호주에 간신히 닿을 수 있는 정도)에 불과하다. 이런 이유로 일부 전문가들은 중국은 미국의 국가 안보에 의미 있는 위협을 가할 수 없다고 주장한다.

그러나 중국은 비재래식 수단을 통해 미국을 위협할 수 있다. 중국은 최소 200기의 핵탄두를 비축하고 있는 것으로 추정된다. 미 국무부는 2020년 의회에 제출한 〈중국 군사 안보 현황〉 보고서에서 중국의 육상 배치 대륙 간 탄도미사일에 장착된 핵탄두의 수가 2025년까지 거의 200기 정도 늘어날 것으로 예상했다. 기술적으로 이러한 미사일을 개조하면 재래식 탄두를 탑재할 수 있다. 그러나 그 정도의 물리적 타격으로는 작전 및 정치적 효과가 그다지 크기 않기 때문에, 그런 공격은 전략적으로 거의 의미가 없다. 게다가 그런 개조는 중국의 핵 억지력을 감소시킨다. 대신 중국은 극초음속 활공비행체 개발에 열심이며, 일단 이를 개발하고 운용하게 된다면, 중국 지도부는 마침내 미국 본토를 유효 타격할 재래식 무기 체계를 손에 넣을 수 있게 된다.

또한 중국은 탁월한 사이버 공격전 및 대우주전 수행 능력을 갖추고 있다. 이런 역량은 군사적·상업적·민간 사회적 활동을 위협할 수 있으며, 미국의 병참기지와 관련된 민간인 시설 및 지휘와 통제 기능을 공격할 수 있다. 중국은 정보 전쟁을 위해 다른 네트워크에 침투해 정보를 빼내오는 강력한 컴퓨터 네트워크 보안 공격 기술 역시 가지고 있다. 우주전에서 중국은 미국의 위성들을 교란시키고 불능으로 만들고 파괴할 수 있는데, 그렇게 되면 미사일 조기 경보 시스템 및 기상예보부터 위성 위치 확인 시스템까지 모든 것이 타격을 입을 것이다. 이는 미국 본토 공격에 대한 미국의 방어 능력을 직접적으로 위협할 수 있으며, 여기에는 미국의 동맹국까지 포함될 것이다. 미국 국방정보국은 "(중국은 자체적으로) 우주 기반의 정보전, 감시와 정찰을 포함하는 강력하고 유능한 우주 활동 시스템을 개발하고 있다. 더구나 그들은 우주 기반 발사체, 위성 항법 시스템군 등을 포함해 기존 시스템도 더욱 향상시키고 있다. 이러한 역량은 중국에게 세계 곳곳에 있는 중국의 군대를 지휘하고 통제할 수 있는 능력과 더욱 정밀한 상황 파악을 통해 미국 및 동맹군의 군대를 감시하고 추적하며 공격할 수 있는 능력을 제공한다"라고 밝혔다.

심지어 중국은 민간 시스템에 타격을 줄 수 있는 더욱 많은 방법을 가지고 있다. 여기에는 전력 공급망을 해킹하거나 휴대폰 통신 교란,

악성 소프트웨어를 이용해 미국 기업의 주요 정보를 빼내는 것 등이 포함된다. 2015년 국토안보부의 보고서에 따르면, 미국 기업은 매년 1조 6천억 달러 수준의 수익을 위성 분야에 의존하고 있는 것으로 나타났다. 물론, 중국이 군사적 공격을 감행할 수 있다는 근거는 충분하지만, 중국이 순수 상업 영역을 대상으로 사이버 공격 혹은 우주 공격을 계획하고 있다는 증거는 거의 없다. 또한 민간 영역의 공격이 중국 군사전략의 핵심적인 구성 요소라는 증거도 없다.

국가 안보는 외부의 위협으로부터 국가 제도와 통치 과정을 보호하고 유지하는 것이다. 중국이 직접적으로 미국의 국가 안보를 위협하는 두 가지 방식은 정치적 개입과 첩보 활동이다. FBI는 "중국 정부와 공산당이 주도하는 방첩 활동과 경제 첩보 활동은 미국의 경제적 번영과 민주적 가치에 중대한 위협이 된다"라고 말했다. FBI 국장 크리스토퍼 레이에 따르면, 중국의 첩보 활동 사례는 과거 10년에 비해 1,300% 증가했다. 이러한 첩보 활동의 대부분이 경제적인 동기로 이뤄진다. 중국은 미국의 지식재산과 상업적 기밀을 빼내고 있다. 레이는 "중국이 빼돌린 규모는 인류 역사에서 가장 큰 부의 이전으로 말할 수 있을 만큼 방대하다"라는 말로 미국의 피해를 설명한다. 마찬가지로 중국은 미국을 상대로 하는 정치 개입을 더욱 진전키고 있다. 마이크로소프트는 2020년 대선 기간에 모종의 중국 조직이 "조 바이든 선거운동 관계자들의 이메일 계정과 트럼프 정부와 긴밀한 관계에 있는 어떤 인물의 이메일 계정을 해킹하려 시도했다"라고 밝혔다.

국가 안보 위협의 마지막 범주는 '외부의 억압으로부터의 자유'인데 이는 가장 광범위하면서 가장 모호하고, 또 가장 일반적이다. 중국은 미국 본토에 대해 제한적인 군사적 위협 수단만을 가지고 있다. 그러므로 미국 정부와 시민들의 행동의 자유를 제약하기 위한 수단으로 주로 경제적 압박에 의존한다. 중국이 미국에게 세 번째로 큰 무역 상대국이며 미국의 가장 큰 채권자임을 고려하는 사람들 다수가 이러한 영향력이 미국의 국가 안보에 큰 해를 입힐 수 있다고 우려한다. 중국은 무역을 무기로 사용하겠다는 강력한 의지를 표명해왔다. 그리고 중국의 관료들은 막대한 미국 채권 보유국으로서의 입장을 내세워, 금융 메커니즘으로 미국 경제에 타격을 줄 수 있음을 막연하게 언급해왔다. 미국인과 미국 기업(예를 들어 홍콩에서의 중국의 인권 범죄를 규탄했던 NBA 같은)을 징계한다는 중국의 시도는 실제로 미국 언론의 자유를 제한하고 있다.

미국의 동맹국과 지역 주둔 미군에 대한 위협

/

중국이 미국에 심각한 재래식 공격 위협이 되지 않는다고 해서 아시아에 있는 미국의 기지들 및 동맹국들의 경우도 그런 것은 아니다. 대략 십만 명 정도의 미군 병력이 아시아-태평양 지역에 주둔하고 있다. 일본과 한국이 대표적이며, 호주와 필리핀에도 약간의 미군이 주둔하고 있다. 미 주둔군 병력과 연관된 민간인들, 부양가족까지 포함하면 그 수는 2배로 증가한다. 게다가 60~70대의 함선과 잠수함, 140여 대의 항공기, 대략 2만 명 정도의 해군들로 구성된 미국의 제7함대는 2020년 12월에 총 57대의 전함을 아시아 지역에 배치했다. 아시아에서 살거나 일하고 있는 100만 명 이상의 미국인들은 만약 영토 분쟁 등으로 중국과 아시아 국가들 간 전쟁이 발발하면 직접적인 피해를 입을 수 있다. 이러한 전쟁 가능 국가에는 대만, 필리핀, 인도네시아, 베트남, 일본, 한국, 북한, 싱가포르 등이 포함된다.

이 글에서 중국이 아시아의 미군 기지, 자산, 인력 등을 위협할 수 있는 다양한 방식을 자세히 살펴보지 않더라도, 아시아에서 미국 군대와 싸울 수 있을 정도로 중국의 군사적 현대화가 이뤄졌다는 점을 언급하는 것만으로 충분할 것이다. 중국은 미군 기지를 몰아내고, 미군 항공기를 격추시키고, 미국 함선을 침몰시킬 수 있다. 바다에서 항해 중인 함선을 격침시킬 수 있는 함정 공격용 탄도미사일을 운용하는 나라는 세계에서 중국이 유일하다. 중국의 군사전략과 교리, 그리고 중국 지도자들의 연설과 활동은 아시아 지역의 미군 감축이 중국의 목표임을 명확히 제시하고 있다. 또한 중국은 미국과 방위조약을 맺은 동맹국들(일본, 한국, 필리핀, 대만, 호주)과 충돌이 발생할 경우, 미국의 개입을 차단하려 할 것이다. 1979년 미중관계 정상화와 함께 미국-대만의 공식적인 방위조약은 파기됐다. 그러나 같은 해, 의회 차원에서 대만관계법 Taiwan Relation Act을 통과시켰는데, 이 법은 "중국이 정당한 사유 없이 대만을 침공할 경우, 대만은 그 방어에서 국내적·국제적인 지원을 기대할 수 있다"라는 내용을 담고 있다. 더구나 중국은 일본, 필리핀과 영토분쟁을 이어가고 있으며, 북한을 지원한다. 이런 모든 사안들이 중국과 미국 사이에 전쟁을 초래할 수 있다.

중대한 재래식 무기만 위협인 것은 아니다. 미국에 대항해 중국이 활용할 수 있는 사이버전, 우주전, 핵무기 등의 비재래식 수단들은 미국의 동맹국과 우방국을 겨냥할 수도 있다. 중국은 오히려 미국보다 미국의 동맹국을 향해 정치 개입, 첩보 활동, 경제적 압박 등의 수단들을 사용하겠다는 의지를 더욱 강력히 표명했다. 왜냐하면 미국과 아시아 국가들의 동맹 조약에는 군사적 공격에 대한 방어 이외의 문제까지는 포함돼 있지 않기 때문이다. 대표적인 사례로, 중국은 한국에 고고도미사일 방어체계THAAD(사드)가 배치되자 자국민들의 한국 여행을 금지했으며, 중국 내 한국 기업들의 문을 닫게 했고, 한국산 제품 불매를 부추겼다. 한국뿐만이 아니다. 과거 호주산 와인의 최대 시장이었던 중국은 호주 정부가 코로나19 바이러스 발원지에 대한 조사를 요구하자, 호주산 와인에 극단적인 고관세를 부과했다. 한편, 중국은 인권 문제에 대해 다른 나라들을 침묵시키고자 경제적 유인책을 쓰고 있다. 체코공화국이 중국의 인권침해에 대한 문제 제기를 멈추자마자, 중국과 체코 사이에 전략적 동반자 협정이 즉각 체결됐다. 노르웨이도 중국의 인권 운동가들에 대한 대폭적인 지원을 철회하고 나서야 중국과의 무역 관계가 정상화됐다.

미국의 동맹 체제는 전통적으로 미국의 세력과 영향력의 핵심 원천이자, 미국 및 세계 안보를 지키는 수단으로 여겨져 왔다. 미국 경제는 자유 무역과 세계 곳곳의 천연자원에 효율적으로 접근할 수 있는 능력에 의존하고 있다. 만일 중국이 아시아를 제패하게 된다면, 미국 경제에 타격을 줄 수 있는 엄청난 힘을 얻는 것이다. 특히 중국이 일찍이 우세를 점한 상대에게 경제적 압박을 활용해온 행적을 고려해본다면, 이런 상황은 그 어떤 미국 대통령도 감수하기 힘든 위협이 될 것이다.

정리하자면, 중국은 미국 본토를 대상으로 전시에는 대체로 사이버전, 우주전, 핵무기 등 비재래적 수단으로 위협할 수 있다. 또한 정치 개입 및 첩보 활동 같은 교란적이고 강압적인 활동을 통해 위협을 가할 수 있다. 중국은 해외 미군 기지와 자산, 미국의 동맹국 및 우방국에 중대한 재래식 군사적 위협을 가할 수 있으며, 그것은 미국과 중국 간 직접적인 충돌로 이어질 수 있도 있을 것이다.

오리아나 스카일라 마스트로 Oriana Skylar Mastro
스탠퍼드대학교의 프리만 스팡슬리 국제학연구소 종신트랙 연구원. 미국 기업연구소 비상임 선임 연구원이다.

20

신생 기술과 역량은 장차 미중 간 군사 경쟁에 어떤 영향을 줄 것인가?

엘사 B. 캐니어

퍼레이드를 펼치고 있는 인민 해방군을 상상해보자. 이는 무척이나 인상적이고, 심지어 어떤 징조를 연상시키는 스펙터클한 광경이다. 예를 들어 2019년 10월, 군사력을 과시하는 대규모의 군사 퍼레이드는 중화인민공화국 건국 70주년을 기념하는 무대였다. 중국이 자체적인 기술 혁신을 통해 개발한 무기들을 과시하고 중국 최고의 군사과학 기관의 연구자들을 등장시킨 그 행사 내내 벌어진 선전은 중국의 힘을 각인시키려는 것이었다. 이날 퍼레이드에서 특히 주목을 받은 것은 무인 무기 시스템들이었다. 인민 해방군이 전쟁과 관련된 모든 부문 및 영역을 위해 개발한 것으로, 병참 지원부터 전자전, 혹은 더욱 첨단의 전투 시나리오까지 망라하는 임무를 지원하기 위한 것이었다. 그 행사에서, 그리고 관영 매체의 헤드라인을 통해, 국공 내전 당시 인민 해방군이 홍군紅軍

으로 창설된 이후 오랜 발전을 이뤄왔으며, 이제는 미래의 전쟁에서 '싸우고 승리하기 위해' 대비하고 있다는 분명한 메시지가 표출됐다.

중국의 목표는 '세계 최고 수준'

/

오늘날 인민 해방군은 스스로를 세계 평화를 위한 군대이자, 미래전의 선두에 선 군대로 내세운다. 이는 명백한 모순이지만, 개념적으로는 교묘하게 절충된다. 왜냐하면 "중국은 결코 헤게모니를 추구한 적이 없으며, 그 대신 인류를 위한 공동의 미래에 기여해왔다"는 주장이 시진핑 주석을 포함한 역대 중국 지도자들에 의해 반복되기 때문이다. 물론 인민 해방군의 목적에 대한 그러한 주장들은 상대를 안심시키기에는 역부족이다. 중국의 '적극적 방어' 전략은 국가이익을 보호하기 위한 적극적인 조치들을 최대한 포함하고 있다. 더구나 그 국가이익의 범위는 더욱 확장될 수 있고, 국제적인 차원에 이를 수 있다. 중국이 '미래의 승리'를 추구하는 행위는 의심의 여지 없이 미국이 패권을 쥔 현 상태에 새로운 도전이 될 것이다.

중국공산당은 세계 무대에서 "한 세기 동안 볼 수 없었던 새로운 변화들"이 미래 권력을 결정할 수 있는 새로운 산업적·기술적 혁명의 결과로서 발생하고 있다고 믿는다. 확실히, 어떤 특이점에 이르면, 미국과 중국 경제의 미래 전망이 군사적 균형보다 훨씬 중요해질 수 있다. 그러나 강력한 경제가 뒷받침하는 군사적 역량들은 미중 경쟁에 있어 매우 중요하면서도, 또 우려스러운 영역이다. 이 영역에서 두 국가의 경쟁은 무척 치열하며 점점 더 격화되고 있다.

전반적으로 중국 군대의 현대화는 역사상 전례 없는 속도로 발전해왔으며, 종종 외부의 예측을 넘어섰다. 국가 안보의 새로운 영역과 신생 기술에서의 일부 큰 진척은 전략적으로 매우 중요하다. 예를 들어 인민 해방군의 함정 공격용 탄도미사일 무기 개발과 핵무기의 비약적인 확충은 당연히 우려를 낳을 수밖에 없다. 중국 군사력을 크게 과시하는 일은, 전투 훈련이든 남중국해에서의 대치 상황 속에서이든, 심각한 도전으로 비친다. 그러나 경쟁자의 군사력에 대해 미국이 느끼는 불안은 경쟁자의 기본 상황을 정확하게 인식하는 것을 방해한다. 강대국 간의 전쟁은 상상 이상으로 파괴적인 한편(그러므로 전쟁 억지 및 신뢰 형성 조치를 통해서 그러한 위험을 순화하려는 진지한 노력들이 합리적이다), 상호 경쟁은 가상의 영역에서 전개되거나 영향력 확보를 위한 좀 더 교묘한 갈등의 양상으로 전개되는 경우가 많다. 실제로 중국은 정치적 영향력과 강압을 위한 경제 책략economic statecraft과 정보 수단을 활용하며, 글로벌 담론 형성의 영향력과 능력을 증대하려 해왔다. 현재 정치적·군사적 영역 전반에 걸쳐 발생하고 있는 미국과 중국 사이의 심화된 경쟁은 충돌 가능성에 대한 심각한 우려를 일으키면서, 평화와 전쟁 사이의 어딘가에 위치해 있다.

수십 년 동안, 인민 해방군은 실전에서 검증되지는 않았지만 가공할 위력을 가진 무기 체계를 발전시키면서, 미국의 취약한 분야를 겨냥하는 힘을 기르는 데 주력해왔다. 인민 해방군에 대한 최종 통제권은 중국공산당의 중앙군사위원회에 있는데, 그 의장을 겸하고 있는 시진핑 주석은 "세기의 중반까지 중국 군대가 세계 최고 수준이 돼야 한다"고 촉구해왔다. 이 목표는 미국과 대등해지는 것을 넘어, 아마도 미국을 능가하는 수준까지 이르는 것을 염두에 둔 듯하다. 중국의 군사적 현대화는 '강력한 적' 미국의 군사력에서 많은 것을 배우면서 중요한 영향을 받았다. 미군을 따라 하는 일은 인민 해방군의 정보기술 발전을 틀 지웠다. 인민 해방군은 인공지능 분야까지 포함해 미국 군사력의 발전을 모방하며 학습을 계속해왔으며, 그 과정에서 중국의 군사전략가들은 미국의 군사력에 대한 두려움을 가지게 됐다. 미국이 최근 국방 혁신 프로젝트를 통해 인민 해방군보다 월등히 앞선 군사력으로 그들의 패권을 재확립할 수 있음을 확인했기 때문이었다. 그러므로 인민 해방군의 목표는 미국의 강점을 격파하고 차단하며, 궁극적으로는 미국의 군사력을 약화시키는 것이다.

미래 전쟁의 핵심 기술 확보

/

인민 해방군은 전략적 절대 원칙으로 개혁과 혁신을 최우선시했다. 시진핑은 "더욱더 치열해지는 군사적 경쟁의 환경 속에서 오직 혁신만이 승리하는 길이다"라고 강조해왔다. 중국의 군사전략가들과 과학자들은 '군사 분야의 혁명'이 펼쳐지고 있으며, 그것은 군사 구조와 훈련의 변화를 필요로 한다고 생각한다. 전쟁 형태의 변화를 파악하는 한편, 군사 과학자들과 전략가들은 기술의 발전이 어떻게 미래의 전쟁에 영향을 미치는지 주의 깊게 살피고 있다. 이러한 탐색은 미국, 러시아 그리고 주요 군사 대국 등 해외의 군사력에 대한 연구를 포함한다. 인민 해방군은 기술이 전술을 결정한다고 믿으며, 과학과 기술의 주요한 진전이 군사력 사용 방식을 변형시킬 것이라고 생각한다. 군사과학에서 인민 해방군의 전략은 최첨단 연구뿐만 아니라 미래의 작전을 위해 새로운 이론과 개념을 고찰하는 것을 포함한다. 특히 인민 해방군은 인공지능과 신생 기술들이 승리의 결정적인 요소로 작용할 미래의 '지능화'된 무인 전쟁에 매우 열성적으로 대비하고 있는 모습이다.

인민 해방군은 새로운 역량들을 공개하고 과시하면서, 최근 진보하고 있는 군사기술의 선봉에 서 있음을 증명하려 애쓰고 있다. 2018년 인민 해방군 공군 소속으로 비행을 시작한 무인기 GJ-2(GJ는 Gungji, 즉 공격攻擊을 뜻한다)는 모든 유형의 센서와 정밀 타격 무기를 장착하고 있다. GJ-2의 설계자는 이 무기가 일정 수준까지 자율적으로 작전을 수행할 수 있다고 설명했다. 많은 관측자들이 놀라워한 것은 2019년 퍼레이드에서 선보인 새로운 무인 잠수정, HSU-001이었다. 이 무기는 해당 크기로는 사상 최초의 수중 드론으로, 인민 해방군이 과시적으로 공개한 정보에 따르면 강력한 작전 수행 능력을 갖추고 있다. 그러나 적을 감시하고 전장 환경 정찰 임무를 수행하는 역할 외에는 HSU-001에 대해서 거의 알려지지 않다. 한편, 중국은 극초음속 무기에 대한 연구를 계속하고 있는데, 이 무기는 자율 비행 및 집단 작전을 위해 고안됐다. 미국을 비롯해 여러 국가에서 이 무기의 위력에 대해 많은 우려를 제기했다. 이런 무기 체계는 지금의 방어 체제를 능가하며, 인민 해방군의 전쟁 억지 및 수행 능력을 비약적으로 향상시킬 수 있기 때문이다.

한편, 현재의 대립 상황은 가상 영역에서도 종종 발생한다. 인민 해방군의 핵심 요소로 최근 군 개혁 시기에 맞춰 창설된 전략지원부대SSF는 그 임무와 역할이 기밀로 유지되고 있지만, 지속적인 발전을 통해 최근 탁월한 역량을 갖추게 됐다. SSF는 인민 해방군의 우주전, 사이버전, 전자전 역량들을 결합하고 통합해, 미래 전쟁에서 중국 군사력의 가장 핵심적인 역할을 수행할 것으로 보인다. 이 새로운 부대는 인민 해방군 정보 작전의 교리적 개념과 체제를 실현하려는 의도에서 창설됐다. 인민 해방군의 정보전은 '정찰과 탐지의 통합, 네트워크 중심전과 전자전의 통합, 소프트웨어 타격과 하드웨어 타격의 통합'에 초점을 맞추고 있다. 지금까지 군사력 증강에 있어 인민 해방군 SSF는 상당한 발전을 성취해왔으며, 미군 같은 강력한 적국의 군사력과 우발적인 전쟁이 발생했을 때를 대비한 합동작전 훈련에 더욱 정교한 무력 체계로서 참여하기 시작했다. 인민 해방군은 정보의 지배나 우위에 대한 경쟁이 미래의 어떠한 군사적 대결에서도 가장 결정적일 것으로 예상한다. 실제로 중국의 군사전략가들은 우주전이나 사이버전의 전략적 고지를 선점하기 위해 군사력의 새로운 패러다임을 만들어내려고 한다. 그리고 양극 체제에서나 무한한 바다와 우주의 탐험에서 우세한 입지를 확립하기 위해 전력을 기울이고 있다.

앞을 내다보자면, 미래 군사력의 운용 규칙과 패러다임은 앞으로 크게 변화하리라 예상된다. 중국의 군사전략은 점점 더 미래전 기획에 집중하고 있다. '전쟁의 설계'라는 개념은 미래 전장의 작전을 짠다는 의미에서 강력한 군사 대국에만 가능할 것이다. 중국의 전략가들은 "삼류 군대는 전쟁을 흉내 내고, 이류 군대는 전쟁에 대처하며, 일류 군대는 전쟁을 설계한다"라는 말을 자주 인용한다. 일류 군대만이 유리한 고지를 선점할 수 있다는 가정은 열등한 군대는 우월한 군대의 선수先手를 따라가는 수동적 입장을 면치 못한다는 의미를 지닌다. 그러므로 중국의 군사전략가들은 "중국 군대는 '쫓아가기식 발전'이라는 생각 자체를 없애야 한다"라고 주장한다. 즉, 인민 해방군은 미국 군대의 발자국을 계속 뒤쫓는 데 그쳐서는 안 되며, 진정 중국의 특성에 부합하는 혁신적인 접근을 더욱더 개발해야 한다는 것이다. 그런 선도적인 자세는 미래전의 향배를 예측해 어떤 적군과 비교해도 인민 해방군을 우월하게 만들 수 있는 더욱 탁월한 역량을 요구한다.

불신과 오해, 오판의 위험성

/

군사적 우월성을 확보하기 위해 혁신을 추구한다는 의제는 지속적으로 중대한 도전에 직면하게 된다. 인민 해방군의 성공은 보장된 것이 아니고, 진보는 재능과 훈련 그리고 교리의 발전에 의존하며, 그런 발전은 다양한 장애를 극복하면서 가능해진다. 군사 조직은 전형적으로 외부의 위협이 변화를 강제할지라도 변화에 저항하는 경향이 있으며, 본질적으로 관료주의적이다. 특히 평화로운 시기에는 더더욱 그렇다.

한편, 오늘날 인민 해방군은 추가적인 난관에 직면하고 있다. 이러한 난관은 '시진핑 사상'이라는 이념적 교조주의에 근거해 공산당의 군 통제권을 고수해야 한다는 주장 및 수십 년간 뿌리내린 고질적인 부패의 유산, 그리고 기술적인 애로사항 등에서 비롯된다. 최근, 전투 경험 없이 평화로운 시기에 혁신을 해야 한다는 문제가 이러한 도전들과 합쳐진다. 인민 해방군 역시 이른바 '평화의 병폐和平病'를 우려할 정도로 해당 문제를 진지하게 인식하고 있다. 궁극적으로 중국과 미국의 세력 균형의 미래는 최첨단 기술 및 분야에 크게 좌우된다고 하겠지만, 그

균형이 어디쯤에서 이뤄질지는 불확실하다. 더구나 과학적인 방식으로 전쟁을 설계하는 노력은 전쟁의 불확실성과 징조를 알아차리지 못하게 만들 수 있다. 또한 기술을 과도히 맹신한 나머지 그것을 운용하는 인간의 한계로 인한 심각한 장애들을 충분히 따지지 못할 수도 있다.

미국과 중국의 경쟁은 지속될 것이고, 아마도 더욱 강화될 것이기에 오판의 위험성에 대한 우려는 그 근거가 충분하다. 이러한 경쟁 상황에서 강대국들은 상대의 의도와 역량에 대해 최악의 상황을 상정해 판단하는 경향이 있다. 중국과 미국에 대한 잘못된 정보, 때로는 의도적으로 조작된 거짓을 포함하는 정보는 경쟁을 더욱 복잡하게 만든다. 상대의 기만, 오도, 조작 등에 따른 오판도 가능하지만, 스스로가 상대에 대한 불신, 역사, 상이한 전략 문화 때문에 상대를 오판할 수도 있다. 미국은 빈약하고 왜곡된 증거에 기반해, 중국 및 중국의 전략과 의도에 대해 지나치게 포괄적으로 일반화하는 경향이 있다. 마찬가지로 중국의 시각 역시 미국의 의도와 역량을 지나치게 과장하는 경향이 있다. 서로에 대한 오해가 어제오늘의 일은 아니지만, 경쟁이 지속되면서 그 정도가 고조되고 있다. 이 같은 잘못된 평가와 예측은 위험한 대응을 촉발할 수 있으며 위기 시나리오를 현실화시킬 위험성도 있다.

불확실성은 불신과 오해를 더욱 조장할 수 있다. 그리고 그것은 신생 기술들이 일으킬 수 있는 정보 교란으로 더욱 악화될지 모른다. 전형적인 안보 딜레마 상황에서 자신의 안전을 높이려는 한쪽의 선택은 다른 편에게는 위협의 증가로 인식된다. 그 결과 적대적 태도가 심화되며, 대체로 다른 편의 동일한 대응 행동으로 이어진다. 새로운 기술과 역량을 추구하는 것은 안보 우려와 적의 위협에 대한 의식을 강화할 수 있다. 기술의 향상은 군사적 목적 이외의 다양한 목적으로도 가능하기 때문에, 아마 이런 상황 자체를 피할 수는 없을 것이다. 이를 제어할 수단은 오직 상상력이며, 기본적으로 가치와 정책의 선택을 통해 제약을 가할 수 있다. 이처럼 기술의 이중적 사용의 가능성을 기억하는 것은 미래의 추이를 예측하는 데 중요하다. 어떤 기술의 의미를 확실히 알 수 없을 때, 오판은 최악의 결과를 초래할 수 있다. 양측은 상대의 의도를 잘못 읽거나 군사적 균형과 공약에 대한 신뢰성을 잘못 평가할 수 있다. 그러면 그것은 전쟁 억지력을 약화시키면서, 자연스레 전쟁 가능성을 증가시킬 것이다. 이러한 문제는 복잡하고, 기술적이며, 불확실하다. 그리고 '인공지능 군사 경쟁', '기술 냉전' 같은 진부한 말로는 풀이 될 수 없다. 궁극적으로, 새로운 영역과 신생 기술에서 중국이 이룬 발전을 평가하는 일은 분석적·학문적 도전을 요하는 중차대한 과제로 남아 있다.

엘사 B. 캐니어 Elsa B. Kania
하버드대학교 행정학 박사과정을 밟고 있으며, 신미국안보센터CNAS의 기술 및 국가안보 프로그램의 선임 연구원이다.

5부
발화점

21

북한을 대하는 미중의 각기 다른 접근 방식은 어떤 상황으로 이어질 것인가?

존 박

2017년 새롭게 핵 역량을 시험한 뒤, 북한의 지도자 김정은은 자신의 핵무기 프로그램을 마치 자국의 독립을 보장해줄 '보검'처럼 애지중지해왔다. 이러한 상황 속에서 미국과 중국은 북한의 비핵화라는 평화로운 목표를 계속 공유하고 있다. 그러나 두 나라가 이 목표를 달성하기 위해 채택한 접근 방식은 완전히 다르다.

미국의 주된 접근 방식은 경제적 압박이다. 과거의 여러 핵 협정이 완전 이행에 도달하지 못하자, 2000년대 중반부터 공화당과 민주당 행정부의 표적 제재가 대폭 증가했다. 두 행정부는 북한 정권의 의사 결정을 이끌고 핵무기와 탄도미사일 프로그램 진행에 필요한 물품 조달을 차단하기 위한 핵심 정책 수단으로 이러한 제재를 활용했다. 엄중한 제재를 적용하고는 있지만, 더 밝은 경제적·외교적 미래(보상)를 얻는 대가로 북한이 핵무기를 포기하게 하려는 미국의 노력은 별반 실효가 없었다. 미국의 수많은 제재 속에서도 북한의 핵무기와 미사일 프로그램은 멈추지 않았다. 하지만 이러한 난관에도 미국은 경제적 압박 전략을 바꾸지 않았으며, 오히려 지금도 이러한 경제 책략을 계속 늘리고 있다.

반면 중국은 2000년대 후반부터 북한 정권과의 경제 협력을 강화해왔다. 중국은 중국공산당과 이에 대응하는 조선로동당 사이의 관계를 통해 정치적 연대를 구축하며 수익을 창출하고 있다. 덕분에 김씨 정권은 북한을 통치하는 지도자 및 상위 1% 부유층과 함께 체제 안정성을 강화하고 번영을 누리게 됐다. 여기서 눈여겨볼 점은 북중관계는 당 대 당 관계를 기반으로 하기에, 두 정부는 단순하고 효과적인 방법으로 상호작용할 수 있다는 것이다. 중국공산당의 권유에 따라 조선로동당은 복잡한 상업적 연결망을 조성했고, 이러한 연결망은 중국 경제의 일부가 됐다.

중국식 햇볕 정책(김정은 정권이 중국 시장을 이용할 수 있게 함으로써 북한이 개발을 진행하고, 이를 통해 핵무기 카드의 우선순위를 점진적으로 낮추게 한다는 현재 진행 중인 중국공산당의 대북 정책)은 의도치 않은 결과를 다수 유발하고 있다. 가장 중요하게는 북한에게 제재를 피할 길을 열어줬다는 점이다. 북한은 중국의 금융 및 국내시장 시스템에 무임승차한 덕분에 미국의 제재가 미치지 않는 곳에서 중요한 상거래를 수행할 수 있게 됐다. 중국은 유엔안보리 제재 결의를 준수한다고 계속 선언하지만, 중국 관할권에서 (미국의 제재 같은) 외국의 법이 집행되는 것은 단호하게 반대한다. 두 번째 결과는 이러한 생명줄 덕분에 북한이 시간을 벌고 정권을 위한 선택지를 확보했다는 점이다. 핵무기 보유국이며 중국 시장을 마음껏 이용할 수 있는 국가인 북한은 님도 보고 뽕도 딸 수 있게 된 것이다.

접근법이 각기 다른 이유

/

미국과 중국은 지금은 서로 다른 길을 가고 있지만, 항상 그랬던 것은 아니다. 2000년대 초반부터 북한에 대한 미중관계는 4단계를 거쳐 협력에서 분리로 넘어갔다.

1단계(2003~2008): 서로 조정하며 함께 길을 걷다

이 시기에 가장 활발하게 진행된 6자 회담은 미국과 중국이 북한에 대한 각자의 정책을 조율하던 시간이었다. 수차례 회담을 진행하는 동안 여러 번 중단됐다가 다시 시작되곤 했지만, 미국과 중국, 북한, 남한, 일본과 러시아가 막대한 정치 자본을 협상에 투자했다는 점은 여전히 주목할 만하다. 이 독특한 단계에는 세 가지 중요한 특징이 있다. 먼저, 이 회담은 다자 회담이었고, 중국이 의장국이었다. 둘째, 6자는 2005년 9월에 이미 공동성명을 냈는데, 이 성명에는 '공약 대 공약, 행동 대 행동 원칙에 입각해 단계적 방식으로' 수행하는 상호 합의된 한반도 비핵화 단계가 들어 있다. 셋째, 놀랍게도 북한은 2008년 북한 내 비핵화 여부를 검증하는 방법에 관한 이견으로 협상이 중단되기 전까지는 6자 회담에 계속 참여했다. 북한은 2008년 8월 김정일의 건강 악화를 이유로 6자 회담에 복귀하지 않았다. 이후 한동안 건강 상태가 확인되지 않았지만, 김정일은 2009년 1월 고위급 중국공산당 대외 연락부 사절단을 맞이하고자 다시 모습을 드러냈다.

6자 회담이 결렬되면서 중국공산당과 조선로동당의 연대가 공고해지기 시작했다. 중국은 김정일의 병과 그의 셋째 아들인 김정은의 빠른 권력 승계를 점점 더 우려하게 됐다. 중국은 6자 회담 결렬 뒤, 중국공산당과 조선로동당 관계를 활용해 북한 정권의 안정성을 강화했다. 2000년대 후반 고위급 중국공산당 사절단의 평양 방문은 대중국 북한 석탄 수출이 대폭 증가하는 계기가 됐다. 2000년대 초, 중국이 헐값에 체결한 북한 광산의 50년 임대계약을 바탕으로 진행된 석탄 무역은 북중관계를 완전히 바꿔놓았다. 중국공산당은 이 기간을 김씨 정권의 3세대가 아닌 조선로동당의 미래를 위해 정치 자본을 투자하는 시기로 규정했다. 단순히 또 다른 김씨 정권 지도자를 지원하는 것이 아닌, 제도를 구축하려는 목표를 가지고 있었다.

2단계(2009~2015): 분리와 교착의 시작

중화인민공화국 국무원 총리 원자바오溫家寶의 2009년 10월 북한 방문은 결정적인 변곡점이었다. 그는 그때까지 몇 년간의 사절단 중 최고위급을 포함한 중국의 사절단을 이끌고 와서, '경제 발전', '교육', '관광'이라는 전혀 무해해 보이는 이름을 단 협정을 체결했다. 이들 협정은 실제로는 두 집권당이 정치적·경제적 관계를 공고히 하기 위한 법적 관문이었다. 북한에 대한 국제 제재가 증가하는 상황에서 이것이 중국 시장에 보내는 메시지는 너무나 명확했다. 북한 기업과 거래해도 합법이라는 것이었다.

중국은 오바마 행정부의 등장을 예의 주시했다. 미국이 핵무기 확산 방지를 위한 전 세계의 노력을 이끄는 입장에서, 중국 지도부는 오바마 대통령이 북한의 비핵화보다 핵확산 억제를 우선시한다고 생각했다. 그래서 중국은 북미 양자 합의를 받아들이고, 조선로동당 재건에 더 많은 시간과 노력, 그리고 정치 자본을 투자했다. 그러나 결국 오바마 행정부가 북한과의 핵 협상 중개 역할을 잘 해낼 수 있을 것 같지 않자, 중국은 자국의 이익을 보호하고자 더 적극적으로 나서기로 했다. 직접 나서면 더 많은 일을 할 수 있다고 계산했던 것이다. 2011년 12월 김정일이 갑작스럽게 사망한 후, 중국공산당은 조선로동당에 대한 정치 자본 투자 속도를 높였다. 중국은 북한에서 갑작스러운 권력 승계 위기가 발생할 경우, 중국공산당의 제도적 지원이 없다면 새로운 지도자(김정은)가 이끄는 북한은 불안정한 이웃 국가가 되리라는 걸 알게 됐다.

대북 협상에 대한 미국의 관심은 북한과의 2·29 합의(북한이 장거리 미사일과 핵실험은 물론, 영변 단지에서의 핵 활동까지 중단하는 대신, 미국이 영양제를 비롯한 식량 지원을 하는 내용의 합의)가 2012년 4월에 깨지면서(북한이 4월 17일 발사한 '광명성 3호'를 놓고, 북한은 이것이 어디까지나 인공위성이므로 장거리 미사일 발사 금지 합의 위반이 아니라고 했으나, 미국은 이를 합의 파기로 봤다 – 옮긴이) 함께 사라지고 말았다. 이후에는 두 국가 사이의 오랜 교착상태가 시작됐다.

3단계(2016~2017): 2017년 한국 미사일 위기에 대한 대응

이러한 교착상태는 2016년 갑작스럽게 끝났다. 북한은 2017년 일련의 미사일 실험을 진행했고, 마지막으로 대륙 간 탄도미사일을 쏘아 올림으로써 긴장을 극대화시켰다.

트럼프 행정부는 이에 대응해 최대한의 압박 작전을 썼다. 북한에 강력한 경제적·군사적 압력을 모두 가하는 이 작전의 목적은 북한이 긴장을 고조시키는 행위를 단념하게 하는 것이었다. 중국의 경우, 2017년에 북한으로 들어가는 석유제품의 양을 대폭 줄였지만, 미국과 연합하는 모습을 보이지는 않았다. 경제적 압박은 제한적인 도구에 불과하기에 석유를 완전히 차단하지는 않겠다고 발표한 것이다. 중국이 유엔안보리 제재의 의무 이행을 태만히 하고 있다는 보고가 증가하면서, 미국과 중국 간의 접근 방식은 더욱 극명하게 분리됐다.

4단계(2018~2021): 완전히 갈라선 미국과 중국

남한이 주도하는 외교의 부상은 2018년 6월 도널드 트럼프 대통령과 김정은 위원장 간의 역사적인 싱가포르 정상회담이 열리는 촉매가 됐다. 그러나 이 만남은 오래가지 못했는데, 2019년 2월 하노이에서 열린 후속 정상회담에서 두 지도자는 서로 결별하며 빠르게 종말을 고했다. 유엔안보리 결의안 중 5개의 제재를 풀어주면, 북한의 주요 핵 시설인 영변 단지를 해체하겠다는 김정은의 제안이 동의를 얻지 못한 것이 그 원인이었다. 정상회담 결렬 후 미국과 중국은 서로 완전히 다른 길을 추구했다. 북미 간 외교가 냉각되는 동안, 김정은 정권이 중국하고만 상호작용하는 방향으로 전환하면서, 중국공산당과 조선로동당 간의 교류도 확장됐다. 김정은 정권이 핵무기를 확충하는 와중에도 중국과 북한 간 무역은 계속 진행됐다.

한편, 김정은 정권은 코로나19 팬데믹에 대해 빠르고 극단적인 대응을 했는데, 이는 북한에 큰 충격을 가져왔다. 2020년 1월 북한은 국경을 폐쇄했고, 그 결과 중국 시장을 이용할 수 없게 됐다. 둘 중 하나를 선택해야 하는 어려운 상황에서 김정은 정권은 바이러스 확산 방지와 정치적 통제를 유지하는 쪽을 선택했다. 이 선택은 심각한 경제적 충격을 유발했는데, 중국과의 무역이 급감하면서 북한은 중국의 원조에 더욱 의존해야 하는 상황이 됐기 때문이다. 어려움이 가중되면서 북한 내부적으로 경제 위기의 가능성이 증가했고, 중국은 다시 김정은 정권을 구제하는 데 있어서 독보적인 위치를 차지하게 됐다. 그러는 동안 북한은 2021년 협상을 재개하고자 했던 바이든 행정부의 노력을 계속 묵살했다.

북한의 대응

미국과 중국의 입장이 갈라진 덕분에, 북한은 스스로 움직일 긴요한 여지를 얻게 됐다. 특히 북한 정권의 정예 국영 무역 기업 연합체인 북한 주식회사North Korea, Inc.는 비핵화 프로세스에 구속받지 않은 채, 중국 경제와 손을 잡고 번영할 수 있었다. 북한 정권의 안정성을 더 중시한 중국의 입장은 (의도적이지는 않았더라도) 북한 지도부의 6자 회담 복귀를 방해했다. 달리 말해, 비핵화와 상관없이 중국 경제를 이용할 수 있는 북한 지도자가 미국과 그 동맹국이 제안하는 불확실한 정치·경제적 대가 및 안전보장을 이유로, 6자 회담 테이블에 복귀해 정권의 핵무기를 포기하는 협상을 할 이유가 없었던 것이다.

김정은의 핵심 딜레마는 경제다. 미국과 중국의 반목 덕분에 북한은 운신의 폭을 얻었지만, 김정은에게 이것은 제한적인 대응 기제일 뿐이다. 핵 협상이 타결되지 못했음은 미국이 비핵화 관련 제재를 풀지 않으리란 사실을 의미하며, 따라서 김정은 정권은 국가 경제를 일으킬 현실적인 기회를 얻지 못하게 된다. 준비가 되지 않았거나 자신감이 과했던 김정은은 하노이 정상회담에서 미국에 제재 결의안 11개 중 5개의 해제를 제안했는데, 만약 이 제안이 성사됐다면 북한의 민간경제와 민생은 한결 나아졌을 것이다. 그러나 이 시도가 실패하면서 대규모 경제 확장으로 가는 일은 완전히 막히게 됐다. 그리고 스스로 국가를 고립시킴으로써 안 그래도 어려운 상황을 훨씬 더 어렵게 만들었다.

미중관계 및 동북아시아 지역에 미치는 영향

/

첫 번째 영향은 중국과 북한 간의 전략적 경제 협력으로 미국과 중국 사이의 마찰이 잦아진 것이다. 이렇게 미중이 밀고 당기는 과정 속에서, 북한 정권은 핵무기를 유지하는 중에도 제재의 영향은 크게 느끼지 못할 것이고, 동북아 지역은 핵을 보유한 북한과 사실상 공존하는 상태가 될 것이다. 두 번째 영향은 중국이 한반도 경제에 더 큰 영향을 미치게 된다는 점이다. 중국은 북한에 강력한 경제적 유인책을 지속적으로 제공할 수 있는 유일한 국가가 될 것인데, 이는 남한이 미국의 제재 우선 접근 방식을 계속 지지함에 따라 의도치 않게 이뤄진 결과다. 반면 북한은 국가를 바꿔가며 거래를 할 수 없게 돼 협상력이 크게 약해졌다. 중국은 또한 남한의 장기 투자 및 무역정책에도 큰 영향을 주고 있다. 한미 연합은 동북아시아 지역을 안정적으로 유지하고 있지만, 이와 관련해 한미 연합이 얻은 가장 중요한 직접적인 혜택은 이러한 안보 구도에서 나온 것이다.

세 번째 영향은 북한 문제에서의 미중 간의 입장 차이로 한미 연합과 미일 연합의 간극이 더 벌어지게 된다는 점이다. 미국과 중국의 입장 분리 때문에, 한국은 양국과의 관계 속에서 그 어느 때보다도 많은 검증과 조심스러운 풀이를 바탕으로 정책 결정을 내려야 하는 까다로운 처지에 놓이게 됐다. 한쪽의 양국 관계가 발전하면 다른 한쪽과는 간극이 벌어지게 되므로, 한국은 각 국가와의 관계를 잘 관리해야 한다. 동북아시아 지역의 경우 한미 연합은 여전히 한반도 중심이지만, 미일 연합은 외부로 눈을 돌려 자유롭고 열린 인도-태평양을 지탱하려는 노력을 계속 확대하고 있다.

미국과 중국 앞에 놓인 길

/

미국과 북한 간의 지속적인 협상 여지는 줄어들고 있으며, 북한이 평화롭게 비핵화될 가능성도 희박해지고 있다. 미국에 있어 제재는 더 이상 세심하게 조정된 협상 전략에서 사용하는 강력한 정책 수단이 아니라, 이제 제재 자체가 하나의 전략이 되고 있다. 중국은 포괄적인 핵 합의 성사 능력에 있어서 미국과 북한에 대한 신뢰를 상실한 결과, 핵무기를 보유하고 밀레니얼 세대가 통치하며 경제가 무너져가는 이웃 국가의 불안정성을 우려하게 됐다. 북한주식회사가 중국 경제체제에서 활동할 수 있게 하는 것은 북한의 비핵화 진행 여부와 상관없이 김정은 정권의 안정성을 강화하는 중국의 전략으로 자리 잡았다.

중국의 이러한 접근 방식은 미국의 협상력 약화로 이어졌다. 완전 비핵화와 엄격한 검증이라는 까다로운 조건이 충족될 경우, 미국의 제재 해제는 김정은 정권이 훨씬 강력한 경제를 구축할 길을 열어주겠지만, 이를 위해 김정은 정권은 자신의 '보검'을 없애고 체제 침입적인 핵 검증을 위해 국가를 개방해야 한다는 비싼 비용을 지불해야 한다. 반면 중국식 햇볕정책을 받아들이면, 김정은은 핵무기를 유지하고, 중국의 경제체제 내에서 북한주식회사를 확장하며, 내부 통제를 유지할 수 있다.

김정은 정권에 대한 미국과 중국의 상이한 접근 방식은 이렇게 난처한 상황을 유발하고 있다. 북한의 비핵화 가능성은 희박해졌으며, 지금 훨씬 현실적인 대안은 군비 통제다. 미국은 '군비 통제'라는 표현을 꺼리는데, 이러한 표현이 북한을 은연중에 핵보유국으로 인정하게 될 수도 있기 때문이다. 현재 미국이 실질적으로 취할 수 있는 가장 효과적인 접근 방식은 김정은 정권과 위협 및 위험 감소 협약을 체결하는 것이다. 종합적으로 볼 때 미국과 중국의 상이한 접근 방식은 계속 유지될 것이며, 북한은 계속 핵보유국으로 남되, 상위 1%를 위한 대응 기제와 나머지 99%를 위한 경제적 가능성 차단 중에서 이도 저도 못하는 상황에 처할 것이다.

존 박 John Park
하버드대학교 케네디스쿨의 벨퍼국제문제연구소 코리아 프로젝트 담당 디렉터다.

22

대만은 미중관계에 어떻게 작용하는가?

셸리 리거

"대만해협은 미중관계의 가장 위험한 발화점이다." 현대 글로벌 정치판에서 가장 흔하게 회자되는 문구다. 이는 아주 틀린 말은 아니지만, 클리셰가 대개 그렇듯, 복잡한 상황을 지나치게 단순화하고 있다.

대만해협은 발화점이라기보다는 끓는 냄비다. 지난 70년 동안 온도가 오르고 내리길 반복했지만, 한 번도 넘치지는 않았다. 어떻게 그럴 수 있었을까? 가장 직접적으로 관여하는 3개국인 대만, 중화인민공화국, 미국이 계속 온도를 조절해왔기 때문이다.

대만 문제는 미국과 중국 정책 입안자들의 필수 과제다. 양측의 이해관계가 대립되고 있기 때문에 쉽지는 않지만, 어쨌든 잘 풀어보려고 계속 노력하고 있다. 대만 문제는 다른 모든 문제에서 건설적인 관계를 유지하기 위한 필수 조건이기 때문이다.

여러 남태평양 섬의 원주민인 오스트로네시아족은 5천 년 전 대만에 상륙했다. 중국 본토의 한족은 17세기부터 이 섬에 상륙하기 시작했고, 당시 중국을 통치하던 청 왕조는 섬을 태만히 관리했다. 17세기 후반 청 왕조는 대만을 공식적으로 영토에 통합했지만 1895년에는 전쟁에 패배해 일본에 섬을 넘겨줬다. 청 왕조 이후의 중국 지도부는 이 협약을 늑약勒約으로 규정하며 그 효력을 부인했지만, 대만은 제2차 세계대전이 끝나고 중화민국의 군대와 관료들이 인수하기 전까지는 계속 일본의 통치를 받아야 했다.

미국은 대만을 중화민국에 이양하는 데 결정적인 역할을 했다. 장제스의 국민당이 이끄는 중화민국은 전쟁 시기에는 미국의 동맹국이었다. 중국 땅이었던 일본 점령지를 돌려받겠다는 장제스의 요구는 당시로서는 어려운 요구가 아니었지만, 이 결정 이후 70년 동안 수차례 일촉즉발의 위기 상태를 넘긴 아주 민감한 시기가 시작됐으며 이는 아직도 지속되고 있다.

1945년에 대만을 점령한 후 4년이 지나자, 장제스 정부는 공산주의 세력 때문에 중국 본토에서 쫓겨나 섬에 고립되게 됐다. 중화인민공화국이 본토를 완전히 장악함에 따라, 중화민국의 관할권은 대만과 인근 섬 몇 개로 제한됐다. 하지만 국민당은 중국 전체에 대한 통치권을 계속 주장했다. 장제스는 본토 '수복'이라는 자신의 목표를 한 번도 포기하지 않았다. 중화인민공화국 또한 그와 마찬가지로 대만을 중국의 일부로 봤다. 그러므로 대만은 중화인민공화국에 흡수 통일돼야 한다고 여겼다.

청 왕조에서부터 냉전 시대의 끝까지, 대만인들은 자신들이 무엇을 원하는지를 한 번도 말할 기회가 없었다. 장제스 정부가 대만으로 쫓겨난 후 미국은 중화인민공화국이 대만을 어떻게 하든지 상관하지 않으려고 했지만, 6·25전쟁이 발발하자 대만을 공산주의 확장을 저지하는 최전방 동맹자로 삼았다. 미국과 중화민국은 1955년 상호방위조약을 체결했고, 미국은 전 세계에서 중국을 대표하겠다는 장제스의 주장을 계속 지지했다. 미국 정부는 장제스가 자신의 군대가 상륙하기 전에 섬에 살던 원주민의 85%를 압제하는 독재국가를 운영하는 사실은 애써 무시했다.

미국의 모호한 입장

/

미국과 중화인민공화국이 냉전 상황에서 서로 다른 진영에 있는 동안에는 미국과 대만의 연합이 미국과 중화인민공화국의 관계에 별다른 영향을 주지 못했다. 그러나 1970년대 초반 리처드 닉슨 대통령이 관계 회복을 시작하자, 대만은 관계 강화의 걸림돌이 되고 말았다. 미국은 중국과의 관계를 정상화하려면 중화민국 아닌 중화인민공화국을 중국의 합법적인 정부로 인정해야 한다는 사실을 알고 있었다. 대만 국가를 부정한다는 데 동요하지 않은 미국 지도층도 있었지만, 의회 소속의 다른 지도층은 대만 포기에 반대했다.

닉슨 행정부는 중국 지도부와 관계 정상화를 위한 상호 양해 사항을 정했다. 그 내용은 1972년 상하이 공동성명에서 확정됐다. 중국은 "중화인민공화국이 중국의 유일한 합법적인 정부이고, 대만은 중국에 속하는 한 지방이며, '대만 해방'은 '다른 국가는 간섭할 권리가 없는'

국내 문제"라고 못 박았다. 미국은 "대만해협 양측에 거주하는 모든 중국인은 하나의 중국에 속하고 대만은 중국의 일부라는 주장을 인식하고 있으며, 이에 이의를 제기하지 않는다"는 입장이었다.

중국의 생각을 찬성하지도 않고 반대하지도 않는 미국의 모호한 태도 덕분에 관계 정상화가 진행되긴 했지만, 대만해협 양측의 지도층과 대중은 배신감을 느낄 수밖에 없었다. 본토에서는 상하이 공동성명과 비슷한 내용의 1979년 관계 정상화 공동성명이 "미국이 대만에 대한 중국의 통치권을 인정한다"는 의미로 해석됐다. 대만인들은 이를 배신으로 간주했고, 미 의회의 친대만파도 마찬가지였다. 한편, 지미 카터 행정부가 중국과의 관계 정상화를 마무리하고 있는 와중에, 의회는 외부 공격으로부터 대만을 보호한다는 내용의 법안을 통과시켰다.

이렇게 해서 나온 '대만관계법' 덕분에 미국은 대만 정부를 부정한 뒤에도 대만과 계속 교류할 수 있었다. 미국은 '비공식' 외교를 공식적으로 수행하는 새로운 기관을 창설했다. 이 법은 미국 정부가 대만을 국가로 생각하고, 대만의 개인과 기업을 대하도록 지시했다. 행정부에는 대만의 방위 필요성에 대해 보고하고, 대만을 방어할 역량을 유지하도록 했다. 미국은 1955년 상호방위조약이 폐지된 후에도 대만에 계속 무기를 판매했다.

자국과의 관계 정상화 후에도 미국과 대만의 관계가 크게 변하지 않는다는 사실은 중국의 심기를 불편하게 했다. 기밀 해제된 협상 문서에 그 이유가 나와 있다. 닉슨의 대리인이던 헨리 키신저는 당시 저우언라이周恩來 총리에게 미중관계 정상화는 중국 통일로 나아가는 데 도움이 되리라 귀띔했다. 그는 "역사를 공부하는 사람으로서 말씀드립니다. 향후 정치발전은 저우언라이 총리께서 제게 제시한 방향으로 진행될 가능성이 크다고 예측해야 할 것입니다"라고 말했다. 다시 말해 키신저는 미국이 중화인민공화국의 대만 병합을 끝까지 저지하지 않으리라 암시한 것이다.

미국의 언행일치를 요구하는 중국

중국이 보기에 지속적인 무기 판매는 미국이 관계 정상화를 하며 맺은 약속을 가장 심하게 배신한 행위였다. 1982년, 레이건 행정부는 중국의 불평에 지치고 관계 단절을 우려한 나머지, 세 번째 공동성명에 동의했다. 이 성명에서 미국은 "대만을 상대로 장기적 무기 판매 정책을 추진하지 않는다. 이후 대만을 상대로 한 무기 판매는 양과 질 모두에서 미국과 중국의 외교 관계가 성립된 이후 수년간 판매된 무기의 수준을 넘지 않을 것이고, 대만 상대의 무기 판매 자체는 최종 결의가 나올 때까지 점진적으로 줄여나갈 것이다"라고 밝혔다. 문서의 나머지 부분에서 미국은 이 정책의 배경을 강조했다. 즉, 중화인민공화국이 대만과의 '평화로운 통일'을 국가의 사명으로 채택했다는 점이었다.

이전 공동성명처럼 1982년 공동성명도 해석 차이의 여지가 있다. 미국은 '평화로운 통일'이 무기 판매 감축의 전제 조건임을 강조했다. 중화인민공화국이 대만을 무력으로 위협하는 한, 이 논리는 계속 적용돼 미국은 더 좋은 무기를 더 많이 팔 수 있다. 당연히 중화인민공화국은 이러한 해석을 불성실하다고 봤다. 한편, 대만 정부는 군수품 구매가 중단될지도 모른다고 우려했고, 그래서 미국은 관련 공무원을 파견해 '6대 보장'을 제시했다. 그 핵심 메시지는 미국이 중국의 관계 강화 때문에 대만의 생존이 걸린 이익을 외면하지 않겠다는 것이었다.

대만 문제의 경우 미중관계는 쌍무협정과 국내 공약에 의해 좌우됐다. 중국에 있어 이는 대만과 관련한 일련의 정책 성명을 준수해야 함을 의미하며, 가장 기본이 되는 성명은 1993년 낸 〈하나의 중국 원칙과 대만 문제에 관한 백서一个中国的原则与台湾问题白書〉다. 미국 쪽에서 가장 중요한 국내 공약은 대만관계법이다.

이제 쌍무협정과 양측의 국내 공약이 쉽게 조화되지 않는 상황이 이해될 것이다. 미국은 중국이 군사력을 동원해 대만에 통일을 압박함으로써, '평화로운 통일' 약속을 스스로 위반했다고 비난했다. 중화인민공화국은 미국이 무기 판매를 통해 대만의 지속적인 분리를 실현했다고 비난했고, 이는 3대 공동성명을 모두 위반하는 행위라고 봤다. 다시 말해 미중관계는 어느 쪽도 완전히 안심하지 못하는 불안정한 토대 위에서 형성돼 있다.

그러나 당시 상황을 고려하면 이것은 양측 모두가 수용할 수 있는 유일한 토대이자 미중관계를 정상화할 유일한 방법이었기에, 양측은 이 토대를 그대로 유지하려 했다. 대표적인 방법은 문서, 즉 3대 공동성명(미국의 표현을 빌리자면 3대 공동성명과 대만관계법이며, 6대 보장까지 포함되기도 한다)을 마술 부적처럼 여기고, 관계를 안전하게 유지하기 위해 저마다 외우는 주문으로 삼는 것이다. 그래서 중국은 너무나 빠르게 "미국의 활동이 그들의 문서 해석과 일치하지 않는다"고 주장했고, 행정부의 미국 공무원들은 문서 이행 여부를 주기적으로 확인했다.

많은 사람은 미중관계 정상화가 대만 자치의 종말을 가져올 것으로 예상했다. 중국을 대표하는 유일 합법 국가라는 주장은 중화민국, 즉 대만이라는 국가의 존재 이유였다. 전 세계가 (심지어 미국까지) 이 주장을 거부했을 때, 이 억압적인 권위주의 국가가 세계 무대에서 활약할 여지는 많지 않아 보였다. 중화인민공화국은 함께 유엔 회원국이 되는 방안을 수락함으로써 세계 무대에 자리를 잡았지만, 국민당이 이끄는 중화민국 정부는 이를 거부했다. 장제스의 대리인은 중화인민공화국 대표와 나란히 서느니 차라리 유엔을 탈퇴하겠다고 선언했다.

반공의 보루에서 민주주의 봉화로

/

하지만 중화민국의 막이 내리는가 싶었을 때, 대만은 모두의 예상을 깨고 제2막을 올렸다. 대만의 민주화 운동가들은 1970년대 초반부터 민주화를 추진했는데, 이러한 대정부 정치 압박이 가능했던 이유 중 하나는 중화민국에 대한 외부 지원 감소였다. 1975년 장제스가 사망하자, 그의 아들인 장징궈蔣經國가 뒤를 이었다. 죽을 때까지 중국공산당과 싸우기만 한 완고한 독재자인 아버지 장제스와는 달리, 장징궈는 대만의 다른 미래도 받아들였다. 그는 민주화를 선호하지 않았고 통일을 포기하지도 않았지만, 대만 국민의 요구는 받아들였다. 1988년 그가 사망했을 때, 대만의 자유민주주의 개혁은 돌이킬 수 없는 일이 됐다.

대만의 민주화는 미국의 지원을 요구할 수 있는 새로운 계기가 됐다. 반공주의만으로는 국내 독재정치를 유지할 수 없는 탈냉전 시대였기 때문이다. 키신저가 미국에 제안한 것처럼 "자연스럽게 흘러가도록 내버려 두는 대신" 미국의 정책 입안자들은 (이번에도 의회의 주도로) 새로운 출발점에서 대만에 대한 열정을 되살렸다. 대만은 이제 반공의 보루가 아닌, 민주주의의 봉화가 됐다. 대만이 원하지 않는 방식의 통일을 추구하는 중국을 받아들일 여지가 줄어든 것이다.

미국에 대한 대만의 가치, 즉 전략적 요충지에 있는 민주주의 파트너라는 점은 중화인민공화국의 힘과 야망이 커질수록 오히려 더 중요해졌고, 그래서 대만 문제는 여전히 미중관계의 장애물로 남게 됐다. 중국의 목표는 변하지 않았다. 단기적으로는 대만의 공식적인 독립선언을 저지하는 것이고, 장기적으로는 대만을 중화인민공화국에 흡수하는 것이다. 현재까지 대만은 공식적인 독립선언은 포기했지만, 대만의 공고해진 민주주의와 중화인민공화국의 강화된 권위주의 때문에 중국의 장기적 목표는 그 어느 때보다도 달성하기 어려워 보인다. 대만은 중화인민공화국 체제하에서의 통일에는 관심이 없지만, 전쟁 위험 때문에 공식적인 독립을 추진하지는 못하고 있다.

이러한 역동은 지금도 어려운 미중관계를 한결 더 복잡하게 만든다. 중국은 통일을 간절히 원하며, 군사적 보호를 포함한 미국의 지원이 없다면 대만은 저항하기가 훨씬 어려웠을 것이다. 중국은 미국이 중국의 부상과 동등한 경쟁국이 되는 걸 막기 위해 중국의 통일을 방해하고 있다고 생각한다.

미국 정부 입장에서 중화인민공화국의 대만 점령을 허용하고, 대만인의 의사에 반해 중화인민공화국의 정치체제를 강요하는 일은 심각한 인권유린이 된다. 또한 이 일이 실현되면 미국의 동맹국 지역 내 다른 국가(예컨대, 한국이나 일본)가 중국의 압력에 저항하는 힘도 약해질 것이다.

요약하자면, 대만해협은 현재 교착상태다. 중국은 대만 통제를 원한다. 대만은 자립을 원한다. 미국은 대만이 미국을 대치 국면으로 끌어들이지 않고도 자치를 유지하길 원한다. 이러한 불안정한 균형 상태는 언제든지 깨질 수 있기에 대만은 발화점이 맞다. 하지만 이러한 균형 상태가 70년 이상 유지되고 있다는 사실을 고려하면, 어쩌면 이는 생각보다 위험하지 않을 수도 있다.

셸리 리거 Shelly Rigger
데이비슨대학교의 동아시아 정치학 교수. 외교정책연구원 아시아 프로그램 선임 연구원이다.

23

미국은 왜 홍콩에 관심을 가지는가?

데니스 호, 제프리 와세르스트롬

2014년, 전 세계 언론 매체는 홍콩의 '우산 혁명'을 다윗과 골리앗의 싸움으로 묘사했다. 이 전례 없는 79일 동안의 가두시위는 대단한 장면들을 연출했다. 형형색색의 텐트가 중심 업무 지구와 다른 두 인근 지역을 가득 채웠고, 저항의 메시지를 적은 포스트잇으로 장식한 '레넌의 벽Lennon Wall'을 비롯해 인기 있는 예술 작품들이 저마다 꽃을 피웠다. 캔터팝(홍콩을 중심으로 하는 지역에서 불리는 광둥어 대중음악 – 옮긴이) 발라드에서 영화《레미제라블》에 나오는 '민중의 노래'까지, 듣는 이를 동요하게 만드는 노래들이 거리에 울려 퍼졌다. 이 운동은 청년들, 특히 시민 불복종 교육을 받고, 소셜 미디어에 능숙하며, 언변이 뛰어난 민주화 운동가들이 주도했다는 사실로도 주목받았다.

하지만 시위대가 후추 스프레이와 최루가스에 대항하고자 사용한 우산에서 이름을 딴 우산 혁명은 무엇보다도 1997년에 중국으로 넘어간 전 영국 식민지의 시민들이 중국공산당에 맞선 '정치적 스펙터클'이었다. 쟁점은 홍콩의 지도자인 행정 장관 선거였다. 시위대는 행정 장관은 중국이 심사한 후보자를 소수 대의원들이 선출하는 대신, 시민의 직접선거로 선출해야 한다고 요구했다.

투키디데스의 교훈

/

홍콩의 두 번째 연쇄 시위는 2019년에 벌어졌다. 일부 행진의 경우 거리에 100만 명 이상이 운집하기도 한 이 시위에서는 아무도 홍콩을 다윗에 비기지 않았다. 이제는 과거의 다른 이야기, 즉 기원전 416년 그리스의 멜로스 섬에 비기는 것이 더 적절했다. 펠로폰네소스 전쟁(기원전 431~404년) 시기에 멜로스는 아테네 제국과 스파르타 및 그 동맹국들 사이에서 진퇴양난의 입장이 됐다. 역사가 투키디데스Thucydides는 《펠로폰네소스 전쟁사》의 〈멜로스의 대화〉 편에서 아테네에 붙지 않는다면 멜로스를 포위하겠다고 협박한 아테네 사절단과, '공정과 올바름'에 호소하며 멜로스는 중립국이자 독립국으로 남아야 한다고 주장한 멜로스 대표단 간의 협상을 묘사한다. 리처드 크롤리Richard Crawley의 번역대로면, 아테네인들은 현실적인 정치적 언어로 다음과 같이 대답했다. "자원이 많은 사람은 위험을 피하고자 희망에 빠질 수 있소. (…) 약하고 심판에 의존해야 하는 당신들에게는 해당되지 않는 말이오." 이때, 신들이 '정의롭지 못한 자와 싸우는 정의로운 자'를 편들어주리라 확신한 멜로스인들은 항복을 거부했다. 하지만 여름에 시작된 포위가 겨울까지 이어지자, 멜로스는 결국 항복했고 아테네의 식민지가 됐다.

모든 비유가 그렇듯이 멜로스와 아테네는 홍콩과 중국에 완벽하게 맞아떨어지진 않는다. 홍콩이 중국의 일부가 된다는 사실은 의심의 여지가 없었다. 1997년 영국이 이양한 홍콩은 중국의 '특별행정구'가 됐다. 홍콩 통치는 자체 소小헌법인 기본법을 바탕으로 했는데, 이 법은 민주화 과정과 일정 수준의 자치권을 모두 보장했다. 홍콩인들은 자신들이 정부의 일원이 되는 것은 물론이며, 홍콩 지역의 법치주의 전통과 활기찬 시민사회를 보장하겠다는 약속을 받았다. 1997년 이후의 홍콩은 '일국양제一國兩制'라는 말로 설명되는데, 일국양제는 외교와 국방 문제에 대한 중국의 권위를 인정하면서도 홍콩의 자본주의 체제를 포함한 지역 문제는 자율적으로 처리하게 한다. 그러나 이러한 약속은 날이 갈수록 희미해지고 있다. 이제 몇몇 운동가들은 실제로는 '일국일제'라고 말하며, 홍콩의 행정 장관이 중국과 무관하게 행동할 수 없음을 지적하고 있다. 〈멜로스의 대화〉 편과의 비유가 유효한 지점은 힘과 권리의 충돌에 대한 묘사다. 강대국으로 부상 중인 중국은 홍콩의 헌법을 통제해, 홍콩의 법치주의보다 자신의 정치 주권을 우선할 수 있다.

2019년 거리에 나온 사람들의 투쟁은 멜로스인의 경우처럼 생존이 걸린 실존적 투쟁이었다. 이를 촉발한 사건은 홍콩 정부가 발의한 중국으로의 송환을 허용하는 법률이었는데, 사법 독립이나 인권 보호 관련 내용은 전무했다. 이 소식은 재계와 법조계를 포함한 대중을 격분하게 했고, 6월 9일 수십만 명이 거리로 나왔다. 6월 16일에는 200만 명이 나온 것으로 추정된다. 이후 5개월 동안 일선 시위대는 점점 과격한 행동으로 홍콩 경찰에 대항했다. 사람이 아니라 주로 건물이나 국가 상징물을 공격하는 형태로 진행된 군중의 폭력이 항상 지지받은 것은 아니었지만, 국제 여론은 사람을 공격하는 경찰의 폭력 진압만큼 사악하지는 않다고 여겼다. 9월이 되자 발의된 송환법은 철회됐지만, 이번에 시위대는 경찰의 잔혹 행위에 대한 독립 수사 요구를 비롯해, 이제까지 이행되지 못했던 다른 요구도 하기 시작했다. 시위대에 대한 대중의 지지는 지방의회 선거에 반영됐다. 2019년 11월 유권자들은 민주파에 압도적인 승리를 안겨줬다. 유권자 10명 중 7명이 투표했고, 민주파가 의석의 86%를 차지했다.

'일국양제'에 대한 도전

/

전 세계는 2014년에 부활한 다윗과 골리앗 싸움에 매혹됐지만, '우리 시대의 혁명' 같은 슬로건을 내건 2019년의 홍콩 시위는 '일국양제'에 대한 중국의 인내심을 시험하고 있었다. 정치학자 에드먼드 쳉Edmund Cheng의 주장처럼, 중국은 홍콩을 대할 때 친중국 지방조직을 육성하고, 반대 시위자를 동원해 민주화 운동가를 위협하며, 홍콩의 법률제도를 이용해 민주주의 지도자를 기소함으로써 민주파 후보자가 출마하거나 취임하지 못하게 한다는 세 가지 변화를 기존 접근법에 반영했다. 그 결과 홍콩 정부는 경찰력과 사법 조치를 결합해 시위대에 대처하게 됐다. 집회 신청이 거부돼 시위 자체가 불법이 됐으며, 정부는 일선 시위대가 자신들의 익명성을 보호하기 위해 마스크를 착용하는 것을 금지하려 했다. 폭동을 일으켰다는 혐의로 수천 명이 체포됐는데, 2021년 후반에는 1만 명 이상이 체포되고 2,500명 이상이 기소됐다.

대부분은 청년층이었지만, 지역사회에서 존경받는 원로 지도자와 지역 정치인도 있었다. 이러한 정치인 중에는 2019년 지방의회 선거에 당선된 사람도 있었고, 표면상으로는 코로나19 팬데믹 때문에 연기된 2020년 9월 선거에서 홍콩 입법회에 출마를 계획한 사람도 있었다.

중국의 정치적 목적을 위한 법적 수단 사용은 2020년 6월 30일 홍콩 국가보안법의 신속한 도입에서 정점에 이르렀다. 전 세계의 관심이 코로나19 팬데믹으로 전환되는 동안, 중국의 전국인민대표대회 상무위원회는 새 법률의 초안을 작성하고 공표했다. 해당 법률은 '분리 독립, 전복, 테러 및 국내외 세력과의 결탁'과 관련된 행위를 대상으로 했는데, 여기서 모든 용어는 모호하게 정의됐다. 법학자 마이클 데이비스Michael C. Davis를 비롯한 많은 사람은 이 국가보안법이 상명하복식이고, 이후 수정을 통해 개악됐으며, 홍콩 기본법에 우선한다는 이유로 비판했다. 나아가 홍콩 주재 중국 대표단은 처음에는 국가보안법이 제한적으로 적용될 것이라 주장했지만, 법률 내의 모호한 표현 때문에 광범위하게 적용될 여지가 많았다.

입법회 선거가 취소되기도 전에 이미 국가보안법은 둔기처럼 휘둘려졌다. 민주파 후보자의 자격을 박탈해버린 행위를 포함해, 2019년에 진행된 일련의 조치가 끝나자 벌어진 일이었다. 총 154명이 체포되고 96명이 기소된, 처음 15개월 동안의 사법 조치를 진행하면서, 홍콩 경찰은 민주화 운동가, 언론 종사자, 선출직 공무원들을 훑기 시작했다. 체포된 사람 중에는 홍콩에서 매년 열리는 천안문 사태 추모회 개최 조직의 회원, 구금된 사람에게 생필품을 제공한 학생, 대표적인 반체제 민주파 신문인 《빈과일보蘋果日報》의 기자도 있었다. 홍콩 시민사회는 협의회, 노동조합, 정당 등이 해산됨에 따라 완전히 파괴됐다. 궁수와 장갑 보병으로 가득한 함선으로 멜로스 섬을 위협한 아테네와 달리, 중국은 홍콩법을 이용해 홍콩 시민들을 기소하고 있다. 현지 변호사이자 시위 관련 작가인 앤터니 데이피런Antony Dapiran 등은 홍콩 민주화 운동가를 상대로 현재 진행 중인 작전을 '법률전'이라 묘사했는데, 그렇다면 이 법률전에서 가장 강력한 최신 무기로 활용 중인 국가보안법을 미국인이, 나아가 전 세계인이 신경 써야 하는 이유는 무엇일까?

먼저, '분리주의' 홍보를 금지하는 국가보안법 조항은 대단히 광범위하게 정의돼 있어, 홍콩의 '높은 수준의 자치권'을 옹호하는 사람은 국적을 막론하고 누구나 그 수사망에 걸려들 수 있다. 미국에서 미국인이 이런 행동을 한 후, 중국 영토나 중국과 범죄인 인도 협정을 맺은 지역에 들어간다면, 그는 체포되거나 장기 투옥될지도 모른다. 현실적으로 국가보안법은 대다수의 미국 시민에게는 직접적인 영향을 주지 못한다. 하지만 국가보안법 위반자 초기 목록에는 워싱턴 D.C.에 홍콩민주화위원회를 설립한, 홍콩에서 태어난 미국 시민 새뮤얼 추Samuel Chu가 있었다. 홍콩을 보호하는 조처를 해달라고 미국 정부에 로비한 추의 활동은 중국 국가보안법에 따르면 해외 공모로 간주된다. 그리고 지금까지 홍콩에서 체포된 사람 중에는 홍콩 현지에서 활동하는 미국 변호사이자 아시아인권위원회 의장인 존 클랜시John Clancey도 있다.

또한, 국가보안법이 미치는 영향은 정치와 인권에만 국한되지 않는다는 점도 문제다. 홍콩은 미국인이 아시아에서 사업을 영위하는 중요 거점이며, 홍콩 재계가 송환법에 반대한 이유 중 하나는 외국 사업가 구금에 관한 중국의 판례였다. 법학자 토마스 켈로그Thomas E. Kellogg

는 이러한 구금을 "국가가 저지르는 납치"라 설명했다. 국가보안법은 홍콩으로 여행을 가거나 심지어 홍콩을 경유하기만 하는 사람들의 안전을 오히려 위협한다. 기업은 물론 홍콩에 있는 교육기관과 협업하는 미국의 대학도 영향을 받는데, 이 법률은 유학생에서부터 객원 연구원에 이르는 모든 사람에게 영향을 미치기 때문이다. 가장 심한 위협을 받는 집단은 언론인일 것이다. 《뉴욕타임스》는 이미 홍콩에 있던 여러 주재원을 서울로 옮겼지만, 위협 대상은 실제 운영진에만 국한되지 않는다. 역사적으로 홍콩 뉴스 매체는 중국의 국내 매체보다 자유도가 높았고, 해외 매체에 비해 본토와 더 긴밀하게 연결돼 있었다. 따라서 홍콩 뉴스 매체가 없었다면, 많은 사건과 이야기가 검열돼 묻혔을 것이다. 이는 코로나19 팬데믹 시기에 더욱 민감하게 다가온다. 만약 홍콩 기자들이 사스SARS(중증급성호흡기증후군)를 즉각적으로 경고하지 않았다면, 사스의 위기는 세계적으로 훨씬 더 널리 확산됐을 것이다.

마지막으로, 국가보안법의 구체적인 효과 외에 미국인이 홍콩을 염려해야 하는 일반적인 이유도 있다. 홍콩의 민주화 운동은 미국인이 옹호하는 권리와 가치를 반영하며, 홍콩의 운명은 국제 협약을 준수하고 인권 규범을 유지하겠다는 중국의 공약(또는 그 결여)의 현실을 보여주기 때문이다. 2019년 미국에서는 '홍콩 인권 민주주의법'이 통과돼, 홍콩에 '특수 무역 상대자 지위special trade status(홍콩의 일국양제적 특수성을 반영해, 홍콩에서 제조된 상품의 원산지 표기를 '홍콩산'으로 하는 특수 지위. 그러나 2020년 중국이 국가보안법을 제정하면서 미국은 이 지위를 폐지하고, 홍콩에서 만든 상품도 '중국산'으로 표기하는 대응 조치를 취했다 – 옮긴이)를 부여하고 이를 홍콩의 지속적인 자치권을 평가하는 연례 국무부 검토에 반영했다. 검토 항목 중에는 홍콩의 '집회와 언론의 자유를 포함한 시민적 자유'가 있었다. 이 밖에도 여러 법률에서 미국은 영국과 유럽연합을 비롯한 다른 국가들과 함께 홍콩의 민주화 운동을 지지한다. 1990년 홍콩 기본법이 비준됐을 때, 마거릿 대처 전 영국 수상은 BBC 인터뷰에서 "중국은 홍콩의 미래에 관해 우리와 한 약속을 지킬 것입니다. 전 세계 공론장에서 약속을 준수하는 국가라는 모습을 보여주고 싶어 하니까요"라고 주장했다.

'멜로스의 비극'이 되풀이 될 것인가?

/

홍콩이 중국 국가의 본성을 보여주는 지표이고 중국 정부의 의사를 확인하는 시험대라면, 우리는 이를 어떻게 봐야 할까? 〈멜로스의 대화〉편은 힘의 승리를 보여주는 예시다. 아테네는 강한 힘 덕분에 승자가 됐기 때문이다. 아테네는 단순한 도시 국가가 아니라 제국이 되길 원했던 국가이며, 멜로스가 다른 국가의 본보기가 된 것처럼 홍콩에서 일어난 일은 애초에 '일국양제' 정책의 대상자였던 대만에 보내는 신호이기도 하다. 우산 혁명 이후 홍콩은 중국이 '웨강아오 대만구Greater Bay Area'라고 부르는, 남중국 도시 네트워크라 할 수 있는 대형 복합 지역에 점점 더 편입되고 있다. 하지만 대도시인 선전을 포함해 이 거대 지역의 도시들 가운데, 시위가 합법이고 정치 풍자가 가능한 도시는 홍콩뿐이다. 포르투갈의 식민지였다가 홍콩과 비슷한 특별 행정구역이 된 마카오조차, 입법회가 열띤 토론을 하고 정부 활동을 저지할 수 있는 홍콩과는 같지 않다. 최근 2년 동안 자신의 독특한 특징을 대부분 잃어버린 홍콩이 얼마나 더 오래 분리된 지역으로 남을 수 있을까?

두 제국과 제국의 연합군이 등장하는 이야기라는 점에서 《펠로폰네소스 전쟁사》는 여전히 무척 중요하다. 멜로스는 아테네의 힘이 더 강했기에 패배했지만, 멜로스가 원했던 (정의로운) 사람, 즉 '스파르타인의 도움'이 실현되지 않았기에 패배한 것이기도 했다. 아테네 사절단은 이러한 실패를 이미 예상하고 있었다. 따라서 멜로스의 비극은 힘과 정의가 대결하는 이야기가 아니라, 정의가 부족했던 세상의 이야기다. 글로벌 환경 속 미국의 미래를 생각할 때, 미국인은 자국의 영향력을 사용하는 방법을 고려해야 한다. 두 열강의 싸움이 아닌, 정책, 국제기구, 동맹, 법률전을 통한 당대의 투쟁에서 우리의 힘을 정의를 위해 사용하려면 어떻게 해야 할까? 이런 시각에서 홍콩은 중국의 시험대인 동시에 미국을 위한 지표가 되기도 한다. 미국인이 홍콩을 생각해야 하는 이유는, 홍콩의 격변하는 정치에 대한 미국의 대응을 통해 우리 자신은 과연 누구인지를 알 수 있기 때문이다.

데니스 호 Denise Y. Ho
예일대학교 20세기 중국사 부교수. 《Curating Revolution: Politics on Display in Mao's China》(2018)의 저자다.

제프리 와세르스트롬 Jeffrey Wasserstrom
캘리포니아대학교 어바인 캠퍼스 역사학 교수. 《Vigil: Hong Kong on the Brink》(2019)를 포함해 6권의 책을 저술했다.

24

신장에서의 인권유린에 대해 미국이 알아야 할 것은 무엇이며, 그에 관련된 국익은 무엇인가?

제임스 A. 밀워드

2017년 이후, 신장 지역에서는 중국공산당 정책으로 30만여 명이 투옥되고, 100만 명에 달하는 비非한족 중앙아시아 토착민이 교육개조영教育改造营에 구금됐다. 수천 곳의 이슬람 사원, 사당과 유서 깊은 지역이 폐허가 되거나 파손됐다. 이 같은 적극적인 억압의 결과, 토착민의 출생률이 한족의 출생률보다 훨씬 낮아졌다. 위구르와 이슬람 문화의 핵심 요소는 불법화됐고, 비한족 성인 수만 명이 공장으로 끌려가 강제로 노동해야 했으며, 아이들은 정부 기관으로 끌려갔다. 이러한 정책이 폭로됨으로써 중화인민공화국은 1989년 이래 최악의 외교정책 위기를 맞게 된다. 게다가 중국공산당은 시민과 공무원에게 "신장 정책을 충실하게 지지한다"고 선언하도록 요구함으로써, 독재 정권적 정책에 파괴적인 특성이 있음에도 불구하고 그 누구도 싫다고 말할 수 없는, 문화혁명과 비슷한 국내 위기가 발생했다. 신장에서의 잔혹 행위는 대약진 운동, 문화혁명, 1989년 천안문 사태 등에서의 시위대 학살과 함께 중국공산당이 자행한 중대 참사 목록에 들어가게 됐다. 그러나 과거와 달리, 현재의 정책은 한족 외의 민족을 대상으로 함으로써, 전 세계 다른 지역에서 발생해온 식민주의 및 대량 학살 사건과 자연스럽게 비교하게 된다는 차이가 있다.

신장에서의 잔혹 행위

/

신장에서의 위구르 및 기타 비한족 집단의 민족 다양성을 용납하지 않는 중화인민공화국의 정책은 수십 년 동안 지속돼 왔지만, 특히 2017년에 당국은 억압의 규모를 대폭 확대하고 위협적인 새로운 방식으로 신기술을 동원해 국가 폭력을 강화했다. 처음에는 강제수용소의 존재를 부정했던 중화인민공화국은 대신 감금 체제를 대테러 조치이자 빈곤 완화 조치라고 선전하는 캠페인을 시작했다. 그러나 이렇게 무분별하고 과도한 대응은 이것이 2013~2014년 발생한 (1997년 이래 위구르족이 관여해온 최초의) 명확한 테러 행위인 것은 맞지만, 자국 또는 외국 조직이 개입했다는 증거는 없는 상대적으로 작은 규모의 4회 단독 사건임을 감안하면 너무나 지나친 억압 행위였다. 최근 수년간 신장에서는 몇몇 폭력 행위, 특히 경찰이나 정부 요원과 벌이는 다툼이 발생하고 있지만, 이를 다른 지역의 사태와 특별히 다르게 볼 수 있을까? 중화인민공화국은 중국 내 다른 지역에서 매년 수만 번 발생하지만 '테러'로 규정되지 않는 사회불안 현상, 그리고 한족이 집단적으로 처벌받지도 않는 비슷한 다중 발생 사고와 신장 지역의 사태가 어떻게 다른지를 설득력 있게 증명하지 못하고 있다.

신장 지역에서 비한족 토착민을 대상으로 자행되는 억압적 조치의 대표적인 예는 다음과 같다.

- 강력한 물리적 감시 및 디지털 감시와 생체 인식 데이터 수집 실시.
- 인공지능 알고리즘으로 소위 '극단주의'를 예측해, 신장 지역에 있는 100만 명 이상의 위구르인, 카자흐인 및 기타 비한족인을 이른바 '사상 바이러스'를 치료한다는 명목으로 '집중 교육개조영'이라는 수용소에 초법적으로 구금. 시스템에서 식별된 다른 사람들은 자택에 감금되거나 감금되지는 않더라도 세뇌 프로그램에 참여해야 함.
- 법률제도를 이용해 추가로 수십만 명을 기소하거나 구속. 중화인민공화국에서 신장 지역 인구는 1.5%를 차지하는데, 2017년 중국 전체 형사 기소 건 중 신장 지역의 기소 건 비율은 21%에 달함.
- 임의 구금, 억류 또는 구속을 정당화하기 위해 일반적인 종교적·민족적 풍습, 과거의 해외여행, 외국에 사는 친척이나 외국인과의 의사소통 등의 일상적 행동을 '극단주의자'의 행동으로 분류. 중화인민공화국은 억류 프로그램의 목적이 중국어를 못하는 가난한 농민을 교육하는 데 있다고 주장하지만, 아무 이유 없이 최초로 구금되거나 구속된 사람들은 교육 수준이 높고 여러 언어를 구사하는 학자, 작가, 예술가와 기업가들이었음.
- 강제수용소, 구치소 및 감옥에서 물리적·정신적 고문, 강간 및 성적 학대를 자행.

- 어른들에게 대규모 억류와 투옥을 실시하고, 위구르 아동들은 고아원이나 위구르어를 사용하면 안 되는 기숙학교에 보냄으로써 가족이 흩어지게 함.
- 유서 깊은 이슬람 사원, 사당, 묘지와 지역을 포함한 문화적 유산을 물리적으로 파괴. 이 조치는 2010년경 카슈가르 구시가지를 파괴하는 것으로 시작, 2017년 이슬람 사원의 돔 지붕 철거와 공동묘지를 불도저로 밀어버리는 조치 등으로 크게 확장됨.
- 공공장소에서 위구르어와 문자를 사용하지 못하게 함.
- 중국공산당 간부가 위구르 가정에 장기 투숙하게 함. 남편이 구금된 가정의 경우, 아무 관계가 없는 한족 남자를 위구르 여성 및 아이들과 함께 살도록 함.
- 국가가 한족과 비한족 간의, 특히 위구르 여성과 한족 남성 간의 결혼을 장려. 새로운 규정에 따르면 이러한 결혼을 반대하는 부모는 '극단주의자'로 간주됨. 소위 극단주의는 수용소에 강제 수감되는 처벌을 받는 이상, 이 낙인 행위는 비한족을 한족과 결혼시키는 국가적 강요에 해당됨.
- 지난 수년간 신장에서의 출생률과 자연스러운 인구 성장률이 급락할 정도로 출산을 탄압. 대부분 비한족으로 구성된 신장 지역의 출생률은 2018~2019년 사이에 30~56% 감소했지만, 중화인민공화국 전체 출생률은 겨우 4.2% 감소. 신장 남부의 인구밀도가 높은 위구르 지역에서의 출생률은 훨씬 많이 감소함.
- 비한족인의 이동 및 의사소통을 제한하고 미국, 유럽연합, 튀르키예, 호주 및 기타 국가에 흩어진 위구르인과 카자흐인을 역외 감시하고 위협.

- 억류 시설이나 거주지에 있는 위구르인을 자택과 멀리 떨어진 공장으로 강제 이송. 신장과 중국 내 다른 지역에서 위구르 이송 노동자들은 대부분 군대식 감시를 받으며 감금되고 공장 부지 밖으로 자유롭게 나갈 수 없음.

지리적 위치 및 역사

/

신장의 공식 명칭은 '신장 위구르 자치구'로 텍사스 주보다 2배 이상 크며, 중화인민공화국 북서쪽 끝에 위치한다. 신장은 지리적 및 민족적으로는 중앙아시아에 해당하며, 중국의 일부가 아님을 강조하고 싶어하는 사람들은 다른 역사적 이름인 '동튀르키스탄'이라고 부른다. 신장 북부는 산악 지역이며, 남부는 대부분 사막이고 여러 오아시스 도시가 존재한다. 지역 전체는 다양한 민족으로 구성되지만, 지역 남부에는 위구르인의 밀도가 높고, 북부에는 한족, 카자흐족과 후이족回族이 많다. 대부분의 석유화학 및 광물 채굴은 북부에서 이뤄지며, 북부가 남부보다 경제적으로 더 발전된 상태다. 위구르 지역은 1980년대 이후 중국 동부 농촌 지역의 삶의 수준을 극적으로 끌어올린 시장 기반 농업 개혁의 혜택을 받지 못하고 있다.

2021년 기준 신장 위구르 자치구의 인구는 약 2,500만 명이며, 위구르족과 한족이 각각 약 40%를 차지하고 카자흐족은 6~7%, 후이족은 약 4%, 그리고 키르기스족, 타지크족, 몽골족을 포함한 여러 토착 민족이 약간의 비율을 차지한다. 이들 중 다수는 역사적으로 이슬람교를 믿어왔지만, 종교가 없거나 다른 종교를 믿는 사람도 많다.

1949년 신장을 장악한 중국공산당은 국민당과 동튀르키스탄 공화국ETR으로 구성된 연립 정부의 항복을 받아들였다. ETR은 1944년 국민당 통치에 저항하기 위해 소련의 지원을 바탕으로 창설됐고 군사적으로 국민당을 패배 직전까지 몰아갔지만, 제2차 세계대전의 마지막 몇 개월 동안 미국은 국민당에, 소련은 ETR 지도부에 휴전을 강요했다. 이후 국민당과 ETR은 단일 행정부를 구성했으며, 선거를 통해 신장 정부 내 비한족 대표의 비율을 적절한 수준으로 유지했다.

신장을 점령한 중국공산당은 구 ETR 지도부를 중국공산당에서 직접 낙점한 현지 출신 공무원들로 교체했다. 중국공산당은 퇴역한 국민당 군인 8만 명을 신장에 살게 했는데, 이들은 국영 농장을 만들고 새로운 도시를 건설하며, 한족 인구를 늘리는 데 전념하는 준군사 조직인 신장생산건설병단新疆生產建設兵團을 구성했다. 이로부터 중앙아시아 지역에서 중화인민공화국 정착민 식민지 프로젝트가 시작됐고, 한족의 비율은 1950년대 초반 5%에서 현재는 40%로 증가했다. '빙투안兵團'이라고 통칭되는 신장생산건설병단은 신장 내 감옥과 수용소 운영에 깊이 관여하고, 신장에서의 목화 생산을 장악하고 있으며, 태양 전지판 원료 공급망에 복잡하게 얽혀 있으면서 막대한 지원금을 받는 복합 기업화됐다. 또한 빙투안은 글로벌 패션 브랜드인 나이키, 캘빈클라인, 파타고니아 등에 물건을 납품하는 업체가 포함된 전 세계 자회사 네트워크도 운영하고 있다.

중화인민공화국의 민족 정책과 최근 한족 지상주의적 동화주의

/

1917년 이후의 소련처럼, 1949년 이후의 중화인민공화국은 제국이던 나라를 통치하는 사회주의 국가다. 이 제국주의의 숙적에게 있어 제국이 남긴 '다양성'이라는 유산은 현실적인 문제는 물론, 식민주의자처럼 보이지 않으면서 제국을 통치해야 한다는 문제도 제기했다. 그래서 중화인민공화국은 수정판 소련 민족 정책을 실행하고 중국 내 56개 민족, 즉 한족 외 국가에서 '소수민족'으로 정의한 55개 민족을 공식적으로 인정했다. 이러한 조치 때문에 위구르족, 티베트족, 몽골족 및 기타 민족은 한순간에 각자 지역의 소수민족이 돼 버렸다. 티베트 자치구, 신장 위구르 자치구 및 다른 3개 자치구(각 자치구는 수많은 소위 자치구와 자치현으로 구성되는, 민족 집단이 유명무실한 통치권을 가지는 명목상의 자치구일 뿐이다) 지정은 민족을 다루는 중화인민공화국의 독창적인 방식이 영토를 통해 나타난 행위다. 실제로는 중화인민공화국의 다양성 체제diversity regime라는 이름이 더 적절할지도 모른다.

이러한 독창적인 다양성 체제는 민족적 정체성을 국가 관리의 기본 요소로 만들었다. 이 체제는 공식적으로 인정되는 각 민족의 언어, 교육과 문화적 표현을 지원했다. 이론상으로, 그리고 때로는 실제로도 다수민족인 한족의 차별과 문화적 말살로부터 비한족을 보호하고 독재 정부 및 정당 체제에서도 각 민족의 집단 대표제를 보장했다. 자유민주주의의 다양성 체제와는 다르지만, 중화인민공화국 다양성 체제는 실제로 실행했을 때는 비한족들의 인기를 얻었다. 미국의 짐 크로법

Jim Crow Laws(19세기 말에서 1965년까지 미국의 남부 주들에서 시행되던 법. 남북전쟁 이후 흑인을 명목상 같은 미국 시민으로 대하면서도 사회, 교육, 문화 등 생활의 거의 모든 면에서 백인보다 열등한 지위에 있도록 하는 법으로, 인종차별 제도의 대명사처럼 여겨졌다 – 옮긴이)에 비하면 훨씬 다원주의적이고 포용적이었기 때문이다. 1960~1970년대까지 진행된 문화혁명은 비한족을 잔혹하게 박해했지만, 중화인민공화국의 비한족 집단은 이후 1980년대를 중화인민공화국 다양성 정책의 황금기라고 회상한다.

1991년 소련이 몰락하자 일부 중화인민공화국 학자와 중국공산당 이론가는 소비에트 민족 정책 자체가 소련 해체에 기여했다고 우려하기 시작했다. 2세대 중국의 민족 정책은 55개의 비한족과 이들의 명목상 자치 영토를 국가와 당이 계속 지원하는 것이 아니라, 다양한 집단의 '혼합과 융합'을 촉진하는 것이어야 한다고 주장한 사람도 있었다.

2013년 집권한 시진핑은 중화인민공화국 다양성 체제를 파격적으로 수정해 새롭게 시작했다. 그는 민족과 종교를 다루는 관료 조직을 정부에서 제거하고 중국공산당이 직접 통제하게 했다. 2014년에는 신장 내 문제를 해결하려면 '물질적인' 조치(즉, 경제개발)는 물론 '정신적 문제'에도 주의를 기울여야 한다고 발표했고, 이는 매춘부, 마약 복용자와 파룬궁 수련생을 상대로 중국 정부가 과거에 사용한 강제 세뇌 기법을 신장에서도 사용하리란 사실을 알리는 전조였다. 시진핑은 중국 내 종교를 '중국화'하는 작전도 실시했다.

중국이 56개 민족으로 구성된 다민족 국가라는 원칙을 강조하던 분위기가 미묘하게 달라지는 가운데, 최근 시진핑 정부는 단일하고 모든 사람을 아우르면서 동질적인 중국의 정체성을 나타내는 '중화中華'

라는 개념을 자신의 중국몽과 밀접한 관련이 있는 이념적 핵심으로 선전하고 있다. 최신 정치 표어 중 하나는 공무원들에게 중국 내 모든 사람의 '중화 집단의식 주조'를 주요 정치적 목표로 삼아야 한다고 명령한다. 과거에는 정치적 의미로 사용됐던 단어인 '중화'는 중국을 의미하는 두 한자로 구성됐으며, 현재 공식적으로 홍보되는 중화 정체성의 문화적 특성은 한족의 특성과 구분할 수가 없다. 따라서 중화 정체성에 대한 최신 국가 홍보는 실제로는 비한족을 한족화, 또는 중국화하려는 톱다운식 접근이다. 그리고 옛날 미국의 '(인종의) 용광로' 관념을 떠올릴지도 모르지만, '주조'라는 은유는 산업용 공구를 이용해 여러 민족을 이상화된 중화 혼합물로 융합하려는 중국공산당의 의도를 암시한다.

중화 개념은 청 제국의 비한족이 원래 처음에는 중국인이었으며, 당사자 중에는 이를 아는 사람도 있고 모르는 사람도 있었다는 주장에까지 사용됨으로써, 21세기 초의 낡은 인종 논쟁을 떠올리게도 한다. 2020년 9월 연설에서 시진핑은 "신장의 모든 민족은 중화 혈통으로 묶인 가족이다"라고 말했다. 그다음에는 위구르어가 튀르크어가 아닌 중국어이며, 위구르족은 역사적으로 중앙아시아 튀르크족의 후손이 아니라 상상 속 고대 중화인의 후손이라는 허무맹랑한 주장이 공포됐다.

정부, 기업, 개인이 신장 문제를 우려해야 하는 이유

/

신장 정책에 대한 도덕적 혐오와 많은 대중의 비난은 어쩌면 당연해 보인다. 중화인민공화국이 자기편으로 집결시키는 데 성공한 짝패 권위주의 국가들의 입김 속에서 국제기구가 신장의 사례를 실제로 조사하기는 어렵다. 이러한 점을 고려하면, 신장의 비한족을 대상으로 자행돼 온 다각적인 억압이 어느 한 종족을 집단 말살하는 것에 대한 유엔의 제노사이드협약Genocide convention이나 제노사이드의 법적 정의(국제형사재판소에 관한 로마 규정에 따름)에 부합하는가라는 질문은 얼마간 의미론적 문제가 될 것이다. 그러나 제노사이드라고 보기 어렵다는 사실만으로 중국공산당에 대해 전 세계가 면죄부를 주긴 어렵다. 신장 정책이 반인륜적인 범죄나 문화적 학살에 해당하는가를 놓고 설토가 벌어질 가능성이 훨씬 높다.

정부, 기업, 개인이 중화인민공화국이 위구르족과 다른 신장 내 비한족에게 저지르는 일을 우려해야 하는 이유에는 도덕적 의무 외에 현실적인 이유도 있다. 중화인민공화국은 사회통제라는 목적을 위해 인공지능을 비롯한 여러 기술을 세부 조정하는 실험실로서 신장을 활용하고 있다. 중화인민공화국은 관심을 보이는 국가에 이 기술을 수출하려 하는데, 사실 이러한 기술은 (정부가 아닌 기업에서 더 노골적으로 활용한다는 차이가 있긴 하지만) 자유민주주의 국가에 이미 존재하는 기술이다. 이를 활용하는 감시 국가는 어떤 존재가 될 수 있으며, 감시 국가가 추구하는 악한 목적이 무엇인지를 인식하는 것은 모든 사람에게 도움이 되는 일이다.

신장에서의 잔혹 행위는 미국과 다국적 기업에 현실적인 문제를 제기한다. 대량 구금과 '반극단주의법'을 바탕으로 한 위구르 및 기타 비한족 억류자들의 이주 노동은 강요된 행위임이 분명하다. 저임금의 순종적인 민족 천민 집단의 창출이야말로 신장에 대한 중화인민공화국 경제정책의 핵심 요소이며, '페어링 지원 계획配對輔助企劃'에 따라 신장 개발을 지원할 '파트너'로 규정된 중국 동부의 19개 지방 및 도시가 여기에 관여하고 있다. 따라서 전 세계의 기업은 '신장에서 사업을 진행하고, 신장생산건설병단이나 현지 신장 정부를 상대하고, 신장에 관여하는 중국 기업이나 신장 행정부와 협업하고, 페어링 지원 계획을 통해 신장 교도소와 강제 노동 체제를 위한 자금을 지원하고, 건물을 짓고, 다양한 요소를 관리하는 베이징과 상하이, 선전 또는 기타 16개 자매 도시 및 지역과의 다양한 접점에서' 신장에서 발생하는 잔혹 행위에 연관되는 것이다. 불투명한 공급망을 바탕으로 하는 이러한 연결 관계는 국제적인 브랜드, 특히 원면이나 면사, 태양광 발전 기술에서 사용되는 폴리실리콘을 구매하는 브랜드에 수입 금지, 벌금 및 평판 훼손이라는 잠재적 위험을 안긴다.

정부, 기업, 개인이 할 수 있는 일

/

함께 국제적 연합을 이룬다면, 각국 정부는 표적 제재를 이행해 신장에서의 문화적 학살에 관여하는 개인과 기업에 경제적 고통과 수치를 안길 수 있다. 각국 정부는 신장은 물론 페어링 지원 계획에 참여하는 19개 지역도 철저하게 검토할 수 있다. 또한 정부는 신장생산건설병단 및 신장 정책을 이행하는 다른 기업의 해외 자금을 조사하고, 중화인민공화국 대담자와의 대화에서 신장에서의 잔혹 행위를 계속 언급하고, 중화인민공화국의 박해를 피해 도망친 위구르인과 다른 신장 주민에게 피난처와 보호시설을 제공할 수 있다.

기업은 중국 내 자사 공급망에 대한 자유로운 접근과 제한 없는 감사를 요구해야 한다. 또한 기업은 중국 회사와 공무원에게, 그들이 신장 억압에 공모한다면 중국에서의 비즈니스를 지속할 수 없다고 분명히 밝혀야 한다. 기업은 중국 당정 체제의 통신 채널을 통해 이러한 경고를 전달해야 한다.

신장 정책은 미중 분쟁의 불씨 같은 것이 아니라 토착민을 상대로 자행된 최악의 과거 식민주의자 약탈과 인종 청소, 나치의 홀로코스트holocaust와 남아프리카공화국의 아파르트헤이트apartheid를 떠올리게 하는 인도주의적 재앙이다. 개인은 소셜 미디어 및 기타 매체를 통해 중화인민공화국 동화주의와 한족 지상주의에 대한 우려를 표현하고, 'Black Lives Matter(흑인의 목숨도 소중하다)' 운동 및 원주민 권리 운동과의 유사점을 강조해야 한다. 또한 개인은 중국 및 전 세계 브랜드에 신장과 관련된 직물, 전자 기기, 태양 전지판 및 기타 제품을 투명하게 공개하도록 요구해야 한다. 개인은 중국 문화는 물론 위구르 및 기타 비한족 문화도 공부해 지지와 연대를 표현하고, 정부와 기업에 신장의 위기와 이 위기가 인간의 가치에 제기하는 본질적인 위험을 진지하게 고려하도록 요구해야 한다.

제임스 A. 밀워드 James A. Millward
조지타운대학교 역사학 교수. 《Eurasian Crossroads: A History of Xinjiang》(2021)의 저자다.

25

중국은 왜 남중국해에 인공 섬을 만들고 군사기지화하는가?

보니 S. 글레이저

2013년 12월부터 중국은 남중국해의 산호초 7곳을 인공 섬으로 바꾸기 시작했고, 이 섬의 면적은 3천 에이커(약 12km²)로 확장됐다. 개간이 끝나자 중국은 섬을 무장해 무기 체계를 구축하고 그 가운데 가장 큰 섬들인 메이지자오美濟礁, 주비자오渚碧礁, 후오훙수자오火紅十字礁에 긴 활주로를 건설했다. 중국의 불안과 기회주의, 야심이 어우러진 산물인 이 초대형 건설 프로젝트는 인도-태평양 지역 국가들에 놀라움과 불안을 선사했고, 이는 미국도 마찬가지였다.

토사를 준설해 섬을 만들고, 이러한 섬을 전초기지로 만든다는 중국의 계획은 다양한 목적을 띤다. 먼저, 이 계획의 의도는 남중국해에서의 광범위한 영토 및 해상 권리에 관한 중국의 주장을 강화하는 것이었다. 중국은 서태평양의 약 140만 제곱마일(약 362km²)을 차지하는

'구단선九段線'이라는 U형 선으로 자신들의 권리를 주장한다(구단선은 중국이 1947년에 일방적으로 설정한 영해 경계선으로, 이대로라면 남중국해의 대부분은 중국의 영해가 된다 – 옮긴이). 중국이 권리를 주장하는 지역의 지상과 해상은 브루나이, 말레이시아, 필리핀, 대만, 베트남이 전체 또는 일부를 놓고 다투는 곳이다. 중국의 인공 섬은 남중국해 남부의 난사군도南沙群島에 있다.

상대적 열세라는 인식

중국의 입장에서 표현하자면, 그들은 수십 년 동안 분쟁 지역에서 계속돼 왔던 각 나라들의 영토권 주장을 따라잡고 있을 뿐이다. 예를 들어 베트남은 난사군도 중 자국이 점유하는 27개 지역에서 소규모 개간 사업을 진행하고 수많은 군사시설을 건설했다. 필리핀 역시 자국이 점유한 9개 지역에서의 입지를 강화했다. 이러한 상황에서 소형 산호초 7개만 점유한(그마저도 이 중 일부가 물에 잠겨버렸다) 중국은 상대적으로 열세에 놓이게 됐다. 또한 베트남을 비롯한 다른 국가들은 영토권 주장을 강화하고, 중국 어민을 괴롭히고, 탄화수소 자원을 개발하고, 미국과 합동훈련을 실시할 목적으로 해상법을 각자 제정함으로써 중국의 주권과 이익을 침해하는 모습을 보였다. 따라서 섬 건설 작전은 중국의 기본적인 권리와 이익을 지키고 인근 소국들의 향후 도전을 저지하겠다는 결의를 보여주는 일인 것이다.

두 번째로, 중국은 남중국해에서 자국의 존재감을 높임으로써 유리한 지역적 환경을 조성할 수 있는 외교적 힘을 강화하고자 했다.

2010년대 초반까지만 해도 중국 내에서는 남중국해 분쟁을 다루는 중국의 방식이 효과적이지 못하다는 평이 우세했다. 2002년, 중국과 동남아시아국가연합ASEAN 10개 회원국이 서명한 '남중국해 당사국 행동 공동선언'은 중국에 유리한 조건으로 안정성을 유지한다는 목적에 부합하지 못했다. 게다가 "에너지 공동 개발을 추진하기 위해 영토 분쟁을 보류한다"는 중국의 정책도 성공하지 못했다. 다른 주장국들은 중국의 구단선 안에서 석유와 가스를 일방적으로 채취하고 있었다. 특히, 공동선언 서명 후 중국이 보여준 온건적 태도는 다른 주장국이 자국의 이익을 위해 중국의 비용으로 자원을 채취해도 무방하다는 인상을 주게 됐다.

남중국해 당사국 행동 공동선언은 참여한 11개국 모두가 종국에는 구속력 있는 행동 강령에 합의한다는 약속을 포함했다. 중국은 남중국해에서의 존재감을 강화하면 행동 강령 관련 협상에서의 영향력이 강해지리라 생각했다. 중국의 힘과 영향력이 무서울 정도로 강해진다는 사실을 인정한 ASEAN 회원국은 중국의 이익을 수용하려는 태도를 보였고, 덕분에 이 협약은 안정성 유지와 권리 보호라는 중국의 두 가지 목적을 충족하게 됐다.

세 번째로, 중국의 행동은 안보 우려와 확장 능력을 통해 자국의 이익을 보호하고 증진하고자 하는 열망이 하나로 모인 결과이기도 했다. 인민 해방군은 중국의 경제 발전에 필수적인 중국의 해상 통신로를 보호하고 증가하는 대외 이익을 지키려면, 남중국해에 더 강한 거점이 필요하다고 주장했다. 또한 난사군도에 군사기지를 구축하면, 중국은 군사 및 법률 집행 활동을 더 효율적으로 수행하고, 인민 해방군의 힘의 투사 능력을 강화하며, 인근 하이난섬을 모항으로 하는 자국 핵 잠수함을 보호해 자국의 보복성 핵 보유력을 더 안정적이고 효율적으로 운영할 수 있다.

남중국해를 통해 잠재적 공격으로부터 중국을 보호한다는 심중한 전략 확립도 인민 해방군의 목표였을 것이다. 중국공산당이 '백년국치'라 말하는 시대를 연 19세기 아편전쟁부터의 외세 침입을 이유로, 중국은 군대와 일반 대중에게 강력한 방위력과 공격적인 정책을 지지해 중국의 주권 주장을 옹호할 것을 요구하고 있다.

2011년 가을 발표된 '피벗투아시아' 정책을 통해 드러난 이 지역에 대한 오바마 행정부의 적극적인 관심도 인민 해방군의 주장을 강화하는 계기가 됐다. 가장 중요한 사건은 2010년 7월 아세안 지역 포럼에서 힐러리 클린턴 미 국무 장관이 "남중국해에 미국의 중요한 국익이 걸려 있다"고 발언한 일이었다. 중국은 이를 두고 중국과 다른 주장국들 간의 분쟁에 미국이 더 간섭하려 한다는 의미로 해석했다. 따라서 미국의 행동, 특히 산발적인 충돌을 벌이는 일부 국가를 지지하는 행동은 인공 섬 건설 계획을 강행하게 만든 또 다른 원인이었을 것이다.

이들 섬의 간척 및 무장 계획은 2009년 중국 해군이 제안한 것으로, 당시의 중국 주석 후진타오胡錦濤는 이를 거부했다. 모험 성향이 더 강한 시진핑은 2013년 후반, 이 계획을 명시적으로 승인했다. 2012년과 2013년 초에 발생한 여러 사건이 시진핑의 결정에 영향을 줬을 것이다. 2012년 봄 마닐라에서 겨우 140마일(약 225km) 떨어진 곳에 있는 산호초 및 암초군인 스카버러 암초Scarborough Shoal에서 중국과 필리핀 사이의 충돌이 발생했다. 이러한 교착상태는 분쟁을 중재한 미국 덕분에 해제됐다. 이 사건에 관여한 미국 외교관들은 "미국의 설득 덕분에 필리핀은 중국도 함선을 철수한다는 조건하에 자국의 함선을 철수할 수 있었다"라고 말한다. 그러나 중국은 이러한 약속을 부인했고, 자국의 해양법을 집행하는 선박에 스카버러 암초를 장악할 것을 지시했다. 훗날 중국 관료들은 스카버러 암초 주위가 아닌 산호초에서만 중국 함선을 철수하기로 약속했다고 주장하면서, 자국의 행동을 정당화했다. 미국과의 두뇌 싸움에서 승리하고 아무 비용 없이 스카버러 암초의 정세를 자국에 유리하게 만드는 데 성공했다는 사실은, 추후 시진핑이 중국 해군의 계획을 대담하게 추진하는 데 도움이 됐을 것이다.

네 번째로, 필리핀이 유엔해양법협약을 바탕으로 국제재판을 신청해, 난사군도를 둘러싸고 점점 증가하는 중국의 주장과 활동을 근거로 중국을 제소한 사건 역시 그들의 결정에 영향을 준 것으로 보인다. 재판은 중국이 스카버러 암초의 교착상태에서 승리를 거두고, 이 지역에서 필리핀 어선의 조업을 금지한 후인 2013년 1월에 시작됐다. 시진핑은 필리핀의 대담한 수에 분개했으며, 다른 국가가 필리핀의 제소를 지지하거나 자체적으로 제소하는 일을 막아야 한다고 판단했다. 그래서 더욱 개간 및 무장 계획 실행을 허가했을 것이다.

마지막으로, 중국은 오바마 행정부가 중국의 목표 달성과 남중국해의 상황을 중국에 유리하게 바꿀 기회를 저지하고자 나설 가능성이 낮다고 판단했을 것이다. 오바마 대통령은 2012년 시리아 대통령 바샤르 알아사드Bashar al-Assad가 화학무기를 사용한다면 미국은 군사적 대응을 하겠다는 한계선을 설정했지만, 막상 2013년 8월 시리아 군대가 민간인을 상대로 화학무기를 사용했을 때 무력 사용을 자제했다. 시진핑은 이 사건을 미국 대통령이 자국의 이익을 지키기 위해 미군을 배치하거나 중국의 남중국해 진격을 막기 위해 개입하지 않으리라는 뜻으로 해석했을 가능성이 높다. 인공 섬 건설이 미중 군사 대립을 촉발한다고 생각했다면, 중국은 계획을 추진하지 않았을지도 모른다. 2016년 초반, 오바마 행정부가 무력을 사용해 중국의 스카버러 암초 무장을 저지할 수 있다는 신호를 보내자, 중국은 이 지역의 간척을 포기했다.

중국 정부가 순전히 안보를 위해 남중국해에 군사기지를 건설하기로 했다고 주장하는 사람도 있지만, 앞에서 언급한 분석에 따르면 중국의 대규모 사업은 불안정성과 기회주의, 그리고 야심이 조합된 결과라는 사실이 너무나 명확하다. 최근 수년간 이 지역의 국가에 대한 시진핑의 선언과 중국의 정책을 고려하면, 남중국해 통제력을 강화하려는 중국의 계획은 지역 패권을 위한 더 큰 전략적 결정의 일환임이 갈수록 분명해지고 있다. 훨씬 전에도 중국의 야심을 명확하게 보여준 사건이 있었는데, 바로 2014년 시진핑이 새로운 '지역 안보 구조 조성'을 추진한 일이었다. 아시아 교류 및 신뢰구축회의CICA에서 "아시아인이 아시아를 운영하고, 아시아의 문제를 해결하고, 아시아의 안보를 유지"할 것을 요구한 중국 지도자의 모습은 미국의 영향력을 줄이고 중국 중심의 지역 안보 구조를 조성하려는 중국의 의도를 극명하게 보여준다.

항해의 자유, 그 이상의 것

남중국해를 잃는다면, 미국은 무엇을 놓치게 될까? 중국의 남중국해 장악을 미국이 우려해야 하는 이유는 무엇일까?

남중국해는 미국에 다양한 이익을 제공한다. 항해 자유 보장은 자유롭고 합법적인 통상 무역과 UNCLOS(유엔해양법협약)에 따른 공해 자유권 행사를 모두 제공하는, 미국이 오랫동안 누리고 있는 전 지구적 이익이다. 타국의 과도하고 위법적인 해상 영유권 행사를 방지하기 위해, 미 해군은 1979년 수립된 프로그램의 일환으로 전 세계에서 '항해의 자유 작전FONOP'을 실시했다. 오바마 행정부는 2015년 5월에서 2016년 10월 사이 남중국해에서 FONOP를 총 4회 실시했다. 트럼프 행정부는 그 빈도를 높여 4년 동안 FONOP를 총 27회 실시했다. 그러다 다시 바이든 행정부에 들어 그 횟수가 줄어들었는데, 바이든 행정부는 집권 첫해에 FONOP를 총 4회밖에 실시하지 않았다.

남중국해는 무역을 하려면 반드시 지나야 하는 수로다. 매년 남중국해 해역을 통과하는 해상무역액은 3조 4천억 달러에 달하는 것으로 추정된다. 2016년 이 해역을 통과한 미국 해상무역은 14%에 불과했지만, 일본 해상무역은 거의 42%가 이 분주한 해상 수로를 사용했다. 남중국해에 대한 중국의 무역의존도는 훨씬 더 높다. 2016년에서는 중국 해상무역의 64% 이상이 이 수로를 통과했으며, 석유 수출은 80%가 이 수로를 사용했다. 따라서 심각한 상황이 벌어질 경우는 다른 이야기가 되겠지만, 중국이 실제로 상업적 선박의 운항을 방해할 가능성은 크지 않다.

미국이 누릴 수 있는 또 다른 큰 이익은 주권 및 해상 권리 관련 분쟁의 평화로운 해결이다. 미국이 남중국해를 중국의 영향권 아래 두도록 할 의향이었다면, 중국은 강요는 물론 군사력까지 동원해 자국이 점유하는 지역에서 다른 영토권 주장국을 몰아내고 방대한 해상 지역에 대한 통제력을 행사했을 것이다. 만일 그 결과로 아시아 국가들이 미국을 신뢰하지 못하게 된다면, 이는 미국의 이익을 해치는 일이다. 남중국해에서 중국의 영향력이 더 강해지는 와중에 믿을 만한 외부 세력이 개입해 균형을 회복하지 않는다면, 이 지역 내 국가들은 중국의 이익에 협조하고 중국의 지배권 아래 놓이게 된다. 이는 서태평양에서의 미국의 입지와 영향력도 심각하게 훼손하는 결과를 초래할 것이다.

미국은 남중국해 영유권 주장국 중 하나인 필리핀과 방위조약을 체결했다. 중국이 필리핀 해군이나 해안경비대 선박을 공격하거나, 필리핀 군인을 상대로 무력을 행사하거나, 필리핀 군용기를 격추한다면 미국은 '자국의 헌법 절차에 따라 공동의 위험에 대처하기 위해 행동'해야 한다. 따라서 필리핀, 나아가 다른 조약 동맹국을 상대로 미국이 한 약속의 신뢰성은 위태로운 상태이며, 남중국해에서 시험대에 오를지도 모른다.

규칙에 따른 지역 질서와 국제법 존중도 미국이 누리는 이익이다. 미국은 UNCLOS를 비준하지 않았지만, 이를 관습적인 국제법과 국내 정책으로서 준수하고 있다. 이 지역의 안보와 경제적 번영은 공통 규칙과 규범에 달려 있으며, 미국은 이러한 규칙과 규범을 독재 정부가 아닌 민주주의 국가가 정하길 바란다.

또한 미국은 '대소를 불문하고 모든 국가의 권리 보호' 원칙을 옹호한다. UNCLOS에서 허용하는 배타적 경제수역 및 대륙붕 내 어족 및 탄화수소 등의 자원에 대한 권리도 마찬가지다. 그래서 미국은 중국에게 2016년 중국을 상대로 필리핀이 승소한 재판 결과를 준수하고, 판결에 맞게 주장을 수정하라고 요구하고 있다.

중국은 자국의 영토 및 해상 권리 주장을 강화하고, 외교를 이용해 중국에게 유리한 지역 환경을 조성하는 능력을 증진하며, 자국의 군사 및 경제적 안보에 중요하다고 생각하는 넓은 해상 영역에 대한 통제력을 강화하기 위해 남중국해에 인공 섬을 건설하고 무장했다. 앞에서 살펴본 대로, 이 대규모 사업은 안보 불안, 기회주의, 야심이 결합된 산물이었다. 한편, 남중국해는 미국과도 무관하지 않다. 남중국해와 관련된 미국의 대표적인 이익은 항해 자유 보호, 평화로운 분쟁 해결 보장, 동맹국과 한 약속의 신뢰성 유지, 규칙 기반의 지역 질서유지, 그리고 모든 국가가 국제법에 따라 정당한 자격이 부여되는 자원을 이용할 수 있게 하는 것 등이다.

보니 S. 글레이저 Bonnie S. Glaser
미국 내 독일마셜펀드의 아시아 프로그램 이사. 중국 외교정책 및 미중관계 전문가다.

6부
경제

ECONOMICS

26

미중 무역 전쟁에서 승자는 누구이고 패자는 누구인가?

유콘 황

2018년 3월, 도널드 트럼프 미국 대통령은 "무역 전쟁은 좋다. 쉽게 이길 수 있다Trade wars are good and easy to win"라는 트윗으로 중국과의 무역 전쟁을 시작했다. 그러나 승자와 패자는 누가 어느 자리에 있는가에 따라 달라진다. 가장 널리 알려진 트럼프 행정부의 공격은 2,500억 달러 상당의 중국 수입품에 25%의 관세를 부과하는 것이었다. 중국 역시 같은 방식으로 보복했다. 이후 두 국가는 2020년 1월 '1단계 무역협정'을 체결해 휴전에 들어갔는데, 이 협정에서 중국은 2천억 달러 상당의 물품 추가 수입을 약속하고 무역 관행을 개혁할 의사가 있음을 확인했다. 그러나 상호 무역은 미중 경제 관계의 일부분일 뿐이다. 중국의 투자 규제 정책 같은 더욱 논쟁적인 구조적 문제는 추가 협상 주제로 남아 있다.

2018년 후반 트럼프 행정부는 중국 통신회사 두 곳에 제재를 가했다. ZTE는 이란 및 북한과 거래했다는 이유로, 화웨이는 5G 서비스 제공을 통해 보안 위협을 유발한다는 이유로 각각 제재 대상이 됐다. 이후 중국 회사 수백 곳이 미국 상무부의 우려 거래자 목록에 추가됐으며, 수출 제한 및 통제의 벽에 막혀 미국의 첨단 제품을 수입할 수 없게 됐다. 다른 조치와 결합한 이러한 징벌적 조치들은 두 경제의 디커플링 decoupling으로 특징됐다. 해외투자 제한, 학술 협력 축소, 미국 금융시장 이용 제한을 포함한 이러한 디커플링의 다양한 측면은 이것이 단순한 단기적 무역 긴장이 아님을 증명한다.

2021년 1월 취임한 조 바이든 대통령은 트럼프의 정책을 여럿 취소하겠다고 약속했지만, 취임 1주년 동안 중국 관련 정책에는 큰 변화가 없었다. 대신 바이든 대통령은 미중 대결을 21세기의 민주주의와 독재 간 효용성 싸움으로 규정함으로써 반중 정서를 강화했다.

세 구성원이 유발하는 경제적 긴장

/

"미국이 진정으로 원하는 것은 무엇인가"라는 문제는 세 구성원의 서로 대조적인 우려 때문에 더욱 복잡해졌다. 트럼프는 중국과의 상호 무역에서 발생하는 적자에 이상할 정도로 집착했고, 이 적자가 미국 실업의 원인이라 주장했다. 재계는 중국의 불공평한 투자 관행, 지식재산 절도와 중국의 거대 시장 이용 여부를 더 우려했다. 마지막으로, 미국의 외교정책 입안자들은 중국을 미국의 전 세계 경제 및 군사 지배를 위협하는 신흥 기술 강국으로 간주했다.

자신의 정치적 기반에서 힘을 얻은 트럼프는 중국이 미국의 농산물과 공산품을 더 많이 구매하게 만드는 것을 승리로 규정했다. 그러나 그의 논리는 결함이 있었고, 애초에 이 방식은 작동할 수가 없었다. 정부가 다른 나라의 국민이나 기업에 구매를 강요하는 법률을 제정할 수는 없기 때문이다. 미국은 중국의 신흥 중산층이 원하는 고급 소비재나 중국 기업들이 필요로 하는 운송 장비를 생산하지 않는다. 나아가 중국은 자국민이 탐내는 미국의 여러 첨단 제품 구매를 안보 문제를 이유로 금지하고 있다.

따라서 관세 부과의 결과가 트럼프의 의도와 정반대로 나온 것은 어쩌면 당연한 일이었다. 2020년과 2021년 모두 중국의 수입은 약속한 수준에 훨씬 못 미쳤고, 미국의 무역수지는 악화됐다. 그동안 중국은 다른 수출 시장을 찾았고, 덕분에 무역 흑자가 증가했다.

관세가 미국의 목적을 달성하는 데 효과적인 도구가 아니었기에, 중국의 비즈니스 환경에 관한 미국 기업의 우려는 거의 해소되지 않았다. 그래서 미국 기업도 패배자가 됐고, 관세 때문에 비용이 증가하면서 수익성이 악화됐다.

유일한 승자는 중국이 전략적 위협에 해당한다고 강력히 주장한 안보 매파였다. 이들의 디커플링 옹호는 트럼프 재임 기간이 끝나갈수록 강해졌고, 바이든 대통령이 홍콩 시위대와 신장 내 위구르 사회에 대한 중국의 억압을 반복해서 비판하면서 더욱 거세졌다.

무역 전쟁과 팬데믹의 영향

/

지난 수년간 경제학자들은 미국 시민과 기업의 행복과는 직접적인 관계가 없는 무역 적자에 대한 트럼프의 집착을 맹비난했다. 미국 연방준비제도이사회FRB는 중국이 비용을 부담하게 된다는 트럼프의 주장과는 달리, 관세에 따른 비용 대부분을 미국민이 지불했다는 사실을 알아차렸다. 나아가 미중기업협의회USCBC의 조사에 따르면, 관세 때문에 다른 제품의 제조에 필요한 수입 자재와 부품 비용이 상승하면서 미국 일자리 24만 5천 개가 사라진 것으로 밝혀졌다.

미국 상무부 산업보안국의 우려 거래자 목록에 중국의 산업 대표주자들이 등록된 사건은 중국의 기술적 야심에 중대한 타격을 줬다. 그러나 한쪽만 피해를 본 것은 아니었다. 오늘날, 미국의 대표적인 첨단테크 기업들은 수입의 최대 20~50%를 중국에서 얻고 있다. 목록에 등재된 중국 기업에 제품을 판매하지 못함에 따라 발생하는 손실은 고스란히 미국 기업의 확장력 약화로 이어지는 것이다. 미국 국방부조차 수출 제한에 따른 의도치 않은 부정적 결과를 경고할 정도였다.

중국을 압박해 해당 정책을, 특히 IP(지식재산) 보호 관련 정책을 고치도록 하려면, 이러한 비용을 마땅히 치러야 한다고 주장하는 사람도 있다. 강력한 IP 체제를 만드는 데는 수십 년이 걸리며, 중국은 WTO에 가입한 2001년에야 겨우 첫 번째 특허법이 통과된 후발주자였다. 하지만 진전이 있었다. 2020년, 미국 상공회의소의 한 설문 조사에 따르면 회원 중 거의 70%가 중국의 지식재산권 행사가 개선됐다고 응답했는데, 같은 질문에 대한 2015년의 응답 비율은 47%에 불과했다.

그러나 유권자의 반중 정서에 민감하거나, 이러한 정서를 정치적 목적으로 사용하길 원하는 미국 정치인에게 경제적 논쟁은 큰 의미가 없다. 일부 설문 조사에서는 미국 대중의 70% 이상이 중국을 싫어하는 것으로 나타났는데, 10년 전에 그 비율은 3명 중 1명꼴이었다. 트럼프가 코로나19 팬데믹을 이유로 중국을 계속 비난하고, 대만에 대한 중국의 권위주의적 정책 및 의도와 관련해 국제사회의 우려가 확산되면서 이러한 정서는 더욱 악화되고 있다.

그와 별개로 중국의 효과적인, 혹은 엄격한 코로나19 대응은 급격한 산업 회복을 촉진했다. 중국의 의료용품과 의약품에 대한 서방의 수요가 폭증하면서 2020년 중국의 무역 흑자는 2배로 늘었고, 덕분에 중국은 팬데믹으로 인한 전 세계 경기 침체에서 벗어난 최초의 주요 경제국이 될 수 있었다.

필수 제품을 중국에만 의존하는 상황을 우려하는 사람도 있었지만, 팬데믹으로 인해 미국 기업이 중국에서 벗어날 가능성은 더 작아졌다. 게다가 미국의 제한 정책이 무색하게도, 중국 경제가 점차 회복되면서 중국으로 유입되는 외국 투자금이 대폭 증가했다.

트럼프의 디커플링 조치에 대해 중국은 절제된 반응을 보였는데, 대표적인 예는 '신뢰할 수 없는 기업 목록Unreliable Entities List'과 모호한 수출통제법을 자체적으로 만들어 공표한 일이었다. 중국은 현재 바이든의 정책이 어떻게 흘러갈지를 지켜보고 있다. 그동안 중국 지도부는 국내화 혁신을 추진하고 국내 공급 업체에 대한 의존도를 높였으며, 이는 디커플링 과정을 더욱 강화하고 있다.

디커플링의 비용

/

경제, 안보 및 인권을 근거로 한 제재의 범위가 확장된다는 사실은 이제 미국 전역에서, 나아가 전 세계에서 디커플링의 결과를 느끼고 있음을 의미한다. 그러나 피해는 양쪽 모두가 받고 있다. 화웨이 통신 장비 금지는 미국과 유럽 소비자가 지불하는 비용의 상승을 유발한다. 미국 주식시장에서의 상장 폐지와 투자 제한은 중국이 미국의 자금원을 이용하지 못하게 만들었지만, 그와 동시에 미국 투자자들 역시 수익을 잃어야만 했다. 중국 학생과 학자의 비자가 제한되면서, 미국 대학의 연구와 재정도 타격을 받게 됐다.

가장 심각한 손실은 지식 생성과 전달이 어려워지면서, 양측 모두 장기적으로 성장이 저해된다는 점이다. 최첨단 혁신은 대부분 우수한 기업을 보유한 부유한 국가에서 일어난 뒤, 전 세계 공급망을 통해 혁신이 국경 너머로 전파된다. 그 결과 여러 국가가 다양한 기술을 한곳에 모으고 전문화하며 협동을 통해 더 많은 결과를 창출할 수 있게 된다.

일반적으로 공급망 재구성은 정부가 아닌 기업이 주도한다. 지금까지는 공급망을 중국 외의 지역으로 옮기는 일이 처음에 상상했던 만큼의 효과를 발휘하지 못했다. 중국이 보유한 수많은 숙련된 노동자와 안정적인 인프라, 공급망과 기업 활동에 관여를 많이 하는 정부의 특성 때문에 생산 시설을 다른 곳으로 옮기기가 쉽지 않다. 팬데믹 기간 중 미국 상공회의소에서 수행한, 미국 기업에 대한 또 다른 중국 설문 조사에서는 응답자의 2%만이 향후 3~5년 안에 중국 시장에서 나올 계획을 고려하고 있다고 답했다.

디커플링은 두 국가에 서로 다른 영향을 미치는데, 이는 두 국가의 의존 특성이 다르기 때문이다. 중국의 취약성은 첨단 부품, 특히 반도체 수입 의존에 기인한다. 미국의 취약성은 좀 더 확장된 형태, 즉 미국 기업이 중국 내 활동을 통해 연간 6천억 달러에 달하는 이익을 얻는다는 사실로 나타난다. 요약하자면 완전 디커플링이 유발하는 경제적 결과는 양쪽 모두에 재앙이 될 것이다.

중국은 미국의 기술 주도력에 도전하게 될 것인가?

미국의 안보정책 입안자들은 효율성에 관한 논쟁을 무시한 채, 기술 강국이 되려는 중국의 노력을 저지하는 것을 승리로 정의했다. 10년 전 대부분의 관측자들은 중국이 혁신적인 초강대국이라는 미국의 위상에 도전하기는 어렵다고 생각했다. 이러한 주장의 근거는 중국이 자원과 정보 흐름을 제대로 통제하지 못한다는 추정과 중국의 허술한 IP 보호 정책 및 창의력을 억압하는 환경이었다.

그러나 중국의 지속적인 경제 발전은 서방과의 기술 격차가 급격하게 줄어들 수 있음을 암시한다. 많은 사람들의 경험에 따르면, 일반적으로 혁신을 이끄는 다섯 가지 주요 요소는 학습, 인적자원, 경험, 규모, 소유권 구조다. 중국은 이러한 요소 중 처음 네 가지가 우수하며, 소유권 구조는 다소 비효과적일지 모르지만, 이는 중대한 문제가 되지는 않을 것이다.

중국은 글로벌 밸류 체인에 대한 외국인 투자와 참여 때문에 하드 및 소프트 테크놀로지를 도입하고 있으며, 현재 미국보다 더 많은 연구자를 보유 중이다. 그러나 중국의 진정한 차별성은 거대한 시장, 그리고 사회주의 신조가 아직 남아 있는데도 엄청난 경쟁 압박을 통해 혁신을 추진한다는 점에 있다. 거대한 자국 시장 덕분에 중국 기업은 외국으로 진출하지 않아도 규모의 경제를 달성할 수 있으며 전 세계 기업은 중국에 예속될 수밖에 없다.

경쟁은 무역을 통해 외부적으로, 그리고 각 지방끼리의 경쟁을 통해 내부적으로 발생한다. 상대적으로 균일한 문화와 새로운 제품에 거부감이 없는 호기심 많은 소비자를 둔 중국은 혁신, 특히 디지털 활동과 관련된 혁신을 실현하기에 매력적인 시장이다. 현재 중국 기업은 모바일 금융 서비스 같은 분야에서 미국 기업보다 앞서 나가고 있다.

하지만 중국은 아직 세계적으로 경쟁력 있는 자동차를 만들지는 못하고 있으며, 모방이 어려운 설계 기술과 특수 장비를 요구하는 차세대 반도체 생산에 애를 먹고 있다. 강력한 국가 지원을 받아도 기술 사다리 위로 도약하는 데는 한계가 있다는 뜻이다. 나아가 알리바바를 비롯한 중국의 거대 인터넷 기업과 반경쟁적 행위를 하는 기업을 규제하고 길들이고자 최근에 널리 공표된 국가 주도의 계획은 혁신 정신을 저해할 수도 있다.

바이든 행정부는 다른 접근법을 선택할 것인가?

바이든 행정부에는 트럼프의 혼란스러운 디커플링보다는 더 일관적인 중국 전략이 필요하다. 최근 발표에서는 문제가 무엇인가에 따라 중국을 파트너로도, 경쟁자로도, 라이벌로도 본다. 그러나 지금은 안보 우려가 의제를 장악하고 있어 상호 호혜적인 경제적 이익을 실현하기가 더 어려워졌다.

트럼프와 달리 바이든은 무역 적자를 크게 우려하지 않으며, 중국과 대립하기 위한 동맹국들과의 협력을 원한다. 그러나 바이든은 중국에 더 쉽게 접근하길 바라는 소비자 및 월가의 기업보다 노동자의 이익을 우선시한다는 점에서 전임자와 비슷한 보호주의 정서를 공유하고 있다. 그는 바이 아메리카Buy America 프로그램, 국내 생산 장려를 위한 인센티브, 본인의 기후변화 의제와 잘 어울리는 접근 방식인 혁신적인 산업 및 녹색 기술을 지원하는 산업정책을 추진하고 있다.

지금까지 바이든 행정부는 별다른 명분이 없었던 트럼프의 '1단계 무역협정'을 수정하거나, 관련 관세를 취소하려는 모습을 보이지 않았다. 또한 바이든은 2022년 중간 선거 기간에도 공개적으로 정책 완화를 강조하는 것을 주저하는 기색이었다. 그러나 그의 행정부는 미중 간 긴장을 완화할 방법을 찾고자 노력하고 있으며, 일종의 동조화나 선택적 관세 면제를 고려할 수 있다는 성명이 대표적인 예다. 나아가 바이든의 참모진은 트럼프의 참모진과는 달리 다자간 기구를 공개적으로 폄하하지 않는다. 대신 개혁 의지를 내비치며, 세계무역기구 및 세계보건기구와의 협업을 추진할 의향을 표명하고 있다.

수십 년 동안 미중관계의 토대가 된 지도 원칙은 경제와 안보 문제를 개별적으로 해결할 수 있다는 것이었다. 그러나 시진핑 주석의 공격적인 외교정책과 시민 자유 통제 강화는 반중 정서에 기름을 붓고 있다. 결과적으로 경제적 문제는 안보 문제와 복잡하게 얽히게 됐고, 양자 관계는 제로섬 게임으로 변모했다.

보다 건설적인 방법을 찾는 첫걸음은 강대국 간의 경쟁 구도 입장을 버리고, 지역적 또는 전 세계적 합의를 통해 우려를 완화하는 것이다. 현재까지 바이든 대통령은 아시아에 대해 경제적 문제보다는 안보에 더 집중하고 있으며, 그 대표적인 예가 2021년 9월 핵잠수함을 제공해 호주와의 방위 협정을 강화한 일이다. 이와 대조적으로 바이든은 중국이 참여 의향을 보인 '포괄적·점진적 환태평양경제동반자협정'에 참여하는 것은 고려하지 않는 것으로 보인다.

유럽 열강과 협력해 경제적 차이를 완화하면 다른 길이 열릴지도 모른다. 유럽은 미국과 동일한 이념적 관심을 공유하지만, 미국만큼 강대국의 패권 겨루기식 정치에 관여돼 있지는 않다. 그러나 유럽은 중국 경제와 더 밀접한 관계를 맺고 있다. 유럽은 중국의 최대 무역 파트너이며, 미국보다 중국에 더 투자하고 있다. 따라서 2020년 후반 유럽연합과 중국 사이에 체결된 양자 간 투자 협정 관련 잠정 합의는 바이든 행정부가 징벌적 관세와 수출 제한을 완화하는 토대가 될 수 있다.

유럽은 중국의 기술적 야망을 우려하지만, 그와 동시에 미국이 장악하는 디지털 서비스 및 기술 주권도 우려하고 있다. 미국과 유럽연합 모두가 안보와 관련해 민감하게 생각하는 문제인 화웨이 5G의 경우, 화웨이가 노키아 같은 유럽 회사와 제휴해 주요 부품을 공급하고 데이터 서비스를 모니터링하는 방법이 해결책이 될 수 있다. 궁극적으로는, 핵확산금지조약 같은 국제 협약을 통해 무역 및 기술 관련 위험을 더 일반적인 방식으로 관리해야 할 것이다.

미중 간의 경제적 긴장을 다루는 일은 장기적인 작업이다. 긴장을 유발하는 근본적인 요소는 트럼프 행정부 이전에도 존재했고 바이든 행정부 이후로도 계속 존재할 것이다. 따라서 미중 무역 전쟁에서 교훈을 얻을 수 있다면, 그것은 바로 "안보 우려가 경제적 필요성을 이긴다면 양자 관계는 제로섬이 된다"는 사실이다. 이때 한쪽의 승리는 다른 한쪽의 패배를 뜻할 것이다.

유콘 황 Yukon Huang
경제학자이자 카네기 국제평화재단 선임 연구원. 세계은행에서 중국 지역을 총괄했다.

27

중국의 당-국가 자본주의는 세계 자본주의와 어떻게 상호작용하는가?

마거릿 M. 피어슨, 멕 리스마이어, 켈리 차이

중국 경제의 본질에 관한 우려는 중국의 힘에 관한 전 세계의 의심, 특히 최근 악화 중인 미중관계에서 두드러지게 나타난다. 경제적 경쟁과 제도의 준수와 같이, 서방에는 익숙한 자본주의 경제 관행을 중국이 추진하게 되리라는 가정을 바탕으로 중국을 세계시장에 참여시켜야 한다는 주장보다는, 경제에 대한 간섭 면에서 당의 역할과 권력이 너무 세기 때문에 중국과의 경쟁은 공평하지 못하거나 불가능하며 협력은 위험하다는 우려가 더 우세한 입장이다. 중국은 '국가 자본주의' 사례로 자주 분류되는데, 이 용어는 국유화와 금융 개입 및 과도한 산업정책을 통해 정부가 경제를 장악하는 체제를 포괄적으로 정의하고 있다. 브라질과 인도, 노르웨이를 포함한 많은 민주주의 국가에서도 이러한 특징 중 일부가 나타나지만, 일반적으로 독재국가에 적용할 때 부정적인 의미를 내포하며, 특히 오늘날 경제 강국이 된 중국에 적용할 때는 더욱 불길한 어감을 준다.

중국의 정치와 경제는 중국공산당의 지배력을 강화하기 위해 점점 더 조직화되고 있으며, 국내외 위험을 관리하는 방향으로 전환하고 있다. 이것은 주로 국내의 경제성장을 촉진한다거나 세계 무대에서 자국 기업의 경쟁력을 높이는 것이 목적인 국가 자본주의의 여러 변형과는 차별화되는 요소다. 중국의 체제도 이러한 특성이 없는 건 아니지만, 정치적 안정과 당의 지배력을 점점 더 중시하는 특성 때문에 중국의 당-국가 자본주의는 전혀 다른 형태의 경제 조직을 창출했다.

이번 장에 나오는 당-국가 자본주의에 대한 설명은 중국의 위험 관리 체제, 그리고 다른 국가에는 없는 중국 정치·경제의 세 가지 주요 특징을 강조한다. 세 가지 특징은 바로 광범위한 국가 주식 보유, 국영기업과 민영기업 간의 모호한 경계, 모든 국내외 기업을 대상으로 점점 증가하는 중국공산당의 정치적 요구 준수에 대한 압박이다. 역설적이게도 당의 권력과 이해관계의 부상은 악순환의 역학 관계를 만들었다. 당-국가 자본주의의 핵심 목표는 정치적 권력 통합과 안정성 유지지만, 이러한 목표를 추구한 결과 국내와 국외 모두에서 경고 신호가 발생하고 있다. 국내적으로는 중국공산당이 더 과감한 역할을 수행하게 되면서, 기업가 정신과 혁신을 바탕으로 40년 동안 중국의 성장을 이끌어 온 자본가들이 소외될 수도 있는 상황에 부닥쳤다. 국외적으로는 일당 국가의 중심성과 정치·경제의 융합에 대한 인식이 불신을 유발하고, 정치적 역풍을 일으키며, 전 세계에서의 중국 기업의 활동을 제한하고 있다.

당-국가 자본주의란 무엇인가?

/

일반적으로 국가 자본주의는 (특히 세계화된 산업 부문에서) 성장 촉진과 전략 지정학적·경제적 경쟁 중 하나, 혹은 둘 다를 목표로 하는 국가의 경제적 개입 및 기업 소유를 의미한다. 당-국가 자본주의는 국가 자본주의와는 완전히 다른데, 그 이유는 체제 생존이 최우선 순위이기 때문이다. 여전히 경제적 목표가 국가 개입의 주된 근거지만, 정치적 목적이 가장 중요하기 때문에 체제 생존이 경제정책의 최고 목표가 된다. 이러한 정치적 결론은 최근의 여러 동향에서 확인할 수 있다.

그중 하나는 수많은 중국 기업에서 일당 국가가 주주이자 투자자로서 수행하는 역할이 증가하고 있다는 것이다. 그 예로 2003년 국영사무 주무기관으로 설립된 국유 자산 감독관리위원회는 국가의 지분이 절반을 넘지 않는 기업의 비중을 늘리고 있다. 수십 년 동안 경제학자들은 민영기업은 보다 시장 지향적이고 독립적인 방식으로 운영된다는 가정을 바탕으로 국영기업과 민영기업을 구분해왔다. 그러나 최근에는 정치적 고려에 따라 행동하는 국가기관이 비국영 기관에서 점점 더 중요한 금융 및 기업 거버넌스 역할을 맡고 있다. 정당 조직이 민영기업과 외국 기업 내부로 확장되고 있으며, 국가 공무원이 기업의 고위직에 오르곤 한다. 자동차 제조회사인 지리吉利와 전자 상거래 기업인 알리바바를 비롯한 중국에서 가장 유명한 기업들도 마찬가지다.

민영기업에 대한 국가 투자 확대는 '중국제조 2025' 프로그램을 통해 산업 기반을 업그레이드한다는, 중국이 현재 추진 중인 계획의 일환이다. 수많은 '산업지도기금industrial guidance fund'을 설립해, 국가 및 민간 자본을 반도체, 인공지능, 양자 컴퓨팅 같은 최전방 분야와 전략적 분야에서 활동 중인 혁신 기업에 투자하고 있다. 2012년부터 중국공산당은 중요한 이중 용도(군용 및 민간용) 기술을 글로벌 공급망에 의존하는 것을 점점 더 우려하고 있다. 다른 분야에서의 정부투자는 경제적·전략적 투자의 목적보다는 위험 관리가 목적이다. 예를 들어 2015년 중국 주식시장의 위기 때문에 금융계 전체의 안정성이 위태로워지자, 국가는 주식시장에 지나치게 간섭했고, 결국에는 전체 상장 기업 주식의 절반을 보유하게 됐다. 국가 자금을 이용해 경제적 위험을 관리하겠다는 의지는 급격한 시장 변동을 방지해 정치적 안정성을 유지한다는 중국공산당의 목표에 반영됐다.

기존의 '공공 대 민간'이라는 이분법은 민간 대기업을 이용해 거버넌스 역할을 차지하고 정치적 목표를 추구한다는 중국의 전략 때문에 더욱 약해지고 있다. 예를 들어 민영기업은 빅데이터 및 중국의 거대 인구를 모니터링하기 위해 감시 기술을 제조하고 관리하는 자국 보안 프로그램에 관여하고 있다. 또한 민간 대기업은 시진핑의 빈곤 퇴치 캠페인에 따라, 농촌 지역의 상거래 확장을 위한 인프라 투자라는 복지의 성격이 짙은 과제도 수행하고 있다.

위험 관리에 집착하게 되면서, 당-국가는 민영기업이 문제에 직면하면 조치를 취해야 한다는 압박을 점점 크게 느끼고 있다. 최근 수년간 여러 대기업이 과도한 부채나 심지어 범죄행위 때문에 국가의 관리를 받게 됐다. 그동안 정부는 정치적으로 민감한 의견을 표현한 여러 유명 자본가를 표적으로 삼았다. 2020년 부동산 거물 런즈창任志強은 코로나19 사태 대응과 관련해 시진핑을 '광대'라고 부른 후, 뇌물 수수 혐의로 체포돼 18년 형을 선고받았다. 같은 해 중국 정부는 알리바바 설립자 마윈馬雲이 금융 혁신을 가로막는 규제 기관을 공개적으로 비판하고 국영 은행이 '전당포 방식'으로 운영된다고 비난하자, 세계 최대 규모의 기업공개를 앞두고 있던 앤트파이낸셜의 주식 판매를 바로 금지했다. 당-국가 자본주의에서 기업인은 정치적 충성을 보여야 하며, 그렇지 않으면 바로 매장되는 것이다.

이러한 복종 요구는 중국 내에만 국한되지 않는다. 당-국가 자본주의가 전 세계로 확장되고 있다는 사실은 외국 기업에 자신의 정치적 주장을 준수하도록 압박하는 중국공산당의 모습을 통해 명확하게 드러난다. 홍콩 시위대에 대한 지지를 표현했다는 이유로 처벌받은 미국 NBA에서부터 대만을 비행기 도착 예정 '국가'로 안내 표시한 항공사에 이르기까지, 중국의 심기를 건드린 각종 기관은 수익성 높은 중국 시장에 대한 접근을 불허한다는 협박에 못 이겨 발언을 철회하고 사과하기 바쁘다. 이런 과정에서 당-국가는 영향력을 발휘해 중국의 영토권 주장에 대한 인정을 받아내기도 했다. 이처럼 중국의 자본주의는 외국 투자자 유치를 돕는 체제에서 시장 이용에 정치적 조건을 부여하는 체제로 빠르게 전환되고 있다.

글로벌 자본주의와의 상호작용

한동안, 특히 2012년 시진핑 시대가 시작되기 전에는 '글로벌 경제에서 중국이 하는 역할'에 관한 토론의 핵심 주제는 국가 자본주의와 관련된 일반적인 문제들이었다. 대표적으로 '국영기업 우대 정책이 야기하는 전략적으로 중요한 부문에 대한 외국 기업의 참여 제한' 등과 같은 것이었다. 그러나 당-국가의 정치적 목적이 경제적 목적을 대체하게 되면서, 무역 파트너와 발주국 정부들의 우려는 중국의 경제적 관행에 대한 비판을 넘어 보안 우려로 치닫고 있다. 그리고 중국의 해외투자는 서양 다국적기업의 해외투자에 비하면 극히 일부에 불과하지만, 중국 외부에서 불안을 낳을 뿐만 아니라 조직적인 정치적 저항을 유발하고 있다. 결과적으로 중국의 글로벌 경제 참여는 중국의 정치·경제 형태에 관한 우려 때문에 제약을 받고 있다.

무엇보다도, 중국의 경제 모델에서는 국가의 전략적 동기와 중국 기업의 상업적 동기를 구분하기가 어렵다. 민영기업으로 등록된 화웨이의 사례가 이 같은 사실을 잘 보여준다. 자사 기술 네트워크를 외국으로 확장하려는 화웨이의 시도는 영리한 시장 공략 활동일까, 첩보 목적으로 외국 네트워크에 침입하려는 당-국가의 시도일까? 아니면 둘 다일까? 비슷한 사례로 CCTV 장비 생산 업체인 하이크비전Hikvision은 개인이 설립한 민영회사지만, 글로벌 시장을 장악하게 되면서 비슷한 의혹을 받게 됐고, 결국 관련 제품이 2019년 미국의 블랙리스트에 오르게 됐다. 공식적인 금지 사유는 신장에서의 인권유린에 있었지만, 이러한 미국의 결정을 이끈 핵심 동기는 민감한 감시 데이터에 접근할 수 있는 중국 기업에 관한 우려였다.

중국 복합기업의 외국 투자 및 계약 급증, 그리고 이러한 투자와 계약 대부분이 중국수출입은행 같은 국책은행의 후원을 받는다는 사실은 이러한 의심을 더욱 부채질했다. 화웨이와 하이크비전 같은 민간 테크 기업은 현재 100여 개의 국가에 '스마트 시티' 감시 네트워크를 공급하고 있으며, 그중에는 억압적인 정권이 통치하는 국가도 있다. 부유한 선진국의 지도부는 이것이 중국이 자본주의 관행과 결합한 권위주의적 자국 통제의 장점을 입증하기 위해, 스마트 시티 건설을 핑계로 '중국 모델을 수출'하려는 행위라고 본다. 이들은 2013년 시작된 국제 인프라 프로그램인 일대일로를 자주 언급하며, 중국이 개발 프로젝트를 유엔 내에서 중국 지지세 확보 같은 광범위한 정치적 영향력으로 변환하려 한다고 강하게 주장한다.

개발도상국에서는 국영기업과 민영기업을 모두 포함한 중국 복합기업의 대외 활동이 일부 수혜국의 국내 반발을 유발하고 있다. 예를 들어 말레이시아 총리 마하티르 빈 모하맛Mahathir Mohamad은 2019년 재집권하자마자 '부채 함정 외교'를 경고하면서, "불공정한 중국 인프라 거래를 재협상하거나 취소하겠다"라고 말했다. 2020년 태국 정부는 끄라지협을 통과하는 120km 길이의 운하를 건설하는 중국과의 대형 프로젝트를 취소하고, 중국의 계획을 자체 계획으로 대체했다. 파키스탄에서는 발루치(서남아시아 발루치스탄에 사는 이란계 소수 민족) 분리주의자들이 중국에서 자금을 대고 건설한 과다르 항구가 발루치스탄의 천연자원을 약탈하려는 식민주의적 노력이라 주장하면서 현지 중국인들을 공격하고 있다. 이러한 사례에서는 중국의 자본주의가 당-국가의 전략적 이해를 반영한다는 인식 때문에 중국의 해외투자가 어떤 식으로 어려워지는지를 확인할 수 있다.

하지만 다수의 개발도상국 지도자들이 중국의 대외 활동을 환영하며, 이를 두고 경제개발에 긍정적으로 기여하는 행위라고 생각하는 것도 분명한 사실이다. 예를 들어 르완다의 폴 카가메Paul Kagame 대통령은 중국의 르완다 내 인프라 투자에 종종 찬사를 보낸다. 하지만 중국은 세간의 이목을 끄는 역풍 사건들에 더욱 주목하고 있다. 국가 또는 민간 자본의 지원을 받은 중국 기업은 외국에서 활동할 때 점점 더 많은 정치적 위기에 직면하고 있기 때문이다. 그래서 당-국가는 이전 개발 모델의 지속 가능성을 재평가하고 있는 실정이다.

국내 동향과 글로벌 자본주의 간의 상호작용

지난 10년 동안, 전 세계에서 더 뚜렷이 인식되는 중국의 국가 자본주의는 '당-국가 자본주의'라고 부르는 것이 더 적절한 정치적·경제적 형태로 발전해왔다. 그것이 중국공산당의 지휘에 따른 체제 생존을 무엇보다도 우선시하기 때문이다. 역설적인 일이지만, 성장률이 점점 감소하고 중국에 대한 국제사회의 태도가 비우호적이 돼 가는 환경에서, 중국은 자급자족과 자립성을 강화하는 산업정책을 추진하고 있다. 중국의 이러한 정책 전환은 중국 민영기업이 독립적으로 행동하는지, 아니면 당-국가의 도구로 행동하는지에 관한 전 세계의 의혹을 오히려 강화하고 있다. 최근 중국이 주창하는 '이중 순환' 전략은 국내 소비를 자극해 수출 중심의 성장에 대한 오랜 의존도를 줄일 것을 노골적으로 요구한다. 이 전략이 실현된다면, 국제시장과 중국의 디커플링이 전 세계 공급망을 교란하게 될 것이다.

당-국가의 이 같은 전략은 한편으로 중국 국내에서의 딜레마를 유발한다. 국가 내부에 기반한 성장은 국내 기업인의 협조가 필수적이며, 이들이 최전선에서 기술혁신을 이끌어야 한다. 하지만 독립적인 최고 경영자와 거침없이 말하는 자본가를 점점 용인하지 못하는 당-국가에서는 혁신가들이 소외될 수 있다. 자본 도피를 막기 위해 엄격한 자본 통제를 시행하고 있지만, 점점 더 많은 중국의 억만장자들이 자산을 외국으로 분산시키고 중국을 빠져나갈 방법을 찾고 있다.

국영 및 민간경제 주체 간의 경계가 모호해지면서, 당-국가 자본주의는 상호 불신이라는 악순환을 유발하는 방식으로 전 세계 자본주의와 상호작용하게 됐다. 정치적 의도가 명백한 경제 간섭은 해외에서 역풍과 부정적인 시각의 보도를 양산하고 있다. 이에 따른 반중 정서 때문에 당-국가는 이러한 위협을 확실하게 인식하게 됐고, 그 결과 위기관리 태도와 정치적 개입의 필요성은 더욱 커지게 됐다. 자체적으로 강화되는 이러한 순환은 국내 및 국외 모두에서의 긴장 강화로 이어질 것이다.

마거릿 M. 피어슨 Margaret M. Pearson
메릴랜드대학교 칼리지파크의 정치학 교수다.

멕 리스마이어 Meg Rithmire
하버드대학교 경영대학원 워렌 맥팔렌F. Warren McFarlan 명예교수의 부교수다. 비즈니스, 정부, 국제관계학을 담당한다.

켈리 차이 Kellee S. Tsai
홍콩 과학기술대학교 인문대 학장이자 사회학 석좌교수다.

28

런민비人民幣는 달러의 경쟁자가 될 수 있을까?

에스와르 프라사드

지금 중국 경제는 세계에서 두 번째로 크다. 2008년 글로벌 금융 위기 이후, 중국은 전 세계 경제성장의 핵심 동력이었는데, 이러한 양상은 2020년 코로나19 팬데믹으로 인한 글로벌 경기 침체 이후의 경제 회복 과정에서 더욱 확고해졌다. 그러나 중국 통화인 런민비(위안화)의 중요성은 세계 경제에서 중국이 차지하는 위상에는 못 미치고 있다. 런민비는 국제무역 및 금융거래의 결제와 정산에 잘 사용되지 않는다. 하지만 미국 달러는 여전히 주요한 글로벌 결제통화이자(2위는 유로화다) 지배적 준비 통화로 기능한다. 각국의 중앙은행은 국제수지 위기를 방어하고 환율 변동을 상쇄하기 위해 달러를 보유하고 있다.

글로벌 기축통화의 발행 국가는 특권은 물론 수많은 실질적인 혜택을 얻게 된다. 수출 업체와 수입 업체 모두 무역 거래에 자국 통화를 이용할 수 있어 환율 변동에 노출될 위험이 줄어들며, 다른 국가로부터 낮은 금리로 돈을 빌릴 수 있다. 지난 수년 동안의 미국처럼 말이다.

전 세계 GDP와 무역에서 중국이 차지하는 비중이 빠르게 증가하는데도, 국제통화로서의 런민비의 위상이 크게 높아지지 못한 이유는 무엇일까? 최근, 중국 전역에 디지털 런민비를 도입하려는 중국 정부의 정책 추진은 현재의 흐름을 바꾸고, 나아가 미국의 달러 패권에 도전하는 계기가 될까? 간단히 답하자면, 그 결과는 다양한 분야에서 중국이 수행 중인 각종 개혁의 성과에 따라 달라질 것이다.

화폐의 디지털화

/

최근의 행적부터 살펴보자. 2010년경 중국 정부는 다양한 정책을 통해 자국 통화의 글로벌 사용을 촉진하기 시작했다. 예를 들어 역외시장에서 런민비를 더 쉽게 쓸 수 있게 했고, 수많은 외국 런민비 거래소를 승인했으며, 외국 투자자들이 중국의 채권 및 주식시장을 쉽게 이용할 수 있게 만들었다. 이러한 조치가 실행되고 국제경제에서 중국이 차지하는 위상이 높아지면서, 중국 통화는 글로벌 패권이라는 자리를 향해 빠르게 나아가는 듯했다. 런민비는 순식간에 글로벌 결제에서 다섯 번째로(미국 달러, 유럽연합 유로, 일본 엔, 영국 파운드 스털링에 이어) 중요한 통화가 됐다. 2016년 국제통화기금은 가맹국이 국제 수지 악화 때 담보 없이 필요한 만큼의 외화를 인출할 수 있는 권리인 특별인출권을 구성하는 엘리트 통화 바스켓에 런민비를 포함시켰고, 그 결과 런민비는 공식적인 준비 통화가 됐다.

하지만 이후 국제통화로서 런민비의 위상은 개선되지 않았다. 글로벌 결제에서 차지하는 비중은 2% 이하로 떨어졌고, 런민비로 표시된 자산의 보유 비율은 전 세계 외환 보유고의 2% 수준을 벗어나지 못하고 있다. 무역 거래 정산과 역외 채권 발행같이 국제금융에서의 통화 사용을 보여주는 다른 정량적 지표 역시 국제통화로서의 런민비의 입지가 정체됐음을 보여준다.

현재 중국 중앙은행은 자국 통화를 디지털화하는 단계를 밟고 있으며, 이는 중국 국내는 물론 국제적으로도 큰 영향을 미칠 것이다. 2020년 중국은 세계 주요국 가운데 최초로 자국 중앙은행 디지털 통화 'e-CNY' 실험을 시작했다(e-CNY는 보통 '디지털 런민비' 또는 '디지털 위안화'로 불린다). e-CNY의 목적은 실물 현금 사용을 보완해, 디지털 결제에 중앙은행 자금을 더 쉽게 사용하게 하는 것이다. 이 실험은 4개 도시에서 먼저 시작됐고, 이후 정부는 베이징과 톈진은 물론 홍콩과 마카오까지 포함한 다른 대도시로 실험을 확대했다. 중국은 이른 시일에 전국에 통용되는 것을 목표로 하고 있다. 과연 e-CNY는 국제금융에서 런민비의 역할을 강화할 게임체인저가 될 수 있을까?

중국은 자국 소매 결제 시스템에서는 이미 미국 및 기타 선진 경제국의 수준을 넘어섰다. 알리페이와 위챗페이는 중국 내 디지털 소매 및 기업 간 결제의 효율성과 편의성을 높일 뿐만 아니라, 소비자와 기업의 비용도 줄이고 있다. 따라서 디지털 런민비 역시 글로벌 금융시장 패권 경쟁에서 중국에 도움이 되리라는 추정은 일견 타당해 보인다.

하지만 현실은 녹록지 않다. (시간이 지남에 따라 달라질 수 있겠지만) e-CNY는 초기에는 중국 내 결제에만 사용할 수 있다. 또한 중국은 e-CNY를 대대적으로 광고하는 데 열을 올리고 있지만, 국제 거래에 런민비를 더 쉽게 사용할 수 있게 할 더욱 중요한 혁신은 중국의 '국경 간 은행 간 지불 시스템CIPS, Cross-Boarder Interbank Payment System'이다. 참고로 이 결제 시스템은 서방이 장악한 국제결제용 스위프트SWIFT(외국환거래의 데이터 통신망을 구축하기 위해 설립된 국제협회) 메시지 전달 시스템을 우회할 수 있는 기능을 가지고 있으며, 따라서 많은 정부가 희망하는 미국 금융 제재를 피하는 수단이 될지도 모른다. 러시아는 (또는 이 문제의 경우 이란과 베네수엘라는) 대중국 석유 수출 금액을 런민비로 쉽게 받을 수 있다는 사실을 알고 있다. 런민비가 점점 더 널리 통용됨에 따라, 중국과 강력한 무역 및 금융 관계를 맺은 작은 개발도상국들은 이 통화로 바로 송장을 발행하고 무역 거래를 정산할 조짐을 보이고 있다. 궁극적으로 e-CNY는 국경 간 결제 시스템에 연결돼 국제결제의 디지털화를 더욱 촉진할 것이다.

중국 중앙은행의 환율 통제가 의미하는 것

이러한 조치는 통화의 국제화에 도움을 주고 있으며, 이는 국경 간 무역 및 금융거래를 표시하고 정산하는 용도로, 즉 국가 간 교환 수단으로 통화가 더 많이 사용될 것임을 의미한다. 사실 글로벌 경제 및 무역에서 중국의 위상이 상승함에 따라 이러한 현상은 이미 예견된 것이었다.

그러나 e-CNY 자체는 외국 투자자의 런민비 준비 통화 인정 여부에 별다른 영향을 주지 못할 것이다. 국제통화기금은 런민비를 준비 통화로 공식 인정했지만, 통화 지위 결정에는 금융시장 참여자의 관점이 더 중요하며, 이들은 런민비가 이러한 지위에 어울리는가에 대해 유보적인 입장을 취하고 있다.

대표적인 이유는 중국으로 들어가거나 중국에서 나오는 국가 간 자본 흐름에는 여전히 많은 제한이 적용되고 있기 때문이다. 또 다른 이유는 2018년부터 많이 감소하긴 했지만, 런민비의 환율을 중국 중앙은행에서 계속 관리한다는 사실이다. 일반적으로 준비 통화는 자본 이동성에 관한 제한이 없으며 시장에서 결정한 환율을 사용하는 국가에서만 발행할 수 있다. 무엇보다도 (외국 중앙은행을 포함한) 준비 통화 투자자들은 해당 국가에 투자할 때, 투자 자금을 시장 환율로 쉽게 넣거나 뺄 수 있다는 확신을 얻고 싶어 한다.

물론, 중국의 경우 앞서 언급한 정책 중 어느 것도 단시간에 완전히 바뀌지는 않을 것이다. 그러나 실제로 중국 정부는 자본 흐름 관련 제한을 줄이고 있으며, 최종적으로는 개방형 자본 계정을 허용하겠다는 계획을 시사하고 있다. 나아가 중앙은행은 외환시장 개입을 줄이고, 런민비의 외적 가치 결정과 관련한 시장 세력의 의사 표현을 허용하려고 한다. 그러나 중앙은행을 포함한 외국 투자자들은 시장 주도 환율에 따른 중국 자본시장 내외부로의 자유로운 이동을 제한할 수 있는 정책 변화를 여전히 경계하고 있다.

런민비는 글로벌 금융시장에서 점점 더 중요한 위치를 차지할 가능성이 크지만, 중국 정부가 광범위한 경제 및 금융 시스템 개혁을 단행하지 않는 이상, 그 잠재력을 완전히 발휘할 수 없다. 장기적으로 볼 때, 런민비의 위상이 글로벌 금융계에 미치는 영향은 자국 통화를 강화하는 과정에서 중국 경제 자체가 어떻게 변하는가에 따라 크게 달라질 것이다.

글로벌 금융계에서 런민비의 위상을 강화하고 중국의 경제개발에도 도움이 될 수 있는 수많은 개혁안이 있다. 대표적인 개혁안은 채권 및 2차(파생 상품) 시장 추가 개발을 포함한 금융시장의 자유화다. 또 다른 개혁은 조정을 통해 유입 및 유출 관련 제한을 철폐해 자본계정을 더욱 개방하는 일이다. 은행 시스템을 수정해서 더욱 상업적인 원칙과 더 나은 거버넌스 구조를 바탕으로 운영하는 일도 중요하다. 시장에서 결정하는 보다 유연한 환율은 자본시장의 개방을 이끈다. 그 결과 양보다 가격을 중시하는 더욱 자율적인 통화정책 제도의 토대가 마련될 것이다. 마지막으로 시장 규율의 대체재 역할을 하는 것이 아니라, 오히려 시장 규율을 개선하는 포괄적이고 강력한 규제 토대가 있다면, 중국 금융시장은 더 쉽게 신뢰를 얻을 수 있다.

달러 패권에 대한 심각한 도전은 역부족

/

어떤 경우든 런민비가 국내외 투자자들이 글로벌 금융 위기 시기에 눈길을 돌릴 만한 특별한 유형의 준비 통화, 즉 안전 통화가 될 가능성은 높지 않다. 여전히 지배적인 안전 통화는 미국 달러다. 글로벌 금융시장에 위기가 닥칠 때마다, 투자자들은 투자금을 보호하기 위해 자금을 달러 표시 자산으로 바꾼다. 안전 통화의 핵심적인 특성은 국내외 투자자 모두가 신뢰한다는 점이다.

투자자의 신뢰는 정부 역시 적용 대상인 법치주의를 준수하는 시스템과 견제와 균형의 정치체제를 바탕으로 형성된다. 일부에서는 중국에도 법치주의는 있으며, 비민주주의적인 일당 정부 체제라고는 하나 정부가 정책을 남용하지 못하게 하는 충분한 자체 교정 장치가 마련돼 있다고 주장하기도 한다.

하지만 행정부·입법부·사법부가 각기 독립적인 기관이며, 다른 부서의 무절제한 권한 행세를 억제하는 역할을 하는 국가들과 중국은 다르다. 즉, 중국의 현 시스템은 미국 같은 국가의 제도화된 견제와 균형 시스템에 대한 신뢰할 수 있는 수준의 확실한 대체재가 되지는 못한다. 물론 미국이라고 늘 같은 수준을 유지한 건 아니었다. 트럼프 행정부는 미국 내 기관에 심대한 피해를 주고, 법치주의를 약화하고, 연방준비제도의 독립성을 훼손했다. 그러나 국제금융에서는 모든 것이 상대적이다. 미국의 경제적 우위와 심층적이고 유동적인 금융시장 및 여전히 견고한 제도적 토대 덕분에 미국 달러는 지금까지는 주요 준비 통화로 인정받고 있다.

런민비의 위상은 글로벌 통화제도, 특히 달러 패권에 어떤 의미가 있을까? 결제통화나 준비 통화로서 최근 수년간 런민비가 얻은 이익은 대부분 유로나 파운드 같은 통화의 희생을 바탕으로 한 것이었다. 국제통화기금이 런민비를 특별인출권 통화 바스켓에 포함시켰을 때도, 바스켓에서의 가중치 10.9%는 달러가 아닌 다른 통화(유로, 파운드, 엔)의 희생 덕분에 가능한 수치였다. 이러한 점에서 런민비의 위상이 달러의 위상에 도달할 가능성은 거의 없을 것이다.

요약하자면, 런민비는 전 세계 무역과 금융에서 보다 널리 통용되는 통화가 되는 길을 걷고 있다. 중국이 금융 부문 개선 및 시장 지향적 개혁을 계속 추진한다면 향후 10년 안에 런민비는 더욱 중요한 준비 통화가 될 것이다. 그러나 런민비가 안전 통화가 되려면 경제 및 금융 개혁은 물론 대대적인 제도적 개혁도 동반돼야 한다. 이러한 개혁이 진행될 가능성은 극히 적다.

중국 정부가 계속해서 개혁을 진행하고 금융시장을 개선하며 자본 흐름 제한을 철폐한다면, 런민비는 e-CNY와 국경 간 은행 간 지불 시스템을 바탕으로 더욱 중요한 글로벌 결제통화가 될 것이다. 그러나 두 요소 모두 지배적인 글로벌 준비 통화인 미국 달러의 위상에 타격을 주지는 못할 것이다.

에스와르 프라사드 Eswar Prasad

코넬대학교 국제무역정책 수석교수이자 브루킹스연구소의 선임 연구원이다. 《The Future of Money: How the Digital Revolution Is Transforming Currencies and Finance》의 저자다.

29

미국은 중국의 간첩 활동에서 어떻게 지식재산을 지킬 수 있을까?

마거릿 루이스

1990년대 후반 필자는 중국 탱크가 가짜 비니 베이비Beanie Baby 장난감을 밟고 지나가는 모습을 봤고, 그 후로 미중관계는 크게 달라졌다. 베이징의 법률 사무소에서 근무하는 중국인 동료 직원만이 실제로 현장에 참석할 수 있었지만, 영상을 통해 해적판 장난감에 대한 무자비한 응징을 확인할 수 있었다. 이 사건이 중국의 WTO 가입을 앞두고 지식재산 보호법을 더 강하게 집행하라는 압력을 받기 전에 일어난 것은 우연의 일치가 아니다. 모조 장난감 생산 공장과 이러한 장난감을 파는 실크 앨리秀水街(짝퉁 의류 및 액세서리 판매로 유명한 베이징 상가 거리 – 옮긴이)를 급습한 일은 외국 기업의 IP 보호가 강화될 수 있다는 미약한 희망을 안겨줬다. 하지만 20년이 지난 지금, 봉제완구 상표권에 대한 우려는 과거지사가 됐고, 양국 간 협력은 휙 하고 지나가 버린 일이 됐다.

우려

/

오늘날 지식재산, 즉 IP는 양국 관계의 핵심 문제다. FBI 국장 크리스토퍼 레이는 "중국은 미국의 지식재산을 자주 훔치고 이를 경쟁에 활용해 미국 기업을 피해자로 만들고 있다. 이로써, 중국은 미국을 두 번 속이고 있다"라고 말한다. 그 결과 우리는 "중국의 간첩 행위로부터 지식재산을 보호하려면 미국은 어떻게 해야 하는가"와 같은 질문을 자주 듣게 된다. 대표적인 방법은 처벌이다. 다만 형사법을 어떻게 사용할지 결정하기 전에, 위협의 본질에 대한 설명이 먼저 필요하다.

전통적인 방식의 정부 기밀 절도에 대한 보호 장치 마련은 물론 경제적 또는 '산업적' 첩보 행위, 즉 이익을 얻기 위해 외국 정부 또는 정부 기관의 영업 비밀을 훔치는 행위에 대한 관심도 증가하고 있다. 미국 정부는 교육기관, 학생, 사업가, 그리고 스파이 소설의 흔한 주인공과는 딴판인 (흔히 '비전통적인 수집가'라고 불리는) 다른 행위자의 역할을 강조해왔다. 조사의 주요 대상은 중국 고유의 혁신이라는 국가적 목표에 도움이 되는 전문 지식을 보유한 사람에게 인센티브를 제공하는 인재 영입 계획이며, 보호 대상 IP를 중국으로 전송하거나 전송하려 시도한 행위가 실제로 발생하지 않았다 하더라도 조사는 계속 진행된다.

분명히 말하건대, 중국 당-국가가 미국 법률을 위반하는 행위에 인센티브를 제공하고, 심지어 위반을 지시하기도 한다는 명확한 증거가 있다. 여기서 '당-국가'라는 용어를 사용하는 것은, 중국의 경쟁력을 강화하기 위한 인재 영입 계획 등의 노력은 공식적인 중국 정부나 정부와 복잡하게 얽혀 있는 중국공산당이 개입하는 것일 수도 있기 때문이다. 미국에서 인재를 영입하는 것은 죄가 아니다. 그러나 거기에 중국 정부의 개입이나 정부의 자금이 제공되지 않았다는 것을 입증하지 못한다면 범죄 요건이 될 수도 있다. IP 절도의 발생 여부는 작위 또는 부작위에 의한 거짓말로 초래되는 기소와는 별개의 문제다. 미국 법무부는 설령 문제가 되는 IP가 미국 정부와 관계가 없다고 해도, 중국 당-국가와의 관계를 밝혀내지 못한 경제적 간첩 행위 및 관련 범죄를 기소할 수 있다. 대중의 이목을 끄는 사건의 중심에는 옥수수 씨앗에서부터 로봇 팔에 이르는 개인 소유의 IP도 들어 있다. "우리의 지식재산을 보호하려면, 미국은 어떻게 해야 하는가"라는 질문에서 '우리'란 무척 광범위한 개념이다.

이 질문의 '지식재산'에는 특허, 저작권과 상표권 같은 다양한 형태의 지식재산이 포함될 수 있다. 경제적 간첩 행위가 성립하려면, 해당 IP는 영업 비밀, 즉 소유자가 지키려 하며 일반적으로 알려지지 않았기에 귀중한 가치가 있는 정보여야 한다. 반면, 미국 정부는 중국 당-국가가 관련된 자금이나 기타 지원을 받지 않았음을 입증하지 못한 행위와 관련된 범죄를 기소할 때, 영업 비밀이나 다른 형태의 IP 존재를 입증하지 않아도 된다.

IP 절도 및 공개 요구 사항을 관할하는 주요 법률은 최근 수년간 크게 변하지 않았지만, 법무부의 집행 우선순위는 그렇지 않다. 연구자들은 정부 조사에 대한 압박감이 점점 더 크게 느껴진다고 말한다. 오픈 사이언스open science(과학 발전을 위해 누구나 연구 자료를 보고 활용할 수 있도록 개방하는 것을 의미한다 – 옮긴이) 모델은 미국이 연구를 수행하는 데 필요한 핵심 요소이지만, 과학자들은 연방 당국이 본인들의 작업을 국가 안보 문제로 간주해 조사받게 될까 봐 두려워하고 있다.

보호 가능한 IP의 경우에도, 중국 당-국가와 관련이 있는 실체가 해당 IP 침해에 따른 이익을 얻었다는 사실만으로 형사 처벌을 하기는 어렵다. 기소 재량은 범위가 아주 넓다. 민영기업의 이익은 물론 폭넓은 사회적 우려까지 유발한다는 미국 정부의 판단을 근거로, 개인 소유의 IP 위반(주로 민사상의 문제)을 형법으로 다스려야 하는가에 대해서는 다양한 의견이 존재한다. 한편, 미국의 경제력, 더 나아가 국가 보안까지 위협한다는 소리를 듣는 IP가 많아질수록, 미국 정부가 형사 기소를 통해 이러한 IP를 보호할 가능성이 커질 것이다.

'중국의 간첩 행위' 역시 명확하게 정의할 필요가 있다. '미국'과 '중국'이라는 용어는 국가 간 관계라는 영역에는 적절하지만, 개별 기소에 적용할 때는 그다지 적절하지 않을 수 있다. 중국이 간첩 행위나 다른 범죄를 저지를 수 있다는 표현은, 형사 사건의 피고는 결국 개인 또는 법인이지만, 중국 자체가 옥수수 씨앗이나 로봇 팔을 훔치고 있다는 의인화된 위협을 연상시킨다. 중요한 질문은 "불법행위를 하는 사람과 중국의 지배 구조 간에 어떤 연결 관계가 있어야 경제적 간첩 사건으로 불리는가"이다. 정부와 무관한 IP 절도도 물론 범죄지만, 이는 비교적 형량이 낮으며 미국 정부의 긴급한 관심사에 들지 못한다.

공식적인 중국 기관과 직접적인 관계가 있는 불법행위도 있는데, 대표적인 예는 미국 비자를 신청할 때 중국군 관련 직책을 공개하지 않은 경우다. 그러나 미국 정부의 IP 보호 관련 논의에서 언급되는 '중국'은 대부분 중국 당-국가 이상을 의미한다. 미국은 중국 내 교육기관과 법인 중 어떤 유형이 미국 보안 우려의 대상인지를 보다 명확하게 정의

해야 한다. 이러한 불명확함 때문에 관련된 피해를 달러로 환산하는 것에 대한 문제는 더 복잡해진다. 중국의 IP 절도가 유발하는 연간 비용은 수천억 달러에 달한다고 자주 언급된다. 이 수치는 대부분 제한적인 증거와 함께 제시되지만, 많은 사람들은 미국 법률을 위반해 미국 기반 IP가 중국으로 전달되는 행위는 당연히 우려할 만한 사항이라는 데 동의한다. 이러한 우려가 얼마나 심각하고 중요한지에 관한 열띤 토론이 진행되고 있다.

정확한 수치가 얼마인지와는 상관없이, 미국의 IP를 빼돌리고 IP 보유자를 영입하려는 중국 당-국가의 노력은 2022년 2월 바이든 행정부가 트럼프 행정부의 '차이나 이니셔티브'를 끝낸 후에도 여전히 미국 정부의 관심사다. 점점 격화되는 미중 경제 경쟁에서는 더욱 그렇다.

차이나 이니셔티브

/

2018년에 시작된 미 법무부의 '차이나 이니셔티브'는 경제적 간첩 행위가 증가하고 있다는 우려에 대한 대응책이었다. 그러나 이를 근거로 기소된 범죄는 그러한 우려에만 제한되지 않았다. 여기에는 전신 사기wire fraud, 정부 기관을 대상으로 한 허위 진술, 보조금 사기, 미국 정부에 통보하지 않고 중국 대리인으로 활동하는 행위 및 미국과 관련된 IP를 훼손하거나 침해하는 중국 관련 실체에 대한 기타 혐의도 포함됐다.

교육기관의 비공개 또는 허위 진술 관련 사건은 점점 더 주목을 끌고 있다. 예를 들어 2022년 1월 미국 정부는 매사추세츠공과대학교의 교수 강첸Gang Chen이 외국은행 계좌 보고서를 제출하지 않고 세금 환급 관련 허위 진술을 했다는 전신 사기 기소를 취하했다. 법무부는 기소 발표 후 1년 만에 사건을 종결했고, 증거 심사 결과 검찰이 법정에서 더 이상 입증 책임을 수행할 수 없다고 설명했다.

첸 교수가 기소된 범죄는 중국과 특별한 관련이 있지 않았다. 차이나 이니셔티브는 새 법률 제정 대신 기존 법률 활용 강화에 집중했다. 중국과의 관계가 의심된다는 이유로 첸과 다른 피고들이 기소된 범죄는 징역 수십 년에 이르는 처벌로 이어질 수 있었다. 설령 유죄 판결과 처벌로 이어지지 않는다고 하더라도, 범죄 수사의 대상이 되는 일은 심각한 재정적·정서적 고통은 물론 신체적 고통까지 유발한다.

미국 법무부는 물론 정부 역시 중국 내부 투자와 관련된 정책을 비롯해 경제적 이익이 동반되는 미중관계의 다양한 요소를 수사하고 있으며, 경제 안보는 점점 더 국가 보안의 핵심 요소로 간주되고 있다. 예를 들어 미국 무역 대표는 2021년 10월 연설에서 바이든 행정부가 "지난 수년간 불공평한 경쟁 때문에 입은 무수한 피해로부터 우리 자신을 지키는 데 필요한 모든 수단을 동원하겠다"라고 말한 점을 강조했다. 따라서 차이나 이니셔티브는 중국의 경제적 부상에 대한 미국 정부의 광범위한 대응의 구성 요소일 뿐만 아니라, 개인의 삶에 영향을 미치는 대단히 강력한 요소이기도 했다.

비판

/

2018년 후반에 시작돼 2022년 초에 끝날 때까지 차이나 이니셔티브는 수십 건의 기소를 유발했다. 미국 정부의 성명에 따르면 수천 개의 중국 관련 사건이 수사선상에 올랐다. 또한 이 이니셔티브는 더 가벼운 접근 방식을 이용하면 양국의 생산적인 협업을 방해하지 않고도 유해한 행위를 저지할 수 있는데도, 지나치게 광범위하게 수사하고 심각한 형사 제재에 의존하는 행위라는 점에서 필자를 포함해 많은 이들의 중대한 논쟁을 유발하기도 했다.

트럼프 행정부 시기에 사용한 '중국 위협'이라는 단어는 국적, 출신 국가, 민족이 중국인 사람을 비롯해 중국과 다른 관련이 있는 사람까지 낙인찍는 역할을 했다. 중국공산당의 '공산주의자'라는 표현을 한껏 강조하고 귀화한 미국 시민인 첸 교수를 비롯한 피고들의 충성심에 의문을 제기했으며, 법무부는 이들을 심각한 외부 위협으로 묘사했다. 그리고 차이나 이니셔티브가 코로나19 발발과 때를 같이 했다는 사실 때문에, 국적이나 민족이 중국과 관계가 있다고 여겨지는 사람에 대한 부정적인 시선은 더욱 악화될 수밖에 없었다.

바이든 행정부는 트럼프 행정부식 언어 표현 관행을 원상복구했지만, 이니셔티브가 진행되는 동안 법무부는 "중국과 인종적·민족적 또는 가족 관계가 있는 사람을 다른 시선으로 본다는 것은 (사실이 아닌) 느낌일 뿐"이라는 주장을 단호히 고수했다. 법무부는 어떻게 이러한 결론에 도달하게 됐는지를 설명하지 않았고, '중국 위협'이라는 프레임이 무의식적인 편견과 결합해 결정에 영향을 줄 수도 있다는 사실을 무시했다. 예를 들어 2021년 여름 배심원단이 안밍 후Anming Hu 교수에 대한 전신 사기 및 허위 진술 혐의와 관련해 결론을 못 내리는 상태에 빠졌을 때, 정부가 최소한의 입증 책임을 이행하지 못했다는 이유로 판사가 모든 혐의를 기각하자 법무부는 재심 청구를 포기했다. 정부는 후 교수 사건을, 기소로 이어진 문제의 소지가 있는 수사 관행을 되돌아보고 반성하는 계기로 삼기는커녕, 후 교수에 대한 혐의를 면제해준 사법부의 특별 개입을 오히려 문제 삼는 강경 입장을 버리지 않았다.

물론, 미국 정부가 인종이나 민족 때문에 후 교수 같은 사람을 체계적으로 노린다는 사실을 입증하는 문서는 없다. 그리고 불균형한 효과만으로는 차별을 증명할 수도 없다. 그러나 비정상적으로 높은 중국계 피고의 비율과 법원이 기각한 여러 유명 사건 때문에, 미국 정부에 대한 신뢰성은 분명히 훼손됐다. 데이터 과학자들이 국제적 차별이 사실이거나 사실이 아님을 입증하는 데 필요한 정보를 얻지 못한다고 하더라도, 우리는 중국계 미국인과 미국에 사는 중국 국민들이 느끼는 억울함을 분명하게 알 수 있다. 그리고 정부는 차이나 이니셔티브가 차별이 아니라고 주장하지만, 업무를 수행하면서 노골적이거나 암묵적인 편견을 방지하기 위해 어떤 노력을 하는지는 설명하지 않는다. 후 교수가 중국 정부를 대신해 경제적 간첩 행위에 가담했다는 근거 없는 의심으로 인한 FBI 특수 요원의 수사는 이러한 우려를 보여주는 대표적인 예다. 특수 요원은 의식적 요소와 무의식적 요소 때문에 후 교수를 국가 안보 위협으로 잘못 간주하고 말았다.

전망

/

차이나 이니셔티브는 중국과 관련된 연구자에 대한 보안 의식을 고취했다. 그러나 균형의 추는 보안 우려를 강조하는 방향으로 지나치게 움직이고 말았다. 미국 IP 보호와 제작에는 더욱 세심하게 조정된 접근 방식이 더 적합할 것이다. 그런 점에서 2022년 2월, 차이나 이니셔티브를 폐기하겠다는 결정은 대단히 중요한 시작점이었다. '국가 위협 대응 전략'으로의 교체를 주도한 법무부는 이제 다음의 단계를 밟아야 한다.

첫째, 첸 교수나 후 교수 같은 사례가 추가로 발생하지 않도록 안전장치를 마련해야 한다. 수사와 기소에 대한 감독이 강화돼야만, 연구자들은 국가 중립적 이름을 채택하는 전략이 위장된 '차이나 이니셔티브 2.0'이 아닌, 위협의 발원지와 상관없이 모든 위협으로부터 중대한 이익을 보호하는 진정한 변화라고 확신할 수 있을 것이다. IP 관련 위반 사건은 여전히 중국 관련 사건의 비중이 높지만, 정부 관행의 변화와 정책 이름의 변화는 거주지나 조상의 출신 지역이 아닌 구체적 행동을 근거로 판단한다는 믿음을 줄 것이다.

둘째, 행정부는 협업을 확대해 국무부를 비롯한 다른 기관을 통해 특정 국가와 관련된 전문 지식을 얻어야 하며, 각료급 대통령 과학 자문으로 격상된 부서를 통해 기술적 전문 지식을 얻어야 한다.

셋째, 세 가지 범주에 속하는 비정부 전문가와의 초기 협업을 강화해야 한다. 첫 번째 범주는 오픈 사이언스 모델을 가장 잘 이해하며 정부와 협업해 연구 보안을 위한 조정을 수행할 수 있는 과학자고, 두 번째 범주는 중국의 법률, 정치, 경제를 연구함으로써 국가 안보에 대한 우려를 유발할 수 있는 중국 기반 실체와의 관계를 잘 파악하는 사람이다. 세 번째 범주는 형사 제재를 사용해 범죄를 저지하면서도 유익한 국제 협력을 방해하지는 않는 더 나은 지점(비록 그게 완벽한 지점은 아닐지라도)을 찾을 수 있는 범죄학자다.

넷째, 대학과 협업해 외국 보조금 관련 공개 요구 사항을 포함한 보조금 절차를 명확하게 정의하고 간소화해야 한다. 서류 작업이 분명하고 간결할수록, 불이행의 원인이 상대적으로 가벼운 실수가 아닌 의도적인 회피 행위임을 확실하게 알 수 있다.

다섯째, 아시아계 미국인 및 중국 시민사회와 협업해 이들이 차별을 어떻게 경험하는지를 이해하고, 미국 정부 프로그램을 수립해 다양성을 증진하고 편견을 줄여야 한다. 보호해야 할 신규 IP가 계속 유입될 때 미국은 결과적으로 가장 큰 이익을 얻게 된다. 이 목표를 달성하려면 출신지나 개인적 특성에 상관없이 최고의 인재를 교육하고, 영입하고, 계속 보유해야 한다.

2022년 3월 필자가 이 장을 쓰고 있을 때, 미국 법무부는 "차이나 이니셔티브는 올바른 접근 방식이 아니다"라는 결론을 내린 후 새로 '국가 위협 대응 전략'을 시작했다. 그러나 차이나 이니셔티브를 비판한 단체들은 정부가 단순한 표면적 변화 그 이상을 추진한다는 사실을 믿지 못한다. 따라서 공식적인 차이나 이니셔티브의 이야기는 과거 시제로 쓰고 있지만, "차이나 이니셔티브의 정신이 형법을 통해 기술혁신을 지원하는 더욱 신중한 접근 방식에 밀려 역사의 뒤안길로 사라질 것인가"라는 질문에 대한 답은 미래의 책에 기록될 것이다.

마거릿 루이스 Margaret K. Lewis
미국 뉴저지주 세튼홀대학교의 법학과 교수다.

30

중국은 서방을 따라잡고 있는가? 미국이 중국의 중산층을 의식해야 하는 이유는 무엇인가?

테리 시쿨라

중국의 경제가 미국의 경제를 따라잡고 있으며, 심지어 추월할 수도 있을까? 이 질문에 관한 논의는 대부분 경제 규모, 특히 "중국의 국내총생산이 미국의 국내총생산을 따라잡고 있는가"라는 문제에 집중된다. 그러나 경제 규모는 모든 진실을 말해주지 않는다. 이 질문은 다른 관점에서 살펴봐야 한다. 바로 중국의 가구와 개인이 미국 중산층을 따라잡고 있는지 여부다.

거기에 대한 답은 절대적으로 "그렇다"이다. 중국의 개인소득이 미국을 따라잡는 속도와 규모는 놀라운 수준이다. 미국 중산층 수준의 소득을 버는 중국 인구의 비율은 급격히 증가하고 있다. 이 집단은 중국 인구 중에서는 여전히 소수에 속하지만, 그 수를 보면 미국 전체 인구보다 많다. 증가하는 중국의 가구 소득은 세계 중산층을 완전히 뒤바꾸고 있으며, 전 세계에 영향을 미치고 있다. 또한 중국에서 글로벌 중산층이 나타나는 현상은 중국 국내에도 중요한 의미가 있다. 공동 부유와 지속적인 미래 경제성장을 위한 내수 확장을 강조하는 중국에 있어서, 이는 현재 개발 전략의 핵심 요소이기 때문이다.

중국의 글로벌 중산층은 얼마나 거대한가?

/

시우나 양Xiuna Yang, 비에른 구스타프손Björn Gustafsson과 필자가 수행한 최근 연구에서는 글로벌 중산층의 1인당 가구 소득을 추정하고 있는데, 여기서 말하는 '글로벌 중산층'은 선진국의 국민 중에서 그 나라의 부유층에도 빈곤층에도 해당하지 않는 그룹을 말한다. 소득은 '중산층이 된다는 것이 무엇을 의미하는지'를 완전히 말해주지는 않지만, 직관적인 지표이며 생활 수준과 대단히 밀접한 관계가 있다. 우리가 고소득 국가를 비교 기준으로 잡는 이유는 다음과 같다. 이들 국가의 가구 소득이 물질적 풍요와 관련이 있으며, 중국 가구가 미국과 유럽의 가구를 따라잡고 있는지 파악하는 것이 주목적이기 때문이다.

우리는 1인당 소득이 2018년 유럽연합 중위 소득의 60~200%에 해당하는 가구를 중산층으로 분류한다. 인플레이션을 고려해 초기 수치를 수정했기 때문에 소득 기준치의 실제 구매력은 시간이 지나도 비슷한 수준을 유지한다. 우리는 소득수준이 이 정도인 인구를 '글로벌 중산층'이라 지칭한다. 따라서 성인 2명과 아동 2명으로 구성된 가정은 가구 총소득이 3~10만 달러(2018년 구매력평가PPP 환율 기준으로 12~40만 런민비에 해당)일 때 글로벌 중산층으로 분류된다. 비교해보자면 미국의 경우 이러한 가정의 2018년 중위 소득은 7만 4천 달러 수준이었다.

우리는 이러한 기준치를 중국 데이터에 적용해 중국 글로벌 중산층의 크기에 대한 추정치를 얻었다. 이 작업을 위해 2002년, 2007년, 2013년, 2018년 '중국 가호수입조사CHIP'의 설문 조사를 사용했다. CHIP 설문 조사는 대량의 전국 표본을 다루며, 수년 동안 일관된 정보를 제공하기 때문에 장기 추세 분석이 가능하다.

추정치를 보면 〈표 30.1〉에서와 같이 중국 글로벌 중산층의 급격한 증가를 확인할 수 있다. 2002년에는 글로벌 중산층에 속하는 중국 인구가 1% 미만이었지만, 불과 16년 만인 2018년에는 거의 25%가 여기에 속한다. 이 기간에 중국 글로벌 중산층의 연평균 성장률은 27%에 달한다. 같은 기간 미국과 유럽의 중산층 인구 증가 속도는 저조하거나 마이너스를 기록하기도 했다. 결과적으로 중국의 중산층 따라잡기는 그 속도가 매우 빠르며 실제로 중국의 국내총생산이 다른 나라를 따라잡는 속도보다 더 빠른 것으로 나타났다.

〈표 30.1〉 중국의 글로벌 중산층 현황

년도	중국 인구에서 차지하는 비율(%)	인원수(만 명)
2002	0.6	750
2007	2.0	2,670
2013	13.8	18,790
2018	24.7	34,420

출처: IZA 노동 경제연구소IZA Institute of Labor Economics, 2021

2018년 중국의 중산층 인구는 3억 4,400만 명으로, 미국 전체 인구(3억 3천만 명)보다 많고 유럽연합 전체 인구(5억 1천만 명, 영국 포함)의 3분의 2에 해당한다. 덕분에 중국은 글로벌 중산층의 강대국으로 부상하게 됐다.

중국의 글로벌 중산층에 속하는 사람은 누구인가?

중국의 글로벌 중산층은 압도적 다수가 도시에 거주한다. 90% 이상이 도시 거주자이며, 이러한 인구 증가 덕분에 중국 도시는 완전히 달라지고 있다. 2007년에는 도시 거주자 중 5% 미만이 이 집단에 속했으나, 2018년에는 무려 40%에 육박했다. 이러한 추세가 계속 이어진다고 가정하면, 대부분의 중국 도시 거주자는 얼마 지나지 않아 미국과 유럽의 중산층 가구에 필적하는 소득을 누리게 될 것이다. 반면 중국의 농촌 지역은 그렇지 않은데, 농촌 인구 중 이 정도 소득을 올리는 사람은 5%가 채 되지 않는다. 농촌 가구의 경우 중산층이 되는 주된 방법은 도시로 이사를 하는 것이다. 농촌에서 도시로 이주한 사람은 도시에서 태어난 사람처럼 소득이 급증해, 수많은 이들이 글로벌 중산층에 진입할 수 있었다.

중국의 글로벌 중산층에는 몇 가지 주목할 만한 특징이 있다. 먼저 중국의 나머지 인구와 비교하면 상대적으로 부유한 계층에 속한다는 점이다. 글로벌 중산층에 대한 우리의 하한 기준치는 중국의 중위 소득을 초과하며, 따라서 이 상태에 도달한 사람은 중국 내 소득 분포 상위 50%에 속한다.

둘째, 이 집단은 소비력이 상당하다. 중국의 중산층 가정에는 미국 중산층 가정에서 볼 수 있는 냉장고, 세탁기, 휴대폰, 컴퓨터와 같은 전자 기기를 비롯해 수많은 내구소비재가 있다. 이들은 오락이나 여행 같은 여가 활동에 비용을 지불하며, 대부분은 주택을 소유하고 있다. 또한 교육 수준이 높고 자녀의 교육에 투자한다. 중산층 성인 절반 이상은 고등학교를 나왔으며 대학 교육을 받은 사람도 많다.

셋째, 이들의 소득 출처는 주로 임금과 급여(또는 이전 직장에서 제공하는 연금)이며, 직장은 정부 기관, 국영기업 및 교육기관 같은 국가 또는 준국가 조직에 집중돼 있다. 중국의 글로벌 중산층 중 기업가나 자영업자는 상대적으로 그 수가 적다. 이것은 중국의 중소기업 부문이 중요하지 않다는 뜻이 아니라, 이 부문이 중국의 글로벌 중산층보다는 농촌 지역 인구 및 저소득층과 더 관련이 있음을 의미한다.

넷째, 이들의 소득은 미국 중산층의 소득과 비슷하지만, 글로벌 중산층의 부(소유한 주택, 투자금 및 기타 자산의 가치)와 비교하면 여전히 낮은 수준이다. 상속으로 중산층이 된 사람은 거의 전무하다. 중국의 과거 정책은 개인 소유를 엄격하게 금지했기 때문이다. 그러나 이러한 정책이 완화되고 금융 및 부동산 시장이 발전한다면, 중국 글로벌 중산층이 보유한 부는 점점 더 중요해질 것이다.

중국 글로벌 중산층을 유의해야 하는 이유

/

다른 국가에서 진행된 연구에서는 중산층이 중대한 경제적·정치적 영향을 유발할 수 있음을 보여준다. 경제적 관점에서 볼 때 중산층 가구는 고급 재화와 서비스에 더 많은 지출을 할 수 있을 정도로 소득수준이 높다. 따라서 중산층 확대는 수요 기반 혁신과 성장을 유도할 수 있다. 또한 중산층 가구는 물적 및 인적 자본에 투자할 수 있을 정도로 소득수준이 높아, 생산성 향상을 위한 핵심 투입물을 제공할 수 있다. 일부 연구에서는 혁신과 위험 감수 정신으로 경제성장을 이끄는 중산층 사업가와 기업인의 기여를 강조하기도 한다.

정치적 영향의 경우, 중산층 확대는 사회 양극화를 줄이고 사회적 공감대와 정치 안정을 증진하는 역할을 한다. 중산층이 민주적 변화를 이끄는 동력이라고 주장하는 사람도 있다. 중산층은 비교적 고등교육을 받았고, 자주적이며, 정치의식이 있고, 정치적 발언권을 요구한다. 그런데 유럽 국가에 관한 기존 연구 결과는 이러한 관점과 대체로 일치하지만, 후기 개발도상국에서 중산층과 민주주의가 어떤 관계에 있는가를 말하는 것은 약간 애매하다.

그렇다면, 이러한 특성화가 과연 중국에도 적용될까? 중국의 중산층은 실제로 고급 재화와 서비스를 더 많이 소비한다. '소강사회小康社會' 건설과 '공동부유共同富裕' 실현을 주창하며 과도한 투자 주도 및 수출 주도의 경제성장에서 벗어나 내수 주도의 성장으로 균형을 맞추려 하는 중국 지도부는 이 사실을 잘 알고 있다. 하지만 중국의 중산층이 소비에 미치는 영향은 예상보다는 낮은데, 이들은 소득의 상당 부분(약 3분의 1)을 저축하기 때문이다. 중국 중산층의 저축률은 수많은 중국 저소득층의 저축률보다 높으며, 미국 같은 고소득 국가의 중산층보다도 높다.

중국 중산층의 저축률이 높은 이유는 자국 금융 서비스가 대체로 미비하기 때문이다. 중국 가정은 대출받기가 어려우며, 따라서 주택 구입이나 교육비 같은 중요한 가계 지출에 대비해 저축을 해야만 한다. 또한 질병이나 실업 같은 위기에 대비해 보험을 들기도 어렵기 때문에, 예방적 목적의 저축도 필요하다. 그리고 부족한 연금 보장, 안전한 장기 투자 대상의 부족, 변화하는 부모와 자녀의 관계 때문에 은퇴 대비 저축도 필수다. 원칙적으로는 중산층의 저축이 경제성장에 기여할 수 있지만, 이들에게는 마땅한 투자 상품이 없으며 자국 금융 시스템은 이들의 저축액을 가장 생산적인 부문이나 회사로 적절히 공급하지 못하고 있다.

혁신과 기업가 정신의 근원으로서의 중국 중산층은 제한적인 기여밖에 하지 못하는데, 이는 혁신가와 기업가의 수가 상대적으로 적기 때문이다. 정권이 국영기업에 유리하고 민간 부문에 불리한 정책을 고수하는 한 이 현실은 쉽게 바뀌지 않을 것이다. 더 광범위한 관점에서 말하자면, 중국의 금융과 법률 및 사회복지 제도를 더욱 개혁하지 않는다면 중산층이 할 수 있는 경제적 기여는 완전히 실현될 수 없다.

중국의 글로벌 중산층은 정치적으로는 어떤 영향을 주게 될까? 이들은 정치적 영향을 미칠 만큼 크기가 커졌고, 이들의 관심사는 공공부문 채용 보조금과 도시 연금 관련 지출 및 복지 프로그램 같은 다양한 정부 정책과 프로그램에 반영되고 있다. 중국 중산층에 관한 대부분의 연구는 중국 중산층이 민주주의적 개혁을 요구하는 대신 정치적 현상 유지를 지지한다는 결론을 내린다. 이들은 중국의 급격한 경제성장의 수혜자이며, 현재 체재로부터 고용을 비롯한 다양한 혜택을 얻고 있다. 정치적 참여의 경우, 일부 후기 개발도상국의 정치 엘리트들은 집권당의 당원이 되게 하는 방법을 통해 중산층을 정치에 참여시키고 있다. 이는 중국에서도 마찬가지인데, 2018년 CHIP 설문 조사 데이터에 따르면 중국의 글로벌 중산층 가구 중 25%가 공산당 당원을 가지고 있다고 추정된다.

전 세계가 중국의 글로벌 중산층에 관심을 가져야 하는 이유는 무엇일까? 최근까지는 북미와 유럽의 소비자가 전 세계 수요의 주요 원천이었다. 이들의 소비는 세계 경제를 결정하고 저소득 국가에 수출 주도 성장 기회를 제공해왔다. 중국 글로벌 중산층의 급격한 확대는 이 방정식의 구조적 변화를 불러온다. 전 세계 소비, 투자와 생산에 미치는 영향이 아직 완전히 실현되지 않았고 급격한 성장이 계속될지 보장할 수 없지만, 미래의 중국 글로벌 중산층은 전 세계 경제를 재편할 잠재력을 가지고 있다. 이러한 현실은 전 세계 국가들에 과제와 기회를 동시에 제공할 것이다.

테리 시쿨라 Terry Sicular
중국 경제, 소득분포, 불평등과 빈곤 문제 전문가. 캐나다 웨스턴대학교 경제학 교수다.

7부
보건, 과학, 기술

31

불신의 시대에도 기후변화 공동 대응이 가능할까?

알렉스 왕

미국과 중국, 세계 2대 온실가스 배출국인 두 나라가 적극적인 행동에 나서지 않는다면, 세계 인류는 기후변화의 위기에 제대로 대처할 수 없을 것이다. 2019년 기준, 두 나라의 이산화탄소 배출량은 전 세계 배출량의 약 45%를 차지한다. 그들의 합동 대응은 그것이 무엇이든 기후 문제 해결에 큰 도움이 될 것이다. 그러나 수십 년 이래로 미중관계는 최악의 상황이며, 협력보다는 경쟁 위주의 관계가 돼 가고 있다.

이런 마찰에도 불구하고, 미국과 중국은 공식 협력의 틀 바깥에서 기후변화에 중요한 긍정적 영향을 미칠 수 있다. 구체적으로, 기후변화를 둘러싸고 전개되는 동학은 두 나라가 자국 이익만 추구하더라도 건설적 경쟁을 통해 필요한 행동을 하게끔 유도하고 있다. 긴장 고조 상태가 이어짐에도 불구하고 일정 형태의 협력은 여전히 가능하다.

미중 기후 협력의 중요 계기와 동학

/

2015년 파리기후변화협약은 미중 간 협력이 큰 역할을 해서 이뤄낸 성과다. 여기에는 196개국이 참여해, 산업화 이전을 기준으로 섭씨 2도 높은 기온을 지구온난화 억제점으로 삼고, 섭씨 1.5도 높은 기온은 노력할 목표 지점으로 삼는다는 장기적 과제에 합의했다. 2014년 말부터 2016년 초까지, 오바마 대통령과 시진핑 주석은 2015년 말까지 파리기후변화협약의 목표를 달성하고 2016년에는 이를 더 강력히 추진한다는 두 정상 간 공동성명을 세 차례 발표했다. 당시 두 나라는 기후변화를 "미중 양국 관계의 기둥"이라고 표현했다.

그들이 기후변화에 대해 협력했던 또 다른 성과로는 '기후변화 워킹 그룹'과 '청정에너지 연구센터'의 창립 등이 있다. 오바마와 시진핑은 2015년의 '기후 스마트 및 저탄소 도시 회의'를 비롯한 여러 기후 관련 회의를 공동 개최했다. 오바마의 기후변화 특사였던 토드 스턴Todd Stern은 중국의 기후변화 협상 책임자인 셰전화解振华와 매달 연락하면서 파리기후변화협약에 대비했다고 전해진다. 스턴의 말에 따르면 이 협력은 "결코 쉽지 않았으나" 결국 아주 건실한 결과물이 나왔다. 나아가, 이는 2009년 코펜하겐 정상회담 같은 이전의 기후협상에서 양국이 보여준 상호 적대적 태도와는 극명한 대조를 이루는 것이었다.

미국과의 기후 관련 협력에서 중국의 관심은 건설적 협상자 역할을 맡는 것에 대한(또는 그렇게 보이는 것에 대한) 관심에서 비롯된다는 말이 있다. 이와 같은 협력을 바탕으로 중국은 1990년대나 2000년대 초만 해도 보다 수동적이었던 모습에서 벗어나 글로벌 기후변화 사안에서 점점 더 영향력을 행사할 수 있게 됐다. 중국 정부는 기존의 전통대로 개도국들과 힘을 합치면서, 미국 및 다른 선진국들이 그 개도국들에 자금과 기타 지원을 늘려주기를 기대했다.

도널드 트럼프의 임기 중 미중 간에 기후변화 관련 협력은 이뤄지지 않았다. 트럼프 행정부는 기후 관련 활동을 일절 하지 않았다. "지구 온난화란 개념은 미국 제조업의 경쟁력을 없애려는 중국인이 중국을 위해 만들어낸 것이다"라는 유명한 말을 남긴 트럼프는 미국을 파리기후변화협약에서 탈퇴시켰으며 국내에서도 공격적으로 환경주의를 탄압했다.

미국의 이런 후퇴로 생긴 공백은 중국이 기후변화 관련 주도자 위치를 주장하기에 안성맞춤의 환경을 제공했다. 청정에너지 기술 개발에서 중국이 보여준 적극성은 종종 그 증거로 언급되는데, 최근 들어 중국은 재생에너지에 가장 많은 투자를 하는 나라 중 하나가 됐다. 산업정책과 제조업 분야의 혁신으로 재생에너지와 배터리 저장 장치 비용이 극적으로 낮아졌으며, 이미 그 어떤 나라보다 많은 수(약 300만 대 이상)의 전기차가 다닌다.

2020년 9월, 시진핑 주석은 2060년 탄소 중립화 실현 계획을 일방적으로 발표하면서 중국 문제에 해박한 관련자들까지 놀라게 했다. 세계 기후 행동 논의의 흐름을 뒤바꾼 이 발표로부터 몇 달 뒤, 추가 선언이 나왔다. 2021년 4월에 열린 기후정상회의에서 시진핑은 중국이 "제14차 5개년 계획(2021~2025) 동안 석탄화력발전을 엄격히 통제하고 석탄 소비도 엄격히 통제할 것이며, 제15차 5개년 계획(2026~2030)에도 단계적으로 그 규모를 축소해 나가려 한다"라고 밝혔다. 2021년 9월 유엔총회에서 중국은 "해외에 신규로 석탄화력발전소를 짓지 않을 것"이라고 언급하기도 했다.

2020년 바이든 대통령의 당선은 미중 간 협력 가능성에 대한 논의를 부활시켰다. 새 행정부는 기후변화 문제를 정책의 우선 과제에 넣었고, 그 문제를 "범정부적으로 다루겠다"고 밝혔다. 신정부 초기에, 이는 기후 전문성과 정책 우선순위를 (예상을 뛰어넘을 만큼 넓은 범위에서) 하나로 묶는 일을 뜻했다. 경제, 군사, 안보, 수송, 에너지, 농업, 환경 등의 분야들이 모두 기후 문제와 묶였다. 그러나 2021년 말을 기준으로, 바이든 행정부가 천명한 기후 관련 목표(가령, 2030년까지 온실가스 배출량을 2005년의 50% 수준으로 줄인다는 것 등)의 실현 능력은 아직 불투명한 상태다.

물론 얼마간의 진전이 있긴 했다. 2021년 11월 5일, 의회는 청정에너지와 전기차로의 전환에 1,500억 달러, 미국 발전소의 현대화에 730억 달러를 투자하는 인프라 건설 법안을 양당 공동 발의로 통과시켰다. 미국 사상 최대의 기후 관련 투자였다. 바이든 행정부는 환경보호국과 그 밖의 사무국을 통해 다른 계획들도 내놓았다. 예를 들어 석유와 천연가스로 발생하는 메탄가스 배출량을 2035년까지 2005년의 74% 수준으로까지 줄이겠다는 것이다. 그러나 다른 기후 행동은 아직 지체되고 있다. 가령 기후 관련 활동에 5,550억 달러를 배정하는 '빌드 백 베터Build Back Better 법안'은 현재 시점에는 계류 상태에 머물러 있다. 기후 행동 지지자들은 기후 행동이 제한되거나 퇴보할 가능성이 있는 연방 대법원의 결정이나 다가오는 총선에서 공화당의 승리 가능성을 염려하고 있다.

그러나 기후 협력을 되살리려는 시도는 보다 복잡한 미중관계 긴장이라는 정치 환경에 봉착했다. 바이든의 미국은 중국에 대립적 태도를 거두지 않고 있다. 바이든 대통령은 이를 "극도의 경쟁이긴 하되, 규칙과 동맹의 관계에 기반한 것"이라고 말했다. 중국의 부상에 대한 미국의 우려는 무역, 대만, 인권, 홍콩, 신장, 남중국해, 대외 영향력, 사이버 안보 등 여러 사안에서의 마찰로 이어졌다. 비판자들은 이른바 미국 국제 기후 문제의 '차르(군주)'라고 불리는 존 케리John Kerry가 이 문제에서 중국의 협력을 얻기 위해 "미국이 일부 분야들에서 입장을 굽혀야 한다"는 압력을 받을 것이라고 본다. 한편, 중국의 입장에서는 홍콩, 신장, 티베트, 대만 문제 등이 기후 분야 협력을 저해할 것이라며, 그런 "요주의 사안들에 미국이 개입하지 말라"고 경고한다. 때로는 이런 사안들이 복합적으로 나타나기도 하는데, 신장의 태양광 열판용 폴리실리콘 생산지(전 세계 수요량의 42%를 공급하고 있다)에서 벌어지는 강제 노동 문제 등이 그렇다.

2021년 영국 글래스고에서 열린 유엔기후변화회의에서, 미국과 중국은 깜짝 공동선언을 했다. 이 선언에는 기후 협력을 되살릴 것이며, 지정학적 긴장을 줄이고 기후 관련 발전에 속도를 내겠다는 내용이 포함돼 있었다. 동시에, 앞으로 기후 행동에 있어서는 협력보다는 미중 경쟁이 한동안 글로벌 기후 관련 발전에 미칠 영향에 더 주목해야 할 필요 또한 포착됐다.

기후 행동의 동학 변화

/

기후 행동의 동학은 동맹 형성을 필요로 하는 집단행동보다 각자의 국익 추구에서 비롯된 일방적 행동을 지지하는 쪽으로 움직이고 있다.

합의를 찾기보다 실행으로

기후 행동의 중점이 기본 틀을 만드는 일(가령 파리기후변화협약 같은)에서 실행으로 옮겨가고 있다. 이제는 문제의 규모에 걸맞은 속도로 문제를 해결하고, 현장에 적합한 행동을 취하는 일이 중요해졌다. 각 국가 차원의 행동은 이제 금세기 중반을 시한으로 삼은 탄소 중립화(넷제로 net zero) 목표를 향해 보조를 맞추고 있다. 중국은 2060년까지 탄소 중립화를 달성한다는 목표를 정했으며, 미국과 유럽연합은 2050년이 목표라고 밝혔다. 130개국 이상이 금세기 중반을 기약하거나 그럴 가능성을 모색하고 있다. 이런 활동의 대부분은 국제 행동의 조율보다는 국내 행동을 필요로 한다.

집단행동에서 자국 이익 추구로

주요 온실가스 배출국들은 기후 정책을 경제성장 견인, 일자리 창출, 신산업 개발 등 폭넓은 국가적 우선 과제를 이루는 수단으로도 삼고 있다. '그린 뉴딜'과 '유러피언 그린 뉴딜' 프레임은 이런 접근을 반영한다. 중국의 이른바 '생태 문명' 개념은 환경정책을 경제 변혁의 수단으로도 삼는다는 접근법이다.

또한 기후변화는 국가 안보 리스크를 배가하는 위험 증강 요인으로도 여겨진다. 그것은 경제 불안을 악화시킬 수 있고, 인종 간 갈등과 반강제적 이민을 촉진할 수 있으며, 천연자원에 대한 경쟁을 심화시키고, 물과 식량 안보 문제를 첨예하게 하고, 군사 인프라 및 군사작전까지 어렵게 만들 수 있다. 기후변화를 안보 위협으로 인식하는 이런 경향은 산불, 거대 폭풍, 홍수, 가뭄 등 지구온난화와 연관되는 천재지변이 점점 더 자주, 뚜렷이 나타남에 따라 더 심화되고 있다.

이런 변화는 기후 행동이 각국의 국익에 따른 행동이며, 따라서 다른 나라의 의도가 불확실함에도 행동에 들어갈 필요가 충분하다는 인식을 높이고 있다.

부담에서 기회로

청정에너지 기술의 발전과 기후변화 행동의 경제성장 효과는 이와 관련된 정책의 실행 가능성을 높인다. 예를 들어 재생에너지와 배터리 저장 비용은 지난 10년 동안 70~90% 감소했다. 그리고 일부 지역에서는 풍력 및 태양광발전 비용이 석탄화력발전 비용보다 낮아졌다. 연구 결과를 보면 탈탄소가 광범위한 경제적 이익을 가져온다는 사실을 확인할 수 있다. 즉, GDP 증대, 생활비용 절감, 일자리 창출 등이 탈탄소로 인해 가능하다. 이런 변화는 가령 전기 부문에서의 탈탄소화를 더 빠르게 실현할 수 있도록 해줬다. 교통 및 수송에 있어서, 전기차 기술은 성숙 단계에 있으며 빠르게 보급될 전망이다. 여기저기서 탄소 중립화 목표가 세워지고 있는 최근 현황은 앞으로 연구 개발에 더 많은 투자가 이뤄질 것임을, 그리고 장기적인 정책 환경이 탄소 제로 기술 개발을 돕는 일에 더 우호적으로 될 것을 예고한다.

기후 행동 추진자로서의 건설적 경쟁

/

이러한 변화의 동학은 미국과 중국의 정책 결정자들, 기업들, 환경 운동가들이 새로운 기회에 집중할 것을 요구한다. 또한, 변화를 활용하려는 노력은 갈수록 미중 간 경쟁을 세 가지 영역으로 좁히게 될 것인데, 경제적 기회, 국제 연대, 거버넌스적 접근이 바로 그것이다. 두 나라가 경쟁적 우위를 확보하려 애씀에 따라, 이 세 가지 영역에서 양국은 더 많은 기후 행동을 보이게 될 것이다.

경제적 기회를 위한 경쟁

오늘날 중국과 미국은 기후 행동을 경제적 목표와 연계하고 있다. GDP 성장, 일자리 창출, 신산업 개발 등이 모두 연관되는데, 이는 여러 전선에서 경쟁을 불러일으킨다. 그런 시도들이 중국에는 정책의 거멀못이었다면, 미국과 유럽연합은 그 나름의 논쟁적 대안을 제시했다고 할 수 있었다. 재생 가능 물자의 기준을 세우고, 에너지 효율성 인증 조건을 만들고, 전기차 충전 시설을 확충하는 조치 등으로 실현되는 청정 기술의 확장은 경제적 기회를 양산하며 '그린 산업'이 번창할 기회를 마련할 것이다. 여기서 각국은 그 자체의 기후 친화적 기술을 위해 더 나은 정책과 더 많은 재정 지원을 투입할 인센티브를 얻게 되며, 저탄소 및 탄소 제로 기술의 수요 증대는 그린 산업에 대한 수요 증대로 이어진다. 이전보다 더욱 많은 기업, 노동자, 정부 관련 혜택이 나오고 있는 이상, 이는 그린 산업 성장에 대한 선순환 구조를 수립할 것이다.

미국의 혁신경쟁법Innovation and Competition Act은 중국과의 관계에서 미국의 연구 기술 경쟁력을 개선하고자 마련된 법령으로 지금의 미중 관계 동학의 산물이다. 2021년 6월 상원에서 통과된 이 법안은 그린 테크놀로지를 포함한 여러 첨단 기술의 연구를 지원하는 내용을 담고 있다(단, 그 실행에 있어서는 하원의 추가 승인 조치가 필요하다).

국제 연대에서의 경쟁

중국은 자국의 국영기업과 민영기업의 해외투자가 미치는 환경적 영향에 관해 많은 비판을 받아왔다. 중국 관료들이 중국의 대표적인 해외투자 전략인 일대일로의 친환경화 필요성을 언급하고 있지만, 중국은 화석연료 에너지 개발계획과 그 밖의 환경적으로 유해한 계획을 오랫동안 지원해오고 있다. 바이든 행정부의 관료들은 그런 산업 투자를 개발도상국들에 제공하는 것으로 중국과 겨루겠다는 의도를 이미 나타냈다. 미국 관료들은 이를 두고 "기후 관련 목표를 이루면서, 동시에 동맹국들과의 관계를 강화하고, 중국 측 지원의 대안으로 미국 측 지원을 제시하는 전략"이라고 보고 있다.

개도국들을 대상으로 한 이런 경쟁은 미중 경쟁이 기후변화에 긍정적 영향을 가져올 수 있는 또 하나의 영역이다. 해외투자와 개발을 친환경화하겠다는 중국의 선언이 제대로 지켜지도록 압박하고, 미국 또한 다른 나라들과의 관여를 친환경적인 방향으로 이끄는 것이다(가령 천연가스와 그 밖의 화석연료 수출과 개발을 멈추는 것 등). 2021년 시진핑이 "중국은 새로운 석탄화력발전소를 더 이상 짓지 않겠다"라고 공언한 일은 어쩌면 이런 경쟁의 동학이 가져온 성과일 수도 있다.

거버넌스 정당성을 위한 경쟁

세 번째 경쟁 영역은 두 나라의 거버넌스 모델의 정당성과 관련된다. 비록 추상적인 문제지만, 이를 통해 두 나라 모두 서로를 이기기 위한 도전에 자극받을 수 있다.

바이든 행정부의 국가 안보 보좌관인 제이크 설리번은 2021년 1월 양국의 경쟁을 공식 언명하며 다음과 같이 말했다. "중국은 중국 모델이 미국 모델보다 낫다는 걸 증명하려 하고 있다. 그들은 미국 시스템이 잘못 움직이거나 분열돼 있는 부분을 지적하면서 이렇게 말한다. (…) 미국 시스템은 틀려먹었다. 우리 시스템이야말로 제대로다." 기후변화는 두 나라가 자기 모델이 더 낫다고 경쟁하는 새로운 싸움터가 될 것이다. 논객들은 이를 예전의 '달 착륙 경쟁'과 비교하기도 하는데, 과거에 비해 현재는 에너지 안보, 경제적 우위, 기술적 우위, 국격 등 더 많은 것들이 걸려 있다.

그렇다면 이 경쟁에서 가장 쟁점이 되는 것은 무엇일까? 여기에는 두 나라의 기후 관련 목표 달성 능력도 능력이지만, 그 목표 달성을 구체적으로 어떻게 이루느냐의 방법론도 포함된다. 기후와 관련해 양국이 각자 내건 목표를 이룰 가능성을 논하면서, 비판자들은 중국이 국내외에서 여전히 석탄화력발전소를 짓고 있음을(2021년 9월의 선언 이전까지) 지적했다. 이 글을 쓰는 동안, 중국은 발전 총량이 250기가와트에 달하는 신규 석탄화력발전소를 짓고 있거나, 또는 짓는 데 자금을 보태고 있다. 250기가와트란 미국 전체의 석탄화력발전 총량보다 더 큰 규모다. 코로나19는 상황을 더욱 악화시켰다. 저탄소 발전에 비해 화석연료 발전에 들어간 투자액이 3배나 많았던 것이다. 더욱이, 탄소 중립화는 화석연료 채굴을 중지할 것을 강력히 요구하지만, 중국 관료들은 여기에 대해서는 말을 아낀다. 중국 측의 주요 연구 결과를 보면 중국은 2030년까지 심층 탈탄소화 단계에 진입하지 못할 수도 있는데, 2060년이라는 탄소 중립화 달성 시한을 고려한다면 중국은 2030년 이후로는 매우 급속한(아니면 비현실적인) 탈탄소화를 추진해야만 할 것이다.

중국이 환경 목표를 이루기 위해 국가 주도적 방식을 쓰는 것에 대해서도 국제사회의 우려가 크다. 이런 하향식 방식은 과도하게 강압적이면서, 투명성 및 대중의 참여도가 낮다는 점에서 비판을 받았다. 이런 비판은 "과연 정당성 있는 통치가 무엇인가"에 대한 상당히 대립적인 논의에서 시작되며, 중국이 그 밖의 영역에서 거둔 성공에 이르러서는 더욱 첨예한 의견 대립으로 이어진다.

미국 쪽을 보면 행정 부처마다 기후 행동에 대해 입장이 다르다. 또한 미국의 기후 정치는 분열, 잘못된 정보, 수동성으로 가득하다. 그러나 미국은 자국이 더 많은 기후 행동 지지를 이끌어낼 수 있으며, 그것은 미국적 가치와 더 잘 부합된다는 것을 얼마든지 보여줄 수 있다. 이는 과거보다 지금이 더 정치적으로 실현 가능성이 높다. 최근 여론조사는 대부분의 공화당 지지자를 포함한 미국인의 3분의 2가 "정부가 지금 뭔가 기후 행동을 해야 한다"라고 생각하고 있음을 보여준다. 하지만 미국이 진영 대립 상황을 극복하지 못한다면, 이는 초라한 정치적 실패 사례로 남게 될 것이며, 미국의 정당성에 또 하나의 치명타를 안기면서 중국 지도자들이 세계 무대에서 더 큰소리를 칠 기회를 제공하게 될 것이다.

기후 정책의 실행에 있어서 각국이 기본적으로 자국의 정치적·사회적·경제적 문제부터 먼저 따지는 게 사실이지만, 이러한 국제적 동학 역시 국가 간 관계와 연관된 점이 없는 것은 아니다. 2060년으로 설정된 중국의 탄소 중립화 목표는 2020년 미국 대선 2개월 전에 발표됐는데, 이는 바이든이 당선되면 미국이 기후 관련 협상에 복귀할 것이라는 전망을 고려해서 나온 것이다. 중국의 일방적인 목표 발표는 트럼프 행정부 동안 차지했던 국제 기후 행동 관련 주도적 위치를 계속 고수하겠다는 확실한 신호와 다름없었다.

그런 경쟁이 실제로 기후 행동에 영향을 줄까? 목표 설정, 집행, 그 밖의 정책 실행 과정에서 중국의 하향식 방법은 국제 경쟁이 중국 한 나라의 국내적 행동에 크게 영향받을 것임을 시사한다. 그에 비해 미국의 정책과 기구는 보다 분산화돼 있지만, "미국은 지고 중국은 뜬다"는 의식은 자원을 끌어모아 "기후 행동에서 중국을 능가해야 한다"는 정치적 의지를 낳을 수 있다.

이런 경쟁의 동학은 미중 간 협력이 힘들지라도, 두 나라의 등을 밀어 기후 행동에 적극 나서게 할 가능성을 가지고 있다.

탄소 중립의 실현은 쉽지 않을 것이다. 그러나 경쟁 동학이 작용하는 한, 공동의 합의에 따른 노력보다도 오히려 더 큰 힘이 기후 행동에 영향을 줄 소지가 있다. 핵심은 그런 경쟁이 계속 건설적이도록 묶어두는 것이자, 무역 전쟁이나 희귀 광물에 대한 보호주의적 조치, 국가 안보에 대한 지나친 강조 등으로 기후 행동에 장애를 초래하는 일이 없도록 하는 것이다.

이런 점에서, 미국과 중국이 협력을 시도하는 일 또한 여전히 중요하다. 긴장이 고조되는 상황에서도, 이해가 일치되거나 정치 문제가 덜 복잡하게 얽힌 쪽에서는 협력이 가능하다. 트럼프 정권에서 미중관계가 바닥일 때조차, 기후 정책과 기술 협력은 민간과 지방정부들 사이에서 계속 진행돼 왔다. 여기에는 전력 부문 혁신, 전기차, 건물 탈탄소화, 산업 변혁, 토지 사용 방식 변화 등이 포함된다. 앞으로는 친환경 전환, 노동 방식 변혁, 환경 사법 등에서 협력이 고조될 것으로 본다. 양자간 다자간 비공식적 대화는 정보 공유와 두 나라 모두의 기후 행동 촉진에 중요한 역할을 할 수 있다. 분야를 가리지 않는 협력은 청정에너지 기술에서의 더 많은 교류, 투자, 전략적 배치를 가져올 수 있다. 가능하기만 하다면 협력 또는 조율은 두 나라 모두에서 기후 행동에 박차를 가할 것이며, 경쟁이 건설적인 범위 안에 머무르도록 하는 일에도 일정 역할을 할 것이다.

결국, 미국과 중국이 '행동'을 취하는 것이 기후변화 관련 글로벌 차원의 발전에 필수적이다. 일반적 여론은 협력만을 강조하는 경향이 있다. 그러나 계속 치열해지는 경쟁이 결과적으로는 오히려 더 많은 성과를 낼 수도 있다.

알렉스 왕 Alex Wang
캘리포니아대학교 로스앤젤레스의 로스쿨 교수. 기후변화 및 환경에 대한 에밋연구소Emmett Institute 공동 디렉터다.

PUBLIC HEALTH, SCIENCE ,TECHNOLOGY

32

미국은 인프라 문제에 대해 중국에서 무엇을 배울 수 있을까?

셀리나 호

중국의 입장에서 인프라는 미중 경쟁의 결정적 역할을 수행한다. 구체적으로, 중국의 초대규모 전략 인프라 비전인 일대일로는 경제적인 부분만이 아니라, 전략적으로도 '게임체인저'가 될 것이라고 찬사를 받아왔다. 국제정치에서 인프라가 중대한 힘의 원천이 된 것은 최근의 일이 아니다. 역사를 보면, 길을 닦고 철도를 놓는 일은 전쟁에서 이기고 제국을 세우는 데 결정적인 역할을 했다. 그러나 오늘날 중국이 그 인프라 파워를 휘두르는 방식은 규모에서나 야심에서나 전례가 없다. 일대일로는 중국을 전 세계 물류, 무역, 전략 시스템의 심장부가 되도록 함으로써, 중국의 영향력을 해외에 떨치는 것을 목표로 한다.

이런 계획에 대한 미국의 첫 반응은 의심과 무관심이었다. 일대일로의 경우 "과연 그것이 오래 갈 수 있을까"라는 생각을 바탕으로, 용

두사미로 끝나겠거니 하며 경시됐다. 그러나 일대일로가 계속 이어지고, 아시아, 아프리카, 라틴아메리카, 심지어 유럽에서도 상당한 발판을 마련하자 서방국가에서는 경고의 목소리가 나오기 시작했다. 트럼프 행정부는 2017~2018년에 "중국의 일대일로가 가져오는 도전을 엄중히 본다"는 신호를 보내기 시작했다. 2018년 10월, 미국은 '발전을 위한 투자의 더 나은 활용Better Utilization of Investment Leading to Development'을 뜻하는 '빌드 액트' 법안을 양당 합의로 통과시켰다. 이로써 미국은 민간투자를 저개발국과 중위권 국가들에 '유인'하는, 즉 더 많은 민간투자가 이뤄지도록 더 많은 정부 지출을 투입하는 업무 전담 기구를 신설했다. 2019년 트럼프 행정부는 '블루닷 네트워크Blue Dot Network'를 출범했는데, 이는 미국이 일본과 오스트레일리아를 비롯한 인도-태평양 지역의 동맹국들과 협력해 제3세계 국가들에 인프라 개발을 지원하되, 일대일로에 비해 높은 수준의 투명성과 지속 가능성을 갖춘 고품질 프로젝트를 제공함으로써 차별화를 이루자는 것이었다.

중국의 인프라 드라이브는 경제적·전략적 이유 모두에서 미국에 의미가 있다. 미국에게 무역과 투자는 국력과 국위의 기반이다. 아시아에서 미국의 경제력이 우월하기에 (필리핀과 태국은 물론 일본과 한국의 경우에도) 그 지역 동맹국들과의 안보 관계 역시 튼튼한 것이다. 미국이 이 지역에서 계속 경제적·군사적 패권국으로 남아 있으려면, 중국의 인프라 드라이브에 대한 강력한 대응이 반드시 필요하다. 이 대응이 효과적이려면, 미국은 중국이 국내외에서 인프라 개발을 시도하며 겪은 경험에서 일정한 교훈을 얻어야 한다. 이 글에서는 그런 교훈을 크게 세 가지로 제시하고자 한다.

교훈 1. 정부 지원이 절실하다

/

이야기는 미국에서 시작된다. 2020년 9월, 외교위원회는 미국 국내 인프라가 과부하 상태에 있으며 2025년까지 2조 달러 이상의 투자가 필요하다는 보고서를 냈다. 2021년 보고서에서 미국 산업공학회는 미국 인프라에 'C-' 등급을 줬다. 미국의 수송 체계, 급수 및 에너지 공급 네트워크, 광역 통신망 등은 심각한 과부하 상태에 있으며 그 생생한 증거는 미시간주 플린트시의 식수 오염 위기(2014~2019), 암트랙 열차의 궤도 이탈(2015), 텍사스주의 발전소 가동 중단 사태(2021) 등, 위기 상황의 반복에 잘 나타나 있다.

지금까지 견실한 인프라 투자는 미국 경제의 견인차가 돼 왔다. 가령 1860년대의 미국 최초 대륙 횡단 철도 부설은 물류 역량을 강화하고 경제성장을 촉진했을 뿐 아니라, 미국이 태평양 연안 세력으로 발돋움하는 계기가 됐다. 제2차 세계대전 뒤에도 인프라에 견실한 투자가 이뤄짐으로써 미국은 세계 경제의 발전소가 될 수 있었다. 인프라 투자는 GDP 증대 효과를 통해 성장을 주도할뿐더러, 일자리를 창출하고, 시민 생활 수준을 향상시키며, 정부의 정당성을 강화한다.

그러나 이제 미국은 다른 선진국들에 비해 인프라의 질과 수준에서 뒤떨어진 상태다. 외교위원회 보고서에 따르면, 2040년까지 G20 국가들의 인프라 투자 계획을 볼 때, 미국은 20개국 중 19위에 그친다. 반면 중국은 1위다. 미국이 GDP의 약 2.4%를(그마저도 감소 추세다) 인프라에 쓰는 반면, 중국은 8%를 쓰고 있다(코로나19 때문에 더 증가할 전망이다). 미국은 기존 인프라 계획을 보완 확충하고, 새로운 프로젝트를 세우기 위해 투자액을 늘릴 필요가 있다. 바이든의 빌드백 베터 계획은 미국의 인프라를 새롭게 전면 조정하겠다는 뜻을 담았고, 따라서 옳은 방향이다. 하지만 양당 합의에 따른 지지가 필요하며, 행정부의 범위를 넘어선 지지 확보가 있어야 한다.

이 점에서 중국은 미국에 중요한 교훈을 준다. 필자는 다른 글에서도 중국의 국가 체제 내에 공공재 공급망이 내재돼 있고, 그 가운데 인프라 개발은 핵심 요소임을 지적한 바 있다. 중국 국가 체제는 인프라 개발에 있어서 전향적 인식을 가지며, 실제 수요가 발생하기도 전에 그 수요를 예측하고 공급책을 마련하고자 한다. 이는 인프라 프로젝트는 그 과정에서 몇 년에 걸친 긴 시간이 소요되며, 따라서 장기 기획과 조기 투자를 필요로 하기 때문이다. 인프라 개발은 성장을 촉진하고, 일자리를 늘리며, 첨단 산업을 육성하고, 관광객 유입을 유도하며, 중국의 국영기업 및 중소기업에 기회를 준다. 이 개발 모델은 산업화 시대 서구의 개발 모델과 비슷하다.

이런 노력에서 정부는 중대한 역할을 한다. 중국은 인프라 투자와 건설에서 민관 협력 체제에 크게 기대고 있다. 세계은행에 따르면 동아시아-태평양 지역 국가들은 다른 어떤 지역의 국가보다 인프라 건설에 민간 주체의 참여율이 높으며, 이는 세계 총량의 39%에 이른다. 여기서 중국이 차지하는 비중은 69%로 단연 높다.

민관 협력 체제는 사실 논란이 많으며, 모든 문제에 최선의 해결책은 아니다. 그렇지만 투자, 기술, 경영의 중대한 원천을 제공함으로써, 소비자에게 큰 수익을 안긴다. 이런 협력 관계가 결실을 보려면 강력한 정부 감독과 규제 또한 절실하다. 여기서 미국이 얻을 수 있는 중요한 교훈은 중국 정부가 민관 협력 관계에 크게 기대기는 해도 민간 부문에 대한 통제권을 여전히 쥐고 있으며, 그 관계에서 계속 능동적인 역할을 견지하고 있다는 점이다.

해외 인프라 프로젝트에서, 가장 큰 난점은 프로젝트에 필요한 자금의 조달이다. 리스크가 높은 데다 수익이 불확실하기 때문에, 미국 민간 분야에서는 해외 인프라 프로젝트에 참여하기를 꺼린다. 그러므로 정부가 리스크 경감과 신뢰 강화 역할을 맡아주는 것이 중요하다. 중국 정부와 은행이 은행 융자의 대부분을 지급보증해주기 때문에, 중국의 국영기업과 중소기업들은 해외 인프라 벤처에 뛰어들 수 있다. 중국 정부보다 미국 정부의 지급보증 기준이 더 높다고는 해도, 정부는 특별채권 발행, (지금은 시간이 오래 걸리는) 규제 및 심사 과정의 간소화, 스마트 시티 건설 역량이나 디지털 기술 같은 특별한 우위를 갖춘 미국 기업들에 대한 투자 기회 확대 등의 방법을 써서 해외 인프라 투자에 민영기업의 참여를 활성화할 수 있다.

교훈 2. 인프라는 힘이다

/

미국은 해외 인프라 프로젝트 시장에 더 많이 참여할 필요가 있다. 많은 개도국이 인프라 부족에 허덕이고 있으므로, 그 수요는 매우 크다. 아시아개발은행Asian Development Bank에 따르면, 아시아 국가들은 2030년까지 매년 1조 7천억 달러를 인프라에 지출해야 한다. 이는 아시아개발은행이든 세계은행이든 자체적으로는 조달할 수 없는 규모다. 이 수요에 일부 부응하고 자국의 영향력을 증대시키고자, 중국 정부는 아시아인프라투자은행을 세워서 이를 국제기구 외의 자본조달원으로 활용할 수 있도록 했다.

인프라는 국내적 중요성도 크지만, 국제적으로도 힘의 원천이 될 수 있다. 국가의 도구로서 인프라는 정치적·경제적·군사적 목적에 활용될 수 있다. 예를 들어 유럽 철도 체계는 유럽의 시장과 경제권, 그리고 사람들을 이어준다. 항구도 국제무역과 상업의 중요 중심지가 되는 동시에 해군의 보급기지가 될 수 있다. 인프라는 힘의 투사와 전쟁 수행의 수단으로도 중요하다. 가령 철도는 19세기 중반과 20세기 초반 프로이센-독일과 러시아의 전쟁 계획에서 중심을 차지했으며, 유럽과 북미는 철도를 부설함으로써 19세기 말 자신들의 영향권을 넓힐 수 있었다. 인프라를 짓고 연결하는 것이야말로 제국 건설의 토대였다.

이에 못지않게, 인프라에 내재된 비물질적인 면의 권력도 중요하다. 중국은 그런 프로젝트를 통해 성공적으로 건설 권력과 담론 권력을 접합시켰는데, 특히 동남아시아에서 그렇다. 정치 사회 이론가 스티븐 룩스Steven Lukes는 건설을 일컬어 "최고 권력이자 최대로 음험한 권력"이라 묘사했다. 이는 강제력을 쓰지 않고도 패권 국가가 피지배 국가에게 불균형한 구도에서의 불리한 입장을 받아들이도록 한다. 중국이 인프라 프로젝트를 통해 건설 권력을 발휘할 수 있는 것은 국경을 넘어 이뤄지는 프로젝트는 불균형 관계를 형성할 수밖에 없기 때문이다. 중국의 일대일로 사업을 수용한 나라는 중국의 기술, 기술 표준, 금융, 숙련된 노동력, 건축자재에 의존할 수밖에 없다. 중국에 대한 의존도가 높을수록, 수용 국가가 (심지어 중국이 강제하지 않더라도) 자국 이익을 중국의 이익에 종속시키는 정도도 높아진다. 실제로 동남아시아국가연합

회의에서 일부 회원국들은 중국 대표가 출석하지 않았음에도, 중국의 국익에 민감한 사안들을 중국 입장에서 챙기는 모습을 보였다고 한다.

담론 권력은 담론을 사용해 의미를 창조하는 힘이다. 이는 지배적인 서사를 구성하고, 대안적 서사를 봉쇄해버린다. 예를 들어 중국의 일대일로 수혜국들은 인프라 건설이 번영과 근대화를 가져올 것이라는 담론을 대량생산한다. 정치적·사회적·환경적 문제들과 프로젝트 자체의 지속 가능성 문제, 주권과 영토에 대한 위협을 거론하는 대항 서사들은 그 나라들이 중국의 일대일로라는 밴드왜건에 올라타면서 묵살돼 버린다.

미국은 자체적인 인프라 권력을 갖출 필요가 있다. 인프라는 사용하는 나라들의 물질적 힘을 강화하고 투사할 뿐 아니라, 사회적 관계에 영향을 주고 담론을 지배한다. 시진핑 치하의 중국은 갈수록 사회적 관계와 담론의 힘에 역점을 두고 있다. 그리고 일대일로는 그런 힘을 휘두르는 중요 수단이다. 그러나 인프라 권력에서 미국과 그 동맹국들이 중국과 경쟁할 여지는 있다. 중국의 국익에 스스로의 국익을 종속시킨 국가들은 인프라 건설이 번영과 성장을 가져오리라는 장기적 이익의 관점에서 그렇게 하고 있는데, 그들은 동시에 중국의 빠른 성장에 대한 우려의 시선을 보내고 저항하기도 한다. 시진핑 치하 중국의 호전적 외교정책은 그런 우려를 증폭시켰다. 싱가포르의 동남아연구소가 매년 실시하는 여론조사를 보면, 동남아시아 국가들 사이에서 중국에 대한 불신이 늘고 있음을 알 수 있다. 이 지역에서 다양성과 균형을 바라는 목소리 역시, 세계 무대에서 존재감을 높이고 싶어 하는 미국과 그 동맹국에 기회가 있음을 시사한다.

교훈 3. 지역적 맥락은 중요하다

/

중국이 주는 교훈으로 가장 엄혹한 것 중 하나는 중국이 해외 벤처를 늘리며 얻은 지역적 맥락이 중요하다는 사실이다. 아시아의 다른 지역들과 라틴아메리카, 아프리카 등으로 무대를 넓히면서, 중국은 다양한 사업 환경을 접할수록 학습 곡선이 빠르게 상승세를 그리는 것을 알게 됐다. 물론 때로는 그 난관이 너무 커서 일부 프로젝트를 포기해야 하는 상황도 발생했다. 가령, 라틴아메리카 최초의 고속철도로 계획됐던 468km 길이의 베네수엘라 티나코-아나코 구간의 철도는 2015년, 베네수엘라 정부의 지불 능력이 사라지면서 포기할 수밖에 없었다.

인도네시아나 말레이시아 등 동남아시아 국가에서도 철도 부설 계획이 지연되는 경우가 많다. 중국이 놓고 있는 자카르타-반둥 고속철도는 1998년 이후 인도네시아의 민주화 및 탈중앙화로 인한 정치적·사회적 장애물이 대거 등장함에 따라 난관에 부딪혔다. 연구에 따르면 개도국에서는 대형 프로젝트의 실행 단계에서 이익집단들의 요구와 대표성이 새롭게 밀어닥치는 경우가 많다. 인도네시아에서는 탈중앙화 정책으로 힘을 얻은 지방정부가 자카르타-반둥 철도 부설에 어깃장을 놓았다. 조코 위도도Joko Widodo 인도네시아 대통령이 2019년 '국토 재편성 계획'에 이 철도를 포함시켰지만, 당시 자문 기회를 얻지 못한 지방정부들은 이에 저항했으며, 그에 따라 토지 수용이 난항에 빠졌다. 개인과 지역 기구에 유리하게 돼 있는 인도네시아의 강력한 토지 임대법도 갈등을 키웠다. 그 결과, 자카르타-반둥 철도의 건설은 일정 지연을 반복하고 있다.

인프라 발주국에서의 정치적 변동 역시 중국의 계획에 어깃장을 놓곤 한다. 나집 라작Najib Razak 말레이시아 총리는 인프라 건설에 열의가 넘쳤으며 중국과 긴밀한 경제적 유대를 맺고 있었다. 그랬던 그가 2018년 총선에서 예기치 않게 실각하자, 중국은 말레이시아 동부해안 철도ECRL, East Coast Rail Link 프로젝트에서 강력한 후원자를 잃게 됐다. 이미 착공에 들어갔음에도 불구하고 말레이시아 새 정부는 이 프로젝트를 유보시켰고, 몇 달 뒤 중국으로부터 더 유리한 조건을 얻어낸 뒤에야 공사를 재개시켰다.

지역 맥락은 중요하며, 인프라 발주국은 대리 기관agency을 별도로 가지고 있다. 중국은 이 엄정한 교훈을 해외 벤처 활동을 통해 배웠다. 이처럼 미국 정부와 기업도 지역 맥락에 민감하게 반응하고, 현지의 정치·사회 특수성과 여론의 중요성을 숙지한다면 보다 유익할 것이다.

국가 간 상호작용의 교훈 중 하나는 국가는 타국의 경험을 통해 배우고 모방한다는 점이다. 이는 동맹국에만 해당하는 것이 아니라, 라이벌 사이에도 통한다. 미국이 전략적·경제적 우위를 지키기 위해서는 중국이 국내외에서 벌인 인프라 프로젝트의 성공 요소뿐만이 아니라, 실패에서도 배워야 한다. 정부 지원이 절실하고, 인프라는 강력한 힘이며, 지역적 맥락은 중요하다는 3대 교훈을 기억해야 하는 이유다.

셀리나 호 Selina Ho
싱가포르 국립대학교 부교수. 《Rivers of Iron: Railroads and Chinese Power in Southeast Asia》(2019), 《Thirsty Cities: Social Contracts and Public Goods Provision in China and India》(2020)의 저자다.

33

미중관계에서 기술은 무엇이 문제인가?

그레이엄 웹스터

미중 모두에게 철저히 통합된 기술 환경 체계(그 안에서 연구, 사업, 제조 등이 국경을 넘나들며 이뤄지는)는 21세기 들어서 그 어느 때보다 중요해졌다. 디지털 및 연결망 기술이 세계에 널리 퍼진 상태에서 두 나라는 경제적 이익을 거두고 있으며, 그들의 주요 기업과 기술은 긴밀한 협력 관계를 맺고 있다. 세계 각국에서 모여든 최고의 인재들이 미국의 대학과 기업 연구센터에서 주로 활동하는 한편, (상대적으로) 덜 산업화된 중국의 지역들에서 온 노동자들과 세계 최상급의 하드웨어 생산기술이 만나는 곳인 중국 산업센터에서는 프로토타이핑prototyping과 제조가 주로 진행되고 있다.

특히 스마트폰과 모바일 인터넷 시대가 열린 이후, 세계 사용자들의 '네트워크 연결' 경험은 말 그대로 미중 합작의 결과물이었다. 애플의 획기적인 운영체제인 iOS와 널리 범용화가 가능한 구글의 안드로이드 시스템은 궁극의 제조 역량과 지역적 · 세계적 공급망에 결합되면서 수십억 사용자들의 손안에 '네트워크 연결'을 실현시켰다.

그러나 이런 미중 융합이 하드웨어와 소프트웨어에 (디자인, 생산, 혁신, 재혁신까지) 뿌리내리고 있다고 해도, 두 나라의 소비자들이 사용하는 온라인 서비스의 간극은 오랫동안 벌어져 왔다. 이베이 같은 미국 전자 상거래 플랫폼은 중국 시장 진입에 실패한 반면, 알리바바 같은 자국 기업은 정부의 특별한 조건을 향유하며 고속 성장을 시작했다. 중국 굴지의 검색엔진인 바이두는 글로벌 거대 기업인 구글보다도 앞서가고 있는데, 이는 처음부터 중국의 검열 규칙을 철저히 지키는 한편, 달라지는 사항이 있을 때마다 때맞춰 업데이트까지 해온 결과였다. 반면 구글은 중국 정부가 사회운동가들의 개인 지메일gmail 계정을 해킹한 사실을 알고 중국 시장에서 철수했다.

핵심은 보안 문제

/

이런 간극은 골이 깊다. 특히 중국 학자들이 안보 리스크 해소 및 국내 첨단 기술 개발이라는 두 마리 토끼를 잡기 위해 마이크로소프트 윈도우를 대체할 토착 운영체제 개발을 지지한 1980년대부터는 중국 쪽에서 골을 더 깊게 팠다. 중국의 산업 기획자들은 최소한 1986년의 '863 계획(1986년 3월 여러 중국 과학자들이 덩샤오핑에게 보낸 건의서에서 출발한 중국의 토착 기술 개발계획이다 – 옮긴이)'에서부터 기술적으로 더 독립된 나라는 중공업 분야를 뛰어넘어, 적어도 세계적으로 중요한 몇몇 영역에서 제품을 만들고, 또 기술혁신을 이뤄낼 수 있다는 비전을 굳게 믿어왔다. 특히 2013년에 미 정보 부처의 기술정보 전문가였던 에드워드 스노든Edward Snowden의 정보 사찰 폭로 사건 이후로, 중국은 미국 정부가 그들의 기술을 써서 중국 산업체를 마음대로 사찰하거나 공격할 수 있다는 우려를 하게 됐다.

두 나라의 정책 입안자들이 양국의 기술 통합과 관련해 각기 다르게 위험을 인식하고 있는 한편, 두 정부는 이제 진행 중인 기술 패러다임 전환에 온통 주의를 기울이고 있다. 이런 전환은 커스텀 반도체, 대형 데이터 세트, 알고리즘에 따라 머신러닝을 통한 인공지능이 발전한 것과 5G 무선 기술과 이른바 사물 인터넷 기술에 따른 고속 연결의 확산으로 더 자동화된 시스템이 가능해진 것, 이 두 가지의 결합에서 나온다. 이 두 가지가 결합됨으로써, 갈수록 자동화되는 인공지능 및 머신러닝 기반의 시스템이 의료 장비에서 자율 주행차에 이르는 사물 인터넷에 가져오는 전망은 기술혁신 담당자의 상상력을 자극한다. 그리고 한편으로는 그 어느 때보다 보안 문제를 심각하게 고민하게끔 한다.

미국과 중국에서 보안 문제를 우려하는 사람들은 이미 네트워크 스위치, 운영체제, 하드웨어 취약성 등의 문제를 2000년(중국 인터넷 사용자가 2천만 명밖에 되지 않을 때), 2010년(스마트폰 사용이 실제로는 이제 막 시작됐을 때)에 제기했다. 오늘날, 그들은 훨씬 커지고 훨씬 자동화된 네트워크가 주는 수많은 새로운 위험들을 중시해야 하는 이유를 차고 넘치게 가지고 있다. 한편, 갈수록 더 다양해지고 정교해지는 기술 시스템이 뿌리내리는 가운데, 아이디어를 나누고, 효율성을 최적화하며, 다중 조작 가능성을 계속 열어두는 일 등도 여전히 큰 가치를 지닌다.

네 가지 우려사항

/

전반적으로 기술 자주화에 대한 중국의 관심은 다음 네 가지 범주, ① 첩보espionage ② 장애 유발sabotage ③ 기술 종속dependence ④ 거버넌스governance를 위주로 한다고 말할 수 있다. 그리고 최근, 미국 정책 결정자들 또한 중국과 연계된 기술에 관해 놀랄 만큼 이와 비슷한 관점에서 보고 있다. 무엇이 문제인지 이해하려면, 이 네 가지 범주를 살펴보는 게 도움이 될 것이다. 양국 모두 주의를 요하는 위험 요소들에 대해 제대로 인식하고 있다. 그리고 더 좋게든 나쁘게든, 정치적 요인들, 비용 및 효과 분석, 기술혁신 등이 그 결과를 좌우할 것이다.

첩보

첫째, 미국과 중국 정부가 서로에 대해 첩보 활동을 벌이는 일은 비밀이라고도 할 수 없다. 미국 관료들은 연방인사관리처, 신용평가사인 에퀴팩스Equifax, 메리어트 호텔 등에서 중국 해커들이 방대한 규모의 데이터 침해를 했다고 밝혀냈다. 오바마 행정부와 트럼프 행정부 모두에서, 법무부는 중국의 군 관계자 개인들을 미국 민간 분야를 해킹한 혐의로 기소했다. 한편, 스노든의 폭로는 미국 정부가 인터넷 인프라에 일상적으로 접속해 있으며, 미국제 디바이스들로 제조사에서 사용자로 가는 경로에 끼어들었고, 미국 테크 기업들이 경쟁사들을 비밀리에 탐지했음을 알려줬다. 모든 유형의 중국 시스템은 대개 윈도우를 사용하며, 거의 모든 중국제 스마트폰은 안드로이드 형태를 취해왔다.

첩보와 방첩의 비밀스러운 세계에서, 이런 우려는 오래 지속됐다.

인공지능과 러닝머신, 5G 네트워크, 사물 인터넷의 시대로 넘어오면서 그 우려가 더욱 커졌을 뿐이다. 온라인 서비스는 매일 알고리즘 기능 작동이나 수익 창출을 위해 점점 더 많은 데이터를 수집하며, 이는 다시 비슷한 도구를 사용하는 첩보 조직의 손으로 넘어가 분석된다. 갈수록 더 많은 센서들이 인터넷에 연결되는데, 그 보안은 허술하기만 하다. 그도 그럴 것이, 대체 누가 자기 냉장고에 탑재된 펌웨어를 업데이트하겠는가? 이는 시간이 지날수록 해커들이 활동할 여지가 넓어진다는 뜻이다. 해킹 기술과 도구가 어느 때보다 발달된 지금, 보안을 위해 지켜야 할 스크린의 수는 기하급수적으로 늘고 있다.

장애 유발(사보타주)

둘째, 네트워크 침입자들은 대개는 정보를 얻으려 접속하지만, 연결 시스템에 다양한 수준의 장애를 일으킬 수도 있다. 미국과 중국의 국가안보 기획자들은 언젠가 핵전쟁을 포함하는 우발적 전쟁이 발발할 가능성을 뚜렷이 인식하고 있다. 그리고 그들은 모두 최악의 상황이 일어날 때 최악의 결과를 피하고 승리할 수 있도록 계획을 세워 놓았다. 기획자들은 단기간의 무력 충돌일지라도, 중요한 인프라가 파괴될 경우 여러 가지로 재난이 닥칠 것을 우려한다. 무엇이 재난을 가져오는지에 대한 정부의 이해가 부족할수록, 심각하게 확대될 수 있는 문제에 대해 계산을 잘못할 가능성이 커지게 된다.

첨단 자동화 기술, 사물 인터넷, 5G 네트워크 시대에 이 같은 우려는 더욱 커진다. 유비쿼터스 및 고속 접속 환경을 실현하려는 기술자들은 중앙 서버로 연산 과제를 보낼 때 중대한 몇 밀리초ms를 잃지 않으려 네트워크를 분산시키고 각자 즉각적으로 연산 작업을 수행하도록 하는 방식을 구상해냈다. 이는 자율 주행차 같은 시스템이 다른 차와 교신하고, 네트워크화된 차로에서 주행로를 정하며, 사고를 방지할 수 있게 해준다. 수없이 많은 센서들, 각각 취약성을 가지고 있는 이 센서들은 생명과 관련된 중대 시스템의 소프트웨어와 하드웨어 모두에 더 많은 리스크를 안긴다. 국가 안보, 경제 안정의 위협은 물론, 인명이 위험에 처할 수 있다. 아직 어떤 국가도 여기에 해당하는 모든 위험을 다룰 수 있는 확실한 종합 계획은 세우지 못했다. 그러나 그런 기능들의 저변에 있는 소프트웨어와 하드웨어 시스템을 만들고 유지하는 국가들은 이를 공격과 방어 모두에 요긴하게 쓸 수 있을 것이다.

이러한 사실은 미국과 다른 국가의 정부들이 5G 네트워크의 기반이 되는 하드웨어-소프트웨어 시스템(바로 이 분야에서의 핵심 연산 처리를 가능하게 해주는)에 있어서 중국 기업인 화웨이에 대한 의존을 왜 그토록 염려하는지 설명해준다. 신뢰와 리스크 관리는 판매자를 잘 선택한다고만 해서 충분히 해결할 수 있는 문제는 아니지만, 미국 관료들은 화웨이가 중국 측의 사보타주(고의적인 장애 유발 및 파괴) 혹은 정보 유출 수단으로 활용될 수 있다고 본다.

그러나 반대로 보면 중국 관료들도 똑같은 우려를 한다. 사실, 중국의 국영 미디어는 2013년에 미국의 핵심 테크 기업들을 '기보팔용사基堡八勇士'(1969년에 할리우드에서 제작된 전쟁 영화《Eight Guardian Warriors》의 중국어 번역 제목 – 옮긴이)라고 낙인찍으면서, 그들을 20세기 초 중국을 침략했던 '8개국 연합군'에 비교했다. 이 8개 기업(시스코, IBM, 구글, 퀄컴, 인텔, 애플, 오라클, 마이크로소프트)은 아직 중국에 남아 있지만, 양국의 기술 관련 긴장이 높아지는 가운데 전망은 어두워지고 있다.

기술 종속

셋째, 화웨이와 5G를 평가할 때 미국의 국가 안보 당국자들에게 첩보 활동과 사보타주 위험이 많이 강조됐던 한편, 중국 정부는 외국 기술에 종속될 위험성을 오래전부터 주장해왔다. 이 우려는 첩보 및 사보타주와도 관련되지만, 여기서 한 단계 더 나아간다. 다양한 핵심 선도 기술에 신속하게 접근해 혁신을 이뤄냄으로써 양국은 글로벌 공급망을 갖추고 기술 생태계를 구축했으나, 이는 한편으로 한쪽이 다른 한쪽의 핵심 기술에 접근하지 못하도록 막는 능력을 부여하기도 했다. 예를 들어 트럼프 행정부 당시 미 정부는 중국의 주요 테크 기업들이 미국 수출통제가 가능한 핵심 공급망(첨단 반도체가 그중에서도 가장 핵심이었다)에 접근하지 못하게 하는 의지를 보여줬다. 가령 화웨이에 대한 애초의 규제 조치는 공식적으로는 이란과 관련된 제재 조치 위반 혐의로 정당화됐으나, 연이어 다른 조치들도 가능해졌으며, 핵심 관료들은 이 기업을 뒤흔들기 위해 온갖 수단을 동원했다. 감시 기술 관련 제품을 생산하는 화웨이는 자사 제품이 신장에서 쓰인 것과 관련해 미 정부의 블랙리스트에 오르게 됐다. 앞서 2021년 미국은 그곳에서 위구르인과 그 밖의 무슬림 주민들에게 자행된 잔혹 행위를 제노사이드로 규정한 바 있다. 그런 정당화에도 불구하고, 이런 조치들은 자유무역에 의존하고 있는 중국 기업들이 미국과의 적대 관계 속에서 어떻게든 살아남아야 하는 상황을 만들었다.

종속의 반대는 기술 자주화이며, 시진핑 치하의 중국 정부는 미국이 통제하는 산업 병목화 현상에 맞서기 위한 '자체 기술혁신', '자강自强' 등을 강조해왔다. 이 목표는 오랫동안 중국이 자체 산업 전반과 경제 발전에 대해 쓰는 수사였으나, 그것은 오늘날 특별히 더 날카롭고 예리한 강조점을 띠게 됐다. 최근 미국에서는 디커플링 논의가 진행되고 있는데, 그것은 미중 간 긴밀한 기술 연계를 끊고 중국이 아닌 공급처를 찾으며 다른 나라들도 그렇게 하도록 권유하는 내용이다.

거버넌스

넷째, 테크 기업들과 정부가 모으는 막대한 규모의 (그것도 점점 더 커져가는) 데이터와 한층 깊고 또 넓게 사회에 퍼져가는 첨단 자동화 의사결정 기술은 해외의 상황과 상관없이 사회 도처에서 각종 법과 상충하게 됨을 의미한다. 미국과 중국은 이제까지 매우 다른 길을 걸어왔다. 인터넷이 글로벌화되기 전, 그것은 대체로 미국의 법과 규범을 반영해 설계되고 규율화됐다. 그 이후 검열, 저작권, 감시 등을 둘러싼 여러 분쟁이 벌어졌지만, 애초의 자유방임적인 거버넌스 모델은 아직도 그대로다. 이는 당파와 관계없이 정치권에서 페이스북이나 트위터 같은 민간 기업들이 공적 영역에서 가지는 역할에 대해 점점 더 불만이 나오고 있는 지금(특히 그 플랫폼들이 그 광고주들에게 제공한 툴들이 악용되고, 그것이 지난 두 차례 대선의 정당성까지 의문을 품게 만든)조차도 그렇다. 국제적으로 미국 정부는 언론 자유 및 상업적 목적에 있어서 데이터의 막힘없는 흐름을 누구보다 앞장서서 지지해왔다. 그리고 국내적으로 이제까지 유럽연합 같은 우호 세력의 사법 체계와 마찰까지 빚어가면서 포괄적인 민간 규율을 피해 왔다.

중국은 처음에 인터넷(오픈 프로토콜에서부터 글로벌 도메인 명명 체계와 연결성의 기반이 되는 하드웨어까지)을 해외 수입품으로 여겼다. 그러나 정부 당국과 국내 업체들은 재빠르게 그 기술을 지역 목표에 맞게 응용하고 변형했다. 여기에는 점진적으로 개발된, 그러나 이제는 완전히 일반화된 검열과 콘텐츠 통제 시스템도 있는데, 이는 2000년에 빌 클린턴 대통령이 "해가 서쪽에서 뜨는 것만큼이나 불가능한 일"이라고 생각했던 것이었다. 미국에서는 인터넷 업계가 상대적으로 자유로우며, 민법이나 규제의 틀이 비교적 가벼운 편이다. 하지만 중국 정부는 2014년 이후 사이버 안보, 검열, 선전, 데이터 수집 등에 대해 고도로 상세한 법적 틀을 개발해왔다. 그리고 일상의 법 집행과 국가 안보 목적으로 쓰이는(정치적 반대자를 표적으로 삼는 일도 포함하는) 그 감시 역량은 빠르게 발달하고 있다.

두 국가가 공히 직면하고 있는 문제는 데이터 관련 규제다. 데이터를 어떻게 수집하고, 보호하며, 적법한 활용의 경계를 어떻게 정할 것인가? 양국 모두 첨단 데이터 기반 감시 기술을 제공하는 기업들이 있지만, 그런 역량을 사용하는 방법은 정부와 민간 분야가 각기 다르다. 중국은 오래전부터 데이터 수집과 감시 기술을 일상적인 통치에 실험해오고 있으며 이는 새로운 인권 문제를 낳았다. 두 국가의 정부 모두 상대 모델을 자국에 대한 위협으로 여기고 있다. 그리고 이에 대한 규제의 일부분은 상대 시장에서 쓰이는 제품의 기본값, 역량, 한계 등에 반영돼 있다.

공동의 협력이 필요한 영역

오늘날의 기술 변화는 모든 나라들에 새로운 우려와 위험을 가져온다. 첩보 활동은 감춰야 할 비밀이 있는 곳이라면 어디든 위협적이며, 장애 유발 역시 시스템에 의존하고 있다면 걱정거리가 아닐 수 없다. 기술 종속은 잠재적 경쟁자가 우리의 일상을 파괴하고, 우리의 기술 개발 속도를 지연시키고, 정치적·경제적 무기를 휘두를 수도 있게 만든다. 자동화 시스템은 국가 관료제가 전통적으로 독점해온 많은 기능을 수행하는바, 기술 규제의 힘을 정치권에 부여하는 일이 모든 나라의 우선 과제 중 하나가 됐다.

이 네 가지 영역에서 미국과 중국은 크게 대립하고 있으며, 이미 기술의 연계성은 조금씩 줄어들고는 있다. 그러나 완전한 디커플링은 단기적으로 가능하지도 않으며, 장기적으로 바람직하지도 않다. 어찌 됐든 상호의존성은 갈등이 터지지 않게 막는 보루라고 두루 받아들여지고 있으며, 다른 수많은 국가들은 한쪽에서는 중국과 그 우방국들이 구축한 기술 환경 체계에서, 또 다른 쪽에서는 미국과 그 우방국들의 기술 환경 체계에서 움직이고 싶어 하지 않을 것이다. 만약 두 국가가 그런 저항을 이기고 완전한 결별을 추구한다면, 효율성 상실과 공급망 및 지식 시스템의 중복에 따른, 그리고 천연자원을 놓고 경쟁이 한껏 격화돼 전쟁의 위험성이 고조되는 데 따른 막대한 비용의 발생을 자초하고야 말 것이다.

문제는 미국과 중국이 IT 영역에서 상호 취약성을 더 이상 느끼지 못할 만큼 분리가 가능한 상태에서, 상호 이익 및 글로벌 차원의 혜택을 위해 적절한 형태로 통합과 협력을 유지하는 (그리하여 경제, 안보, 인권 등의 여러 쟁점들을 공동의 지식 기반에 따라 해결해나가는) 것이 가능한가이다. 그렇지 않고는, 양국 모두 기술 변화에 따라 직면하게 된 거대하고 변화무쌍한 도전들 앞에서 단지 서로를 향해 벽만 쌓는 것으로는 대처할 수가 없는 노릇이다. 두 국가는 다종다양한 행위자들(그중 일부는 두 나라를 모두 노린다)이 네트워크에 침투하고 파괴하는 상황에 처해 있다. 게다가 엔지니어링의 단순 오류에 따른 위험도 상존한다. 기후변화 같은 다른 글로벌 도전에 공동 대처하듯이, 미국과 중국은 경쟁과 더불어 각자의 이익에 가장 잘 부합하는 공동의 노선 추구까지 동시에 해내야 하는 묘안을 짜내야 할 것이다.

그레이엄 웹스터 Graham Webster
스탠퍼드대학교 사이버정책센터의 연구학자이자, '스탠퍼드 디지차이나 프로젝트'의 편집장이다.

34

중국은 빅테크 기업 규제에서 지도적 위치에 설 것인가?

윈스턴 마

페이스북의 마크 저커버그, 아마존의 제프 베이조스, 구글의 선다 피차이, 애플의 팀 쿡까지, 미국을 대표하는 빅테크 기업의 총수들이 지난 2020년 사상 처음으로 나란히 의회 청문회에 서서 증언했다. 7월 29일 열린 미 하원 사법위원회 청문회에서, 이들 CEO는 분명한 메시지를 전했다. "우리를 규제하려고 하지 마십시오. 그러면 우리는 중국과 경쟁할 수 없습니다."

이는 입법자들에게 생소한 이야기가 아니었다. 2018년 초 저커버그가 페이스북의 데이터 활용 방식에 대해 의회에서 증언했을 때, 그는 페이스북의 개인 정보 활용을 규제한다면 미국은 인공지능 같은 거대 데이터 기반 혁신에서 중국에 뒤처지고 말 것이라고 경고했다.

저커버그의 주장은 중국의 경우 데이터 수집 관련 규제가 느슨해 인공지능 조사를 위해 막대한 양의 개인 정보를 수집할 수 있었다는, 우리가 익히 들어온 이야기를 반영한다. 그러니까 이 주장에 의하면 페이스북과 같은 미국 기업들이 데이터 수집 규제로 발이 묶이는 사이 중국 기업들이 우위를 점하게 되는 셈이다. 어느 정도 맞는 말이다. 그러나 개인 정보와 데이터 침해는 중국에서도 골치 아픈 문제가 되고 있고, 최근에는 중국 정부 또한 데이터 관련 규제법을 만들기 위해 큰 행보를 보이고 있다.

프라이버시에 눈뜬 중국인

/

중국이 인공지능 연구에서 우위를 차지할 수 있었던 것은 방대한 데이터 자원 덕분인데, 이는 데이터 밀집도는 인구 밀집도와 비례하기 때문이다. 9억 명 이상의 인터넷 사용자가 있는 중국은 모바일 경제 붐이 일었을 때 모바일 앱이 널리 사용됨으로써 소비 시장에서 축적되는 데이터가 급증했다. 이 '모바일 퍼스트' 혹은 '모바일 온리'의 환경에서, 사람들이 쇼핑과 식사를 비롯한 거의 모든 일상 활동을 모바일 결제로 진행하면서 디지털 플랫폼에는 엄청난 양의 데이터가 쌓이게 됐다.

2018년, 중국 대중은 마침내 프라이버시 문제에 눈을 떴다. 저커버그의 증언에 화답이라도 하듯, 바이두의 창립자 리옌훙李彦宏은 2018년에 진행한 한 인터뷰에서 중국인들이 "자기 프라이버시를 안전하고 편리하고 효율적으로 거래할 수 있다고 확신한다면, 여러 경우에서 그들은 기꺼이 그렇게 할 것입니다"라고 말했다.

그러나 아이러니하게도, 중국 대중은 리옌훙의 발언을 수용하지 않았다. 그해에 장쑤성의 한 소비자 권익 수호 단체가 바이두를 고발했는데, 동의 없이 사용자 데이터를 수집했다는 혐의였다. 이 고발은 나중에 바이두가 사용자의 온라인 접속 및 활동의 모니터링 기능을 삭제한 뒤에야 취하됐다.

같은 해에 한 중국인 사용자가 중국의 양대 빅테크 기업 중 하나인 알리바바에 개인 정보 침해를 이유로 소송을 걸었다. 알리바바의 핀테크 자회사인 앤트그룹은 사용자의 디지털 활동, 거래 기록, 소셜 미디어 활동 등을 기반으로 온라인상에서 신용 평가를 해주는 쯔마신용芝麻信用이라는 서비스를 선보였는데, 문제는 해당 기능을 제공하면서 사용자들의 사전 동의를 받지 않은 데 있었다. 물의가 일자 알리바바는 잘못을 인정하며 공식적으로 사과했다.

이처럼 예상 밖으로 중국 소비자들은 인터넷 거대 기업에 맞서 자신의 디지털 프라이버시를 지켜내고 있으며, 현재 중국은 데이터 보호 및 규제 설정의 초기 단계에 있다. 2017년 6월부로 효력이 발생한 새 사이버 보안법은 처음으로 국가 입법 수준에서 일련의 데이터 보호 조항들을 포함했다. 덧붙여, 2018년의 전자 상거래법은 유럽연합의 데이터 보호 규정과 비슷하게 '잊힐 권리'와 같은 소비자의 데이터 프라이버시 보호 규정을 두고 있다.

중국은 2020년 5월에 새로운 민법을 제정했고, 이 법은 2021년 1월부터 효력이 발생했다. 이로써 개인 데이터 프라이버시를 규율하는 법적인 틀이 한 걸음 더 진전된 셈이다. 많은 민법 조항을 아우른 이 법에서는 프라이버시가 최초로 '인격권人格權'으로 정의됐다. '인신권人身權'이 아닌 '재산권'의 일환으로서 인격권을 바라봤다는 점에서 더욱 의미가 깊다. 이 민법전은 하나의 장을 인격권에 할애하고 있으며, 개인이 자신의 이름, 직위, 초상, 평판, 프라이버시를 스스로 통제할 수 있는 권리를 규정하면서 온라인 개인 정보를 보호한다는 새로운 조항도 추가했다.

팬데믹의 영향

/

그러나 2020년부터 진행된 코로나19 팬데믹은 데이터 및 프라이버시와 관련해 새로운 논란을 불러왔다. 바이러스로 인해 사람들의 일상이 대부분 온라인으로 옮겨가면서, 데이터가 전에 없던 속도로 수집되기 시작했기 때문이다. 예를 들어 정부는 국민의 보건 및 위치 데이터를 긴밀히 추적하면서 막대한 양의 개인 정보를 축적했다. 평소였다면 환자의 의료 정보는 민감한 개인 정보로 분류돼 공개되지 않았을 것이다. 그러나 코로나19라는 특수한 위기 상황에서 정부는 지속적으로 그런 데이터를 민간 온라인 플랫폼에서 수집할 수 있었으며, 이는 데이터 침해, 손실, 불법 활용 등의 우려를 증폭시켰다.

문제가 불거지자, 중국은 이 복잡한 사안을 좀 더 정교하게 다루기 위해 2021년 개인 정보 보호법PIPL, Personal Information Protection Law과 데이터 보안법을 제정했다. 이 법은 개인의 프라이버시, 기업의 발전, 국가 안보 및 공공 안보 사이에서 균형을 잡는 과정 중 여러 난관을 겪으며 탄생했다. 이 두 법의 제정은 얼기설기 짜여 있는 온라인 개인 정보 보호 문제를 보다 통합적이고 포괄적으로 다룰 수 있는 규제의 틀을 마련하는 데 있어 아주 중요한 한 걸음이 될 것이다.

〈표 34.1〉 중국의 데이터 프라이버시와 보안 관련 법률

년도	관련 법
2017	사이버 보안법
2018	전자 상거래법
2019	중국 사이버 공간 관리 처리법中国网络空间管理办法
2020	민법
2021	개인 정보 보호법, 데이터 보안법

중국의 개인 정보 보호법은 2021년 11월 1일부로 효력이 발생했다. 이는 중국의 디지털 경제에서 처음으로 데이터 수집과 보호에 대한 포괄적인 법체계를 세운 것이다. 유럽의 일반 데이터 보호 규정과 대체로 비슷한 개인 정보 보호법은 전 산업계에서 수집, 활용, 처리, 공유, (중국 국내외로의) 전송 등 모든 개인 정보 관련 작동을 규율하는 일련의 규칙들을 제공한다.

예를 들어 인터넷 사용자의 정보 사용 동의와 비동의, 즉 옵트아웃opt-out에 대해 데이터 주체가 자신의 개인 정보를 수집, 처리, 활용, 전송하는 과정에 대해 충분한 정보를 얻을 수 있도록 상당한 길이의 문장으로 설명하고 있다. 개인 정보 처리자는 데이터 주체의 옵트아웃 결정권을 어떤 단계에서든 보장해야 하며, 처리자의 동의 요청을 거부했더라도 그 개인 정보가 서비스 제공을 위해 꼭 필요한 것이 아닌 이상 서비스 제공을 중단해서는 안 된다.

개인 정보 수집과 관련된 데이터 프라이버시 보호 외에 또 다른 데

이터 규제는 반트러스트법Antitrust Act과 데이터 보안 규정들로, 이는 축적된 데이터를 마음대로 활용하지 못하도록 거대 플랫폼을 통제하는 것이다. 플랫폼의 힘은 대체로 방대한 사용자 정보 데이터베이스에서 나오기 때문이다. 중국 테크 기업들이 구축한 기업 생태계는 한때 데이터에 접근하지 못했던 비즈니스 영역들도 끊임없이 사용자 데이터에 접근할 수 있도록 만들어준다. 은행 업무, 금융, 광고, 소매, 그리고 그 밖의 시장에서 소규모의 업체들이 고객에게 접근하려면 그들의 플랫폼을 통하지 않을 수 없도록 몰아가면서, 스스로 점점 더 강력한 위치를 확보하고 있다.

중국의 '반트러스트 십자군反托拉斯运动'이 팬데믹 기간에 더 빠르게 움직인 것은 우연이 아니다. 록다운이 돼 버린 세계는 테크 기업에 그 어느 때보다 많이 의존하게 됐고, 이러한 테크 기업들은 대부분 자신들보다 작은 규모의 경쟁자들을 희생시킴으로써 이익을 챙겼다. 예를 들어 중국의 배달 플랫폼인 메이투안美团은 음식 배달이나 모빌리티 서비스MaaS 같은 O2OOnline to Offline 생활 서비스 영역을 장악하고 있다. 코로나 시기에 모두가 배달로 음식을 먹게 되면서, 메이투안과 어러머餓了麽는 맞춤형 소비자 마케팅을 제공하는 식당만 가입할 수 있는 가상의 식당군을 구축했다. 이는 O2O 플랫폼들이 이 시장에서 아마도 가장 정교한 위치 기반 기술을 운용할 수 있었기 때문인 것으로 보인다.

물론, 이 서비스들의 수수료율은 큰 부담이 될 만큼 높다. 이를 통해 메이투안은 시장점유율을 늘리고 흑자로 전환할 수 있었으며, 2020년에는 알리바바와 텐센트에 이어 중국 테크 기업 중 세 번째 규모로 올라섰다. 반면, 전자 상거래 플랫폼에 의존하고 있던 소형 식당들은 장사를 해봐야 남는 게 별로 없게 됐다. 메이투안은 팬데믹 기간 중 상인들에게 독점 계약을 강요하고 무려 26%나 되는 수수료율을 매기는 식으로 패권을 휘둘렀다는 이유로 한 식당 협회로부터 고소를 당하기도 했다. 압력에 못 이긴 메이투안이 결국 사과하며, 사건은 일단락됐다.

'야생 성장' 시대의 종말

/

2020년 11월, 중국 국가시장감독관리총국SAMR은 〈플랫폼 경제 반독점 지침 초안〉이라는 것을 내놓았다. 이 지침은 온라인에서의 반경쟁적 행태, 가령 빅데이터 가격 차별이나 독점적 협력 협약 같은 것들을 규제하는 것이다. 이 초안은 앤트그룹의 370억 달러 주식 공모가 돌연 연기된 직후 나왔다. 주식 공모가 연기된 것은 부분적으로 새로운 규제가 개인들의 소액 채무 데이터를 활용하는 것과 관련됐기 때문이었다.

이 글의 도입부에서 언급한 쯔마신용은 앤트그룹의 핵심적인 빅데이터 분석 도구였다. 2021년 1월, 로이터 통신은 중국 정부가 개인의 초과 대출이나 사기를 방지하기 위해 앤트그룹, 텐센트, 징둥닷컴京东商城을 포함한 빅테크 기업들에게 소비자 융자 데이터를 공유해줄 것을 압박하고 있다고 보도했다. 중국 정부는 온라인 플랫폼 기업에 그들이 보유한 방대한 융자 데이터를 전국 규모의 신용 평가 기관에 제공할 것을 권고하고 있다.

SAMR 지침과 규제 행동에 더해, 중국은 2008년 제정된 반독점법을 발효 이후 처음으로 개정해 디지털 경제 관련 사항을 더 많이 담으려고 한다. 예를 들어 대형 온라인 플랫폼 기업들은 그들의 데이터를 넘기기 꺼리는 경향이 있다. 그 데이터야말로 그들이 더 효율적으로 움직이고, 신규 고객을 낮은 비용으로 끌어들일 수 있는 핵심 자산이기 때문이다. 그들은 사업상의 경쟁자와 고객 데이터를 공유하지 않으며, 그로 인해 시장에서 불공평하고 독점적인 이익을 얻고 있다는 비판을 받는다. 그런 점에서 중국 반독점법의 수정은 신흥 네트워크 독점 세력에 부과될 수 있는 반트러스트 제재의 강화를 명시적으로 나타낸다.

이 법의 수정 초안은 2021년 말 중국 입법부에 제출돼 최초 독회를 치렀고, 최종안은 2022년 6월에 통과, 8월부터 시행되기 시작했다. 초안을 보면 SAMR의 재량권과 함께 처벌 조항 역시 현저히 늘었는데, 이는 테크 기업들에 대한 통제력을 강화하겠다는 뜻을 분명히 나타내고 있다. 〈반독점법 수정안 보고서〉는 디지털 경제에서 공권력 행사의 가능성을 확실히 언급하고 있는데, 데이터와 알고리즘, 기술과 자본, 플랫폼 규칙 남용에 따른 경쟁을 배제하거나 억제하는 일도 가능하다는 뜻이다.

개인 정보 보호법 및 새로운 민법과 함께, 새 반독점법과 데이터 보안법은 사용자 개인, 테크 기업, 정부 사이의 복잡한 관계를 포괄할 수 있는 완전한 데이터 규제 틀을 마련했다. 이 같은 중국의 신규 규제는 지금까지 테크 기업들이 누렸던 이른바 '야생 성장wild growth' 시대의 종말을 의미한다. 데이터 수집과 활용이 중국에서 '자유롭게(동의 없이)', '책임지지 않으며(법적 책임에서 자유로이)', '무료로(제로 비용으로)' 가능하던 시절은 끝났다. 알리바바, 텐센트, 바이트댄스ByteDance 같은 기업들은 이제 자신들의 비즈니스 모델을 다시 생각해야 하며, 어떻게 데이터를 수집하고 활용할지 재고해야 할 것이다.

분명 중국은 인터넷 산업의 자유방임 시대를 효과적으로 끝냈으며, 자국 빅테크 기업의 고삐를 단단히 쥐게 됐다. 2020년 말, 인터넷 금융, 인공지능, 빅데이터 등 규제 영역에 대한 초점은 5개년 계획에서 더욱 상위에 자리한 '국가 법체계 전면 재편'이라는 주제를 놓고 중국 공산당에서 만든 구체적 청사진에서 명백히 나타났다. 따라서, 중국 디지털 경제에 대한 포괄적인 법적 기본 틀은 앞으로 곧 나오게 될 것이라 예상할 수 있다.

데이터는 가장 중요한 '생산요소'

/

그렇다고 해서 중국 정부가 데이터 흐름의 속도를 늦추려 한다는 뜻은 아니다. 대신, 정부는 데이터의 흐름을 자신이 정한 방식으로 각 업계에 두루 미치도록 하며, 그 속도는 2020년에 데이터가 '생산요소'의 하나로 인정된 이후 더욱 빨라졌다.

2020년 중국 중앙정부는 데이터를 생산요소의 하나로 포함하는 경제정책 지침을 내놓았는데, 이로써 데이터는 전통적 생산요소인 토지, 노동, 자본, 기술과 어깨를 나란히 하게 됐다. 중국 정부는 오늘날 중국이 결정적인 혁신의 단계에 있으며, 데이터는 다른 생산요소들의 효율성을 극대화할 수 있는 요소임을 인지한 것이다. 이런 틀 아래, 통일된 산업 데이터 표준 및 공공·민간 영역에서의 공유는 다른 핵심적인 '산업 인터넷' 사안들과 함께 급속도의 발전을 보이고 있다. 산업용 데이터 시장, 개인 데이터 프라이버시 보호, 반트러스트 규칙 등은 중국의 데이터 및 인터넷 규제 기본 틀의 3대 기둥을 이룬다. 이 기둥들은 앞으로 온라인 플랫폼의 반트러스트 규제를 담당할 것이며, 그 아래서 빅테크 기업들은 세계 최대 데이터 기반 경제의 대마大馬로 남을 것이다.

요약하면, 세계 최대의 모바일 인터넷 사용자 시장인 중국은 디지털 경제 규제에 박차를 가하고 있다. 중국의 데이터 프라이버시와 보안 틀은 국제사회에 미치는 영향이 크다. 중국은 이미 데이터센터와 인공지능 처리에서 막강한 능력을 보유하고 있으며, 클라우드 컴퓨팅에서도 세계에서 두 번째로 큰 규모의 시장이다. 중국은 글로벌 데이터의 5분의 1가량을 축적하고 있으며, 디지털 경제 인프라에 대한 열성적인 투자 양상을 볼 때, 그 비중은 더 커질 전망이다. 해외의 거대 인터넷 기업들이 중국에서 온라인 사업을 하고 중국 기업들 또한 세계 무대에서 사업을 하고 있으므로, 중국의 사이버 공간 규제와 관련 정책은 자연히 세계적으로 커다란 의미와 영향을 가질 수밖에 없다.

중국 모델을 따라가는 유럽과 미국

/

유럽에서는 일반적으로 데이터 보호 규정이 국가 안보나 사회 안정과 같은 보다 큰 목표와 명시적으로 엮여 있지는 않다. 그러나 2020년 2월 유럽연합은 관료들이 '기술 주권'이라 부르는 것을 복구하려는 계획을 내놓았다. 이는 유럽의 디지털 경제 부흥을 촉진하고 비유럽계 기업에 대한 과도한 의존을 막기 위함이었다. 따라서 새로운 유럽연합의 법률은 데이터 주권을 반영하리라고 예측할 수 있다. 더욱이, 중국의 기본 틀은 인도, 브라질, 동남아시아 국가들 같은 주요 신생 경제 대국들이 사이버 공간 활동과 신생 기술을 규율하려 할 때 참조가 될 수 있다.

이와는 대조적으로, 미국은 프라이버시 규제 면에서 유럽보다 많이 뒤처져 있다. 중국의 데이터 관련 법은 미국 소비자들이 페이스북, 구글, 아마존에 대해 가지는 힘에 비해 더 큰 힘을 중국 소비자들이 자국의 온라인 플랫폼에 행사할 수 있게 해준다. 중국의 새 데이터 프라이버시 관련법은 아직까지 데이터 보호에 관해 국가 수준의 입장이 없는 미국을 자극해, 적절한 법적 수단을 강구하도록 할 수도 있을 것이다.

반트러스트에 대해, 중국 정부가 앤트그룹에 보인 행동은 중국이 (비록 그 총수들이 의회 청문회에 나왔다고는 하지만, 아마존, 애플, 페이스북, 구글에 거의 손도 못 대고 있는) 미국보다 빅테크 기업에 더 강한 힘을 행사할 수 있음을 보여줬다. 유럽연합이 구글에 부과한 천문학적 액수의 벌금에도 불구하고 시장 동학은 변하지 않았으며, 새로운 참여자를 위한 시장 진입의 물꼬를 트기에도 역부족이었다.

이 새로운 반트러스트의 시대에, 중국의 사례는 일부 미국 전문가들이 "높은 가격은 경쟁에 가장 큰 독이다"라는 낡은 개념을 넘어설 기회를 줄지 모른다. 가격에만 초점을 두던 과거의 접근은 이제 더 이상 유효하지 않은데도, 일부 빅테크 기업들이 소비자들에게 대안 자체를 없앰으로써 여전히 수조 달러의 독점 사업을 벌이고 있다. 사실 많은 플랫폼들이 자신들의 모바일 앱을 사용하는 고객에게 지극히 소액의 인센티브를 돌려주는 유인책을 펼치고 있다. 이러한 상황에서 중국의 새로운 반트러스트 사고는 데이터 프라이버시, 데이터 활용, 그리고 소규모 기업들에게 미칠 전반적 영향 등을 함께 고려하는 방법을 제안할 것이다.

사이버 공간과 디지털 경제가 대체로 정의되지 않은 채로 남아 있기 때문에, 데이터 법제는 지정학적 사안이 돼 버렸다. 그 발전 모델에 대해 입법을 시도하는 어떤 나라든 차세대 인터넷의 모델을 제공할 수 있다. 궁극적으로 그런 나라는 WTO 규칙의 디지털 경제 버전이 형성될 때 커다란 주도권을 쥐게 될 수 있다. 그것이 중국 모델이 핫이슈가 된 까닭이다. 중국의 최근 행보는 빅테크 기업들에게 행동을 취해야 한다는 규제론자들의 글로벌 트렌드와 부합한다. 세계 곳곳의 규제론자들은 빅테크 기업들과 그들의 반경쟁적 행태(특히 사용자 데이터와 관련한)에 대한 사찰을 강화하고 있다.

미국에 좋은 소식은 적어도 두 나라가 서로 마주할 만한 사안이 하나 생겼다는 것이다. 바로 빅테크 기업들에 대한 규제다. 바이든 행정부의 최우선 국정 과제에는 법무부에서 이미 진행 중인 구글 상대의 반독점 소송을 계속 진행하는 한편, 페이스북을 인스타그램 또는 왓츠앱에서(또는 그 둘 다에서) 분리시킨다는 계획도 들어 있다. 빅테크 기업들을 끌어안고 간다는 입장을 뒤집으려면, 바이든 행정부는 세 가지 조각을 맞춰야만 한다. 첫째, 포괄적인 프라이버시 관련 법제 개혁, 둘째, 개인 정보 수집과 활용에 대한 투명성 확보, 셋째, 견실한 새 경쟁 정책 수립, 이 세 가지 조각이 하나로 합쳐 국가 정책을 이뤄내야 한다.

두 기술 초강대국들이 힘을 합쳐 빅테크 기업에 대한 규제의 틀을 마련한다면, 글로벌 디지털 경제에 큰 혜택이 될 것이다. 2021년 1월

다보스 포럼에서, 시진핑 주석은 글로벌 도전에 맞서 세계가 힘을 합칠 것을 제안했다. 그런 차원에서 빅테크 기업에 대한 규제는 글로벌 기술 혁신의 모멘텀을 유지하고 신기술이 일반 사용자들을 위해 선용될 수 있도록 하는 데 결정적으로 중요한 역할을 한다. "사악해지지 말자Don't be evil"라는, 한때 유명했던 구글의 모토(2004년 기업공개를 하면서 제시한 것으로, "더러운 짓을 하지 않고도 돈을 벌겠다"는 뜻을 담고 있다 – 옮긴이)처럼 되도록 말이다. 저커버그의 말과는 반대로, 중국은 더 이상 규제를 피하기 위한 편리한 핑곗거리가 되지 못한다. 대신, 온라인 플랫폼 기업에 대한 중국의 규제는 미국에서도 이와 유사한 기업에 대한 법적 행동을 촉진하게 될 것이다.

윈스턴 마 Winston Ma
뉴욕대학교 로스쿨 외래교수. 클라우드트리 벤처스의 공동 설립자이자 매니징 파트너다. 중국투자공사 북미 오피스 총괄 디렉터로 일했다. 《Investing in China》(2006), 《China's Mobile Economy》(2016), 《The Hunt for Unicorns》(2020), 《The Digital Wars》(2021)의 저자다.

35

중국이 달의 뒷면에 착륙한 최초의 국가라는 사실은 무엇을 의미하는가?

칼라 P. 프리먼

2019년 1월 3일, 중국은 달의 뒷면에 우주선을 성공적으로 착륙시킨 최초의 나라가 됐다. 월면차 창어嫦娥 4호는 알려지지 않았던 '어두운' 달 표면을 찍은 사진들을 전 세계에 공개했다. 과거 우주 시대의 초창기에, 우주에서 달성한 위업은 지상의 패러다임을 바꾸기 충분했다. 60년 전 소련은 세계 최초의 인공위성인 스푸트니크호 발사에 성공해 미국의 뒤통수를 쳤고, 미국은 분통을 터트렸다. 냉전이 고조되던 당시, 미국의 지도자들은 소련의 우주 위업이 미국의 패권에 상처를 입혔다는 걸 알았고, 인류가 외계와 교류한다는 사실이 국제 관계에서 무엇을 의미하는지도 알게 됐다.

미국 지도자들은 라이벌인 소련과의 과학, 기술, 군사 역량의 비교에서 스푸트니크가 얼마나 큰 의미를 가지는지도 잘 알았다. 역사학자 월터 맥두걸Walter McDougall이 스푸트니크 발사 성공을 두고 "미국 과학기술 정책에 확실한 '격변'을 가져오는 촉매였다"라고 평가할 만했다. 미국은 제2차 세계대전 당시의 프로그램을 다시 끄집어내, 맥두걸이 소련식 '국가 통제 개발 기술command technology'이라고 명명한 것을 소환했다. 즉, 새로 설립된 미 항공우주국NASA에 국방부 다음 가는 규모의 연방 연구 개발 예산을 투입한 것이다. 미국 납세자들은 우주 비행사들이 즐겨 마시는 '우주의 맛' 탕Tang(우주선에 공급하는 물의 금속 맛을 상쇄하기 위해 나사가 고안한 음료 분말) 음료에 푹 빠졌고, 그들은 우주에서의 역량을 키워내 결국 소련을 앞질렀다.

중국은 스푸트니크의 성공을 "동풍이 서풍을 누를 수도 있다"는 사실로 받아들였다. 그러나 소련의 외계 위업은 중국이 세계의 지도국으로 다시 올라서는 데 허들을 높인 셈이기도 했다. 마오쩌둥은 "어떻게 우리가 강대국 소리를 듣겠는가? 감자 한 덩어리도 우주로 쏘아 올리지 못하는데"라며 한탄했다. 1970년, 마오쩌둥의 국가 통제 우주개발 기술이 틔워낸 새싹 격인 동팡훙東方紅호가 발사됐다. 무게가 178kg인 이 인공위성은 미국, 프랑스, 일본, 소련이 그때까지 발사한 위성들의 무게를 모두 합친 것보다 더 무거웠다.

우주 역량을 강대국의 징표로 여기면서 마오쩌둥 못지않게 그 개발에 열과 성을 들인 그의 후계자들은 중국의 통제경제를 무너뜨리면서까지 우주개발 복합체에 재원을 쏟아부었다. 실용주의자 덩샤오핑은 이를 통해 국가 발전을 가속화할 수 있다고 봤으며, 따라서 우주 역량 개발에 우선순위를 뒀다. 덩샤오핑의 위시리스트 맨 윗자리에는 인공위성 통신이 있었다. 1984년에는 중국 통신위성 하나가 최초로 베이징에서 중국 서쪽 변경인 우루무치에 이르는 지역에 전국 뉴스 생중계를 실행해냈다.

그 이후, 중국의 우주 프로그램은 민간과 군사 양쪽 분야에서 성장해왔다. 중국의 우주 굴기는 중국이 세계에 우뚝 선다는 시진핑의 비전과 궤를 같이한다. 시진핑은 '우주의 꿈太空夢'을 '중국 민족 부흥을 위한 중국의 꿈中国民族復興的中国夢'과 나란히 놓았다. 또한 "중국을 우주개발의 거인으로 만들 것이며, 그것은 자립적이고 자조적인 기술혁신의 핵심이자, 그만큼 막대한 경제적·군사적 혜택을 가져올 것"이라고 분명히 밝혔다. 창어 4호 계획에 참여한 우주과학자 및 공학자들과 축하하는 자리에서 시진핑은 희색이 만면한 채, 이 계획의 성공은 "혁신의 정신을 보여준 것이며, 장기에서 첫수를 둔 것, 또는 전투에서 첫 공격을 벌인 셈이다"라고 덧붙이기도 했다.

스푸트니크 모멘트

/

그러나 창어 4호가 중국의 우주 역량을 극적으로 보여줬다고 해도, 달의 뒷면에 착륙한 일은 그 자체로는 '스푸트니크 모멘트'가 될 수 없고, 또 그런 상황 속에 이뤄진 일도 아니다. 1957년에 스푸트니크가 미국 대중을 경악시킬 수 있었던 이유는 소련이 우주개발에 얼마나 열심이었는지 미국민들이 잘 몰랐기에 가능했던 것이며, 따라서 이 사건은 미국 정책을 완전히 전환하는 계기가 되기 충분했다. 이와 달리, 중국의 우주 관련 목표는 이미 중국과 국제 언론에 널리 선전됐다. 또한 창어 3호 이후 창어 4호가 발사돼 달 착륙에 성공하기까지는 거의 40년의 세월이 걸렸다. 더 나아가, 중국이 달의 뒷면에 착륙하기 위해 사용한 기술은 본래 1960년대 후반에 미국의 과학자, 로버트 파쿠하Robert Farquhar가 고안해낸 것이다. 파쿠하는 통제된 달 뒷면 착륙을 주제로 한 그의 스탠퍼드대학교 박사 논문의 일부에서 지상에서 달 뒷면까지 통신위성들의 중계 송수신 체제를 구축하는 방법을 제시했다. 물론 이 개념은 21세기의 위성 설계 기술과 합쳐져야만 실현될 수 있었고, 그 기술은 중국의 우주공학자 장리우하张丽华와 그의 팀이 개발한 혁신적 송수신 안테나 및 이 계획을 뒷받침한 조직 인프라 등이 없었다면 성공하기 어려웠을 것이다.

10여 년 전, 창어 계획을 지원하는 통신위성 췌차오鹊桥는 미중 협력의 예시로 찬사를 받을 수도 있었다. 당시 미국 과학자들은 중국 동료들과 과학 연구에 협력했으며, 일부에서는 2011년 미 의회가 양국간 협력을 금지한 이래 최초의 미중 우주 협력이라고 여겨지기도 했다. 그러나 2019년, 창어 4호 계획을 대략 살펴본 미국 정부는 경제 및 안보 경쟁의 시각에서 이 프로젝트를 중국이 미국의 원천 기술을 갈취하고 미국의 군사와 경제 안보 모두를 위협하는 사례로 해석했다.

그렇게 보자면, 창어 4호가 스푸트니크만큼의 충격 효과를 주지 않았더라도, 상당한 반향을 일으킨 건 분명하다. 우주 기술 전문가들은 중국이 미국의 우주 기술을 따라잡으려면 20년은 족히 걸릴 것으로 예측했으나 사실은 10년밖에 걸리지 않았다. 다수 미국 언론은 이를 "미국의 방위 우선순위를 재고하고 미국의 기술적 우위를 지키기 위해 전 국가적인 노력이 필요하다는 '새로운 우주 경쟁 시대'의 시작"으로 봤다.

창어 4호의 착륙 후 몇 달 내로 미 의회 상하원 모두 우주에서의 중국 역할에 대한 청문회를 열었다. 중국의 활동이 늘어남에 따라 미국의 상용 우주 부문에서 발생하는 리스크와 중국의 대우주 프로그램이 미국에 주는 위험에 주의를 돌렸다. 라그랑주 포인트Lagrangian point(태양과 지구의 인력이 정확히 같은 힘으로 작용함으로써, 동력을 사용하지 않아도 궤도에 안착해 있을 수 있는 지점 – 옮긴이) 2에 췌차오를 올린 일은 우주 자원을 놓고 벌어지는 미국과의 전략 경쟁에서 중국이 둔 '첫수'로 여겨졌는데, 왜냐하면 이를 통해 중국이 전략적으로 귀중한 지점에 이르렀기 때문이다. 라그랑주 포인트 2는 지구 자전과 연동해서 매우 안정적으로 움직일 수 있는 지점이기에, 인공위성이나 우주선을 운용하는 데 있어 매우 긴요하다. 더욱이, 지구와 활발히 교신하면서 심우주도 명확하게 관측할 수 있는 지점이기도 하다. 미국의 우주 안보 전문가 중 일부는 라그랑주 포인트 2 같은 중요한 전략적 지점에 도달한 중국이 이를 군사 정찰 및 이와 관련된 활동에 한껏 사용함으로써 미국의 우주 자산을 위험에 빠트릴 것으로 본다. 또 일부는 중국이 라그랑주 포인트 2에 물류 길목을 설치하고, 다른 국가가 지구-달 영역cislunar space(지구와 달 사이의 공간에서 새로운 우주 기반 글로벌 경제활동을 하기 적합하며 심우주 탐사선을 발사하기에도 적합한 영역)에 진입하기 유리한 지점으로 접근하기 어렵게 만들 수도 있다고 우려한다.

2019년 미국 의회의 미중 경제 및 안보 위원회 연차 보고서는 한 파트를 할애해 중국의 우주 투자를 다루고, 그 방식을 따져볼 때 중국이 우주에 대해 가지고 있는 야심은 "이 최후의 프런티어에서 미국의 경제적 기회를 줄이고 군사력을 위축시킬 것"이라고 내다봤다. 2019년 말에는 미국 우주군법에 따라 세계 최초의 독립 우주군인 미합중국 우주군USSF이 창설됐는데, 그 목적은 "미국을 위해 우주 영역 내의, 우주로부터의, 우주로의 작전 활동에 자유를 보장"하는 것이었다.

미국의 정책 기획자들이 중국의 달 뒷면 착륙을 주로 자국과 그 동맹국에 대한 위협이라고 보는 반면, 다른 우주 강국 내지는 그 지위를 노리는 국가들은 오히려 중국과의 우주 관련 협력을 늘리려 하고 있다. 물론 그런 국가들 중 일부는 미국에 우호적이지 않다. 그러나 미국의 동맹국이나 안보 파트너 중에서도 중국과의 협력을 모색하는 움직임이 있다. 예를 들어 러시아는 자국의 심우주 전문가들을 중국 공학 전문가들 및 심우주 길목 관련 기술과 교환·교류시키며 연구 개발을 강화한다. 달 개척을 위해 공식 협력 관계를 구축했을 뿐 아니라, 안보 영역에까지 협력 범위를 넓혀 가고 있다. 2019년, 양국은 당시 중국이 거의 완성해가고 있던 베이더우北斗와 러시아의 글로나스GLONASS, 두 위성 항법 시스템의 상호 조작을 위한 심층 기술협력에 공식 합의했다. 이는 미국 GPS에 맞서면서 합동 군사 지휘 통제 시스템을 구축한다는 의미다. 그들은 놀랍게도 우주 방위와 첨단 대위성 무기 체계의 동시 개발에도 심층 협력하는 데 합의했다.

중국과 러시아가 우주에서 협력한다는 것은 놀라운 일이 아니다. 이 두 나라의 글로벌 안보 관계는 거의 동맹처럼 보인다. 중국이 우주 계획을 막 태동시키고 있을 때 (즉, 중국과 소련의 관계가 험악해지기 시작했던 1960년대 이전에는) 소련이 중국에게 큰 도움이 됐으며, 중국은 지금 그 일을 되새기면서 감사의 뜻을 품고 있다. 그러나 중국이 우주에서 거둔 성공은 서유럽의 일부 나라를 포함한 미국 동맹국들에도 매력적으로 비친다. 그 자체의 우주정거장을 만들겠다는 중국 우주 계획의 핵심은 향후 몇 년 사이에 미국이 국제 우주정거장의 지원을 종료하기로 한 계획과 묘하게 겹친다. 그다지 놀라운 것도 없는 것이, 창어 4호의 성공 이후 얼마 되지 않아 미 국무 장관 마이크 폼페이오가 유럽 국가들에 그들의 커뮤니케이션 시스템에 중국의 첨단 기술을 사용하지 말라고 요청했음에도, 유럽우주국은 중국과의 우주 협력을 더 촉진했다.

중국이 우주에서 거둔 성과는 우주개발에 한몫하기를 바라는 신생 경제 대국들과 개도국들 사이에서도 흥미를 끌고 있다. 2005년 설립된 중국의 아시아-태평양 우주협력기구APSCO는 새로운 관측자들을 끌어들이고 있다. 중국의 일대일로에 더해 '일대일로 우주정보회랑一帶一路空间信息走廊', '우주의 실크로드天基丝绸之路' 등의 프로젝트에 동참하라는 유혹이 있는데, 이는 여러 국가들에게 중국의 베이더우 글로벌 위치 추적 시스템과 광역 원격 감지위성, 기상위성, 통신위성 등에 참여해 지원을 받으라는 것이다. 이에 따라 우주개발 계획이 있는 14개 아프리카 국가가 중국과의 우주 관련 협력을 확대했으며, 라틴아메리카 8개국도 중국과 우주 관련 협력 협약을 맺었다.

개도국들에게 중국과의 파트너십은 인공위성 네트워크에 더 폭넓게 접촉함으로써, 기상이변이나 자연재해 등에 대한 상황 파악력과 위기 대응력을 높이는 것은 물론, 새로운 상업적 기회도 열어준다. 또한 첨단 기술의 이전과 개선된 원기술을 통한 역량 강화도 노릴 수 있다. 중국의 우주 기술을 사용하는 나라가 점점 더 늘어나면서 미국과 중국 사이의 전략적 긴장 상태도 고조되고 있다. 오늘날, 많은 국가에서 미국의 우주 통신 및 디지털 시스템 대신 중국 쪽에 의존하는 상황이다.

또한 국제적으로 중국과 안보 경쟁을 벌이는 국가들은 중국의 위성 관제 지상기지들이 위치하는 전략적 요지가 대개 현지 국가들의 감시망이 느슨한 지역이라는 점도 우려한다. 이 위성 시스템은 일대일로 참여국에 대한 중국의 감시 역량을 키우고, 이를 또 군사 안보와도 연계시킬 가능성이 높다.

우주 영토의 미래

/

창어 4호는 전인미답의 공간을 처음 개척한 세력에게 주어지는 특권을 중국이 어떤 식으로 주장할 것인지에 대한 의문을 낳았다. 중국의 선구적인 달 뒷면 착륙은 '루나 인코그니타luna incognita(아직 인류의 발이 닿지 않은 미지의 땅으로 남아 있는 지역을 뜻하는 '테라 인코그니타terra incognita'에 빗댄 말이다 – 옮긴이)', 즉 인류가 일찍이 탐사하지 않은 달의 영역을 열어젖혔다. 미국과 소련처럼, 중국 역시 처음으로 발을 디딘 곳의 '명명권'을 획득했다. 창어 4호의 착륙지를 중국어로 은하수를 뜻하는 톈허天河 기지라고 명명한 것에 더해, 이제 달의 뒷면에는 산둥성山東省의 산 이름을 딴 타이산泰山, 지뉴織女(직녀), 헤구河鼓(견우), 톈진天津이라는 이름의 분화구가 있다.

스스로가 우주에서 최초의 고지에 올랐을 때, 미국은 그 특권을 확고히 했으며 그 세력 상승에 대한 우려를 불식시키기 위해 소련과 협력해 우주 공간을 규제하는 국제 체제를 수립했다. 그 목표는 우주를 향한 기술 경쟁이 가지는 리스크를 줄이는 것이었는데, 이 외에도 다른 국가들을 배제하고 우주 환경 및 그 미래의 활용성을 훼손할 고고도 핵

실험 같은 활동을 예방하자는 것이었다. 미국 정부는 원양이나 개방 영역처럼 우주를 활용한다는 공식 국제 협약들에 지지를 표명했다. 미국에 우주는 주권국가의 경계선에서 자유로워야 하면서 자국의 글로벌 패권을 확충할 전 지구적 기술을 발휘하는 데 이상적인 환경으로 남아 있어야 했다.

우주 공간에서 중국의 몫이 커지면서, 그 영향력이 국제 우주 체제(이를 개방 영역으로 보존한다는 법적 틀을 포함하는)에도 어떤 영향을 미칠지가 불분명해졌다. 아무도 가보지 못한 곳에 우주선을 착륙시킴으로써, 중국은 우주 지도국들이 독점해온 고지의 일부를 차지할 수 있게 됐다. 이러한 맥락에서 남중국해에 대한 중국의 접근법은 우려를 불러 일으켰다. 중국은 남중국해에서 전략적 해상 완충선을 넓히려 하고, 그 능력을 키움에 따라 해당 배타적 경제수역 내에서의 항행에 더 강력한 법적 통제권을 주장한 것이다. 원양의 공해화 상태를 지지해온 오래된 자유항행 원칙에 대한 이 도전은 중국과 그 밖의 해양 세력들 사이에서 심한 마찰을 일으켰다. 더욱이 중국은 이른바 권역이 불분명한 그레이존gray zone에서 주로 준군사적 파견 및 어로 활동을 하면서, 점점 더 넓은 해역에서 실효적 지배권을 행사하고 있다.

우주 조약은 우주 공간의 자유로운 탐험과 활용을 규정하고, 이의 배타적 활용이나 기타 수단으로 주권을 주장하는 개별 국가의 활동을 금지하고 있으며, 중국 역시 이 조약의 가입국이다. 그러나 이 조약은 우주에서의 상업적 행위자들의 활동에 대해서는 거의 지침이 없는 등 많은 점에서 모호하다. 따라서 이는 사실상의 영토권이라 할 수 있는 자원 개발권을 주장할 수 있는 여지를 남긴다. 시진핑은 우주 공간을 지칭하며 모든 국가들이 자유롭게 접근하고 있는 지구의 여타 영역들에 붙인 표현과 동일하게 "전략적인 새 변경战略新边疆"이라고 불렀다. 원양 자유항행에 대한 중국의 입장은 지구의 공동 영역 보전 원칙을 준수하겠다는 의지의 결여를, 그리고 우주 공간을 영토화하고 배타적으로 활용하거나 다른 국가의 접근을 방해할 가능성이 있음을 말해준다. 사실 중국만이 아니다. 트럼프 행정부도 우주 공간을 인류의 공동 영역으로 규정한 우주 조약에 도전했다. 우주에서 자국의 몫을 주장하는 쪽으로 중국이 움직인다면, 지금은 지구적 연결성을 부여해주는 공간인 우주의 성격이 급변해 무엇보다도 지전략적 경쟁이 펼쳐지는 전장이 될 것이다. 1959년, 당시 상원의원이던 린든 존슨Lyndon Johnson은 "별에 닿기 위해 협력했던 사람들이 전쟁과 황폐의 구렁텅이로 함께 떨어지지는 않을 것이다"라고 말했고, 그것은 최초의 우주 경쟁을 정당화해주는 듯 여겨졌다. 이것이 제2차 경쟁에서도 유효할지 여부를 판단하기에는 아직 이르다.

마지막 숙고

/

60년 전 우주 경쟁이 치열하던 무렵, 바깥에서 바라본 지구의 이미지는 우리가 사는 별에 대한 생각을 바꿔놓았다. 그것은 지구가 얼마나 연약한지를 여실히 보여줬고, 국가 간의 정치적 경계선 따위를 모두 걷어낸 모습으로 비쳤다. 유엔 미국 대사를 역임한 애들레이 스티븐슨Adlai Stevenson은 유엔 연설에서 지구를 부서지기 쉬운 "우주의 조각배"로 묘사했다. 이 이미지는 '전 지구적인 관점'을 불러왔으며, 성장의 한계와 지구상의 생명에 대한 지속 가능한 접근의 필요성을 일깨웠다. 그러나 이제 달의 뒷면에서 보이는 것은 우주다. 중국은 이제 그 달 착륙선을 통해 끝없어 보이는 우주를 내다보고 있다. 이 이미지는 지구에 대한 중국의 관점을 어떻게 바꿀 것인가? 지구는 조심조심 다뤄야 할 우주의 조각배인가, 아니면 별들을 향해 멀리 나아가기 위한 발판일 뿐인가?

칼라 P. 프리먼 Carla P. Freeman
미국 평화연구소 중국 프로그램 선임 연구원이자 존스홉킨스대학교 국제관계대학원 외래교수다.

36

미중의 글로벌 보건 의료 협력은 윈-윈인가?

위니 입, 윌리엄 샤오

미국과 중국의 관계가 긴장 상태에 있고 시시각각 변화하는 지금, 보건 분야에서 두 국가가 협력할 긍정적 기회는 있는가? 국제 관계에서 교육과 보건 분야는 인도주의 및 사회적 영향에 비춰볼 때 다른 모든 정책 영역과 차별되는 특별한 지위를 가진다. 국적을 불문하고 모든 사람은 기본적으로 무병장수를 꿈꾼다. 그런 점에서 전염병을 예방하고, 중대한 질병이라도 적절히 관리하며, 부상이나 그 밖의 심각한 보건 사안을 효과적으로 처리하는 질 좋은 보건 의료 체계는 절대적으로 필요하다. 이 인간의 기본욕구는 미국과 중국이 한뜻으로 의생명학과 건강관리 서비스 개선에 협력할 수 있도록 만든다.

최근의 코로나19 팬데믹은 신생 전염병 유행에 대한 효과적 대응과 통제에 있어 미중 협력의 중요성을 부각시켰다. 또한 미국이 중국보다 의학과 의료 전달 체계의 많은 분야에서 앞서 있지만, 보건 데이터 활용과 디지털 헬스케어에 있어서는 중국이 더 앞섰음이 드러났다. 그 거대한 인구와 특정 질병이 많이 유행하는 중국의 특성은 미국에서는 생각할 수 없었던 식으로 의생명 연구를 수행하는 데 도움이 되기도 한다. 더 나아가, 미국의 많은 의생명 실험실 연구자들이 중국 국적이며, 중국은 미국 의료 제품 및 서비스가 소비되는 커다란 시장이 돼 가고 있다.

코로나19와 글로벌 팬데믹에 대한 대응

/

미중 협력이 두 국가의 국민들(그리고 그 이상의 사람들)에게 혜택을 줄 수 있는 첫 번째 방식은 글로벌 공공재, 특히 전염병 감시와 팬데믹 대응을 위한 공공재의 생산이다. 코로나19 팬데믹은 새로운 질병의 대유행을 보고하고 관리하는 글로벌 차원의 공동 규범이 매우 절실함을 일깨웠다. 공동의 질병 감시 인프라와 투명한 조기 보고 체계는 세계 각국에 바이러스의 내습 이전에 사전 경고를 주고, 보다 준비된 상태로 이러한 보건 위기를 맞이할 수 있게끔 해줄 것이다. 또한 이런 수단들은 검사, 치료, 백신 접종 등의 속도를 높이는 글로벌 과학 협력을 가능하게 해준다. 미국과 중국은 WHO의 국제 보건 규정이 정한 대로 글로벌 대유행 감시와 모니터링 시스템을 온전히 가동할 수 있도록 하는 부문에서 협력할 수 있다. 미국과 중국이 외교적 협력을 통해 규정이 정한 대로 전염병 보고 의무를 준수한다면, 질병의 조기 발견 및 이해에 있어서 커다란 개선을 가져올 것이다. 이는 전 세계적으로 훨씬 효과적인 전염병 유행 대응력으로 이어지며 팬데믹 방지에 기여할 것이다.

글로벌 대응의 조율은 꼭 필요하다. 새 전염병이 등장했을 때 충분히 많은 수의 세계 인구가 백신을 접종할 때까지(또는 집단면역이 이뤄질 때까지) 해외여행으로 인한 전염병 유행이 통제되지 못한다면, 결국 다른 모든 국가도 해당 질병에 취약해지기 때문이다. 코로나19 확산 전에 여행 규제가 제대로 이뤄지지 못함에 따라 이 사실이 극명하게 드러났고, 이 점은 특히 미중관계에 큰 의미를 남겼다. 2002년, 파괴적인 위력의 전염병인 사스가 발발하기 직전 해에 35만 명의 중국인들이 미국을 방문했다. 2019년에는 그 숫자가 거의 290만 명에 이르렀고, 반대로 150만 명 이상의 미국인들 역시 중국을 다녀왔다. 미국과 중국은 질병 유행 봉쇄와 약화의 최선의 행동 요령을 전 세계적으로 보급하는 일과, 가령 조심스럽게 대상을 찾고 과학적으로 정보를 제공하는 여행 금지 방식 같은 적절하고 유용한 수단을 국제적으로 확립하는 일에서 힘을 합칠 수 있다. 전염병학자들이 평균 수십 년마다 인류는 새로운 글로벌 팬데믹을 맞게 될 것이며 팬데믹 리스크는 갈수록 커질 뿐이라고 예측하는 상황에서, 이 같은 협력은 절실하다. 의생명학 연구와 보건 데이터 과학에서의 미중 협력은 코로나19와 미래의 팬데믹을 통제하는 일에도 유익할 것이다.

의생명학 연구

/

미국은 기초 의생명학, 의약 혁신, 환자 중심 의료 전달 체계, 의료 관리 등의 대부분 영역에서 중국보다 앞서 있다. 따라서 미국이 중국과 의생명학의 발전을 위해 협력해서 얻는 것이 무엇일지 궁금할 수도 있다. 그럼에도 불구하고 양국 간 윈-윈 협력의 기회는 존재한다. 예를 들어 미중 협력으로 임상시험을 더 빠르게, 대규모로, 저비용으로 수행함으로써 의생명학 발전의 속도를 높일 수 있다. 그것은 중국이 미국보다 4배나 많은 임상시험 참여자를 비롯해서 더 낮은 비용 구조, 그리고 그런 숙련된 연구원들을 다수 갖추고 있기 때문이다.

또한 미국의 연구 노력은 미국인과 중국인 사이에서 여러 질병이 발생하는 빈도와 중복이환(주된 질병 또는 장애에 추가적으로 나타나는 질환 또는 장애 – 옮긴이) 패턴의 차이를 비교함으로써 혜택을 볼 수 있다. 예를 들어 중국은 위암, 간암, 식도암 발생률이 매우 높으며 손, 발, 입 관련 질환 발생률도 높다. 그리고 알츠하이머를 포함해 그보다 덜 흔한 질병 환자가 1,600만 명에 이른다. 이는 대규모의 코호트 연구가 가능함을 뜻한다. 이런 조건들에 대한 미국의 이해도를 높이려면 전염병학과 의생명학 연구가 가능한 곳에서 상당 규모의 환자군이 확보될 수 있어야 한다. 중국은 미국보다 허혈성 질환에 의한 조기 사망률이 현저하게 낮다. 연구를 통해 그 이유를 규명할 수 있다면 지금의 미국에서 쓰인 것보다 더 효과적인 예방과 진단이 가능하며, 더 나아가 치료법을 찾을 수도 있을 것이다. 마지막으로, SARS-CoV-1(사스를 일으키는 바이러스 변종)과 SARS-CoV-2(코로나19를 일으키는 바이러스 변종) 모두 중국에서 처음 사람에게 전염된 수인성 전염병이라는 점에서, 중국은 그런 전염병에 대해 병리학, 전염병학, 전염동학 연구가 가능한 독특한 환경을 갖췄다고 볼 수 있다. 중국에서 SARS-CoV-2 게놈Genom이 빠르게 시퀀싱sequencing된 것은 그 과학자들과 실험실 연구자들이 그런 연구를 효과적으로 수행할 조건을 갖췄다는 증거다. 이 작업은 바이러스 검사와 백신 개발을 위해 글로벌 차원의 노력이 불가결함을 입증한다.

보건 데이터 과학과 디지털 헬스케어

/

미국과 중국은 보건 데이터 과학과 디지털 헬스케어 협력에서 공동 이익을 볼 수 있다. 미국이 이 분야의 혁신에 있어서는 중국에 앞서지만, 중국은 이 기술의 응용에서는 미국을, 그리고 아마 전 세계를 능가할 것이다. 예를 들어 중국은 통합 의료 데이터 인프라를 활용해 인공지능 툴을 가동함으로써 진단과 처방 결정에서 의사를 돕는다. 이런 툴은 의료 서비스를 바라는 환자가 자기 분석을 하고 적절한 의료 전문가를 찾는 데도 도움을 준다.

다 나아가, 코로나19 팬데믹은 보건 데이터 과학과 디지털 헬스케어에 있어서 새로운 활용 사례의 순환 구조를 드러냈다. 스마트폰 앱은 매우 효과적인 대규모의 접촉자 동선 추적을 가능케 했다. 이로써 확진자 노출 대상, 이동 경로, 인터넷 검색 내역, 소매 상거래 내역 등의 데이터로 비약물적 중재NPI, 즉 업소 및 학교 폐쇄와 자가 격리 명령 등의 조치가 얼마나 감염률을 낮췄는지에 대해 그 실효성을 훨씬 체계적으로 평가할 수 있었다. 미국은 그런 기술을 준용함으로써 중국의 성공에서 배울 점이 있으며, 중국은 앞으로도 계속 그런 기술들을 개발함에 있어 미국의 혁신 사례를 배울 수 있다.

코로나19는 미국과 중국 모두에 원격의료의 중요성에 눈을 돌리게 했으며, 양국 모두에서 더 많은 협력과 지식 공유를 통해 가속화할 만한 놀라운 진전을 이뤄냈다. 비슷하게, 자택에서 이뤄지는 긴급 진단 테스트, 투석, 화학요법, 그리고 그 외의 긴급 상황에서 수행되는 치료는 팬데믹을 거치며 미국과 중국에 중요한 과제로 떠올랐으며, 중대한 결실이 예상되는 또 하나의 협력 분야가 됐다. 미래에 발생하게 될 국제적인 전염병 창궐 사태에 우리가 더 잘 대처하기를 바란다면, 다음 팬데믹이 있기까지 도움이 필요한 환자들을 지속적으로 진료할 수 있는 안정적 구조를 개발하는 일이 무엇보다 중요한 실정이다.

재능과 기술의 교환

/

미국과 중국 모두 의생명학 관련 재능을 무제한 교환함으로써 이익을 볼 수도 있다. 가장 대표적인 예로, 미국은 교육 기회를 널리 개방하는 정책으로 잘 훈련된 보건 연구자와 건강관리 실무자들(비범한 이민 출신 과학자들에서부터 개업 의사에 이르기까지)을 꾸준히 공급받을 수 있었다. 이들 전문인들은 미국 전역에서 주요 병원과 의생명학 실험실들의 중추를 이뤘다. 2016년 기준, 미국 의사 중 약 18%가 아시아 출신이거나 아시아에서 교육을 받은 사람이다. 많은 수의 중국계 의료 전문가들이 하버드대학, 매사추세츠공과대학, 텍사스대학 MD 앤더슨 암센터와 같은 선진 의생명 연구 기관에서 일하고 있다.

미국과 유럽의 많은 일류 메디컬센터들은 이미 중국의 제3기 또는 첨단 전문 병원들과 교류 및 연수 협약을 맺고 있는데, 이 병원들은 교환 의사들에게 암, 심혈관 질환, 그리고 그 밖의 복잡한 질환들에 대한 첨단 치료법을 공유해준다. 이 초국적 의료 관계는 코로나19 팬데믹의 초기 단계에 그 소중함을 입증했는데, 일류 미국 병원들의 의료진이 중국 쪽 사람들과 교류하면서 코로나19 바이러스의 폭증 상황을 관리하는 데 큰 도움을 받았기 때문이다.

시장 교환

/

중국은 미국의 신형 의료 장비, 의약품, 치료 모델 등의 중요한 수출 시장이다. 부유층 인구가 늘어나고 중상위 소득 국가로 올라서면서, 중국 내 최상급 치료법, 진단법, 약품, 외과 수술 등의 수요는 치솟아 올랐다. 그 결과, 많은 미국 메디컬센터가 중국에 분원을 세웠고, 중국 기관들과 치료 파트너십을 맺었다. 시간이 지나며 사업은 규모가 더욱 커졌다. 오늘날, 세계 최고 부유층의 10% 내에서 중국인이 차지하는 수가 미국인보다 더 많고, 중국의 중위 소득 인구가 5억 5천만 명(2022년 기준)을 넘어선 상황에서, 이미 세계 제2의 의약품 시장인 중국은 2023년에는 세계 의약품 상거래의 30%를 차지하게 될 것으로 예측되고 있다.

이상의 모든 영역에서의 양국 협력은 미국에게 그 비용을 훨씬 넘어서는 물질적 수익을 가져올 것으로 예상된다. 물론, 글로벌 전염병 관측 및 감시와 같은 경우에는 미국 국민에게 주어지는 수익이 상대적으로 매우 적겠지만, 그것조차도 비용을 웃도는 규모다. 여기서는 중국과 미국 외 다른 국가의 국민들이 얻는 이익도 고려할 필요가 있으며, 그것은 단지 팬데믹 초기 단계에서의 통제만 해당되지 않는다. 중국 연구자들이 SARS-CoV-2 게놈을 2020년 1월 초에 젠뱅크GenBank나 국제인플루엔자정보공유기구GISAID와 같은 공공 데이터베이스에 업로드한 덕분에, 그들은 그들의 작업이 가져온 총 혜택을 크게 늘릴 수 있었다. 비슷하게 《뉴잉글랜드 의학 저널》 같은 학술지에 미국 과학자들이 올린 논문들은 세계 여러 국가의 코로나19 초기 대응에 큰 도움을 줬다. 발견한 과학 지식을 공개할 때 누가 가장 큰 이익을 얻게 될지 예측하기란 대체로 쉽지 않다. 그러나 지식과 기술을 널리 공개하고 교류한다는 강력한 규칙이 주는 이익은 그에 동참한 개별 비용을 장기적으로 능가하리라는 것은 분명하다.

그러나 이상의 전망이 무엇이든 일단 실현되기 위해서는, 미국과 중국 사이에 공통의 기대와 신뢰가 세워져야 한다. 연구 영역에서 과학적 실행의 규칙들이 양국 간에 조화를 이룰 필요가 있다. 투명성과 상호 조율을 위해 규제 규칙도 세워야 한다. 상호 신뢰를 위해 지식재산권 보호 규정도 필요하다. 또한 세계 최대 경제 대국인 미국과 중국은 효과적인 백신의 글로벌 공급(특히 저소득 및 중소득 국가들에 대한)을 위해서도 협력해야 한다. 그것은 미국과 중국 국민의 이익을 위해, 또한 인류의 이익을 위해서 꼭 필요한 일이다.

위니 입 Winnie Yip
하버드대학교 공중보건대학원의 국제보건정책 및 경제학 교수이자 중국보건파트너십 디렉터다.

윌리엄 샤오 William Hsiao
하버드대학교 공중보건대학원의 보건정책 명예교수이자 세계 보건 및 인구 문제 전문가다.

8부
사회

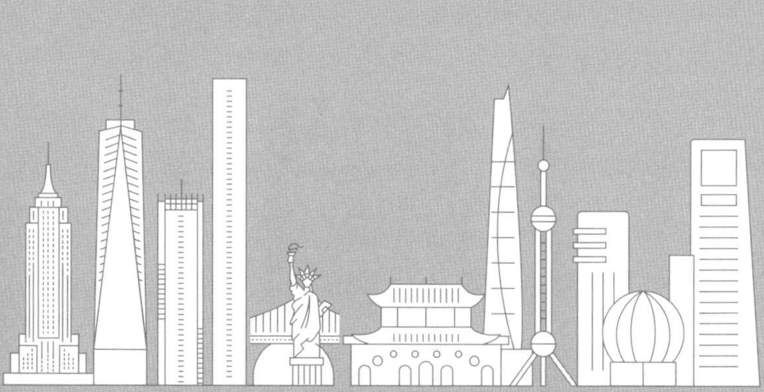

37

중국에서의 '미투 운동'이란 무엇인가?

레타 홍 핀처

85개가 넘는 국가에서 미투 운동Me Too movement이 시작된 지 5년이 다 돼 간다. 공격적인 인터넷 검열과 활동가들에 대한 수많은 박해에도 불구하고 중국에서도 성희롱·성폭력 반대 운동이 점점 더 거세지고 있다. 중국의 미투 운동은 중국 전역의 도시에서 더 많은 젊은 여성들이 페미니스트로서 각성하게 된 하나의 상징적 사건이다. 이들은 모두 같은 것을 원한다. 그들 자신의 몸과 삶을 스스로 결정할 수 있는 자유와 성적으로 학대받거나 얻어맞거나 죽임을 당하지 않으면서, 일하고 여행하고 살 수 있는 자유다.

중국 정부는 여성에게 아직도 전통적인 성 역할을 강요하고, 국영 미디어는 일상 속 여성의 역할을 가정에서 순종적인 아내와 어머니로 축소시킨다. 페미니즘은 중국의 혁명사에서 중요한 역할을 했으나 지금은 잊혀버렸다. 19세기 말, 추근秋瑾은 남편과 두 아이를 떠나 남성의 옷을 입고 일본에 가서, 중국 여성들에게 가부장적이고 유교적인 전통에 대항해 일어나라고 호소하는 글을 쓰고 연설을 했다. 그녀는 1907년 청 제국을 전복시키려고 했다는 죄명으로 단두대의 이슬로 사라졌다. 비슷한 시기, 또 다른 무정부주의 페미니스트 하진何震은 중국의 가부장적 억압을 비판하는 매우 선구자적인 글을 발표했다. 그 글은 최근 《중국 페미니즘의 탄생》이라는 제목으로 리디아 H. 리우Lydia He Liu, 레베카 E. 칼Rebecca E. Karl, 그리고 도로시 코Dorothy Ko에 의해 번역돼 출간됐다. 여성해방은 전환기의 혁명가들과 1919년 5·4 운동가들의 주요 목표였을 뿐만 아니라, 공산혁명기 내내 핵심적인 목표였고, 1949년 중화인민공화국의 수립 당시 그 정점을 찍었다.

서구 이데올로기의 침투

/

신중국 초기, 정부는 여성들을 일터에 동원해 산업 생산을 촉진하기 위해 '성 평등'이라는 수사를 사용했다. 남성과 여성 간부들 사이에서 깊게 자리 잡았던 성차별에는 이중적 기준이 적용됐지만, 공식적으로는 중국공산당 지도자에 의해 '남녀평등'이라는 문구가 중화인민공화국 헌법에 명시됐다. 1970년대 말, 중국의 도시 거주 여성의 노동력 참여율은 90% 이상에 달했고, 이는 세계에서 가장 큰 여성 노동력을 의미했다. 1980~1990년대 시장 개혁이 시작되고 계획경제가 해체되면서, 다양한 형태의 성 불평등이 되살아났다. 여성 노동 참여율 역시 가파르게 떨어졌다. 세계은행에 따르면, 1990년에는 15세 이상 중국 여성의

73%가 일을 했지만, 2020년에는 그 비율이 61%로 떨어졌다. 성별 소득 격차 또한 커졌고, 미디어는 공격적으로 전통적 성 규범을 선전하기 시작했다. 중국의 선전 기관은 2007년 20대 후반의 대졸 독신 여성을 '남겨진 여자剩女'라고 낙인찍어 결혼하도록 밀어붙였고, 국가를 위해 아이를 낳아야 한다고 강조했다. 그러나 그때는 이미 수많은 중국 여성이 국내 및 해외에서 대학을 졸업한 상황이었고, 그들은 만연한 성 의식과 성차별에 도전하기 시작했다. 급속한 경제 발전에 의한 성 불평등의 부활에 대항해 새로운 페미니스트 운동이 생겨났다.

2015년 3월, 지하철과 버스에서 성희롱 반대 스티커를 나눠주면서 국제 여성의 날을 기념하고자 계획했다는 이유로 중국 당국이 5명의 페미니스트 운동가를 구금한 것을 계기로 결정적인 여성 권리 운동이 일어났다. 5명의 여성을 체포했다는 뜻에서 "페미니스트 5자매女權五姐妹"라는 제목을 단 뉴스는 순식간에 전 세계로 퍼져나갔고, 인권 기구들과 세계 지도자들의 격렬한 항의가 빗발쳤다. 구금된 여성들은 37일 만에 풀려났지만, 이로 인해 중국에서 '페미니즘女權主義'은 정치적으로 민감한 용어가 됐고 온라인에서 검열을 받게 됐다. 그때부터 더 많은 젊은 여성들(일부는 고등학생이었다)이 페미니스트 운동에 동참하기 시작했다. 지금까지 정치적 토론을 피해 왔던 몇몇 여성들은 이제 소셜 미디어에서 스스로를 공공연하게 페미니스트라고 밝히기 시작했다. 이에 대응해 정부는 더 공격적으로 인터넷을 검열하며 신 페미니즘적 내용들을 삭제해나갔다.

2017년 5월, 《인민일보》 웹사이트에서 중국공산당 대변인은 "서구의 적대적 세력이 '서구 페미니즘'을 사용하고 있으며, 이는 '그 무엇보다 페미니즘이 우선'이라는 주장으로 중국 고유의 여성관과 국가의 '성 평등에 대한 기본적 정책'을 공격한다"고 경고했다. 여기에는 "여성 문제를 담당하고 있는 중국공산당 인사들이 '심각한 정치적 투쟁'의 한가운데 있으며, 시진핑 주석의 가르침을 따라 서구 이데올로기의 침투에 맞서야 한다"고 주장한 중화전국부녀연합회 부주석 송슈옌宋秀岩의 말도 인용됐다.

그로부터 몇 달이 지난 2017년 10월, '#미투' 해시태그가 아프리카계 미국 시민권 운동가 타라나 버크Tarana Burke에 의해 미국에서 처음 사용됐고, 이는 할리우드 영화 제작자 하비 와인스타인Harvey Weinstein의 성범죄에 대한 상세한 조사 보고서가 출판된 후 불길처럼 퍼져나갔다. 그러나 중국의 뉴스 언론은 이러한 흐름에 합류할 수 없었다. 2018년 1월, 페미니스트 운동가들은 세계적으로 미투 운동의 불을 붙였고, 중국에서도 마찬가지였다. 전 세계가 하나로 연결된 오늘날, 페미니스트 운동의 탁월한 반향성이 나타났다(물론, 이는 중국 지도자들에게 익숙하지 않은 도전이었다). 베이항대학교의 졸업생 뤄시시罗茜茜는 미국 미투에 감명을 받고, 그녀의 지도 교수에게 성희롱당했던 일을 온라인에 공개했다. 다른 운동가들이 그녀의 글을 배포하면서 이 일은 일파만파 퍼져나갔고, 중국의 대학 캠퍼스와 온라인상에 미투 시리즈가 쏟아지는 계기가 됐다.

반복되는 검열과 삭제

/

남녀를 불문하고 수많은 학생과 졸업생이 대학에서 미투 청원에 적극적으로 서명하며 성추행에 대한 대응을 요구했다. 그러나 상당수의 청원은 소셜 미디어에 게재되자마자 검열당해 삭제됐다. 국제 여성의 날인 2018년 3월 8일 늦은 밤, 웨이보는 페미니스트 운동가인 뤼핀吕频이 만든 '페미니스트 보이스女權之聲'라는 영향력 있는 소셜 미디어 계정을 금지시켰다. 다음날, 메신저 앱인 위챗도 해당 계정을 금지시켰다. 웨이보 계정이 금지된 것뿐만 아니라, 위챗은 페미니스트 보이스의 웨이보 계정을 다시 열어달라고 요구한 여러 독자들의 글도 삭제했다. 홍콩대학교의 저널리즘·미디어 연구센터에서 진행한《위챗스코프》프로젝트에 의하면 성희롱에 대한 미투 해시태그는 위챗의 10가지 검열 대상 사안 중 하나가 된 것으로 나타났다.

2015년 중국이 5명의 페미니스트를 구금한 이후, 뤼핀은 미국으로 망명해 중국 페미니스트들이 보다 자유롭게 소통하면서 고국으로 돌아가 운동을 이어 갈 수 있도록 새로운 조직을 만들었다. 그들은 중국을 비롯해 세계 각지에 흩어져 살고 있지만, 지금까지 밀접하고 단단한 유대를 형성해왔다. 핵심 활동가들은 서로의 안전을 돌보면서, 언제 경찰이 동료들을 공격하고 온라인 검열을 시도하는지 꼼꼼히 기록한다.

지속적인 정부의 인터넷 검열에도 불구하고, 2018년 4월 여러 대학의 학생들은 돌아가면서 집요하게 미투 청원을 지속했으며, 대학 관계자들에게 성희롱과 성추행 혐의를 더 이상 은폐하지 말 것을 요구했다. 중국의 최고 명문대인 베이징대학교 학생들은 같은 학교 소속의 교수 션양沈阳에게 성폭행당한 사실을 친구와 가족에게 말한 뒤 1998년에 자살한 문과대 학생 가오옌高岩 사건에 대한 정보를 공개해 달라고 요청했다. 선 교수는 베이징대를 떠났고 혐의를 부인했지만, 대학은 '학생과 교수 사이의 부적절한 관계'를 이유로 1998년 당시 그에게 경고했던 사실을 시인했다.

대학가의 미투 활동가 중 한 사람이자 (2018년 당시) 베이징대 외국어학부 재학생이었던 위에신岳昕은 그녀의 지도 교수가 늦은 밤에 어머니를 기숙사로 데리고 와 "22년 전의 성폭행 사건에 대해 더 이상 얘기하지 말라"고 경고한 사실을 공개했다. "새벽 1시, 나의 지도 교수가 갑자기 엄마를 대동하고 기숙사에 와서, 나를 깨우고는 핸드폰과 컴퓨터에 있는 정보공개의 자유와 관련 있는 모든 데이터를 삭제하라고 했다"는 내용이었다. 지도 교수는 위에신에게 그녀의 활동이 "체제 전복적으로 여겨질 수 있으며 외국 세력과 연루됐다는 죄에 해당될 수 있다"고 경고했다. 《차이나 디지털타임스》에 의하면, 위에신은 그녀의 어머니가 대학 관계자를 만나고 너무 공포에 사로잡힌 나머지, 자살을 언급하기도 했다고 썼다.

다른 베이징대 학생들은 학우에 대한 부당한 위협에 격분했으며, 캠퍼스 게시판에 위에신을 지지하는 대자보를 써 붙였다. 학생들은 "학교 관계자 여러분들에게 묻습니다. 무엇이 두려운 것인지요?"라고 물으며, 위에신이 1919년의 역사적 운동인 5·4운동의 정신에 따라 행동하고 있다고 썼다. 그들의 행동은 1978년부터 1979년까지의 '민주주의의 벽 운동民主墙运动'과 1989년 천안문 사태에 대한 기억을 상기시켰다. 학교의 보안 요원들은 재빨리 학생들의 대자보를 제거했고, 다음 날 베이징대는 대자보가 붙었던 곳에 새로운 CCTV를 설치했다. 이에 굴하지 않고 꿋꿋이 학교를 다닌 위에신은 졸업 후 다른 명문대 졸업생들(예를 들어 임산부 노동자의 권리 침해를 문서화한 중산대학교의 수학과 정보공학 학위자인 션멍위沈夢雨 등)과 합류해 중국 남방에 위치한 자식 테크놀로지Jasic Technology에서 노동조합을 만들었다. 그러나 2018년 8월 경찰의 현장 단속 이후, 위에신, 션멍위 두 사람 모두 수십 명의 동료 활동가들과 함께 '사라졌다(당시 경찰에 체포된 뒤 지금까지 그녀는 실종 상태다. 그녀와 동료들을 구하자는 운동이 전개됐으나 그 운동에 참여한 이들 역시 검거됐다 – 옮긴이)'.

중국 당국은 여권 운동가들을 강하게 탄압했지만, 여러 정부 기관들은 활동가들의 주요 요구 사항을 반영하고 있다는 점을 보여주고자 했다. 예를 들어 교육부는 2018년 11월 모든 대학에 "캠퍼스에서 성희롱을 예방하고 처리할 수 있는 기제를 마련하라"고 지시했다.

점점 커지는 목소리

/

지난 몇 년 동안 저명한 남성 인권 운동가들이 부상했지만(가장 대표적인 인물은 2017년 구금 중 사망한 노벨상 수상자 류샤오보劉曉波다), 중국 대중 중 아주 적은 수만이 그들을 알거나 그들의 추상적 목표에 공감했다. 이와 대조적으로, 페미니스트 활동가들은 오늘날 중국공산당의 지배에 직접 맞서기보다는 중국 전역에 사는 수백만의 젊은 도시 여성들이 널리 공감하는 성희롱, 가정 폭력, 취업과 대학 입학 시 성차별과 같은 명분들을 가지고 운동을 해왔다. 페미니스트 활동가들은 대학 재학생과 졸업생 사이에서 수없이 회자될 만한 온라인 커뮤니티를 구축했다. 그들은 먼저 활동해온 남성 활동가들보다 더 효과적인 조직책으로서 더 폭넓고 더 복잡하게 공산 체제에 도전하고 있다. 미투 운동은 대학 캠퍼스에서 언론, 종교 집단, 산업체 등으로 퍼져나갔다. 2021년, 미투 운동은 유명한 중국계 캐나다인 가수인 크리스 우Kris Wu의 미성년자 성폭행 혐의를 밝혀냈고, 이는 그의 구속으로 이어졌다.

페미니스트 조직에 대한 정부의 탄압에도 불구하고, 스스로를 '페미니스트'라고 생각하지 않는 평범한 여성들도 점점 더 정보를 공유하고 인터넷에서 성차별에 대해 분노의 목소리를 내기 시작했다. 정부가 활동가들을 탄압하고 여권센터를 셧다운하며 페미니스트 소셜 미디어 계정을 금지시키고 성희롱에 대한 미투 계정을 검열하며 대학에서의 성교육 프로그램에 대한 통제를 강화했지만, 중국의 페미니스트 네트워크는 사라지기는커녕 최근 몇 년간 오히려 더 커졌다. 정의를 찾을 기회는 매우 희박하지만, 여성들은 계속해서 용감하게 앞으로 나선 것이다.

2020년 미투 운동에서 가장 눈에 띄는 목소리의 주인공 하나는 '쉬엔즈弦子'라는 필명으로 알려진 저우샤오쉬엔周曉萱이다. 그녀는 중국 국영방송 인턴 시절 유명한 TV 진행자 주쥔朱軍이 그녀를 강제로 더듬었다고 고발했다. 주쥔은 그녀를 명예훼손으로 맞고소했으나 그녀는 물러서지 않았고, 그가 그녀의 '개인적 존엄'에 대한 권리를 침해했다고 또 맞고소했다.

2020년 12월 2일, 대부분 여성으로 이뤄진 100여 명의 인원이 저우샤오쉬엔의 소송을 지지하기 위해 베이징 법원 밖에 모였다. 그들은 "힘내라 쉬엔즈弦子加油!"라고 구호를 외치며, "우리는 역사를 향해 답변을 요구한다", "우리는 걸어 다니는 애 낳는 기계가 아니다"라는 팻말을 들었다. 2021년 9월, 법원이 저우샤오쉬엔이 제시한 증거가 충분하지 않다고 판결을 내리자 그녀는 항소하기로 했다. 중국 법원은 저우샤오쉬엔의 사건 이전에는 성희롱 피해자에 의한 사건을 거의 심리하지 않았다. 그러나 정부는 2021년 11월 여성의 권리에 관한 법안을 수정할 것이라 발표했는데, 이는 수십 년 만에 처음으로 성희롱에 대한 포괄적 정의를 제공한 것이었다.

중국 내에서 여성 혐오와 여성 대상 폭력에 대한 의식이 늘고 있음은 유명 가수 탄 웨이웨이谭维维가 2020년 11월 '샤오쥐엔小娟'이라는 제목으로 가정 폭력에 대한 노래를 발표한 것에서도 알 수 있다. 샤오쥐엔이란 대개 가정 폭력 피해자 여성을 지칭하는 말이다. 탄의 노래는 웨이보에서 열띤 논란을 불러일으켰는데, "탄 웨이웨이의 대담한 가사"라는 제목의 글은 며칠 만에 3억 2천만 회의 조회 수를 기록했다. 사람들은 탄의 가사 내용과 가정 폭력으로 죽은 여성에 관한 사건들의 유사성을 실감했다. 티베트 농민 라모Lhamo는 그녀의 전남편에 의해 휘발유를 뒤집어쓴 채로 불에 태워졌고, 항저우의 한 여성은 남편에게 토막 살해된 뒤 정화조에 버려졌다.

비판적인 젊은 여성들 사이에서 만연한 불만은 중국의 어떤 사회운동보다 이례적으로 여론에 영향을 미치게 됐다. 점점 더 많은 여성이 이성 간 결혼 장려와 출산 및 양육으로 몰아가려는 국가의 끈질긴 노력을 거부하고 있다. 새로운 통계에 따르면, 2020년 등록된 출생아는 전년 대비 15% 정도 줄어들었다. 2021년 7월, 중국 정부는 '세 자녀 정책'이라는 새로운 정책을 내놓았지만, 이미 낮아진 출산율은 앞으로도 계속해서 더 낮아질 전망이다. 혼인율도 가파르게 떨어지고 있다. 중국의 모든 남성 지도자들이 여성해방을 요구하는 젊은 페미니스트 활동가들을 위협으로 느끼는 것도 당연한 일이다. 중국 테니스 챔피언 펑솨이彭師는 전 국무원 부총리 장가오리张高丽가 그녀를 성폭행한 것과 관련해 인터넷에 자세한 내용을 공개했는데, 이는 중국공산당의 고위 간부에 대한 최초의 미투 고발이었다. 펑솨이의 포스팅과 이를 둘러싼 논쟁은 인터넷에서 순식간에 삭제됐고, 이 글을 쓰는 지금도 이 테니스 스타가 어찌 됐는지는 불확실하다(그녀는 2021년 11월에 미투 폭로를 한 직후 실종됐다. 이후 국제 여론이 들끓자 그녀가 무사하다는 중국 매체의 보도 및 2022년 1월 자신의 미투 내용을 부인하는 인터뷰 등이 있었으나, 그 인터뷰가 중국 관료들의 배석 하에 치러졌다는 점에서 의혹을 낳았다. 인터뷰 이후 지금까지 종적이 묘연한 상태여서 국제 인권 문제의 핫이슈가 되고 있다 – 옮긴이). 페미니스트와 미투 운동가들은 가부장적이고 권위주의적인 질서에 대항하기를 멈추지 않을 것이고, 정부는 그들을 탄압할 또 다른 방법을 찾을 것이다. 그러나 그들이 지핀 저항의 불꽃은 쉽사리 꺼지지 않을 것이다.

레타 홍 핀처 Leta Hong Fincher
작가, 저널리스트이자 페미니스트다. 《Leftover Women: The Resurgence of Gender Inequality in China》(2014), 《Betraying Big Brother: The Feminist Awakening in China》(2018)의 저자다.

38

미국은 왜 중국의 시민사회를 지원해야 하며, 어떻게 지원할 것인가?

다이애너 푸

수십 년 동안 미국은 중국의 시민사회를 지원함으로써 중국 내에서 점진적으로 사회 변화가 일어나도록 노력했다. 그런 노력에는 지원 단체, 대학, 비판적 언론인, 인권 변호사, 종교 및 윤리적 소수자들, 그리고 그 밖에 사회적 약자들을 위한 자금 지원과 역량 강화 등이 포함된다. 역대 미국 행정부는 이런 행위를 통해 좀 더 개방적이고 자유로운 중국을 만들 수 있거나, 최소한 중국을 국제기구로 편입시켜 중국이 글로벌 규범을 지키도록 이끌 수 있을 것이라 기대했다.

하지만 그러한 지원은 트럼프 정부 때 조심스럽게 축소됐고, 트럼프 정부는 외교정책에서 반중적이고 봉쇄주의적인 입장을 채택했다. 트럼프의 '아메리카 퍼스트(미국 우선주의)'는 해외 원조와 민주주의 기금을 위한 예산을 삭감시켰다. 미국의 해외 원조 총예산은 연방 예산의

1% 수준이었지만, 대외적으로 민주적 가치를 증진한다는 점에서 상징적 의미를 가지고 있었다.

바이든 행정부는 중국을 비롯한 여러 지역에서 그 정치적 가치(자유와 인권)가 보편적 가치이며, 미국 정부는 언론, 출판, 집회, 종교 등 시민의 자유를 위해 적극적으로 활동하는 조직과 개인을 지원할 것이라는 확신을 줌으로써 미국의 이미지를 지속적으로 개선해왔다. 해외 시민사회를 지원하는 것은 그러한 가치들을 증진하는 데 중요한 요소다.

중국의 시민사회를 왜 지원해야 하는가?

/

미국 스스로도 대내적으로 불안정하고 체계적인 인종주의, 당파적 갈등, 경제 위기로 고생하는 지금 그렇게 해야만 할까? 그래야 하는 데는 몇 가지 이유가 있다. 첫째, 자유와 기본적 인권이 모두에 의해 받아들여져야 한다고 세계를 확신시키기 위해, 미국은 바이든 대통령이 선언한 것처럼 "본보기로서의 우리의 힘the power of our example"을 보여줘야 한다. 민주주의는 정치적 가치와 규범에 대해 중국으로부터 전례 없는 도전을 받고 있다. 미국 내에서 경찰에 의해 아프리카계 미국인이 반복적으로 죽임을 당하고 백인 우월주의가 부상하는 등 자유와 기본적 인권과 같은 가치와 규범에 대한 미국의 선전이 대외적으로 위선처럼 보이는 오늘날의 상황에서는 특히 그렇다.

중국 시민사회에 대한 지원은 자유민주주의적 가치를 지키는 데 중요하다. 특히 시진핑 정부가 적극적으로 중국의 정치적 가치가 미국의 것보다 우월하다고 주장하는 지금은 더욱더 중요하다. 시진핑 집권하에, 중국은 권위주의적 체제가 정치적 자유보다 경제적 복지를 우선시하며, 보다 실용적이고 더욱 정당하다고 전 세계를 향한 선전을 강화하고 있다. 이러한 프로파간다 캠페인의 일환으로 시진핑은 시민 단체가 긍정적인 기여를 했는지 묻는다. 즉, 공적 책임성, 인권, 법의 지배를 전통적으로 증진해왔는지 묻는 것이다. 실제로 '성장하는 시민사회'는 헌정 민주주의, 신자유주의, 언론의 자유, 자유의 보편적 가치, 민주주의, 인권과 더불어 그의 정책을 침해하는 7가지 위험한 서구적 가치 중 하나로 규정됐다.

미국에게 스스로를 만회할 수 있는 기회를 주는 것은 이러한 가치를 둘러싼 세계적 투쟁의 일환이다. 바이든 정부는 자유를 확대하는 것뿐만 아니라 중국과 그 밖의 권위주의 국가들에서 활동하는 풀뿌리 운동가들을 확실히 지원함으로써 민주적 가치의 정당성을 다시 확립해야 한다. 미국은 자금을 공급하고 노하우를 전파해 중국의 사회적 변화를 최전선에서 이끌어가고 있는 사람들을 지원해야 하며, 그들이 탄압을 받을 때도 미국과 그 동맹국들은 그들을 지지한다는 것을 보여줘야 한다. 본보기로서의 힘은 중국 등지에서의 노력에 미국이 책임을 지는 경우에만 강해질 것이다.

둘째, 가치는 차치하고라도, 중국 시민사회에 대한 지원은 세계 보건과 기후변화와 같은 중대한 문제들에 관한 건설적인 대화를 증진시킬 수 있다. 시민사회에는 언론, 대학, 기업, NGO 등과 같은 다양한 행위자와 조직들이 포함돼 있다. 미국과 중국이 중국 외교부 부부장 푸잉傅瑩이 언급한 대로 '협력적인 경쟁'을 한다면, 시민사회는 인적 교류와 지식 공유를 용이하게 함으로써 협력적인 측면에서 기여할 수 있을 것이다. 세계 보건에 있어서, 양자 협력을 통해 보건 전문가들 사이에 지식 공유와 교류가 이뤄질 수 있고, 또 이뤄져야만 한다. 청정에너지를 둘러싼 시민 교류는 미국과 중국 기업 간의 경쟁에 건설적인 요소를 더할 수 있다. 환경 집단 간의 교류는 멀리 떨어져 있는 중앙정부보다는 지방정부 간의 건설적 대화를 수월하게 해줄 것이다. 천연자원보호위원회, 에너지기금, 세계자원기구 등의 국제기구들은 환경 분야에서의 인적 교류를 이끌어, "중국은 2060년까지 탄소 중립을 이루겠다"는 시진핑의 약속이 지켜질 수 있도록 도울 것이다.

시민사회 지원에 대한 도전들

미국이 중국 시민사회에 관여하는 문제는 몇 가지 도전에 직면해있다. 첫째, 한때 활기를 띠었던 풀뿌리 조직들을 지원하는 전략을 개발하는 것이다. 2012년 집권한 이래 시진핑 정부는 그러한 조직과 활동가들의 노력을 무력화하는 캠페인을 시작했다. 중국의 2억 8천만 농민공의 법적 권리를 증진하고자 하는 노동운동가들이 그 첫 번째 대상이 됐다. 국가의 강화된 탄압으로 중국의 풀뿌리 시민사회는 곤경에 처했다. 미국과 동맹국들이 국가에 의해 휴면 상태에 돌입한 풀뿌리 시민사회를 되살리는 길을 찾아내기란 쉽지 않을 것이다.

두 번째 도전은 중국 내 조직에 재정적이며 기술적 지원을 해온 해외 NGO에 대한 중국의 규제와 관계있다. 중국의 2017년 해외 NGO 법안은 미국을 비롯한 해외 NGO가 중국에서 합법적으로 활동하는 것을 더 어렵게 만들었다. 이전에는 오직 몇 개의 해외 NGO만이 공식적으로 전문 감독 기구를 세우고 국무부에 등록했으며, 그 외의 NGO는 아예 등록하지 않거나 상업 단체로 등록하는 방법으로 법적 회색 지대에서 활동할 수 있었다. 그러나 2017년 법안에 의해 모든 해외 NGO가 공안에 등록해야만 했는데, 그것은 중국 정부가 그들을 국가 안보에 있어 잠정적 위협으로 보고 있다는 신호였다. 해외 NGO 또한 중국에 지부를 만들기 전에, 자신들을 책임을 지겠다는 감독 기구를 찾아야 하는 이중적 관리 체제를 받아들여야만 했다. 포드기금, 옥스팜, 세이브더칠드런 등 일부는 그렇게 했는데, 자금 조달 활동에 대해서는 먼저 공안국에 보고하고 승인을 받아야 했다. 결과적으로 해외 NGO 법안으로 인해 해외 NGO가 중국에서 그 전보다 더 명확한 법적 지위를 인정받은 건 사실이지만, 이와 동시에 더 철저하게 공안의 지배를 받게 된 셈이다.

게다가 미 의회가 홍콩의 민주주의 운동을 지지한 이후, 중국은 민주주의 증진 어젠다와 관련된 미국 NGO들을 제재하기 시작했다. 민주주의기금, 국제인권감시기구, 프리덤하우스, 민주연구원, 국제 공화주의연구소 등이 2019년에 홍콩에서 문을 닫아야 했다. 또 2020년 중국은 이들 조직에 속한 4명이 중국에 입국하지 못하도록 제재했다. 이러한 움직임은 미국이 중국의 시민사회에 관여하는 데 있어서 좋은 징조는 아니다. 여태껏 홍콩은 미국에 본거지를 둔 기구들이 지사를 운영할 수 있는 근거지였지만, 이제는 아니다.

세 번째 도전은 시진핑과 트럼프 정부하에서 단절된 인적 교류 채널이다. 정치적 가치와 불신으로 인해 양 진영은 시민 집단 간의 소통을 제한해왔다. 미국의 정책 입안자들은 중국 정부의 자금 제원을 받아 미국 대학에서 중국어와 중국 문화를 교육하는 공자학원 등의 중국 단체나 미국 영토에서 활동하지만 베이징의 정치적 이해를 대변하는 단체들을 의심해왔다. 심지어 미국 단체들도 비난에서 예외는 아니었다. 트럼프는 1979년 미중 수교 이후 양국 간 학문 교류를 증진해온 중국과 홍콩에서의 풀브라이트 기금을 중단시켰다. 평화봉사단 또한 중국과 27년 만에 관계를 끊었다. 이러한 움직임에 중국도 맞대응했다. 미국의 언론인을 추방하고 미국 NGO를 제재했으며, 비자 제한 조치를 통해 인적 교류를 단절했다.

일방적인 지원에서 상호 교류로

이러한 도전에도 불구하고, 미국은 앞으로도 중국의 시민사회에 계속해서 관여해야 한다. 그러나 그 방법에 있어서, 미국으로부터의 일방적 지원보다는 상호 교류의 형태를 취해야 한다. 오늘날 세계 2위의 경제대국인 중국에서는 국내 자선사업이 점차 활성화되고 있다. 이러한 변화 속에서 미국 자금을 받는 것이 지나치게 '정치적으로 민감'하다고 여겨질 뿐만 아니라, 텐센트나 알리바바와 같은 대기업의 기부와 비교해서 적다고 여겨질 수도 있다.

따라서 새로운 지정학적 정세 속에서, 미국은 동등한 입장에서 중국과 인적 교류를 재개하기 위한 전략이 필요하다. 미국 단체들은 중국에서 활동하면서 자금을 조달하고, 미국은 정부의 외교적 목표를 실현할 수 있도록 돕는 비정부 전문가들 간의 투 트랙 외교와 대화를 증진하는 인적 교류를 재개해야 한다. 이것은 지방 공무원, 기업, 대학, 사회

조직, 그리고 중화전국총공회中華全國總公會 같은 대중 조직들에 의해 이뤄질 수 있다. 또한 미국은 정치적으로 어려울 수는 있지만, 풀브라이트 기금과 평화봉사단을 회복해야 한다. 미국 플로리다주의 상원의원 릭 스콧Rick Scott은 “공산 중국은 세계 경제 2위 국가이자 미국의 적”이라는 인식에 따라, 차이나 기금을 취소하고 ‘제정신’을 차리는 것에 재빨리 찬사를 보냈다. 스콧이 세계에서의 중국의 위치를 제대로 진단한 것인지는 모르지만, 그의 전략은 틀렸다. 미국은 권위주의적이고 호전적인 공산 체제와 단절하기보다는 그들과 관계를 회복해야 한다.

목표는 ‘반드시 안으로부터 중국을 변화시키는 것’이 아니라 ‘오늘날 중국에 매우 다양한 문화와 하위문화가 존재하며, 지금은 향후 더 현명한 대중국 정책을 위해 씨앗을 뿌려야 한다는 사실을 이해하는 것’이다. 강화된 교류는 중국의 통찰력 있는 언론인과 학자들을 키울 것이고, 그것은 양국 관계의 미래에 있어 매우 중요하다. 게다가 미국은 ‘중국의 영향력 강화 공작’이라며 비난하는 어조를 바꿔야 한다. 그것은 중국공산당의 목표를 수행하는 중국 단체들이 감시를 받아야 한다는 생각을 품으면서, 동시에 미국에 있는 모든 중국 시민 단체를 의심하는 말이다.

마지막으로 인적 교류의 증진은 기후변화와 세계 보건과 같은 공적 목표들에 대한 협력을 증진시킬 것이다. 그러한 교류는 적어도 화해의 손을 뻗고자 하는 한쪽의 의사에 달려 있다. 비자 전쟁과 보복적 제재를 하고 있는 중국과 미국에게 1970년대 양국 간의 관계를 완화시켰던 것과 같은 새로운 ‘핑퐁 외교’의 여지는 거의 없다. (1971년 마오쩌둥의 초대로 시민사회 단체였던 미국의 탁구팀이 중국에 갔다. 이들 중에는 대학교수,

기니 이민자, 2명의 고등학생이 있었고, 냉전이 한창일 때 얼어붙은 관계가 풀어질 수 있도록 도왔다. 그에 대한 보답으로 1972년에는 미국이 자국 시민 단체의 도움을 받아 중국 탁구팀을 초대했다. 특히 이때는 미국이 중화인민공화국을 정식으로 인정하지 않아 외교 관계를 맺고 있지 않았을 때였다.)

오늘날, 양국의 긴장 관계는 50년 전보다 훨씬 더 복잡하다. 적절한 정치적 기회가 왔을 때 미국은 인적 교류 외교의 새로운 시대를 열기 위한 서막을 준비해야 한다. 정부 및 민간 차원 모두에서 시민이 주도하는 대화가 이뤄진다면 미중관계의 난국이 좀 더 수월하게 해소될 수 있을 것이다.

다이애너 푸 Diana Fu
토론토대학교 정치학 부교수이자 미국의 비영리 정책연구소인 브루킹스연구소의 객원 연구원이다. 《Mobilizing Without Masses》(2016)을 저술해 다수의 상을 수상했다.

39

공자학원은 미국 대학교에 속하는가?

메리 갤러거

미국 대학이 중국 학생을 받는 것은 분명 이익이 된다. 2019년 기준, 36만 명 이상의 중국 학생이 미국에서 공부하고 있고, 그들 대부분은 학위 취득을 목표로 한다. 대다수는 우수한 대학 환경과 개방된 정치적·사회적 환경을 찾아 미국의 교육 체제를 자비를 내고 선택했다. 대학원생, 교직원, 그리고 방문 학자들 간의 공동 연구와 교류는 필요하고 또 분명 도움이 된다. 다만, 중국과의 학문 교류와 공동 연구에서의 문제점은 개별 학생과 학자들에 의한 것이라기보다는 중국공산당의 조직적 형태와 전술에 있다. 대표적으로 중국공산당이 해외에 영향력을 확대하기 위해 해외에 있는 중국 시민을 통제하고, 중국공산당에 대한 부정적 이미지를 갖게 하는 주제에 관해 토론하지 못하도록 하는 것이다.

중국공산당과의 연계

공자학원CI과 중국학생연합CSSA 같은 조직들은 비당원 단체와 개인을 관리하는 기관인 통일전선부統一戰線部를 통해 중국공산당과 연계돼 있다. 이들 조직은 미국 교육의 기본 원칙을 위반한다. 대학 내 그들의 존재는 중국 학생과 학자들이 미국 교육의 원칙을 행사하는 것을 막고, 양국의 학생과 학자들의 표현의 자유를 침해할 수 있는 잠재적 가능성이 있다.

이들 조직의 활동은 학문의 자유라는 미국의 원칙에 부합해야 한다. 상호주의(중국에서 미국인과 미국 단체를 대하는 방식으로 미국에서 중국인과 중국 단체를 대하는 것)가 중국을 다루는 주요 가이드 원칙이 돼야 한다고 주장하는 이들이 있는데, 그것은 잘못된 접근 방식이다. 상호주의 주장에 따르자면 미국 내 공자학원은 아예 금지될 수도 있다. 중국에는 공자학원과 같은 미국의 기관이 없기 때문이다. 한편 상호주의에 바탕을 둔 정책은 미국을 중국처럼 폐쇄된 나라로 만듦으로써 미국의 기관에 역효과를 낳을 수 있다. 더 나은 접근 방식은 대학 프로그램과 커리큘럼에 대한 정부의 검열과 감시를 거부하는 미국의 원칙을 지키는 것이다. 이러한 접근 방식은 프랑스 어학원이나 영국문화원 같은 독립 기관처럼 공자학원을 캠퍼스 바깥에 두는 결과로 이어질 수 있다. 어떤 제한을 하든 그 목표는 학문의 자유에서 비교 우위를 보호하는 것이어야지, 중국 고등교육의 제약적 환경을 모방하는 것이어서는 안 된다.

이런 단체의 문제점은 이들이 중국공산당을 해외 영향력 공작에 연결시키는 핵심 기관인 통일전선부 소속이라는 점이다. 시진핑은

2015년 이를 두고 "중국공산당의 '비밀병기' 중 하나"라고 칭찬하고 통일전선부의 힘을 강화하는 조치를 취하는 등 해당 기관을 그 어느 때보다 중시했다.

미국 대학 내 공자학원과 중국 학생 및 학자 협회를 평가할 때, 그들이 어떻게 업무를 수행하고 어떻게 통일전선의 공작 절차가 그에 반영됐는지를 이해하는 것이 중요하다. 거기에는 적과 동지를 구분하고 적의 목소리를 최소화하면서 동지의 목소리를 확대하는 등의 당 지침이 포함돼 있다. 해외에서는 당의 영도보다는 지침이 더 중요한데, 이는 당의 영도가 정치적으로 불가능하기 때문이다. 일반적으로 중국 정부는 외국과 접촉하는 기관에서 중국공산당의 존재를 덜 강조하는 경향이 있다(심지어는 숨기기도 한다). 그러나 그 지침은 협회의 부칙이나 양해각서, 프로그램 결정을 위한 승인 절차, 협회 지도자의 선정 등에서 종종 드러난다.

마오쩌둥이 통일전선 개념을 발전시킨 이래 그것은 '동지'와 '잠재적 동지'의 구분에 근거하므로, 적과 동지를 정치적으로 확실히 구분할 필요가 있다. '비당원 동지를 많이 만들 것'은 2015년 통일전선법의 한 조항으로, 지방 공산당 간부가 그의 모든 활동에서 통일전선 업무를 하도록 하는 조항이다.

동지를 만든다는 것은 적을 특정하고, 어떤 목소리를 키우고 어떤 목소리를 억눌러야 하는지 결정하는 것을 의미한다. 성공적인 통일전선 업무는 동지의 목소리는 키우고, 중국에 호의적이지 않은 사람의 목소리 및 실질적인 면에서 중국에 비판적인 목소리는 들리지 않게 하거나 악마화하는 것이다. 서구 사회의 정체성 정치학과 반인종주의 운동의 맥락을 활용해 중국공산당은 비판자들을 인종주의자나 반중국 주의자로 낙인찍어 매도할 수 있다. 미국 대학에서 중화인민공화국 소속의 단체는 중국에 대한 여론을 형성하고, 중국에 우호적인 활동과 프로그램을 확대하며, 그렇지 않은 활동과 프로그램은 축소시킨다. 다른 목소리는 잠재운 자리를 차지하는 것은 (활동과 프로그램의) 내용만큼이나 중요할 수 있다. 본질은 설득이 아니라, 자리를 차지하고 다른 사람들을 쫓아내는 것에 있다.

이때 주제는 중요하지 않거나 부차적이며, 동지를 후원하는 것만이 중요하다. 여기에는 재정적 또는 명예적 이익이나 중국이 손닿는 곳에 대한 접근 용이성이 포함된다. 시진핑 체제하에서는 혜택을 주거나 주지 않는 것이 더 명확한 중국 파워의 도구가 됐다. 《파이낸셜타임스》의 재밀 안덜리니Jamil Anderlini는 그것을 '보복 외교'라고 불렀다. 중국은 자국을 비난한 것에 대해 한 국가 전체(중국의 반체제 인사인 류샤오보에게 노벨상을 수여한 노르웨이), 대학(달라이 라마를 초청해 강연을 연 캘리포니아대학교와 샌디에이고대학교), 단체(팀 운영진이 트위터로 홍콩 민주화 운동 지지를 표현한 NBA), 기업(신장에서의 중국 행위를 비난한 H&M과 나이키), 그리고 개인(신장에 관해 쓴 책의 공동 저자가 된 이후 중국 입국이 금지당한 학자들)들에게조차 보복을 감행했다.

공자학원의 이중적 운영

중국의 소프트파워를 강화하고, 해외 고등교육기관과의 유대를 발전시키며, 중국어 교육을 증진시키기 위해 2004년부터 설립되기 시작한 공자학원은 전 세계 도처에 약 500개 이상 세워졌다. 그러다 2021년 미중관계가 급속도로 악화되자 미국 내 대부분의 공자학원이 문을 닫았으며, 미시간대학교(2018)와 메릴랜드대학교(2020)도 마찬가지였다.

언어와 문화를 해외에 전파하려는 다른 기관들과 비교해볼 때 공자학원은 다소 특이한 지점이 있다. 미국 관점에서 살펴보면 좀 더 이해하기 쉬운데, 일본문화원, 한국문화원, 프랑스문화원, 독일문화원 등과 달리 공자학원은 대학 안에 자리를 잡았다. 공자학원은 전형적으로 파트너 대학으로부터의 자금과 연계돼 있기 때문에 캠퍼스 안이나 근처에 위치해 있으며, 유명 대학의 브랜드에 의존한 표식이나 로고를 사용한다. 공자학원의 원장은 파트너 대학의 교직원과 중국에서 파견된 책임자(중국 교육부에서 해외 중국어 교육을 담당하고 있는 한반汉办의 인정을 받아야 한다)가 공동으로 맡는다. 이것은 비당원 단체에 침투해 중국공산당의 지도를 받기 위한 길을 열어 그들의 권위를 강화하기 위한 전형적인 통일전선 전술이다.

공자학원의 중국어 교사들은 공자학원 본부의 내사를 받는다. 캐나다 온타리오주에 있는 맥마스터대학교의 한 교사는 중국에서 금지당한 종교 단체인 파룬궁의 지지자라는 것이 밝혀져 해직됐다(그녀는 그것이 그녀의 종교적 자유를 침해한다는 이유로 소송을 제기했고, 맥마스터대는 공자학원을 폐쇄했다). 그러나 그런 경우는 드물다. 그것은 아마도 한반이 고용에 신중을 기하기 때문이고, 교사들도 고용되기 위해 자기 검열을 하기 때문일 것이다.

자기 검열에 대해 체계적으로 살펴보는 것은 어렵다. 하지만 공자학원은 파트너 대학과 중국 교육부 모두의 소속이므로, 그들의 활동과 프로그램에서 교직원이 폭넓게 자기 검열을 할 가능성이 있다. 그에 관한 한 연구는 공자학원이 "명백한 지시나 위협을 받지 않고도 정부의 언어를 따른다"는 결론을 얻었다. 공자학원 프로그램이 중국공산당이 좋아할 만한 주제와 담론을 고수하는 것처럼 말이다. 필자는 2008년부터 2020년까지 중국어 교육을 맡은 대학의 한 학장으로서, 공자학원이 중국에 민감하거나 비판적인 주제에 대해서는 재정 지원을 하지 않기 때문에, 교수진들이 과의 자금에만 의존하는지에 대한 질문을 자주 듣는다. 이는 틀린 말이 아니다. 교수진은 중국에 무비판적이거나 심지어 호의적으로 보이는 주제에 대해서만 공자학원의 자금 지원을 요청했다.

이렇게 캠퍼스 내 공자학원은 그에 관련된 학과 교수진의 프로그램을 제한할 뿐만 아니라 다른 학과에 특정 주제를 재배정하기도 하면서, 해당 대학이 공자학원이 없었을 때보다 더 비판적이거나 편향적이게끔 만든다. 자체적으로 중국학이나 중국어 프로그램을 하지 않거나 할 수 없는 대학에서는 공자학원이 전적으로 그 내용을 좌지우지한다.

또한, 공자학원은 때때로 소속 교직원의 후원과 선발을 위한 통로가 된다. 그들의 예산(관련 학과에는 중요한)은 종종 불투명하다. 미국 대학에서 지역 연구를 후원하는 미국의 교육부 프로그램과 비교하면, 한반은 더 간섭주의적이다. 공자학원 예산에는 교직원의 중국 연수 비용, 대규모의 학술회의 참가, 공자학원 이벤트, 그리고 지도 교수의 과제 수행 비용 등이 포함된다. 자연스럽게 이러한 혜택은 공자학원을 지지한 사람이나 누가 중국의 동지, 잠재적 동지, 또는 적인지를 알려준 사람들에게 돌아간다.

위의 이유들로 공자학원은 미국 정부의 비난을 받았고, 현재 대부분 문을 닫았다. 그러나 안타깝게도 이러한 비판 중 많은 부분은 공자학원 문제를 비전통적 첩보 행위, 이익과 직무의 충돌, 지식재산권의 갈취 등과 같은 사안과 혼동한 것이다. 연방의 재정 지원을 받으면서도 공자학원을 유치한 대학을 징계한다는 의회의 새로운 법안은 앞으로도 더 많은 폐쇄를 가져올 것이다.

중국학생연합의 역할

/

CSSA 역시 통일전선 공작을 위한 매개체로 불려 왔으며, 이는 대학 생활, 특히 학생들에게 더 중요하다. 재미 중국 교포는 오랫동안 통일전선의 대상이 돼 왔지만, 1989년 천안문 사태 이후 중국 전역에서 연이어 폭력적인 탄압이 이뤄지고, 해외에서 공부하는 학생 수가 폭발적으로 증가하면서 유학생에 더 초점이 맞춰졌다. 시진핑은 학생들을 그의 폭넓은 전략 중 중요 부분의 하나로 여겼고, 통일전선부 내에 귀국 학생들을 위한 조직을 더욱 강화했다. 2016년, 통일전선부는 해외 중국 학생과 학자들에게 특별한 주의를 기울이는 젊은 사회적 엘리트를 위한 부서를 신설했다.

조직 차원에서, 대對학생 봉사는 CSSA를 통해 이뤄진다. CSSA는 좀 작은 규모의 전문가 집단이지만, 이제 많은 미국 대학에 있는 중국 학생과 학자의 공식적인 주요 기관 중 하나가 됐다. 최근 몇 년 동안 CSSA와 중국 정부와의 연대는 영사 관계, 재정, 지역 단체나 전국 단체의 우산형 구조로 발전시키려는 시도들을 통해 자리를 잡았다. CSSA

는 새로운 중국 학생, 특히 대학원생에 대한 멘토링과 지원에 있어서의 갭을 메워왔다. 어떤 경우 대학은 이 일을 CSSA에게 일임하기도 해, 새로운 환경에서 방황하는 학생들에게 특히 그들의 중요성과 영향력을 강화해왔다.

CSSA는 미국 대학에 이미 여러 해 동안 존재해왔지만, 그들의 존재와 구조는 더 규격화됐다. 영사관 및 대사관과의 연계도 더욱 강화됐으며, 그들은 중국 사회조직의 조합주의적 특성을 확대해나갔다. 그들은 위계적이고, 독점적이며, 중국 대사관이나 영사관을 통한 중국공산당의 감시와 통제에 복종했다. 2017년 미시간대학교의 CSSA 헌장에 의하면 "이 단체만이 미시간대학의 중국 비영리 학생 조직으로, 시카고 중화인민공화국 영사관에 의해 공식 인정을 받는다"고 명시돼 있다.

미국 내 많은 CSSA는 국내 과제로부터 받은 재정적 지원을 강조한다. 예를 들어 미시간 CSSA는 대학 자체와 시카고 영사관을 재정 지원의 두 가지 원천이라고 부른다. 중국 전문 기자인 베타니 앨런Bethany Allen의 2018년도 보도에 따르면, 다른 대학에서도 동일한 구조와 재정적 연계 구조가 발견됐다. 2003년 세워진 미국 남서부 CSSA는 캘리포니아, 애리조나, 뉴멕시코, 하와이의 대학 프로그램을 감독하는데, 로스앤젤레스 중국 영사관이 면세 자선단체 자격을 가진 CSSA에서 선출된 대표를 승인할 권한을 가지고 있다. 미국의 다원주의 규칙으로 인해 다른 중국 학생 조직이 미국 내 대학에 존재하는 것은 막지 못하지만, 그들 외의 조직은 중국 정부로부터 공식적 지위와 승인을 얻지 못한다.

지역 학생, 기업 대표, 그리고 대학 관계자 등을 겨냥한 정례적 차이나 포럼을 비롯해 다양한 CSSA 활동은 많은 대학에서 중국 학생뿐만 아니라 다른 이들도 목표로 한다. 그들의 풍부한 예산은 적어도 부분적으로 중국 외교부에서 지원받으며, 때때로는 영사관 영사가 주제 발표를 하기도 한다. 특히 중국어와 관련해 거의 독점적이라고 할 수 있는 CSSA의 활동은 중국 본토의 학생과 학자들의 주요 메신저 앱인 위챗의 힘으로 가속화된다. 위챗의 지배는 중국 유학생들이 해외에 거주하면서 가족 및 친구들과 떨어져 있을 때 관계 유지를 편리하게 할 뿐 아니라, 중국 내부의 소셜 미디어처럼 해외 검열과 자기 검열을 어디서나 받을 수 있도록 하고, 캠퍼스에서 본토 학생과 다른 집단이 분리될 수 있도록 한다(홍콩과 대만 출신의 중국어 사용 학생은 위챗 대신 페이스북, 라인, 왓츠앱을 이용하기 때문이다).

중국 학생과 학자들이 서로 돕거나 공동의 정체성과 공동체를 유지하는 것은 잘못된 일이 아니다. 그들의 수를 생각하면, 중국 학생을 그들의 외교 임무와 엮는 공적 조직이 불가피할 수도 있다. 또한 그러한 연계는 빠른 소통이 필요한 자연재해나 위기 시에 도움이 될 수도 있다. 그러나 캠퍼스에서 CSSA의 학생 조직 독점은 문제다. 특히 그들이 스스로를 중국 학생을 위한 '공식' 또는 '유일하게 승인된' 조직이라고 부른다는 점에서 그렇다. 그러한 지향은 달라이 라마와 같은 연사들의 초청에 반대하는 경우와 같이, 그들의 메시지는 키우고 중국 본토 출신이 아닌 학생들의 목소리는 들리지 않도록 한다. 공식 소속 표기 절차는 감시 장소를 제공하고 가입하지 않는 사람을 괴롭히는 방식으로 그들이 학생들의 친중 시위를 후원하고 동료 학생이 가입하도록 압박할 수 있는 환경을 만드는 데 유리하다. 한 중국 학생이 메릴랜드대학교 졸업식에서 중요한 발언을 한 이후, 대학의 CSSA는 그녀에게 계속해서 온라인 비방을 가했다. 그리고 그것은 공개적으로 중국 영사의 지지를 받았다.

미국 대학은 학문의 자유, 언론의 자유, 결사의 자유, 다양한 의견에 대한 관용의 원칙을 지키는 정책과 규범을 고수해야 한다. 대학에서의 단체 생활은 다원주의에 따라야 하며, 특히 등록, 재정 지원, 학생 단체의 승인 등이 그렇다. 또한 이러한 원칙을 지키면서, 대학은 중국 학생도 대학 내에서 항의하고, 조직하고, 정치적일 수 있는 자유가 있다고 분명하게 말해야 한다. 중국 정부의 학생 지원, 캠퍼스 프로그램, 중국에서의 여행과 연구를 위한 자금 지원은 소속 대학의 규율 및 연방의 가이드라인과 조응하며 투명하게 이뤄지는 경우에만 권장될 수 있다.

작동 원리로서 미국 정부와 대학 운영진 모두 중국 정부가 도를 넘지 않도록 하는 한편, 이러한 원칙을 위한 환경을 개선하고 보호할 수 있는 방안에 초점을 맞춰야 한다. 상호주의 원칙을 따르다가 미국과 미국 대학이 더욱 폐쇄적이고 제한적으로 변해버리면, 이는 유해하고 비생산적인 결론에 그칠 뿐이다. 상호주의를 무모하게 적용하는 것은 미국의 명성에 해를 끼치고, 원칙을 침해하며, 언론의 자유와 결사의 자유와 같이 세계의 부러움을 받는 고등교육 체계의 비교우위를 훼손하는 것임을 기억해야 한다.

메리 갤러거 Mary Gallagher
미시간대학교 국제연구소 소장이자 정치학 교수다.

40

미국 대학들은 중국과 관계해야 하는가?

마크 엘리엇, 댄 머피

“중국공산당은 자신의 목적을 위해 우리 고등교육의 우물에 독을 타고 있다.” -마이크 폼페이오 국무 장관(2020.11.9)

“의회에는 우리나라 대학에서 그들이 과도한 영향을 미친다는 점에서 (…) 중국이 우리에게 미치는 영향을 살펴봐야 한다고 보는 사람들이 있습니다. 저도 그중 하나입니다.” -낸시 펠로시 하원 의장(2020.11.10)

최근 미국에는 중국 학생과 학자들이 미국과 미국의 고등교육에 해를 입히고 있다고 생각하는 싱크탱크, 정책 입안자, 전문가가 많으며, 이들은 점점 더 늘어나고 있다. 위에서 볼 수 있듯, 정치적 견해가 다른 두 저명인사에 의해 하루 차이로 표명된 입장이 같은 정서를 공유한다는 것은 미국의 고등교육기관에 대한 중국의 영향을 의심스럽게 지켜보는 시각이 초당파적임을 증명하고 있다. 이러한 입장의 극단적 형태는 미국 대학 내 35만 명 이상의 중국 학생과 연구자들 대부분이 세계를 지배하고자 하는 중국공산당의 전략을 수행하는 '비전통적인 행위자'라는 생각에 기반한다. 즉, 그들은 공부하러 온 것이 아니라, 미국 대학의 개방성을 이용해 미국의 선진 노하우와 기술을 훔치려고 왔다는 것이다. 그런 침투에 대한 우려로, 미국 대학이 중국 여권을 지닌 학생과 과학자들을 교실과 실험실로 불러들이는 것에 대해 조심해야 한다고 주장하기도 한다. 심지어 중국 태생의 귀화한 미국 시민들도 전적으로 믿어서는 안 된다고 하며, 미중 학자들의 공동 연구에 대해 의구심을 가지는 이들도 있다.

미중 학계의 '디커플링'

이러한 수사는 비자 제한이나 연기, 중국에서의 풀브라이트 프로그램 취소, 미국 입국 관리소에서 중국 학생과 학자들에 대한 절차 강화 등 고등교육에 직접적인 영향을 주는 정부의 행위에 의해 뒷받침됐다. 2018년, 사법부는 '차이나 이니셔티브'를 시작했는데, 그것은 다른 무엇보다도 방첩 작전의 일환으로 첩보 활동의 증거를 찾기 위해 미국 대학 내 과학자들의 행위를 살피는 것이었다. 이 작전의 규모는 상당했다. 한때, 중국과 관련된 새로운 사건이 10시간마다 하나씩 나온다고 발표되기도 했다. 그러나 실제 처벌된 사건의 수는 적다. 거의 대부분은 '혐의 없음'이었기에 이니셔티브의 성과에 대해 의문이 제기됐다.

2022년 초, 차이나 이니셔티브가 끝날 무렵 입장과 정책의 변화로 미중 간 학술 관계가 움츠러들었다. 불법적 행위를 했다는 혐의로 저명한 과학자가 체포됐는데, 그들 중에는 중국계도 있었지만 그렇지 않은 사람도 있어서 양측 모두에 대한 우려를 키웠다. 미국의 중국계 학생과 학자들은 환영받지 못하고 있다고 느껴, 천쉐썬钱学森(매카시즘 시대에 박해로 쫓겨나서 유명해진 캘리포니아공과대학교의 우주공학자)처럼 중국으로 돌아가는 것이 더 나은 것은 아닌지 생각하는 이들도 있었다. 중국 학생을 받아들이거나 중국과 협력을 하고 있는 미국 대학의 과학자들도 공동 연구가 그들의 미래에 어떤 영향을 줄지 걱정했다.

중국 학생과 학자에 대한 악마화와 미국과 중국의 학자들 간의 밀접한 연계 네트워크(50여 년간 발전해온 인적·지적·제도적 연계망)를 억지로 끊으려 하는 시도는 미국과 중국을 '디커플링'하려는 노력으로 보이며, 20세기 후반의 미국의 중국 개입 정책에 대해 가졌던 공감이 사라졌다는 것을 드러낸다. 8부의 다른 장들은 어떻게 우리가 중국을 잠재적 파트너에서 경쟁자, 라이벌, 심지어는 적으로 보게 됐는지 보여준다. 그러한 맥락에서 이번 장에서는 한때 거의 정치를 넘어섰다고 생각한 미중관계의 중요한 측면을 되돌아보고자 한다.

우리는 미중 간에 적절한 학술적 관계를 재구성하는 것에 동의한다. 이를 추진해가는 과정을 두고 '빨갱이 사냥'으로 몰아가는 것은 올바른 방향이 아니다. 빨갱이 사냥은 인종차별주의자들에게 꼬리치는 것일 뿐만 아니라, 사실을 왜곡하고 중국 학생과 국제적 협력이 고등교육과 미국의 이해에 이롭다는 것을 보여주는 충분한 설명을 무시하는 것이다. 필자들의 생각은 미국 대학이 중국 학생과 학자에게 개방돼야 하고, 국제적 학문 연구 집단 간에 협력이 계속해서 이뤄지도록 지원해야 한다는 것이다. 그것은 미국 고등교육 사업과 세계 과학 연구에 돌이킬 수 없는 피해가 가지 않도록 하기 위해서다. 이러한 목표는 국가 안보 리스크를 잘 처리하면서도 성취될 수 있다. 또한 필자들은 중국 교육기관이 관련자 모두를 위해 양국의 관계가 최적화되도록 변화할 것이라고 생각한다.

중국과 학문적 관계를 맺는 일, 그 이익과 위험

/

미국 대학 내에서 중국 학생과 학자의 불법 활동에 대한 주장들의 일부는 사실이고, 그에 대해 법에 따라 조사가 이뤄져야 한다는 것을 인정해야 한다. 물론, 아직 고소까지 간 사건은 적으며 추후에 더 많은 사건이 생길 수도 있다. 그렇지만 제대로 된 관점을 갖추기 위해 중국 학생과 학자들(일반적으로 해외 유학생과 학자들)을 보유하는 것이 미국 대학에 이득이라는 사실에 충분한 무게를 둘 필요가 있다. 당연하게도, 유익성과 위해성을 모두 고려하지 않고는 최선의 선택을 할 수 없다.

미국 대학들은 대학 내에서 중국 학생과 학자들의 재능, 창조성, 근면 등 여러 면에서 혜택을 봤다. 그들의 존재는 미국 학생들이 매우 높게 평가하는 다양한 삶의 경험에 공헌했으며, 연구자로서 그들이 발견한 것은 지식의 한계를 확대했다. 미국 대학에서 교육을 받은 중국 출신 학자와 과학자의 성취는 미국의 과학을 세계 최고로 만들기도 한다. 게다가 중국 학생과 학자들이 미국의 대학 및 전문대학에 접근하도록 하는 것은 서로를 이해할 수 있도록 중요한 길을 열어준다. 중국에서 온 이들은 그들 스스로 진정한 학문의 자유를 체험할 수 있고, 미국 사회와 정치는 물론 그것들의 장단점까지도 가까이에서 볼 수 있다. 동시에 미국 태생의 학생과 교직원들의 입장에서는 중국에서 온 동급생이자, 학생이고, 동료인 그들로부터 중국을 이해할 기회를 더 많이 얻게 된다.

머무르려고 온 사람들에 대해서만이 아니다. 미국의 과학 잡지 《사이언티픽 아메리칸Scientific American》이 2020년 1월에 발표한 보고서에 따르면, 미국과 중국 대학의 공동 연구가 지난 10년간 활발하게 이뤄졌고, 미국 대학에서 과학자의 생산성을 높인 것으로 나타났다. 이렇게 매우 초국가적인 형태는 오늘날 이뤄지는 과학 연구에 걸맞다. 20~30년 전과 달리, 미국의 선도적인 연구 대학에서 많은 국제 조사팀이 공동 논문을 발표하고 있다. 반복된 연구에 의하면, 모든 영역에 걸쳐 이러한 트렌드가 나타나며 이는 점점 더 늘어나고 있다. 이들 팀에서 중국 학자들은 종종 중요한 역할을 한다. 단순히 '중국의 영향력' 때문이 아니라, 그들이 세계 여러 곳의 과학자들과 마찬가지로 그들의 영역과 직업에 기여하고자 하는 훌륭한 학자이기 때문이다.

글로벌 공동 연구가 지배하는 세계에서, 파트너십을 위한 경쟁이 강화되고 있다. (대부분 특정 연구 분야가 아니라 기본 연구에 종사하는) 미국 대학 연구자들이 이러한 공동 연구에 자유롭게 참여하는 것을 제한한다면, 우리는 불필요하게 과학의 미래를 발목 잡게 될 것이다. 데이터로 알 수 있듯이, 개방된 국가가 막강한 과학력을 가진다면, 소외의 정치는 미국 대학에서 과학을 약화시켜 국가 복지를 분명하게 손상시킬 것이다. 그것이야말로 우리가 걱정해야 하는 진정한 위협이다. 어떤 방면에서는 세계화를 공격하는 것이 유행일지 모르지만, 세계 과학을 공격하는 것은 정말 어리석은 짓이다.

미국 대학 입학에 좌절한 중국 학생이 공부를 포기하거나 모국에서 공부하리라 추정하는 것 또한 잘못이다. 많은 학생이 이미 그러고 있듯이 그들은 미국이 아닌, 캐나다, 유럽, 오스트레일리아, 동아시아 등에서 대안을 찾을 것이다. '영어'가 그러했던 것처럼 이제 '고등교육'은 점점 더 글로벌 상품으로서 유용해지고 있고, 이 분야에서 미국의 패권은 큰 압박을 받고 있다. 중국 학생이 미국에 오는 것을 무분별하게 막음으로써 이러한 손실을 더 키울 필요는 없다.

우리의 주된 관심은 중국 교육기관 및 학자들과의 관계 단절로 인한 지적 유실이지만, 경제적 결과도 간과할 수 없다. 약 410억 달러 규모에 달하는 고등교육 산업은 팬데믹 이전인 2018~2019년까지는 제약, 자동차에 이어 미국에서 세 번째로 큰 규모의 수출 산업이었다. 미국 내 해외 유학생의 3분의 1을 차지하는 중국 학생이 미국 경제에 상당히 크게 기여한다는 것은 자명한 사실이다.

마지막으로 미국의 대학과 전문대학이 영향을 받는 수동적 수용체라고 생각하거나 독을 탄 '우물'이라고 보는 것은 잘못이다. 미국 대학에서 진행되는 중국 전문가의 프로젝트나 대학 대변인과 행사 목록을 보면, 신장에서의 중국의 정치적 정당성부터 개발 방식에 이르기까지 미국 학자들이 얼마나 '민감한' 사안들에 대한 연구를 내놓는 데 분주한지, 그리고 내놓은 분석들이 중국공산당의 입장과 얼마나 불일치하는지 알 수 있다. 많은 사람들이 주장하는 것처럼 '중국의 영향력'이 강하다면, 지금과 같은 학술 활동이 이뤄질 수 없다. 물론 우리는 미국 고등교육기관에서 이뤄지는 중국공산당의 방해 가능성에 대해 조심할 필요는 있다. 그러나 그런 의도를 이해하려면, 미국의 대학과 전문대학이 어떠한 노력을 하는지도 함께 고려해야 한다. 대중적인 분위기에 휩쓸리지 말고, 이 같은 사안을 다루는 데 좀 더 능숙해져야 한다.

혜택은 최대화하고 위험은 최소화하기

/

중국 학생과 학자를 유치하는 경우, 미국 고등교육 체제에 대한 혜택이 위험보다 훨씬 크다. 남은 문제는 현재 진행 중인 미중관계의 재조정 속에서, 대학은 그로 인한 위험을 최소화하기 위해 어떤 전략을 취할 수 있는가이다. 미국 대학이 세계적 수준을 유지하면서, 어떤 새로운 정책 환경에서도 시간이 지나면 원 수준을 회복할 공동 연구, 유연성, 적응성이 필요하다면, 그 질문에 알맞은 해답을 찾아야 한다. 이러한 문제에 대한 생각을 제대로 도출하기 위해 우리는 다음의 다섯 가지 원칙을 제시하고자 한다.

학문의 자유

불편부당하고 개방된 조사를 허용하기 때문에 미국 대학은 강하다. 우리의 국제적 관여를 평가할 때 그들이 모든 범위의 학문적 주제를 자유롭게 조사하도록 하는가 아닌가를 끊임없이 고려해야 한다. 이런 틀 안에서, 대학은 해외 유학생과 학자를 환영하고 국제적 공동 연구를 더 용이하게 하는 프로그램을 만들어야 한다. 이것은 우리 학문 사업에 이익이 되고 궁극적으로는 미국의 국익에 이롭다.

공동 연구

국제적으로 공동 저술한 논문의 증가로 알 수 있는 것은 특히 과학, 기술, 공학, 수학 등의 분야에서 중국을 포함한 각국 연구자들의 작업을 통해 오늘날 훨씬 더 많은 발전이 이뤄지고 있다는 점이다. 미국 대학과 중국 교육기관들의 관계를 차별적으로 단절시키거나 단절하도록 강요하는 것은 새로운 지식을 추구하는 미국의 능력을 약화시킬 것이다.

학생, 교수진, 운영진에 대한 지원

중국과의 공동 연구가 학생, 교수진, 운영진에 대한 새로운 부담을 주지 않는다고 주장한다면, 그것은 잘못이다. 학생, 특히 중국 출신 학생은 수업에서 말한 것이 중국에 보고되고 있다는 점이 그들의 미래 직업을 생각하면 두려울 수 있다. 교수진은 민감한 사안에 대한 그들의 학문적 작업이 그들의 비자, 중국에의 접근, 또는 중국의 친인척을 위험에 빠뜨릴까 걱정할 수 있다. 운영진은 (의도하지는 않았지만) 그들의 결정으로 인해 소속 기관이 중국에 척을 지게 되는 것은 아닌지 두려워할 수 있다. 대학들은 학생, 교수진, 운영진에게 그들의 행동이 합법적이고 자유로운 학문 연구에 해당하는 한, 대학이 그들의 편이 돼줄 것이라는 확신을 주기 위해 관련자 모두에게 명백한 캠퍼스 관여 규범을 만들 의무가 있다. 이는 때때로 중요하며, 심지어 지속적인 주의를 필요로 하는 위태로운 과정이기도 하다.

본국에서의 파트너십

대학이 미국 정부 및 연방 자금 지원 기관들과 확실하게 소통하는 것이 급선무다. 국가 안보가 핵심 이익이라는 것 또는 교직원이 기존의 윤리적 기준을 고수해야 한다는 것에 반대하는 미국 대학은 하나도 없다. 그러나 신고 요건을 강화하기 위해서는 대부분 학교에서 좀 더 엄격한 기준이 적용돼야 한다. 구체적인 가이드가 없다면, '중국(그리고 다른 나라들에 대해서도)에 대해 경계할 것'이라는 모호한 요구는 제한적 가치를 가질 뿐이다. 잠재적 공동 연구에서 발생하는 위험의 정확한 성격에 대해 정보 공동체로부터 명확하게 밝히는 것은 학술 연구가 국가 안보를 위태롭게 하지 않으며 계속 이뤄질 수 있도록 보장해줄 것이다. 연구, 정보, 정책 공동체에 있어서는 이해 당사자가 어디서 책임이 시작되고, 끝나며, 중첩되는지에 대해 정기적으로 기대치를 조정해야 한다. 중국 연구 커뮤니티의 구성원들은 이런 과정에 관한 내용과 투입을 제공하기 위해 해당 모임에 포함돼야 한다.

해외 파트너십

필자들은 "어떠한 국가도 다른 국가에 대한 정보를 수집하면 안 된다"고 생각하지는 않는다. 중국공산당이 중국 대학에서 하는 강력한 정치적 역할에 대해 모르는 것도 아니다. 그러나 한편으로 이런 현실들로 인해 미국의 학술 기관끼리 개방과 교류를 증진할 수 있는 선택을 하는 데 있어, 중국을 완전히 제약할 필요는 없다는 것도 경험적으로 알고 있다. 중국 대학은 미국 대학과의 공동 연구에서 중요한 역할을 하고 있지만, 미국에 보낸 학생과 학자들이 순수하게 교육과 연구만을 위해 온 것이라고는 최소한의 보증을 하지 못했다. 이런 상황에서 미국은 '중국 9'라고 언급되는 중국 내 엘리트 대학 그룹의 기관에게 요청해, 2013년 '현대 연구 대학의 성격에 관한 허페이河北 성명'에 포함된 중국의 약속을 재확인할 수 있다. 그 성명에는 '연구의 통합성에 대한 높은 기준과 그에 관련한 윤리적 의무에 대한 헌신'이 포함돼 있다. 또한 여기서 더 나아가 중국 정부는 미국 학계가 비자를 취득하고, 인터뷰하고, 도서관과 아카이브를 비롯한 기타 리소스에 접속함으로써, 지금까지 중국에서 학술적 작업을 하지 못하도록 해왔던 제약들을 없앨 수 있다. 이런 제약들은 너무나 당연하게도 미국 대학의 중국 학생과 연구자에게는 자유롭게 인정되는 것들이다. 한편, 미국 학계에서는 중국 학자들이 미국에서 동등한 대우를 받기 전에 중국에서도 미국 학자들이 동등한 대우를 받아야 한다고 주장하는 이들도 있다. 물론 상호주의가 하나의 목표가 돼야 한다는 것에는 동의한다. 그러나 상호주의를 우선시한 결과로 미국 대학을 약하게 만드는 결과를 초래한다면, 이는 자기 발등을 찍는 셈이다.

중국 학생과 학자는 미국 대학과 연구 사업에 매우 지적이며 창조적인 커다란 힘을 가져다준다. 중국에 '터프하게 보이기 위해' 이러한 학생과 학자를 거부하는 것은 미국 고등교육과 연구를 약화시킬 수 있고, 국가이익에도 손해가 된다. 안보에 대한 고려를 강화하기 위해 불가피한 조치를 해야 할 때라도, 미국 고등교육을 세운 가치들(학문의 자유, 공동 연구, 개인에 대한 존중)이 앞으로 미국을 강하게 하는 동일한 가치가 될 것이라는 확신을 가져야 한다. 미국의 힘은 개방에서 오는 것이고, 이는 '그것에도 불구하고'라는 말로 대체될 수는 없다. 어느 국가의 대학이 더 폐쇄적인가를 두고 중국과 경쟁해서는 안 된다. 우리는 가장 개방적이고 독창적이며 선구적인 학문적 작업에 도움이 되는지를 두고 경쟁해야 한다.

마크 엘리엇 Mark Elliott
하버드대학교의 중국 및 내륙 아시아 역사학 교수. 국제관계 부학장을 맡고 있다.

댄 머피 Dan Murphy
하버드대학교 케네디스쿨의 모사바르 라흐마니 기업정부연구소Mossavar-Rahmani Center for Business &Governmen의 전무이사다.

9부
문화

41

왜 중국의 대중문화는 중국 밖에서는 인기가 많지 않은가?

스탠리 로젠

중국에서 문화정책을 담당하는 관리자들은 "중국에서는 할리우드 영화나 한국 드라마 같은 해외의 대중문화가 환영받고 있는데, 중국 문화는 그렇지 못하다"고 종종 불만을 토로한다. 중국의 대중문화는 해외 시장에 도달하지 못했다. 일본은 애니메이션과 만화로, 인도는 발리우드로, 한국은 K팝, 한류, 〈오징어 게임〉 등으로 각각 자국 문화에 대한 국제적 인정을 받았다. 그러나 외국인들이 떠올리는 중국의 대표적인 문화 브랜드는 무술, 요리, 만리장성, 판다와 같이 다른 국가들에 비해 좀 더 전통적인 형태다.

'세계의 공장'이라 불릴 정도로 급속한 경제성장을 이뤘다는 점에서 높이 평가받고, 거대한 소비 시장으로서 상업적 욕망의 대상이기도 하는 중국은 음악과 영화같이 세상의 이목을 끄는 대중문화에 있어서 글로벌 경쟁력을 갖추고자 노력해왔다. 소프트파워를 위해 중국이 쓴 비용은 연간 100억 달러 이상으로 추정되는데, 그 결과는 매우 실망스럽다. 소프트파워는 군사력과 경제력에서 비롯되는 하드파워와는 다르다. 소프트파워는 그 문화와 가치를 통해 한 나라의 긍정적 이미지를 창출하는 것이기 때문이다.

그러나 최근 몇몇 선진국에서 진행한 여론조사에 나타나듯이, 중국은 국제사회에서 긍정적인 여론을 만들어내지 못했다. 중국의 노력과 결과의 불일치를 어떻게 이해하면 될까? 자국의 문화 상품 홍보와 소프트파워에서의 성공을 저해해온 장애 요소를 극복하기 위해 지금까지 중국은 어떤 전략을 채택해왔고, 그것은 왜 실패했을까?

내부와 외부를 향한 모순된 욕구

해외에서 중국의 문화 상품이 매우 제한적으로만 성공한 데는 몇 가지 이유가 있다. 일부는 중국의 통제 문제에서 비롯된 것이고, 또 일부는 자체적 문제다. 중국 정부가 중국 영화 산업을 집중적으로 홍보했고 어느 정도 성공을 했기 때문에, 여기서는 영화에 초점을 두고 얘기해보고자 한다.

첫째, 영화를 비롯한 중국의 대중문화는 대부분 중국 내 국민을 대상으로 만들어졌다. 따라서 해외 중국인, 특히 해외에서 공부하고 있는 학생들에게는 호소력이 있을지 몰라도 중국인이 아닌 사람들에게는 잘 통하지 않는다. 둘째, 중국공산당의 메시지 검열 때문이다. 물론 중국공산당 간부들 역시 해외에서도 중국 영화가 성공해서 박스오피스

순위에 오르기를 바라지만, 그보다는 영화가 전달하고자 하는 메시지를 더 중시하는 경향이 있다. 그 메시지는 중국 젊은이들의 '정치적 사회화'와 '애국주의 함양'이라는 중요한 대내적 과제를 위한 것이며, 국내 정치와 사회의 안정을 추구하기 위한 것이므로 이러한 메시지에 대한 통제가 불가피하다. 메시지를 통제하고자 하는 욕구와 해외에서도 영화를 성공시키고 싶다는 욕구는 근본적으로 모순된 것이다.

중국 태생의 영화감독 클로이 자오의 영화 〈노매드랜드Nomadland〉가 2021년 골든글로브 시상식에서 감독상과 작품상을 받고, 아카데미 시상식에서 감독상과 영화상을 수상한 이후 그러한 모순이 극적으로 조명됐다. 2021년 2월 골든글로브 수상 이후 자오 감독은 중국 소셜 미디어에서 유명 인사가 됐다. 하지만 열의에 찬 네티즌들이, 그녀가 2013년에 진행한 한 인터뷰에서 중국을 언급하면서 (고등학생 때 미국으로 떠나기 전까지) 자신이 살던 곳을 "어디에나 거짓말이 있던 곳"이라고 말했던 사실을 발견하자마자, 그녀는 중국의 자랑에서 곧바로 중국의 수치로 전락해버렸다.

곧이어 4월, 아카데미 시상식에서 자오는 중국인 모두에게 친숙한 《삼자경三字經》의 첫 문장인 "사람이 태어났을 때는 모두 선하다人之初 性本善"를 중국어로 말하고, 그녀의 삶에서 전통적인 중국 문화가 계속해서 영향을 주고 있다고 얘기하며 화해의 손길을 내밀었다. 그러자 또다시 소셜 미디어 플랫폼이 몇 시간 동안 뜨겁게 달아올랐지만, 곧 자오의 성공에 대해 보도하지 말라는 지시를 받은 공식 매체의 검열과 언론인들에 의해 모두 삭제됐다(그녀의 수상 소감은 중국 본토나 홍콩의 매체를 통해서는 볼 수 없었다). 이는 중국에서 태어났지만 서양에서 성공한 예술

인에 대한 공적을 찬양하고 싶으면서도 (특히 2021년 이후 중국공산당 성립 100주년에 문화를 완전히 지배했다는 애국주의적 메시지에 집중하면서) 중국의 위대함과 중국공산당의 성공에 대한 대중의 인식을 통제하고 싶은 모순을 잘 보여준 사례다.

그런 점을 고려하면, 중국 내 박스오피스에서 10위권 안에 드는 영화의 절반 이상이 언제나 애국주의 영화라는 것은 놀라운 일이 아니다. 중국 시장에서 가장 성공한 영화는 2억 달러의 제작비가 든 한국전쟁 소재의 영화 〈장진호長津湖〉다. 악당이며 침략자인 미국인과 싸운 중국 영웅을 기리기 위한 영화로, 2021년 10월 미중관계가 악화됐을 때 개봉해 9억 2천만 달러 이상의 흥행 수익을 얻었다. 이는 중국의 또 다른 애국주의 영화 〈전랑 2战狼 2〉가 얻은 8억 6,700만 달러의 흥행 수익을 넘어섰다. 하지만 〈장진호〉의 흥행 수익 중 겨우 300만 달러만이 해외에서 벌어들인 것이었고, 그것도 대부분은 홍콩에서의 수익이었다. 〈전랑 2〉는 익명의 아프리카 국가의 내전을 배경으로 하며, 중국 국민이라면 어디에 있든, 그들의 상황이 얼마나 어렵든, 중국 정부가 그들을 지켜주며 그들을 구해줄 것이라는 메시지를 담고 있다. 중국에서는 칸, 베를린, 베니스 등과 같은 주요 국제 영화제에서 수상한 예술영화라고 하더라도, 중국 사회의 불쾌한 이면이나 빠른 경제 발전에 따른 희생을 보여주는 영화는 국내 상영이 금지되거나 검열을 받기 일쑤다. 어쩌다 상영을 한다고 해도, 아주 제한적으로 상영한다.

이러한 모순은 종종 공식적 수사에서 공공연하게 표현된다. 예를 들어 중국공산당 중앙선전부 부장이자 국가영화국 국장인 왕샤오휘王曉暉는 2019년 4월 제1회 전국 영화 산업 심포지엄에서 중국 영화가 세계에서 성공하지 못하고 있다고 토로하며, 일급 영화제작자들이 이런 상황을 바꿔놓기를 바랐다. 그러면서도 그는 "영화의 주제가 '중화 민족의 위대한 부흥이라는 중국몽'이어야 하고, '애국주의적 서사'를 갖춰야 하며, 이데올로기적 마지노선을 분명하게 지켜야 하고, 정치체제에 대해 도전하는 것이어서는 안 된다"고 쐐기를 박았다. 중국 외부에 있는 사람들이 왜 그런 주제와 스토리가 강압적이라고 여기는지와 같은 이슈에 대해서는 말하지도, 묻지도 않았다. 왕샤오휘의 이런 모순된 발언은 전혀 새롭지 않다. 비슷한 호소를 전 선전부 간부들도 똑같이 했기 때문이다. 그들은 중국 영화가 "사회주의 핵심 가치를 강조해야 한다"고 주장했다. 그 말은 검열 등 영화 관리를 중국공산당 중앙위원회 선전부에 맡긴 2018년 행정조직 개편 이후에 더욱 무게가 실렸다.

셋째, 해외에서는 중국 문화 상품은 먼저 중국공산당에 의해 점검되고 승인을 받는다고 생각한다. 이것은 영화가 시작될 때 보이는 '용 도장'으로 알 수 있다. 장이머우張藝謀 감독의 영화 〈책상 서랍 속의 동화一個都不能少〉는 농촌의 교육과 학생의 추억에 초점을 둔 것인데, 사전 상영에서 프로파간다로 치부돼 1999년 칸영화제에서 거부당했다. 장이머우는 《베이징 청년일보》에 "해외 영화제가 중국 영화를 '반정부적'이 아니면 '프로파간다'라고 여긴다"며 비판의 글을 실었다. 그러나 여기엔 다른 원인이 있을 수 있다. (장이머우에게도 여러 번 일어났듯이) 사실 중국 정부는 종종 막판에 '기술적 문제'라는 이유로 정치적인 부분에서 언론의 부정적 추측을 하게 만드는 '논쟁적인' 영화에 대한 수출 허가를 금지하는 경우가 많았고, 그로 인해 서양의 추측이 더 설득력을 얻었다. 가장 최근에는 장이머우의 〈원 세컨드一秒钟〉도 그런 일을 겪었다. 〈원 세컨드〉는 중국의 문화대혁명을 배경으로 한 영화로 2020년 2월 베를린 영화제에서 출품이 취소됐다. 베를린 심사위원 전원이 중국의 결정에 실망을 표현하기 위해 객석을 가득 메운 관객 앞에서 무대에 오르기도 했다.

화이트워싱의 엇박자

/

중국 영화는 최근 해외에서 성공적이지 않지만, 2001~2006년 시기에 북아메리카와 유럽 시장에서는 꽤 성공적이었다. 리안李安 감독의 〈와호장룡臥虎藏龍〉은 대만 영화로 '최고의 외국어 영화' 부문 오스카상을 수상했다. 〈와호장룡〉의 성공은 비슷한 무술 장르의 영화들에 짧은 황금기를 가져다줬다. 그중에는 〈영웅英雄〉, 〈연인十面埋伏: Lovers〉, 〈쿵푸허슬功夫〉, 〈무인 곽원갑霍元甲〉, 〈철마류少年黃飛鴻之鐵馬〉 등이 있다. 1993년 홍콩 영화들이 무술영화 붐에 힘입어 재발매됐다. 20년 전에 상영됐던 〈와호장룡〉의 흥행 수익은 1억 2,800만 달러에 이르렀다. 그것은 북아메리카에서 팔린 다른 해외 영화의 2배에 해당하며, 대부분의 서유럽 국가에서 가장 성공한 중국 영화가 됐다. 더구나 역대 해외 영화 박스오피스 상위 15개 중 1~5위가 모두 이 시기 중국의 무술 영화이다. 안타깝게도 〈무인 곽원갑〉을 끝으로 열풍은 끝이 났다. 펑샤오강馮小剛의 〈야연夜宴〉이 베니스 국제영화제에서 상영됐을 때, 일부 영화 비평가들은 이미 〈와호장룡〉이나 〈영웅〉에서 본 이야기라며, 중국에는 다른 이야기가 없냐는 혹평을 했다.

해외 관객에게 다가가기 위해 중국은 다양한 전략을 구사했다. 국제적인 인지도를 지닌 영화배우와 감독, 제작자가 부족한 상태에서 중국은 엄청난 돈을 들여 할리우드급 스타 배우들을 캐스팅해 영화를 만들었다. 예를 들어 2011년 개봉된 장이머우 감독의 〈진링의 13소녀金陵十三釵〉에는 크리스찬 베일Christian Bale이 주연을 맡았고, 팀 로빈스Tim Robbins와 애드리언 브로디Adrien Brody는 펑샤오강 감독의 2012년 영화 〈일구사이一九四二〉에 출연했다. 이 두 편의 역사물은 해외 시장에서의 반응이 별로였다. 그도 그럴 것이 1937년의 난징 대학살 그리고 1942년의 극심한 기근 같은 중국의 어두운 근현대사가 배경이었는데 이는 해외 관객들에게 생소하거나 이해하기 어려운 소재였다.

그런 시도는 2016년 작품인 〈그레이트 월長城〉에서 절정에 이른다. 이 영화는 중국이 해외시장에서 돌파구를 찾도록 해줄 것이라 여겨진 기대작이었다. 1억 5천만 달러의 제작비를 쏟아붓고, 글로벌 홍보와 광고에 1억 2천만 달러 내외를 썼으며, 화려한 특수효과도 가득했다. 세계적 스타 맷 데이먼Matt Damon이 주연을, 윌렘 디포Willem Dafoe와 페드로 파스칼Pedro Pascal이 조연을 맡았으며, 80%의 대사를 영어로 했고, A급 감독 장이머우가 연출하고, 중국의 일류 스타들이 출연했다. 중국 자본을 바탕으로 할리우드 스튜디오에서 중국 역사와 관련된 주제와 스토리를 가지고, 미국과 중국이 공동 제작했다.

개봉 전 엄청난 홍보와 입소문은 중국 영화 사상 전례 없는 것이었다. 그러나 중국이 아닌 해외 영화 예매처에서는 빠르게 기대감이 식어갔다. 상영 전 예고편만으로 기자와 비평가들은 "화이트워싱whitewashing(화이트워싱에는 구린 것을 윤색한다는 구어적 뜻이 있는데, 여기서는 중국적인 것을 백인 취향에 맞추려고 억지로 왜곡했다는 의미도 있다 – 옮긴이)"이라고 이 영화를 비판했다. 맷 데이먼이 중국의 구원자가 되기보다는 중국인 스스로 중국을 구하거나, 적어도 유색 인종 배우가 그런 역할을 해야 했다는 것이다. 장이머우가 "이 영화는 중국 문화를 깊이 반영한 최초의 영화였고, 어느 때보다 가장 많은 중국 출연진으로 이뤄진 영화로, 세계 관객을 위한 고예산 영화였다"라고 말했던 터라, 이러한 비판을 듣고 중국 관객들은 혼란스러워했다. 장이머우는 "맷 데이먼은 중국 배우가 맡아야 했던 역할을 연기한 것이 아니다"라고 덧붙였다. 아이러니하게도 화이트워싱이라는 비판과 달리, 영화는 문맹인 용병 데이먼이 중국 문화로 구원을 받는다는 내용이며, '신런信賴(신뢰)'이라는 메시지가 중국을 구하는 데이먼의 역할보다 더 부각된 영화이다. 상대적으로 실망스러운 중국과 해외에서의 박스오피스 결과(북미에서는 4,550만 달러, 전 세계 박스오피스는 13.6%, 중국에서는 1억 7,100만 달러)는 중국의 관객과 세계 관객을 모두 만족시키는 것이 얼마나 어려운지, 그리고 중국 문화를 깊이 반영한 공동 제작 영화가 얼마나 위험 부담이 큰 것인지를 보여줬다.

두 번째 접근법은 선도적 민간 기업 경영자에 의해 시도됐다. 대표적인 예는 완다그룹万达集团의 창업자이자 CEO인 왕젠린王健林과 알리바바의 창업자이자 CEO인 마윈이다. 둘 다 중국에서 가장 부유한 억만장자로, 중국의 소프트파워를 증진하기 위해 영화 스튜디오나 제작사와 같은 할리우드 자산을 사들였다. 왕젠린과 마윈 모두 열심히 로비 활동을 했지만, 중국 내에서 창작의 자유를 방해하는 국가 규제를 없애는 데는 성공하지 못했다. 왕젠린의 말처럼 완다는 "해외의 수십억 달러 자산의 미디어·문화 관련 기업들과 경쟁할 수 있는 유일한 중국 기업"이다. 정부는 지원과 규제 완화를 통해 중국이 소프트파워에 있어서 세계를 선도할 수 있는 거대 미디어 기업을 발전시켜야 한다. 왕젠린은 "완다야말로 세계에 '중국 문화 브랜드'를 가장 잘 대표할 수 있으며, 그것이 바로 그의 역사적 책임"이라고 밝혔다. 왕젠린은 AMC 시어터스AMC Theatres와 레전더리 픽처스Legendary Pictures를 매수했고, 그와 마윈은 할리우드의 주요 스튜디오 6개 중 하나를 더 사들이려고 했다. 이러한 시도는 매체에서 인상적인 반응을 얻었는데,《타임》지의 커버스토리 "중국은 어떻게 할리우드를 인수하려 하는가?"를 비롯해 그 밖의 주요 뉴스매체에 다수의 스토리가 실렸다.

하지만 왕젠린의 오만은 중국과 미국 정부 모두로부터 반발을 샀다. 중국의 지도자들은 현재 중국은 일대일로 전략에 대한 지원에 더 우선순위를 두고 있고, 민간 기업이 중국을 대변하는 일도 마땅치 않은 참에 그가 비생산적인 해외의 문화 자산을 과도한 가격으로 구매했다고 봤다. 한편 미국 의회는 그들의 행위로 인해 할리우드의 문화 자산을 국가 안보 문제라고 생각하게 됐다. 왕젠린과 마윈 모두 영향력이나 자본이 부족해 실패했다기보다는, 둘 다 너무 커버린 나머지 '중국공산당의 통제에서 벗어났다는 점'에서 된서리를 맞은 셈이었다. 이는 중국의 경우 소프트파워의 증진을 비롯한 여러 목표에서 정치적 통제가 무엇보다도 중요하다는 사실을 한 번 더 강화시켜주는 계기가 됐다.

거대한 문화 관료주의의 나라

/

정치 이슈는 다른 방식으로 재부상했다. 아마 최근에 가장 성공적인 중국 문화의 수출은 전 세계에 팬을 거느린 영상 공유 앱 '틱톡'일 것이다. 틱톡은 그 인기만큼이나 정치적인 민감성에 있어서도 화제다. 중국이 오스트레일리아, 노르웨이, 한국, 캐나다 등의 국가에 중국 시장에 접근하지 못하도록 보복했던 것처럼, 인도도 양국 간 국경분쟁 뒤 틱톡을 비롯한 여러 중국 앱의 사용을 금지했다. 미국의 트럼프도 틱톡과 위챗에 같은 조치를 했다. 사실상 소프트파워에 대한 중국의 모든 노력이 중국의 당-국가에 의해 이뤄졌으므로, 다른 나라들은 중국에 진정한 민간 기업은 없다고 주장한다. 모든 기업이 국가의 통제에서 자유롭지 않으며, 중국에서 정치적인 분쟁이 일어나면 기업들은 그에 따라 바로 대응해야 하기 때문이다.

중국이 계속해서 정치적 메시지와 국내 관객을 우선시하는 한(그러리라는 것을 부인할 수 있는 이유가 없다), 이런 상황은 변하지 않을 것이다. 중국은 문화 교류를 규제하고 국가가 규정한 가치들을 선전하는 각종 문화정책을 생산하고, 또 이를 실행하는 데 헌신하는 거대한 '문화 관료주의'를 가진 나라다.

이번 장에서는 중국의 영화 산업에 초점을 맞췄지만, 같은 논의가 음악을 비롯한 또 다른 대중문화 영역에 적용될 수 있다. 2018년에 있었던 힙합에 대한 탄압도 마찬가지였다. 영화를 통제하는 방식과 같이, 중국은 서구의 영향을 받은 자국의 비판적 음악인들이 국내 청중을 늘리지 못하도록 하고, 그러한 '언더그라운드' 음악인들이 해외에서조차 자신들의 음악을 알리지 못하도록 막아왔다. 이를 뒷받침하는 사례는 많다. 2021년 2월, 인디 음악 및 스트리밍 전문 기업인 밴드캠프Bandcamp는 중국 아티스트들이 그들의 음악을 플랫폼에 직접 업로드함으로써 해외에 판매할 수 있는 기회를 만들었다. 이를 통해 중국의 인디 밴드와 그들의 DIY 레이블이 해외 청중과 연결될 수 있는 다리를 놓아줬지만, 결국 중국에서 금지당했다. 같은 달, 프로그램 제작사 런런잉시人人影视의 사옥이 온라인 저작권 침해 단속이라는 명목으로 불시에 단속을 받았고, 핵심 인사들이 체포됐다. 런런잉시는 중국에서 가장 크고 인기 있는 자막 웹사이트인 'YYeTs'를 운영하는 회사로, 2007년부터 검열을 받지 않은 형태로 중국 대중에게 해외의 문화 상품을 제공해왔다.

2021년 9월, 국가광전국國家光電局은 '예술적 창조에서의 당과 국가에 대한 사랑'을 강조하면서 (이러한 콘텐츠를 통해) 대중들이 느낄 '혼란'을 통제할 필요성이 있다고 공표했다. 이는 '저속한 인터넷 셀럽'과 '여성적 이미지의 남성'에 대한 단속 등을 내용으로 한 것이었다. 곧이어 한두 달 사이에 22개의 K팝 팬 계정이 웨이보에서 정지됐다. 하지만 이러한 조치들에도 불구하고, 해적판 형태의 해외 문화 상품이 여전히 사설 온라인 네트워크를 통해 쉽게 중국에 전해지고 있다. 폭력 수위가 높은 〈오징어 게임〉은 이미 60여 개의 중국 불법 사이트를 통해 스트리밍됐고, 가장 많이 다운로드된 콘텐츠가 됐으며, 소셜 미디어 플랫폼인 웨이보에서도 가장 인기가 많다. 중국에서는 여전히 대내외적으로 콘텐츠 검열 및 메시지에 대한 통제가 이뤄지고 있지만, 위의 사례가 알려주듯 결국 완벽한 통제는 불가능한 것이다.

스탠리 로젠 Stanley Rosen
서던캘리포니아대학교의 정치 및 국제관계학 교수다.

42

서구의 독자들은 21세기 중국 작가들로부터 무엇을 배울 수 있을까?

장쉬동

요즘 중국에서 가장 유명한 작가들은 마오쩌둥 이후 세대인 중견 문학가들이다. 지난 50년 동안 마오 이후 작가 세대는 굴곡은 있었지만, 지속적인 발전을 해왔다. 이 장에서는 그들 중 일부인 왕안이王安憶, 모옌莫言, 위화余華, 류전윈劉震雲에 대해 다루고자 한다. 공상과학이나 웹 소설과 같이 대중적인 장르까지 포함하면, 물론 그들에 버금가는 재능 있고 눈에 띄는 사람들이 분명히 더 있을 것이다. 그러나 사회적·지적 영향력, 유행의 혁신, 전반적인 문학 활동과 생산성 등의 측면에서, 이들 4명이야말로 마오 시대 이후 문학 대장정의 리더들이라 볼 수 있다.

개혁 개방 시기(대체로 1980~2000년까지)에는 중국 사회의 중대한 변화를 보여주는 위대한 스토리, 드라마, 이미지, 인물 등에 대한 집단적 욕구를 반영하는 '신화'를 갈망했다. 그러나 그런 신화는 아주 소소한 것이라도 문학계에 발을 들여놓지 못했다. 바쁘게 옛것과 결별하고 새것을 수용하는 국가에서, 중국 문학은 도전적인 시기의 충격을 흡수하고 처리하는 동시에, 심미적 감각과 기술적 기교를 현대화해야 한다는 스스로 부과한 과제를 수행하느라 정신이 없었다. 그래서 위대한 시대에 대한 신화적 묘사 대신에, 희극적인(아리스토텔레스적 의미로 자신보다 더 안 좋은 사람들에 대한 모방을 의미하는) 요소를 발견했다. 그것은 집단적 경험의 파편 속에서 새로운 사회·윤리 규범을 찾으려는 외로운 개인을 이미지로 상징화한 것이었다.

21세기에 들어서면서, 지난 20여 년 동안 급격한 변화를 겪은 중국은 새로운 상상과 표현을 위한 번식처의 역할을 할 수 있는 경험, 기억, 지혜, 그리고 기술적 노하우를 꾸준히 축적했다. 2001년에 WTO에 가입했으며, 미국의 전략적 초점이 9·11 테러 이후 중동으로 바뀌던 때, 중국은 폭발적인 산업화와 도시화 시기로 접어들었다. 2014년쯤에는 주요 제조업에 있어 글로벌 강국이 됐다. 물론 이 시기의 급속한 경제성장이 곧바로 문학에서의 새로운 가능성과 성취로 나타나지는 않았다. 그러나 그로 인해 야망과 에너지가 생성되고 분기가 일어난 것은 당연했다. 무엇보다도 역사적으로 제시된 약속(또는 저주)을 중심으로, 집단적 자기 이미지와 함께, 중국의 현실에 대한 고조된 유사 신화적 표현이 생겨났다. 위화의 《형제兄弟》(2005), 모옌의 《인생은 고달파生死疲勞》(2006), 류전윈의 《말 한마디 때문에一句頂一万句》(2009), 왕안이의 《천향天香》(2011) 등의 작품에서는 작가의 개인적 의식과 스타일을 바탕으로 다각도에서 지속적인 방식으로 전개되는 자신감 있고 강력한 스토리텔링을 만날 수 있다. 소설로서 이들 작품은 관습적 구속을 초월하고, 세속적 삶과 역사적 세계의 형태로서의 당대 중국의 비판적 조감도를 위한 새로운 예술의 경지를 개척했다. 이러한 작품들을 통해 서구 독자는 이국의 등장인물이 보여주는 도덕적·감성적·상상적 투쟁과 노력을 같은 인간이자 동료의 입장에서 함께함으로써, 정치와 언론의 헤드라인 너머 그 이면에 자리한 중국의 현실에 대한 통찰을 다각도로 얻을 수 있다.

위화, 《형제》

/

위화의 《형제》는 배다른 형제가 1960년대부터 겪게 되는 파란만장한 삶에 관한 이야기다. 주요 등장인물인 '대머리 리李光头(국내 번역본에서는 '이광두'라고 표기했다 – 옮긴이)'는 원형적인 자본주의자이다. 충동적인 짐승처럼 그는 순간을 살고, 돈을 좇으며, 착하고 정직하며 해맑은 여자를 버린다. 그의 고향과 고향 사람들을 변화시키는 과정에서, 시골의 작은 마을로 구성된 중국의 신비를 원시 자본주의의 새로운 프런티어라는 명백한 풍자로 바꿔 천박한 패션(일본에서 수입된)과 괴상한 볼거리('세계 숫처녀 미인 대회'를 열어, 마을을 인공 처녀막 수술을 위한 암시장과 리와 심사위원들을 위한 여자 사냥의 장소로 전락시킨다)로 끝나버린 창조적 파괴의 흔적을 남긴다. 결국, 그는 마을의 대표 미인이었던 이복형제의 아내와 잠자리한다는 최종 목표를 이루지만, 그 이복형제는 절망에 빠져 결국 자살한다. 리는 도금된 화장실 변기에 앉아 사색과 고독에 잠겨, 이복형제의 재를 러시아 우주선에 태워 우주로 날려 보내 영원불멸의 궤도에 놓을 계획을 세운다.

이 이야기의 순진무구함과 거칠음은 중국의 좌파와 우파 독자 모두를 불편하게 만들었다. 《형제》는 마오쩌둥과 덩샤오핑의 중국 그 어느 것에도 철저하게 아첨하지 않았기 때문이다. 피상적인 아름다움을 위해 문학에 기댄 사람들에게 위화의 언어는 조잡하고 추할 수 있다. 그러나 대머리 리의 동물적 본능에서 나타나는 민낯은 얼음장같이 냉혹한 상품 교환의 법칙에 있다는 역사에 대한 깊은 통찰을 간과해서는 안 된다. 그것은 배고픈 어린 시절에 대머리 리가 '삼선탕면' 한 그릇을 대가로 마을 미녀의 엉덩이를 접견하는 장면에 대해 자세하게 묘사하는 데서 드러난다. 중국 전역을 휩쓴 '진보'라는 폭풍이 그러한 캐릭터로 상징화된다. 그 말과 행동은 너무나 천박하고 감정적이면서 또 비유적이지만, 작품에는 비판 의식이 분명하고 강하게 드러난다. 그 자체로 희망이랄 것은 없지만, 대머리 리에 의해 체화된 역사적 변화에 대한 반응은 불편한 진실을 그 허무주의적 강렬함과 함께 온전히 드러내고, 좀 더 신화적인 (그리고 좀 더 자책적인) 지혜로 나아가게 해준다.

모옌, 《인생은 고달파》

/

모옌의 《인생은 고달파》는 1950년대 초 토지개혁 절정기에 처형된 지주가 환생하는 이야기로, 주인공은 반세기 동안 다섯 번, 주기적으로 동물의 삶을 살게 된다. 불교의 윤회설을 빌려왔지만, 사실 환생 모티프는 현대 중국의 사회 및 역사적 경험을 여러 관점, 경험 양식, 그리고 의식 상황에서 묘사하기 위한 기제일 뿐이다. 당나귀, 소, 돼지, 개, 원숭이 그리고 인간의 아기로 태어난 이야기가 루프 백과 오버랩 방식으로 '나'로 등장하는 늙은 지주의 내레이션을 시작으로 전개된다. 각각의 삶은 마오쩌둥 또는 마오쩌둥 이후 시기를 중국의 주요 정치 운동으로 구분하는 역사적·사회적 기간에 맞춰져 있다. 즉 '집단농장화 운동기(1950년대)', '문화대혁명기(1966~1976년)', '개혁개방기(1979년 이후)' 등이다. 늙은 지주의 의식은 변화하는 시기를 목격하고, 인내하고, 서술하는 특권층의 관점과 기억을 보여준다. 사회에서 커지는 혼란은 사라져가는 인간의 감각과 의식으로 생생하게 묘사되고, 내면의 추는 점점 동물 쪽으로 기울어간다. '현실'은 이렇게 단숨에 계속되는 재앙이라고 서술되고, 인간과 동물, 육체와 정신 사이에서 계속해서 갈등이 일어나는 판타지적 프리즘을 통해서만이 '사실'로 포착되며 재구성된다. 잔인함과 어리석음이 규범이 되고 동물의 시선과 감내로 그들의 실제성이 두드러질수록, 아이러니하게 인간의 인지·감각 기능은 더 쇠퇴한다. 이야기 전반에 걸쳐, 타협된 인간의 정신 상태는 단순한 감각과 망각으로 전락하고, 이해나 우화적 진리라는 객관적 형태로 나타난다. '즐거운 돼지의 시대', 즉 문화대혁명기의 장에서는 다음과 같은 인상적인 대사가 등장한다. "사람이었을 때의 나는 모든 것이 혼란스러웠다. 하지만 돼지일 때의 나는 모든 것이 분명했다."

삶의 형태가 바뀜에 따라, 혁명 전 지주계급에 의해 독점되던 토지 소유권이나 법적 권리가 빈농에게 옮겨가고, 또다시 농민에게서 조합으로, 인민공사로, 그리고 국가로 계속해서 옮겨간다, 결국 덩샤오핑 시대에는 국가 독점으로부터 농촌 가정으로 소유권이 (70년 임대라는 형태로) 이전된다. 모옌은 재산소유권에 대한 자신의 정치적 태도를 숨기고 싶었는지 모르지만, 그의 서술적 목소리는 물질적·제도적·법적 상황에 깔린 중국의 현실에 대한 도덕적이며 심미적인 판단을 드러내고 있다. 소설 말미에서, 모옌이 좋아하는 농민 캐릭터에 의해 숭배되는 신화적 존재로서의 땅은 결국 관광 테마파크로 개발되며 가장 저열한 상업적 형태의 존재로 전락해버린다. 마을 사람들이 역사적 의상을 입고 가까운 과거의 정치 운동을 극화하는 무대, 즉 문화적 황무지로 말이다.

류전윈, 《말 한마디 때문에》

/

류전윈의 《말 한마디 때문에》는 둘로 구분된 역사적 시기를 둘러싸고 전개된다. 그것은 '청대 말부터 공화국 초기까지의 시기'와 '개혁 개방 시기'다. 줄거리는 무척 다양하고 다원적이다. 남편과 아내, 아버지와 아들, 이웃과 경쟁자 사이에서 이뤄지는 상호작용과 관계 설정이 과하다 싶을 정도로 많고, 그 속에서 약속이 만들어지고 깨지면서 신뢰와 불신, 그리고 사랑과 배신이 나타난다. 이러한 인간의 복잡한 상호작용이 분노, 깊이, 교묘함과 함께 끊임없이 이뤄지고, 우여곡절이 담긴 언어학적·통사적 흐름 속에서 이해, 논쟁, 싸움, 공허한 잡담이 연속적으로 이어지며, 매끄럽게 하나의 알록달록한 옷감을 완성한다.

지배적인 동작은 육체적인 동시에 상징적이며, 말을 듣는 사람(자기 말을 경청하고 이해해 줄 사람)을 찾아가며 이뤄지고, 말과 생각이 드러나기도 하고 드러나지 않기도 하지만, 이 중에서 의미 없는 것은 없다. 의미와 정체성에 관한 탐구는 전쟁으로 황폐해진 중국 농촌에서 밀라노 대성당과 같은 성당을 짓겠다는 꿈을 포기하지 못하는 실패한(중국 농민을 개종시켜 신자로 바꾸지 못한) 이탈리아인 가톨릭 신부에 대한 묘사에서 우화적 수준에 이른다. 소설의 후반부에서 추방이라는 주제가 귀환으로 대체되지만, 그 또한 소속, 목적, 존엄, 사랑을 똑같이 갈망하고 집착하는 귀환이다. 등장인물들 사이에서 발생하는 혼돈을 일으키는 말과 그러한 말이 갖는 호소력과 확신이 이야기를 더욱 역동적이고 생산적이게끔 만든다. 비논리에서 논리로 옮아가며, 비이성에서 이성이 만들어진다. 이는 일반 대중들이 나름대로 고집하는 뜻과 감정적 논리와 결합한다.

소설은 최종적으로 우리가 알고 있는 것과 같은 관료적 중국과는 다른 별개의 삶에 대한 자신감과 유연한 가치 체계를 제시한다. 이렇게 '심층적인 현실'에서 스토리텔링을 통해 전달되는 연설은 자기 보존과 자아실현을 위한 가장 생생하고 기억에 남는 행위가 된다.

왕이, 《천향》

/

왕이의 《천향》은 명나라 말(1368~1644년)을 배경으로 하지만, 전통적인 역사소설은 아니다. 이야기는 상업적으로 발전된 양쯔강 삼각주(오늘날의 상하이 근교)에 사는 명문 학자 집안의 3대에 걸친 시어머니와 며느리들에 대한 내용을 담고 있다. 양쯔강 삼각주는 왕조의 정치와 그로 인한 관료주의적 매너리즘과는 거리가 먼, 부유하지만 퇴폐적인 지역으로 유명하다. 또한 일찍이 서구의 영향을 받아 상업적이고 개방적인 곳으로도 잘 알려져 있다. 여자, 정원, 그 밖의 비싼 취미에 대한 남성 주인의 탐닉으로 재정이 바닥나면서, 여성 등장인물들은 내실에서 자수를 놓고 그것을 팔아 생계를 책임지게 된다. 내밀하고 여성스러운 것, 즉 산업화 이전의 반상업적인 특성을 상징하는 것들이 유용하고 가치 있는 것으로 변하면서, 시어머니와 며느리들은 도덕적으로도 새롭게 활력을 얻고, 자신들의 개인적인 불행과 재난을 넘어 새로운 윤리적 질서와 가치판단을 만들어간다. 여성 주인공이 교육자이자 학습자, 생산자, 건설자가 되고, 나아가 운명의 개척자이자 사랑받고 존경받는 기술적·예술적·문화적 전통의 창시자로 부상하면서 여성 간, 세대 간 유대감이 유토피아적으로 나타난다.

20세기 초 중국의 오랜 서사적 모습을 보여주는 예로서, 이들 작품은 농촌의 제멋대로인 현실과 정치 문화에 좌절하거나 혼란스럽다는 이유로 '중국인이 무엇을, 어떻게 생각하는지' 모호한 채로 남겨뒀던 독자와 관찰자에게 많은 것을 제공한다. 4명의 작가는 자신의 직업을 진지하고 영광스럽게 생각하는 모든 사람을 대표하며, 언어와 이야기의 힘을 동원해 기존 이름과 의미 체계의 딱딱한 껍데기를 깨고 이름 없는 것에 새로운 이름을 붙인 달인들이다. 놀라울 정도의 충실함과 생생함을 갖춘 이들 작품은 오직 텍스트로 전달될 뿐이지만, 성격 묘사, 플롯, 언어 행위 등을 통해 현실을 고무적으로 다루고, 도덕적 정직함을 재확인시켜준다. 그러면서, 자유, 불손, 전복으로 숨 막히는 (자기) 검열과 답답한 순응주의, 정형화된 언론 보도를 공격한다. 보이지 않는 축에서 회전하는 자이로gyro처럼, 그들의 작품은 하나같이 소리, 분노, 한숨, 웃음에 주의를 기울이고 그것을 빨아들이면서, 변함없지만 아름답게 빛나며 자유롭게 떠 있는 북극성을 가리킨다.

창조적 에너지와 형식적 독창성이 넘치는 이들 작품은 끝까지 고상한 시적 진실을 따라 획일적이며 이데올로기적으로 경직된 중국의 주장들을 온갖 비유적 모방, 왜곡, 부조리로 산산조각 내버린다. 이들 작가는 1910년대 후반 상층 문화를 보편으로 여기던 전통 중국을 종식시킨 백화문白話文 운동의 선구자이자 양심이었던 루쉰魯迅(1881~1936년)의 계승자라고 할 만하다. 이와 동시에 그들은 최초이자 최고의 스토리텔러로서 대개 개혁자, 비평가, 풍자가, 반란자, 추방자, 은둔자, 보헤미안이었던 중국 고전 작가들의 훌륭한 계승자이기도 하다. 어떤 나라가 자기 모습을 보여주는 제대로 된 거울을 찾는다면, 지식과 공감, 그리고 이해를 담는 그릇인 문학보다 더 좋은 것은 없을 것이다.

장쉬동 Xudong Zhang
뉴욕대학교 비교문학 및 동아시아학 교수다.

43

떠오르는 중국 시장은 세계 미술계를 재편성할 것인가?

노아 쿠퍼먼

1980년대 이후 빠른 속도로 이뤄진 중국의 경제 발전은 중국 안팎 모두를 변화시켰다. 중국 국내 미술 시장의 출현과 성장은 좀 더 최근의(20여 년 전부터의) 현상이지만, '중국의 굴기'로 인해 세계 미술 생태계도 변화가 일어나기 시작했다. 중국 밖(하나는 파리, 또 다른 하나는 그 근처인 런던)에서 발생한 두 가지 사건은 미술 시장에 구조적 변화가 시작됐으며, 이제 중국의 영향력이 점차 증가하고 있음을 보여주기 충분했다.

첫 번째 사건은 2009년 프랑스의 디자이너 이브 생 로랑이 소장하고 있던 두 점의 청대 청동 동물 두상(토끼와 쥐)이 경매 업체 크리스티Christie's가 주관한 파리 경매에 나왔을 때다. 그것은 18세기 건륭제乾隆帝 때 만들어진 십이지신상의 일부로, 베이징 외곽에 있는 황제의 여름 별궁인 원명원圓明園에 있었던 것으로 추정됐다. 원명원은 제2차 아편전쟁 시기인 1860년 영국과 프랑스 군대에 의해 약탈당하고 불에 타 파괴됐다. 그에 책임이 있던 영국 장군은 엘긴Elgin의 여덟 번째 백작이자, 악명 높은 엘긴 경의 아들이었던 제임스 브루스James Bruce였다. 그의 아버지 엘긴 경은 지금 대영박물관에 있는 '엘긴 대리석'을 수집한 인물이다. 아들인 제임스 브루스도 아버지의 뒤를 따랐음은 유감스럽지만 흥미로운 일이다. 지금의 중국 정부는 그때 약탈당했던 유물들 모두를 중국의 주요한 문화유산이자, 중국의 주권을 유럽이 침해했던 고통을 상징하는 것으로 여긴다.

크리스티는 중국의 압력에 굴하지 않고, 두 매물의 경매를 취소하지 않았다. 한편, 이브 생 로랑의 동업자이자 청동 두상의 소유자인 피에르 베르제Pierre Berge는 경매 전에 "그들이(중국 정부) 해야 하는 일은 인권을 허용해 티베트인에게 자유를 주고 달라이 라마를 인정하는 것뿐이다. (…) 그들이 그렇게 한다면 나도 기쁘게 이 두상 두 점을 베이징의 여름 별궁에 갖다 놓을 것이다"라고 선언해 상황이 훨씬 험악해지기도 했다.

부드럽게 말하자면, 중국 정부는 베르제의 말을 달가워하지 않았다. 그러나 크리스티도 베르제도 그러한 중국의 압력에 굴하지 않았다. 2009년 2월 25일, 두 점의 두상 모두 전화 응찰을 통해 중국 국가유물기금 고문이던 차이밍차오蔡銘超에게 약 3,140만 유로에 팔렸다. 경매 후 차이밍차오는 베이징에서 기자회견을 열어 "중국 수집가이자 미술 고문으로서, 나는 약탈당한 예술품을 기꺼이 되찾을 것이다"라고 말하며 경매 대금을 내지 않을 것이라고 선언했다. 이것은 중국인 수집가와 중국 정부가 문화적 유산 문제에 관련해서 세계적으로 경제 및 정치적 권력을 어느 정도까지 행사할 수 있는지를 보여준 일화다.

미술 시장에서 커지는 중국의 영향력을 보여준 두 번째 사건은 런던 교외에서 일어났다. 피터 베인브리지Peter Bainbridge가 자신의 경매 회사가 위치한 런던 외곽의 루즐립Ruislip의 인근 집들에서 나온 골동품, 수집품, 미술품들을 수집한 다음 해의 일이었다. 월별 수집품에는 보통 가택 정리에서 골라 모은 여러 가지 물건이 들어있었는데, 어느 날 저녁에 도착한 수집품을 살피다가 베인브리지는 짐꾼이 조심스럽게 갖다 놓은 도자기 화병을 발견했다. 그는 그 화병을 오랜 세월 자신과 함께 일해온 전 소더비Sotheby's 출신의 도자기 전문가인 루안 그로촐스키Luan Grocholski에게 살펴보라고 했다. 화병은 근처에 살다 최근 세상을 떠난 노부인의 집에서 마호가니 가구 및 다른 가재도구들과 함께 온 것이었다. 조사를 진행한 후 그로촐스키는 뜻밖의 얘기를 했다. 진짜가 맞다면, 이 화병은 18세기 말 청나라 시대 도자기 중 하나였다. 좀 더 면밀히 조사하고 전문가들과 신중하게 상담한 결과, 그로촐스키와 베인브리지는 해당 화병을 곧 다가올 경매에 "최고 품격의 아주 희귀한 양채洋彩 화병(건륭 시기 청색 유약 바탕에 여섯 글자가 새겨진 그물 문양 투각 이중 화병)"이라는 이름으로 출품하기로 했다. 그들은 경매 가격을 80~120만 파운드로 정했다.

2010년 11월 11일 저녁 6시 직전, 짐꾼이 조심스럽게 그것을(이제는 '베인브리지 화병'이라고 불렸다) 내려놓자, 베인브리지는 경매대에 섰다. 전통적 마인드의 중국 바이어들에게 어필하기 위해 행운을 의미하는 숫자인 800번이 붙여졌다. 재빠르게 가격 제시가 끝나고 망치가 내리쳐졌을 때 최종 가격은 5,310만 파운드였다. 낙찰받은 사람은 중국의 억만장자 사업가이자 완다그룹의 대표인 왕젠린으로 알려졌다. 그 화병이 어떻게 런던의 먼지투성이 다락방에 있었는지는 확실하지 않다. 아마 영국군과 프랑스군이 1860년 황제의 여름 별궁을 약탈했을 때 가져간 것이었는지 모른다. 그러나 한 가지는 매우 확실하다. 19세기와 20세기 초 중국의 예술적 유산의 향방이 극적으로 바뀌었다는 사실이다. 100년도 더 전에 고향을 떠났던 중국 예술품과 골동품의 귀환은 지난 20여 년 동안 글로벌 미술 시장을 뜨겁게 달구고 이끌었던 가장 중요한 발전 중의 하나가 된 것이다. 이는 중국의 막강한 경제력과 정치적 힘으로 가능했다.

중국인 수집가들의 등장

미스터리, 음모, 그리고 약탈과 관련된 모든 것에 대해 위와 같은 사례는 미술 시장 역사에서 반복적으로 나타난다. 지금까지의 조사에 의하면, 미술 시장의 지리적 특성과 미술품의 가격은 국가의 경제 및 정치적 발전에 따른다. 미술품이 어디서 창작됐든지 간에 말이다. 미술 시장은 경제적으로 가장 발전이 이뤄지는 곳에서 성장하며 고객 역시 그곳에서 찾을 수 있다.

이것은 수십 세기 동안 유럽에서 일어났던 일이다. 시장을 찾으려면, 돈을 따라가면 된다. 이 길은 15세기 후반 피렌체에서 나타난 르네상스의 여명에서부터 시작해 예술 경매가 처음으로 출현한 브뤼허, 앤트워프, 암스테르담 등 북부 유럽 도시들에까지 이어진다. 17세기와 18세기 초 프랑스가 힘을 얻은 뒤 중심지는 파리였으며, 19세기에는 런던이 그 자리를 차지했다. 그리고 제2차 세계대전 이후 중심지는 다시 뉴욕으로 옮겨졌다.

그것이 바로 베인브리지 화병과 원명원 청동 두상에 대한 수요를 설명해줄 뿐만 아니라, 오늘날 미술 시장의 추동력으로 이어진 매우 간단하지만 근본적인 개념이다. 이제는 부유한 중국인 수집가들이라는 집단이 부상하며 중국의 미술 시장과 골동품 시장, 그리고 세계 시장에 등장했다.

20세기 내내, 그리고 21세기에 이르기까지 미술 시장은 경이로울 정도로 성장했다. 2005년을 기준으로 약 360억 달러로 추정되던 총 시장가치는 전반적인 경제적·정치적·기술적 경향을 반영해 2014년에 이미 680억 달러를 넘어섰다. 미술품과 골동품의 경매가 대부분 미술품 딜러와 갤러리 운영자들이 참여하는(일반적으로 '거래'라고만 알려졌던) 따분한 것이었다면, 이제 그것은 세계적인 뉴스거리가 되는 이벤트가 됐다. 주요 경매소(크리스티, 소더비, 필립스. 모두 18세기 런던에서 설립됐다)의 제일 비싸고 제일 중요한 경매는 예술 미디어에 의해서뿐만 아니라, 《파이낸셜타임스》, 《월스트리트저널》, 《뉴욕타임스》 등과 같은 메이저급 언론에서도 보도된다.

세계에서 가장 권위 있는 아트페어 중 하나인 유럽 파인 아트페어 테파프TEFAF와 아트 바젤Art Basel은 이처럼 확대되는 시장의 깊이와 넓이를 이해하는 데 관심이 있는 사람들이 읽어야 하는 연간 보고서를 발행한다. 또한 아트 비즈니스 학술회의는 전 세계적으로 재정, 리스크 관리, 투자, 그리고 그 밖의 비전통적인 예술계 화제들을 미술 시장 전문가들이 논의하는 장으로 성장했다. 중국 미술 시장은 이러한 성장의

〈표43.1〉 국가별 글로벌 미술 시장 가치 점유율

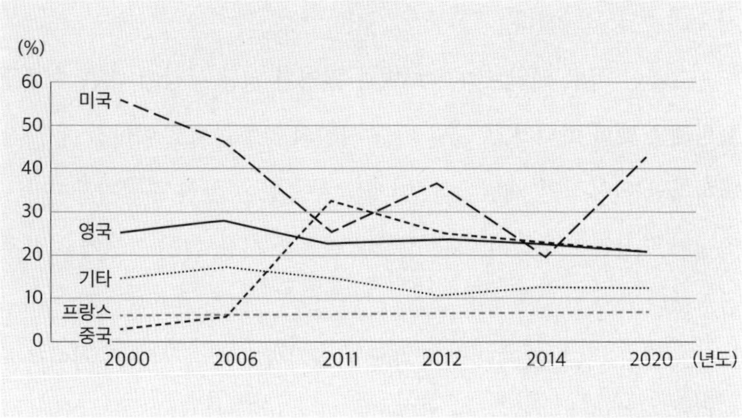

출처: 테파프 및 아트 바젤 보고서

주요 원동력이 됐다. 2000년에는 전체 시장 판매 중 중국이 차지하는 비율이 1%에 불과했지만, 불과 10년 사이에 세계에서 가장 큰 미술 시장이 됐고, 2011년에는 세계 판매의 32%를 차지하게 됐다. 2011년 이후 미국과 영국이 경제 침체기에서 벗어나기 시작하면서 미국 시장이 활기를 되찾게 됐고, 미국은 그 어느 때보다 지배적인 미술 시장 점유율을 차지하게 됐다. 그런 와중에도 중국은 20% 가까운 시장 점유율을 계속 유지했으며, 이는 영국과 맞먹는 정도였다.

이러한 발전 속도가 평범한 것은 아니다. 특히 중국 국내시장이 대부분의 서양 미술을 다루고 있지 않다는 점에서 더욱 그렇다. 다른 국가의 미술 시장이 다양한 카테고리의 미술품을 취급하는 데 반해, 중국 내 판매는 거의 중국 미술품만을 취급하며 이뤄진다.

〈표 43.1〉에서 보듯 2000년에는 미국과 영국 시장이 세계 미술 시

장의 약 80%를 차지했다. 당시 중국은 반올림해서 겨우 1% 정도였다. 그러나 2011년경 중국이 차지하는 비중은 거의 세계시장의 3분의 1에 육박했다. 게다가 중국인 예술 수집가들은 중국 국내에서 진행되는 경매에만 머무르지 않게 됐다. 크리스티 파리와 베인브리지 경매에서 볼 수 있듯이, 그들은 어디서나 큰돈을 쓰고자 하는 글로벌 파워가 됐다. 부유한 개인은 물론 중국 정부조차 그들의 경제적 힘을, 때로는 정치적 힘을 활용해 수집 목표를 성취하고자 하며, 어떤 경우에는 민간단체의 문화 어젠다를 추구하기도 한다. 중국 예술품과 골동품에 대한 (대부분 중국 내부에서의 과열된 요구와 중국 정부가 제기하는) 문화적 유산 문제의 심각성은 최근 수십 년간 국제사회에서 중국의 경제적·정치적 부상으로 더욱 두드러졌다.

돈을 따라가는 미술 시장의 원리

/

앞서 강조했던 것처럼, 이러한 폭발적 성장은 거의 전적으로 중국 예술품 판매에 기초한 것이다. J.P.모건 자산운용의 상무이사 벤저민 만델 Benjamin Mandel은 이를 좀 더 구체적으로 살펴봤는데, 그의 조사에 따르면 최근 성장에 원인이 되는 주요 카테고리는 중국의 현대와 당대의 그림이다. 해당 작품들은 2000년부터 2014년까지 세계 미술 시장 성장의 25% 정도를 차지한다. 이 기간에 중국 국내 미술 시장은 700배 이상 성장했다. 추측건대, 이후 중국 시장이 꾸준히 성장함에 따라 그 성장률은 보다 균형이 잡히면서 덜 극단화될 것이고, 이미 성숙해 상대적으로 천천히 성장하는 미국과 유럽 시장을 따라잡을 것이다.

수 세기 동안 서양 수집가들은 중국 미술품에 매우 관심이 많았다. 그것은 부분적으로 오랫동안 중국 미술품이 꾸준히 해외로 유출됐기 때문이다. 그렇다고 해서 역으로 20세기 후반 이전부터 중국 수집가들에 의해 서양 미술품이 수집됐던 것은 아니었다. 그러나 지금 늘어나고 있는 중국 수집가들은 중국의 전통 예술을 넘어 인상주의 화가들, 현대와 당대(전후) 화가들의 작품뿐만 아니라 유럽의 옛 유명 화가들의 작품까지도 수집하고 있다. 당연하게도 이러한 트렌드는 서양 미술 시장에 수요 증가와 가격 상승을 초래한다.

그러나 중국 시장의 성장은 다른 곳의 수집가들의 취향과 요구에는 그다지 영향을 주지 못했고, 중국 외부에서의 미술품 생산에 대해서도 크게 영향을 미치지 못했다. 몇몇 당대 중국 예술가들이 세계적으로 명성을 얻었지만, 여전히 가장 높은 가격을 호가하는 건 서양 예술가의 작품이다. 국제 경매소의 핵심 목표는 중국 내에서 상업적 발판을 구축해, 그들이 찾는 부유한 수집가들과의 관계를 다지는 것이다. 그것이 바로 프랑수아 피노Francois Pinault가 2013년 그의 가문이 획득한 원명원 청동 두상을 중국 정부에 기증한 이유일 것이다. 피노 가문의 회사인 케링Kering은 구찌, 스텔라 매카트니, 알렉산더 맥퀸, 이브 생 로랑, 그리고 크리스티 경매소 등 고급 럭셔리 브랜드와 디자인 사업체를 소유하고 있다. 회사가 "중국인들에 대한 우정의 표현으로 베이징에 청동상을 되돌려주겠다"고 밝힌 바로 다음, 크리스티는 중국 본토에서 활동할 수 있는 허가를 받은 최초의 국제 파인 아트 경매소가 됐다. 피노는 약탈당한 청 왕조의 청동상을 기증할 때 미술 시장(돈을 따라가는)을 자극하는 근본적 아이디어를 잘 이해한 듯하다. 과거는 서막이고 역사가 다시 한번 반복된다면, 세계 미술 시장의 다음 중심지는 베이징이나 상하이, 또는 홍콩에 뿌리내릴 것임을 알 수 있다.

노아 쿠퍼먼 Noah Kupferman
세계적인 미술품 담보 대출 기관인 아테나 아트 파이낸스의 글로벌 사업본부장. 크리스티 경매 회사에서 중국 미술품을 담당했으며 크리스티 에듀케이션에서 아트 비즈니스 프로그램을 총괄했다.

44

미중관계에 종교는 문제가 될까?

이언 존슨

중화인민공화국 헌법은 종교의 자유를 보장하고 있지만, 실제로 중국의 종교 신자들은 많은 제약을 받고 있다. 교회는 폐쇄당했고, 하지Hajj(메카를 참배하는 순례로, 이슬람교도라면 평생 한 번은 해야 하는 게 의무다 – 옮긴이) 순례와 기본적인 무슬림 관습이 엄격하게 제약당하고 있으며, 티베트의 정신적 지도자는 배제돼 왔고, 예배 장소는 정기적으로 문을 닫는다. 이렇듯, 종교적 자유에 대한 중국의 제약은 미중관계에서 어떤 의미가 있을까?

몇 가지 질문들에 관해서는 "그렇다"거나 "중요하다"고 쉽게 답을 내릴 수 있다. 그러나 좀 더 심도 있게 대답하자면, 안타깝게도 그런 중요성이 언제나 미국이 중국을 이해하거나, 그곳에서 긍정적인 변화가 일어나도록 지지하는 데 도움이 되는 것은 아니라고 답하게 된다.

종교의 자유가 중요한 이유

/

현실주의자에게는 이러한 질문이 당혹스러울 수 있다. '종교적 자유'는 적대국을 공격하는 데 아주 유용한 구실이지만, 외국과의 관계에서 유일하고 또 합리적인 접근 방법은 바로 무역과 전략적 사안에 집중하며 국가들이 그들 자신의 사안을 해결하도록 놔두는 것이기 때문이다. 종교적 박해는 나쁘지만, 결국 타국인 우리와는 관계없는 문제다.

이러한 대답은 민주국가에서는 변호의 여지가 없다. 중상주의와 도덕적 상대주의는 아직 많은 국가가 중국을 다루는 방식에 영향을 주고 있지만, 일정 형태의 권리를 기초 이념으로 하는 국가들은 중국에서의 종교적 박해에 위선적인 태도를 보이지 않고 대충 넘어갈 수 없다. 특히 미국의 경우가 그러한데, 이들에게 종교적 자유는 국가의 성립 원칙이기도 하기 때문이다. 그것을 무시한다는 것은 도덕적으로도 정치적으로도 불가능하다.

필자는 '이것은 옳은 일일 뿐만 아니라 우리의 이익에도 부합한다'는 일반적인 그림을 제시할 수 있다고 생각한다. 종교적 소수자를 탄압하는 국가는 다른 문제도 가지고 있다는 것을 잘 아는 이들에게는 더 그렇다. 정치학적 도표나 그래프를 보지 않고도, 그들이 뿌리 깊은 사회적·경제적 문제들을 가진 권위주의 국가일 것이 분명하다. 그런 국가들, 특히 국가주의적 국민과 팽창주의적 외교정책 어젠다를 가진 핵무기 소유 국가들은 장기적으로 좋은 이웃이나 협력자가 될 수 없다.

그러므로 중국에서 종교의 자유는 개인 이익을 추구하고, 계몽돼 있으며, 개방된 사회인 미국과 같은 국가에는 중요하다. 이때 우리가 종교의 자유에 초점을 두는 방식을 잘 살펴볼 필요가 있다. 21세기 정당 환경에서는 그것이 미국 정부에 힘겨운 문제를 가져올 수도 있다.

그전에 몇 가지를 확실히 해둬야 한다. 우선 중국은 모든 종교를 다루는 방식에 심각한 문제가 있다. 중국 정부는 오랫동안 정통과 이단을 구분하는 심판자의 역할을 해왔다. 지난 20세기 동안 역대 중국 정부는 종교가 어떻게 시행되는지에 커다란 (그러나 건강하지 못한) 관심을 뒀다.

예를 들어 19세기부터 중국 엘리트들은 토착 종교(불교, 도교, 민속종교)가 중국이 현대화되지 못하도록 만든 미신적인 신앙 체계라고 생각했다. 19세기 말에는 절을 학교로 바꾸는 운동도 했다. 1930년대 국민당은 많은 토착 종교를 아편, 전족, 축첩제와 맞먹는 사회적 병폐로 여겼다. 공산주의는 이러한 하향식 현대화 프로젝트의 일부였다. 공산주의자들이 집권하게 됐을 때 점술, 향토 신 숭배, 영매 등 많은 종교적 관행을 '봉건적 미신'으로 분류했다. 마오쩌둥 시대에 이르러 그들은 이런 미신은 물론 이슬람과 기독교를 포함한 거의 모든 종교를 불법으로 금지했다. 그러다 지난 수십 년 동안 통제가 천천히 완화됐다.

중국 정부의 강력한 종교 통제

종교 관련 정책이 상대적으로 완화됐다 해도, 중국 정부는 오늘날에도 중국 역사상 전례 없는 역할을 수행하고 있다. 전통 사회에서는 상상할 수 없었을 정도로 중국의 가장 작고 외진 동네까지도 국가가 침투해 있다. 게다가 국가는 무엇이 받아들여질 수 있는 신앙인지에 대한 매우 엄격한 기준을 가지고, 불교, 도교, 이슬람, 기독교(중국에서는 행정적 목적으로 기독교를 두 가지, 즉 개신교와 가톨릭교로 구분한다)를 제한한다. 모든 것이 이론적으로는 불법이고, 만약 그것이 공적 관심을 받는다면 이는 '사악한 컬트'로 규정된다.

지난 수 세기 동안 시골에서 무슨 일이 일어나는지에 대해서 공적인 차원에서는 거의 간섭하지 않았지만, 지금은 모든 절의 행사, 행진, 순례, 그리고 숭배 장소가 정부에 등록돼야 한다. 과거와 현재 사이에는 어느 정도의 유사성이 있지만, 오늘날 정부 개입의 규모는 과거보다 몇 배는 더 크다.

강력한 국가의 역할은 모든 종교가 국가에 의해 통제되는 애국주의 단체로 조직화돼야 한다는 기제를 통해 행사된다. 비정부기구와 같은 다른 시민사회 조직들과 마찬가지로, 국가는 일련의 규제와 법을 들이밀어 국민들이 순종하도록 만든다. 이렇듯 중국 내 종교는 사회에서 독립적인 세력으로 존재하지 못한다.

1980~2000년대에는 지하 교회와 모스크의 존재에 눈을 감기로 하는 등 보다 실용적인 정책들이 채택돼 국가의 강한 통제가 조금은 완화됐다. 또한 국가는 해외 불교 조직이 선교 업무를 할 수 있도록 허용했고, 민간신앙 단체가 하고 싶은 것을 대폭 허용해줬다. 그러나 그 뒤로 지난 10여 년 동안에는 일종의 법치를 빙자한 권위주의 정신이 자리 잡았다.

그와 함께 실행된 동화주의 정책은 한족 중심의 애국주의에 기초한 것이었다. 무슬림은 기도에 지나치게 많은 시간을 쓰고, 특정한 옷을 입으며, 단식을 하고, 메카로의 순례를 원하며, 거실 벽에 메카 사진을 걸어놓기도 했다. 신장에 있는 재교육 캠프와 티베트의 강제된 현대화는 그것을 파괴하려는 정책을 가장 분명히 보여주는 예다. 종교는 특히 소수자들에게 국가가 취미로만 인정해주는 것이자 속빈 강정 같은 전통으로서 일주일에 한 번 정도 수행하는 수준에서만 허용된다.

그러나 이것만으로 중국의 종교 생활을 완전히 이해할 수는 없다. 정부가 기독교와 소수민족 지구 종교에 대한 강력한 탄압을 시작하면서, 다른 종교들은 오히려 번성의 기회를 얻기도 했다. 여기에는 특히, 중국 토착 종교들인 도교와 불교 종파의 대부분, 그리고 민속 종교가 해당됐다. 그로 인해 이제 20세기에 미신으로 비난받았던 전통들이 다시 성행하고, 대다수 중국인에 의해 수행되고 있다.

이러한 결과가 나온 이유는 바로 정부가 지난 10여 년 동안 중국 전통에 대한 자부심을 키우고자 했기 때문이다. 게다가 중국인들이 정신적 가치를 추구하고 있고, 아주 소수만이 진심으로 공산주의를 따르기 때문이다. 1980~2000년대에는 이러한 정신적 진공상태가 종교에 대한 (상대적으로) 자유방임적인 정책과 결합해 종교나 다른 신앙의 붐이 일었고, 특히 개신교 경우 두드러졌다.

그러나 이것은 여러 면에서 정부를 곤혹스럽게 했다. 첫째, 많은 중국인은 기독교가 여전히 제국주의 시대 선교사들이 전파한 외국 종교라고 생각한다. 물론 중국의 기독교인들이 그렇게 생각하는 것은 아니다. 그들은 자신의 신앙이 더는 외래 종교가 아니고 (인도에서 창설된) 불교만큼이나 보편적인 종교라고 생각한다. 두 번째, 더 압도적인 이유는 기독교가 정부의 통제를 벗어날 정도로 확장했으며, 무등록 도시 교회의 상당수가 화이트칼라 중간 계층 사이에서 인기를 얻고 있다는 점이다. 그런 교회들 몇몇은 유치원, 요양 시설, 서점, 그리고 신학대학 등을 가지고 있다. 그에 놀란 정부는 탄압을 시작했다.

그러나 반대로, 그 사이에 정부는 도교, 불교, 민속 종교가 사찰을 늘리고, 신도를 모집하며, 행사를 개최하고, 신앙을 전파할 수 있도록 허가했다. 명분은 이러한 종교들이 (심지어 불교조차도) 토착적이거나 (점차) '토착화'됐다는 것이었다. 티베트 불교를 제외하고는 외국과의 유대가 없다. 다른 말로 하자면, 그들은 기독교보다 더 통제하기 쉬웠고, 그래서 빠르게 퍼져나갈 수 있었다.

정부의 정책 변화는 민속 종교에 특히 극적인 변화를 몰고 왔다. 여기에는 도교나 불교 어느 한 계열로 쉽게 분류할 수 없는 항해의 수호 여신 마쭈妈祖, 부의 신이자 전쟁의 신 관우關羽, 그 밖의 백여 개가 넘는 향토 신들에 대한 숭배도 포함돼 있다. 이러한 종교들은 '무형 문화 자산'으로 재규정됐고, 정부의 보조금을 신청할 수 있게 됐으며, 박해로부터 보호를 받았다.

그렇다고 해서, 기독교에는 매우 실제적인 박해가 행해지고 이슬람교는 덜 그렇다는 의미는 아니다. 이슬람교에 대한 박해도 현실이며, 비난받아야 마땅하다. 그러므로 우리는 주교 서임 방식에 대해 바티칸과 맺은 2018년 협정을 통해 가톨릭을 체제에 수용하려 했던 노력에도 관심을 가져야 한다(2018년 협정으로 중국은 가톨릭교회 자체를 용인하지 않던 종래의 입장을 바꾸고, 2년간의 잠정 기한을 전제로 중국에서 활동할 주교를 바티칸에서 서임할 수 있도록 했다. 다만 중국 정부가 제시한 후보자들 가운데 낙점하는 방식이었고, 이후 서임된 주교는 극소수다. 그러나 이 2년 기한은 이후 계속 연장되고 있다 – 옮긴이). 하지만 진짜 문제는 이런 것들이 100년 전 어느 유럽 국가(나치 독일을 지칭하는 듯하다. 나치는 바티칸과 협약을 맺고 가톨릭 자체를 부정하지 않는다는 입장을 세웠으며, 대신 바티칸의 공식 지지를 얻었다. 그러나 가톨릭과 개신교의 단체 활동은 없애고 개인 신앙만 허용했으며, 개신교의 일부 저항적인 종파는 무섭게 박해했다 – 옮긴이)를 떠올리게 하는 복잡한 그림의 일부에 불과하다는 점이다. 종교의 자유가 보장되는 국가에서 어떤 종교는 지원을 받고, 또 다른 종교는 용인되고, 어떤 종교는 박해를 받는다.

우파에 편향된 미국의 시각

/

불행히도, 미국인들은 대부분 이런 뉘앙스를 이해하지 못한다. 종교 문제는 우파 기독교 근본주의자들의 렌즈를 통해 해석되고는 한다. 이것은 미국 국제종교자유위원회USCIRF에서 가장 강하게 표현된다. 1998년, USCIRF는 좋은 의도를 가지고 설립됐다. 《뉴욕타임스》 칼럼니스트 A. M. 로젠탈A. M. Rosenthal은 USCIRF의 정신적 대부로 여겨지는데, 그는 종종 세계 곳곳에서 박해받는 기독교도, 무슬림, 불교도, 유대교도 등에 대한 지지를 호소하는 감동적인 칼럼을 썼다.

그래서 이 단체의 설립 관련 안은 공화당과 민주당 모두에게 지지받았는데, 미 국무부와는 별개의 초당파적인 감시 단체라는 생각 때문이었다. 또한 국무부는 종교의 자유에 대한 보고서를 제출했지만, USCIRF는 주요 '관심 국가'에 집중했고, 이론적으로 특별한 행정 정책은 없었다. 실제로는 USCIRF는 어떤 정당이 백악관을 장악하게 되든 그 정당이 지배할 수 있는 구조다. 그것은 USCIRF가 민간인 자원자들 가운데 선임된 9명의 위원으로 구성되기 때문인데, 이 중 3명은 대통령이 선임하고, 2명은 의회에서 대통령 소속 당이, 4명은 대통령과 무관한 의회 지도자들이 선임한다.

USCIRF가 창립된 후 20여 년 동안 공화당이 지배했고, 공화당이 USCIRF 위원 다수를 차지했다. 그것은 지명된 사람들이 공화당의 보수 기독교인 출신이라는 것을 의미한다. 그중에는 종교의 자유 문제에 관여한 적이 있는 부유한 기업가들이 들어있었다. 누구도 비교종교학을 공부하지 않았고, 특정 국가에 대한 전문가도 아니었다.

아마추어라고 해서 잘못된 것은 아니다. 많은 보수 기독교인은 일반적인 수준에서 신앙에 관심이 있지, 자신의 종교에만 관심이 있지는 않다. 그러나 이들 위원이 절도 있고, 박식한 사람들이며, 기독교인인 것은 중요하지 않을지도 모르지만, 실제로는 매우 정치적인 사람들이라는 점에서 문제가 된다.

이런 식으로 트럼프 행정부의 USCIRF에는 보수 기독교 로비 단체인 가족조사위원회FRC(1980년대에 만들어진 미국의 싱크탱크이자 로비 단체로 복음주의 신학과 보수 우파적 이념을 따르고 있다. 동성 결혼이나 줄기세포 연구는 물론, 낙태, 이혼, 포르노그래피 등까지 반대한다 – 옮긴이)의 게리 바우어Gary Bauer, 토니 퍼킨스Tony Perkins 같은 이들이 속해 있었다. USCIRF 홈페이지에 의하면, 이 조직에서 중국어에 능통한 사람은 보수 신학대학을 나왔으며, 한 세대의 기독교 목사들을 양성한 천밍즈Chen Mingzhi뿐이다.

민주당도 비슷했다. 하원 의장 낸시 펠로시를 예로 들자면, 그녀는 위구르 해방 운동가인 너리 터켈Nury Turkel을 선임했다. 언뜻 공명정대한 것 같지만, 지지하는 쪽이 확실한 사람들이 지배하는 위원회는 편향성을 피하기 어렵다. 이는 중국에 대한 USCIRF 보고서를 보면 확실히 알 수 있다. USCIRF는 중국의 종교 생활을 진지하게 살펴보고, 공정한 분석을 통해 유용한 조언에 이르려고 한 적이 없다. 대신 오늘날 중국 다수 종교의 신자들이 누리는 자유를 인정하지 않으면서, "중국에도 종교의 자유가 있어야 한다"고 일방적인 비난만 퍼붓는다.

폭넓게 보자면 이것은 종교가 미국 정책에서 시행하는 불균형적인 역할을 보여주는 것이다. 종교적인 사람들은 투표할 가능성이 크다고 여겨지기 때문에, 정치인들은 종종 그들의 요구를 들어주려고 한다. 그래서 조지 W. 부시 대통령은 백악관에서 중국계 기독교인들과 미팅을 했다. 그중 텍사스 출신의 중국계 기독교 운동가 1명이 대통령과 가까웠기 때문이다.

종교는 중요하고, 또 중요해야만 한다. 그러나 종교 문제는 중국으로 하여금 30년 전 붕괴한 소련에 가까운 미국의 적이 되게끔 만들 수도 있다. 박해당하는 신도들에게는 동정심이 들 수밖에 없지만, 지금은 종교가 덜 공격받으면서 미국이 오늘날 중국의 복잡성을 더 이해할 수 있는 계기가 되기를 바랄 수밖에 없다.

이언 존슨 Ian Johnson
퓰리처상을 수상한 사회, 종교, 역사 분야 저술가. 《The Souls of China: The Return of Religion after Mao》(2017)의 저자다.

45

미중관계에 인종은 문제가 될까?

키샤 브라운

2020년, 코로나19 팬데믹과 인종적 폭력 및 경찰의 잔혹 행위 같은 인권침해에 대한 항의는 세계적으로 사회와 정부 시스템 내에서의 균열이 존재한다는 것을 보여줬다. 국제사회의 시민으로서 우리는 불평등, 체계적 불공정, 인종주의, 흑인 혐오 등의 사안들이 이제 그저 역사 문제로 돌려 버릴 수 없을 만큼 불거졌다는 것을 알게 됐다. '중국-흑인 관계'라고 부르는 인종과 민족 문제를 연구하는 학자인 필자는 인종적 부정의와 같은 인권 문제 이슈를 둘러싸고 증가하는 압력이 어떻게 변화하는 미중관계 상황과 상호 교차하는지 관심이 있었다. 오늘날, 불편한 진실과 마주할 수밖에 없는 상황에서, 우리는 인권 문제와 관련된 이슈들을 어떻게 다뤄야 할까? 대내외 정책 모두에 있어서 행동력과 진실성을 가진 정치로 나아갈 수 있는 현실적인 방법은 무엇일까?

이 장에서는 인종적 구조가 미중관계에서 어떻게 작동하는가의 관점에서, 그것이 어떻게 대외 관계에서 무기화되는지를 이해하고, 현재를 떠올리게 하는 중요한 분기점을 찾기 위해 인종 문제의 역사적 유산을 탐구하고자 한다. 미국은 인종 차별 및 체계적 인종주의와 같은 인권 문제 이슈와 관련된 현재의 정치적 상황을 어떻게 바꾸고 싶은가? 이 장에서 필자는 정치적 문화, 민족적 가치, 사회라는 관점에서 그 두 가지가 어떻게 서로 만들어지고 지지하는지를 증명하기 위해 양자 관계 내에서 인종의 역할과 유산을 논의하고자 한다.

인종은 사회적 구조다. 피부색이 다른 사람들처럼 서로 다른 사람으로 이뤄진 집단 사이에서 표현되는 차이는 의미와 중요성을 지니며, 그것을 통해 허위의 인종적 위계 구조를 형성하게 된다. 이러한 특징과 선호의 차이는 인종적 정체성을 형성할 뿐만 아니라, 정체성의 관념에서 실체가 되는 정체성을 인종적으로 구조화한다. 그리고 이는 사람들이 주변 세계를 이해하고, 해석하며, 돌아보는 데 사용하는 또 다른 틀의 구성으로 이어진다.

중국을 연구하는 대부분의 사람들은 서로 다른 두 세계를 다룬다는 점에서 생각보다 훨씬 더 많은 일을 한다. 우리는 통역자로서 기능하고, 우리가 사는 각각의 세계를 해석하며, 다른 이들이 알 수 있도록 설명한다. 이런 역할 가운데 '우리가 누구인가'하는 인식은 해석에 영향을 준다. 우리의 정체성, 특히 인종적 정체성은 보통 개인의 재능을 넘어서 다른 사람들이 우리를 바라보는 방식에 영향을 준다. 미중 사이에서, 양자 관계에 대한 논의는 보통 지정학적인 관점에서 다뤄지고, 그러므로 지정학적 관심사에 우선순위를 두는 경향이 있다. 그러나 정책이나 경제 협력, 경쟁, 기술 발전 등을 논의할 때 정체성 이슈보다는 국가 운영이나 산업 문제를 강조함으로써, 자연스럽게 인간성에 대한 관심은 옅어진다. 그리하여 미중관계와 인종의 역할과 같은 분야에서 불편한 분위기가 형성되지 않도록 얼버무리거나 회피하는 것이다. 그러나 인종에 대한 이해와 생각은 외국인이나 외국어를 쓰는 사람들에 대해 미묘한 차별을 하거나, 잘못된 가정을 하거나, 심지어는 더 분명한 행위로 드러내는 식으로 늘 존재해왔다.

'황화론'과 중국인 차별법

/

인종 문제는 언제나 미중관계의 일부를 차지했다. 이번 장에서는 두 나라의 공식적인 국교가 수립된 1972년부터 시작하기보다, 1882년의 중국인 차별법에서부터 논의를 시작하고자 한다. 그것은 미국에 이민 온 중국 노동자들을 차별한 최초의 입법이었고, 그때는 양국 모두에게 국내 발전에 있어서 중요한 시기였다. 산업혁명이라는 정치적·사회적·지정학적 변화로 인해, 미국과 청 제국은 각자 제국의 미래를 고심하고 있었다. 청 제국이 국내의 동요와 정치적 불안정으로 고군분투하고 있을 때, 서구 제국주의, 그중에서도 미국 예외주의와 제국주의는 신진 국가로서 자국의 영역과 세계적 영향력을 확장하는 틀이었다.

이민에 대한 미국의 태도는 환영에서부터 혐오까지 아주 다양했다. 중국인, 특히 노동자들은 19세기에 미국으로 이주했다. 그들이 과연 얼마나 미국의 가치를 이해할 수 있으며, 미국 백인 사회에 동화되고자 하는가에 대한 생각이 경제적 안정 부분과 서로 결부돼 있었기 때문에, 중국인 노동자는 미국의 그런 태도를 직접 체험하게 된다. 계약 노동자로서 중국인 노동자들이 미국에 입국한 때는 다소 늦은 시기인 1869년이었다. 미국 남동부의 옛 농장주들에게, 뉴올리언스 항구와 중국 사이에 직통 노동력 공급 파이프라인을 만드는 일은 착취적인 소작 시스템을 재건하고 짐 크로법에 호소해 과거 남부 연합의 땅이던 그곳에서 '좀 더 공정한 사회'를 만드는 것보다 더욱 커다란 모험이었다. 테네시주 멤피스에서 열린 중국인 노동 현황 논의 대회의 보고서에 따르면 중국 노동자는 유순하며 순종적인 성격으로 일을 열심히 한다고 칭찬받고 있다. 그런데 미국은 왜 20년 만에 고용에서 배제로 태도를 바꾸게 됐을까? 답은 바로 시민권에 있다. 미국은 중국인 노동자로부터 이익을 얻는 것은 좋았지만, 시민권을 확대해 혜택과 권리를 주고 싶지는 않았다. 아메리칸드림을 쉽게 이룰 수 없던 백인 집단의 분노와 좌절은 어떤 사람들에게 표출됐을까? 백인 우월주의와 가부장주의, 그리고 그들의 번영이 위협받을 때마다 희생양이 필요했다.

19세기, 특히 아시아 이민자들이 많이 있는 도시에서 '황화론(황인종이 백인종의 권력과 문명을 탈취하려 하므로 경계해야 한다는 이데올로기. 중국의 저력과 일본의 급부상 등으로 힘을 얻었다 – 옮긴이)' 선동은 목격자를, 참여자를, 그로부터 이득을 챙기는 사람을 양산했다. 이 같은 맥락에서 1882년의 중국인 차별법은 백인 남성들이 남북전쟁, 대륙 철도 건설, 골드러시 이후 고용 기회를 앗아간 장본인으로 중국인 노동자를 비난하면서 인종적으로 책임을 전가한 결과다. 초기의 법은 중국인 노동자의 이민을 제한하려는 목적을 가진 10년 한시법이었으나, 1892년 '기어리법Geary Act'으로 연장됐으며, 1943년에야 겨우 폐지됐다.

뿌리 깊은 인종주의와 외국인 혐오

/

이 같은 내용들이 왜 오늘날에도 의미가 있는가? 정치와 가치, 그리고 사회의 교차는 대내외 정책을 형성하는 데 있어 중국과 중국인에 대한 내러티브를 만들고 이를 고스란히 침투시킨다. 법이 입법 선례를 만든다는 맥락을 보면, 이러한 중국에 대한 19세기의 인종주의와 외국인 혐오는 위기의 시기 미국이 불러오기 편리한 내러티브다. 개인은 그들이 사는 문화와 환경에 의해 사회화된다. 그와 같이 인종적 편견은 의식적으로나 무의식적으로, 지역에서부터 세계에 이르기까지 굳게 뿌리내려 우리의 모든 상호작용에 영향을 주면서 일상화된다.

미중관계에서 인종 문제는 특히 미국 흑인의 역사와 관련이 있다. 미국은 냉전 시기 마오쩌둥 치하의 중국공산당이 미국 정부의 흑인에 대한 처우와 민권운동에 대한 대응을 비판한 사례를 살펴볼 수 있다. 예를 들어, 미 제국주의에 대항한 투쟁이라는 점에서 미국 흑인들을 지지한 마오쩌둥의 연설들은 현대 민권운동에서 길이 기념될 1963년 8월과 1968년 4월에 전략적으로 행해졌다. 그때는 워싱턴 행진(1963년 8월 23일, 노예해방 100주년을 맞아 마틴 루터 킹 목사를 비롯해 비폭력 흑인 민권운동 지지자들이 워싱턴에서 행진했다 – 옮긴이) 전야와 킹 목사의 암살이라는 사건이 있던 시기였다. 냉전기의 모스크바처럼 중국도 인종 및 인종주의가 미국의 아킬레스건임을 파악하고 이를 집요히 공격했다.

미국에서 인종 문제와 체계적 인종주의를 무기화하고 이를 사용하는 일은 여전히 현재 진행형이다. 이런 상황에서 대외적으로 "흑인의 생명도 소중하다"는 운동을 지지하는 것처럼 보이는 자오리젠赵立坚

이나 화춘잉华春莹과 같은 중국 관료들의 발언은 꽤 미더울 수도 있다. 그러나 그러한 정서가 2020년 6월 광저우 흑인 거주자에 대한 차별, 그리고 춘절과 같은 전국적인 명절에 검은 가면을 쓴 공연을 고집하는 경우처럼 흑인을 혐오하는 대중의 행위와 병존할 수 있다는 것을 어떻게 이해해야 할까? 중국 전문가이자 존스홉킨스대학교 교수인 홍호펑孔诰烽의 지적대로 "미국의 부정의에 대한 분노와 같은 중국의 비꼬기식 비난의 냄새"는 미국의 체계적 인종주의와 인종적 불평등에 초점을 맞춤으로써 중국 국내의 인권 문제를 정당화하고 변호하려는 수단이다. 물론 이러한 전술은 중국만 쓰는 것은 아니다. 미국도 중국의 인권 문제를 겨냥한 비판을 똑같은 방식으로 활용한다. 가장 최근에는 신장 위구르인에 대한 끔찍한 대우와 홍콩 시위에 대한 국가의 대응에서 그러했다.

20세기의 문제가 피부색에 대한 것에 그쳤다면, 21세기의 문제는 만연한 인종 문제에 정면으로 맞서는 데 계속해서 실패하고 있다. 다시 처음의 질문으로 돌아가 답을 고민해봐야 한다. 이제, 미국은 미중관계에서 인종 문제가 얼마나 중요한지 인식하고 이에 대응하기 위해, 앞서 든 역사적 유산을 어떻게 활용할 것인가?

키샤 브라운 Keisha Brown
테네시주립대학교의 역사학 조교수다.

46

오늘날 중국에서 과거는 어떻게 현재에 기여하는가?

왕경우

"누가, 무엇을 또다시? 왜?"는 1919년, 전통적 사상과 제도를 타파하고자 일어난 초기 학생운동인 5·4운동에서 가장 심하게 매도당했던 유교에 대한 의문이다. 그 후 수십 년 동안 유학자 개인들조차 자신의 신념에 대한 조롱이 아니라면, 회의감에 빠져야만 했다. 1949년 이후 들어선 중화인민공화국은 유교 사상이나 그 밖의 고전 및 고대의 가르침을 멸시했다. 철학자와 역사학자들도 유교가 그나마 관심을 가질 만한 것이 되려면, 마르크스주의 철학과 화합해야 한다고 생각했다. 공산주의, 그리고 계속되는 혁명이라는 이름으로 유교가 더욱 철저하게 배척당하는 오늘날, 과연 유교에는 되찾을 것이 남아 있을까?

마오쩌둥 사후 55년이 지난 지금, 많은 중국인은 유교의 과거를 되찾는 일이 국가정책인 '중국특색사회주의中國特色社會主義'에 유익할 수 있다고 생각한다. 그 때문에 유교는 조용히, 좋은 이름으로 다시 돌아왔다. 그러나 여기에는 더 큰 문제가 남아 있다. 현 체제는 유교 사상과 관행이 중국의 오랜 역사에서 특별한 역할을 해왔다는 것을 안다. 이를 복구하는 과정에서 현 체제는 쓸모없는 것은 부정하고 쓸 만한 것만을 선택적으로 되살릴 수 있다. 과거가 지금의 중국에 어떻게 기여할 수 있는지 알기 위해서는, 유교의 현대적 가치를 재평가하려고 했던 초기의 노력을 다시 논의해봐야 한다.

지금 복구하고자 하는 것은 유교의 과거 전체가 아니다. 중국을 현대화하고 싶었던 중국의 초기 세대도 많은 전통적 가치를 국학이나 한학처럼 학문 연구를 위한 주제로 남겨둬야 한다는 것에 동의했다. 오늘날의 도전 과제는 과거의 어떤 부분이 강력한 산업사회를 구성하는 데 활용될 수 있는지를 분명하게 정해야 한다는 것이다. 지킬 만한 가치가 얼마나 있는지, 그리고 선택된 부분들이 중화 문명의 미래에 얼마나 도움이 될지에 대해서 여전히 의견이 분분하다.

대부분의 초점은 "누가 되찾고자 하는가?"에 달려 있다. 유교 가르침에 대한 신념을 이어가고 싶은 학자와 신봉자는 무엇이든 보존하기만 하면 중국에 큰 도움이 될 것이기에 보존이야말로 그들의 의무라고 생각한다. 어떤 이들은 현대 국가를 위해 필요한 것이 그들의 목적이어야 한다고 굳게 믿는다. 한편, 중국공산당 지도자들은 과거의 어떤 부분이 중국 안팎으로 가장 큰 영향력을 가져야 할지를 그들 자신이 결정하기를 바란다.

그들은 오랫동안 이어져 온 유교 중심의 전통 문화유산을 대부분의 중국인들이 포기한 적이 없다고 믿는다. 가족의 유대와 같은 가치들, 사회적·상업적 관계에서 기대되는 신뢰, 그리고 좋은 정치가 권위주의 국가에 의해 실현될 수 있다는 믿음 등은 그런 유구한 사상들에 속한다고 본다.

또한 그들은 '유교 국가'가 과거에도 여러 번 부정당했지만, 정작 유교 자체는 한 번도 제대로 부정당한 적이 없다고 생각한다. 불교와 도교의 여러 분파에 의해 일어났던 19세기 반란은 중국식으로 해석된 기독교가 태평천국운동에 영감을 줬을 때 절정에 이르렀다. 기존의 제도를 파괴하려고 한 노력들로 인해 청 왕조의 한족들은 오히려 유교 원칙을 더욱 열정적으로 재강조했다. 그렇게 잠시 성공하는 듯했지만, 결국 그러한 노력으로도 외세의 개입을 막지는 못했다. 따라서 이 같은 형태의 유교가 젊은 지식인들에 의해 부정당한 것은 어쩌면 당연하다.

쑨원에서 마오쩌둥까지

/

유가 사상을 어떤 입지에 둘 것인가를 결정하기란 생각보다 어려운 일이다. 21세기 민족주의 지도자 쑨원의 지지자들은 중국이 앞으로 나아갈 수 있는 가장 좋은 방법은 서구로부터 배우는 것이라고 생각했다. 그러나 다른 이들은 어렸을 적부터 교육받아온 유교적 가치를 남용한, 안이하고 탐욕스러운 엘리트에게 과거의 실패 책임을 돌리는 쪽을 택했다. 1949년 이전 국민당 엘리트는 미국, 일본, 독일의 것을 혼합한 서구식 제도를 믿었으며 유럽의 후기 계몽철학이 유교 사상과 잘 융합될 수 있다고 생각했다. 그렇게 쑨원의 '삼민주의'는 유교적 이상과 온정주의적 민주주의를 결합함으로써 새로운 공적 규범이 될 수 있었다.

반대로, 공산주의자들은 자유주의적 자본주의를 중국을 분할시키려는 제국주의의 도구라고 생각했다. 그 대신에 그들은 권위적인 통제로 지배하는 레닌주의와 스탈린의 사회주의 모델을 받아들였다. 중국공산당이 정권을 잡았을 때, 그들은 중국에서 자유 자본주의의 흔적을 모두 없애는 일이 상대적으로 더 쉽다는 사실을 알았다. 1953년 스탈린이 죽은 뒤, 마오쩌둥은 소련을 수정주의라고 비난하며, 공산주의 세계에서의 소련의 주도권에 도전했다. 그리고 모든 서구 모델을 거부했다. 마오쩌둥은 유교적 과거를 그 자신의 혁명적 유토피아 사상으로 대체시키려는 작업을 진행했던 것이다.

그런 창조적 파괴에 대한 요청은 관료주의적 부패와 이전 세대에게서 물려받은 특권에 초점이 맞춰졌다. 마오쩌둥은 "지식인 계급이 '인민으로부터 배워서' 그 가르침을 따라야 한다"는 캠페인을 시작했다. 이렇게 그는 유교 역할은 부정하면서도 중국공산당을 외국 모델에서 중국 자신의 역사적 모델로 다시 끌어갔다. 마오쩌둥은 다수 농민이 중국의 과거를 일구었다는 자신의 상상에 따라, 당의 이념을 '다수 농민의 정신'으로 대체했다. 동시에 그는 자신의 혁명 지도력을 2,200년 전 진시황 치하의 법가적 통일 제국에 비유하기에 이르렀다. 그리고 자신이 중국을 훨씬 더 위대하게 만들었노라 선전했다. 유가 관리들이 한 제국에 봉직하며 이후 2천 년 동안 이어질 왕조의 틀을 형성했으므로, 역사를 고려하는 공산당 지도자들이 지침으로서의 유교 역할에 주목한 것은 아마도 불가피했을 것이다.

덩샤오핑에서 시진핑까지

/

20세기의 극적인 변화는 중국 사회에 깊게 뿌리내린 사상들을 새로운 사상으로 대체할 수 있을 만큼 충분한 시간을 주지 않았다. 마오쩌둥의 중국은 애써 공자를 무가치하다고 못 박았지만, 대부분 사람들은 과거의 사상과 관행을 계속 지닌 채로 살았다. 덩샤오핑이 중국의 지도자가 돼 중국공산당을 마오쩌둥의 소용돌이에서 구하고, 배척당했던 학자와 학생들에게 어느 정도의 자유를 회복해줬을 때, 국가의 미래를 다시 생각하게 된 많은 사람이 냉전 시대 자본주의의 승리자들에게 돌아선 것도 놀라운 일은 아니었다. 그러나 다른 이들의 마음은 량수밍梁漱溟, 평유란馮友蘭, 허린賀麟과 같이 마오쩌둥의 문화대혁명에서 살아남은 전통주의자들에게 기울었다. 유교적 가치가 1960년대 일본이나 1990년대 아시아의 네 마리 용(싱가포르, 대만, 홍콩, 한국)의 경제적 성공 배경이 됐다는 인식으로, 그들과 공유하고 있던 유산에 재조명이 이뤄졌다.

고대의 지혜가 현대의 발전에 기여할 수 있다는 것을 국제적으로 인정받았다고 해서, 과거를 완전히 되돌려야 한다는 주장이 되는 것은 아니다. 다만, 두 세대 동안 침묵할 수밖에 없었던 학자들은 다시 고전을 읽을 자신감을 갖게 됐고, 이 고전들이 중국 역사에 어떤 기여를 했는지를 다시 생각하게 됐다. 교사나 성인으로서의 공자의 이미지가 부활했고, 유교에 대한 책들이 대중 교양서로 출간됐다. 전통 시대에 아이들을 가르치던 책들도 다시 사용됐고, 유교적 과거의 많은 부분들이 오늘날에도 사라지지 않았음이 확인됐다. 1980년대 초 중국공산당이 새로운 모델을 모색하기 시작했을 때, 많은 공산당 지도자들 역시 덩샤오핑에게 깊은 인상을 준 싱가포르가 학교에서 유교 윤리를 가르친다는 것에 주목했다. 이것이 중국공자기금회中国孔子基金会(1984년 설립된 문화 재단으로 중국 정부의 지원 아래 유교에 대한 국제 연구를 지원한다 – 옮긴이) 설립의 배경이었고, 그것은 아마도 유교가 과거 중국을 통치했던 지도자들에게 기여했던 것처럼 새로운 지도자들을 위해서도 쓰이고자 부활하는, '뉴노멀'을 향한 첫 움직임이었을 것이다.

물론 중국공산당의 엘리트들은 계속해서 "인민의 역사가 황제나 그의 관료들보다 더 중요하다"고 강조해왔다. 그러나 1978년 이후 바깥 세계로의 국가 개방은 잠정적이나마 아주 열렬히 환영받았다. 놀라운 속도로 학생들은 온갖 종류의 학문적 교육을 받게 됐다. 이때 새로운 사상과 방법론을 서구로부터 배울 준비가 돼 있었던 것과 달리, 유교적 과거에 대해서는 아주 조심스러웠다. 현대 서구에 대한 호소력은 매우 강해서 당내에서도 분파가 생겼다. 1989년 천안문 사태에서의 학생 시위는 마오쩌둥주의로부터의 전환에 따른 이데올로기적 지향성이 분명히 상실됐음을 보여준 증표였다. 냉전이 끝나기 직전, 중국공산당의 첫 30년 동안의 단절은 그보다 더 클 수 없었다.

하지만 덩샤오핑의 신사회주의에 대한 도전을 본 공산당 내의 승자들은 서구 사상과의 관계를 다시 생각하게 됐다. 이로 인해 유교 공동체에 좀 더 관대한 자생적 길이 허용될 수 있었다. 1984년 생각이 비슷한 사람들끼리의 조용한 모임으로 시작한 중국공자기금회를 시작으로, 수많은 공자 학습센터가 모든 지역과 주요 대학에서 생겨났다. 과거, 학회가 더 다양한 논쟁을 진행하기 위해 안전한 피난처를 제공했던 것에 특히 관심이 모였다. 이로 인해 개별 신봉자들이 자유롭게 공자의 고전에 대해 다른 해석을 할 수 있었다. 한쪽에는 장치즈张岂之, 천라이陳來, 양룽궈杨荣国와 같이 성인의 도를 주장했던 선진 유가의 보편성과 진정성으로 되돌아가야 한다고 주장하는 순수주의자들이 있었다. 다른 쪽에는 리쩌허우李澤厚, 샤오치푸蕭萐父, 탕웬밍唐文明과 같이 유교 사상에 서구 철학의 보편적 주장과 부합하는 윤리적 가치들이 있다고 주장하는 현대 철학자들이 있었다.

이런 주장 중 어느 것도 유교적 과거를 완전히 회복하는 것은 아니었다. 유교를 연구하는 새로운 센터들 대부분은 국가의 경제적 전환에 당-국가의 역할에 대해 이뤄지는 논쟁과는 거리를 두고 있었다. 그들은 급속한 변화로 인해 필요한 문화적·사회적 화합을 위한 토대를 찾으려는, 특히 커져 가는 서구의 불신과 적대를 해소하려는 중도적 노력에서 한몫을 담당했다. 그러나 1990년대 서구의 창조적 자유에 매료된 젊은이들을 재교육하는 과정에서, 중국공산당 지도자들은 그들의 핵심 가치를 지키는 데 활용할만한 중국의 유산을 찾기 시작했다. 도교와 불교에서 인기 있는 관습들은 공산당 간부들에게 매력적이지 않았지만, 중앙집권과 정치적 연속성을 중시하는 유가의 전통은 직접 관련이 있었다. 덩샤오핑을 계승한 장쩌민과 후진타오 모두 고전을 인용하며 정책 언어를 사용했다. 중국공산당 이론가들은 미래 사회주의 중국을 정의하는 데 도움이 되는 과거의 제도적 성공 사례들을 찾아 나섰다.

이것은 유교적 과거가 회복되기 시작하는 것처럼 보였다. 2012년 시진핑이 중공의 지도자가 된 이후 그런 경향은 더 두드러졌다. 보수주의가 만연하게 됐고, 보수주의자들은 오랫동안 서구 철학 학파에 손을 뻗어온 중국 초기 공산당 지식인들에 대해 경의를 표했다. 고대 그리스와 로마로부터 시작해 파시즘과 소련 공산주의에 대한 현대적 비판과 서구 자유주의자들과 보수주의자들 간의 논쟁까지, 다양한 정치사상 유파들의 기원을 검토한다면, 20세기 중국에서의 정치투쟁을 더 잘 이해할 수 있다고 믿었다. 그들은 전통적 병법兵法 사상이 중국공산당에 어떻게 정통성을 부여하는지 알았다. 그리고 질서와 안정에 대한 고대의 추구가 중국공산당이 만들고 싶어 하는 마르크스주의적 진보 및 현대 사회주의 사회와 부합한다는 사실 역시 알 수 있었다. 그러한 전통은 왕후이汪晖, 간양甘阳, 왕샤오광王绍光 등 1949년 중국공산당 혁명을 공고화하려는 개혁파들의 생각을 뒷받침하는 데 이용됐다.

'신좌파'로 분류되는 현대 개혁파는 현대 중국이 2천 년 이상 중국을 지탱해온 체제뿐만 아니라 마오쩌둥에게도 빚을 지고 있다고 믿는다. 이런 이유로 그들은 과거의 대부분을 회복하고자 한다. 덩샤오핑의 경제적 성과와 마오쩌둥의 문화적 청산 및 부패한 간부에 대한 재교육을 연결한 시진핑의 새로운 개혁은 마오쩌둥주의와 일치하는 듯하다. 남은 것은 중국의 고대 문명국가와 현재의 질서를 결부시키는 것이다.

이러한 중국몽을 위해 사회주의 규범이 유가 경전으로 대체될지는 확실하지 않다. 하지만 중국공산당은 과거에 대한 지배를 중국몽으로 구체화하고 있기 때문에, 공자는 역사를 창조적으로 해석해 중국의 정치적 유산의 토대를 마련한 고대의 성인으로 앞으로도 계속 남게 될 것이다. 공자의 가르침과 현대의 성인인 마르크스의 진보적 사상을 결합하며, 중국공산당 지도자는 그들의 통치 체제가 완전히 중국에 적합하다고 주장할 것으로 보인다.

왕겅우 Wang Gungwu

싱가포르국립대학교 교수. 《China Reconnects: Joining a Deep-rooted Past to a New World Order》(2019)의 저자다.

감사의 글

편집자들은 미중관계에 대한 더 나은 이해를 도모한다는 우리의 목표에 호응해준 모든 기고자들에게 감사를 전한다. 또한 끊임없는 행정적 보조를 해준 윌리엄 이William Yee와 긴요한 편집 조언을 해준 로버트 키틀리Robert Keatley, 그리고 '중국 문제'라는 테마를 놓고 전반적인 지원을 아끼지 않은 캐슬린 맥더모트Kathleen McDermott와 그녀가 이끄는 하버드대학교 출판부에게 감사한다.

더불어 하버드대학교 역사학과, 하버드대학교 페어뱅크 중국연구소, 워세스터 폴리텍 산하 차이나 허브, 워세스터 폴리텍 산하 글로벌 스쿨, 뉴욕대학교 상하이 분교, 콜럼비아대학교 콜럼비아-하버드 중국 및 세계 연구 프로그램이 보내준 재정적 지원에 깊은 감사를 드린다.

찾아보기

하버드대학 미-중 특강

54인의 석학, 46개의 질문으로 알아보는 미중관계 그리고 한국과 세계의 미래

초판 1쇄 발행 2023년 5월 3일

엮은이 마리아 에이들 캐러이 · 제니퍼 루돌프 · 마이클 스조니
옮긴이 함규진
펴낸이 성의현
펴낸곳 (주)미래의창

편집주간 김성옥
편집진행 안대근
디자인 공미향
홍보 및 마케팅 연상희 · 이보경 · 정해준 · 김제인

출판 신고 2019년 10월 28일 제2019-000291호
주소 서울시 마포구 잔다리로 62-1 미래의창빌딩(서교동 376-15, 5층)
전화 070-8693-1719 **팩스** 0507-1301-1585
홈페이지 www.miraebook.co.kr
ISBN 979-11-92519-55-5 03320

※ 책값은 뒤표지에 있습니다.